비공식
스웨덴 특파원입니다

스웨덴 스톡홀름

일러두기
- 이 책은 2022~2023년 블로그와 브런치 스토리에 연재했던 글을 수정, 보완해 엮었습니다.
- 책에 실린 모든 글은 두 저자가 함께 의견을 주고받으며 썼습니다.
- 출처를 밝힌 사진 외에는 모두 저자가 찍은 사진입니다.

프롤로그

이 책은 누구도 파견하거나 보내지 않은 '비공식' 스웨덴 특파원 일지다. 해외 연수 국가로 의외인 스웨덴으로 떠나 1년간 산 어느 기자 부부와 삼남매의 이야기이자 상당히 주관적인 비교문명사적인 글이다. 어떤 형식이나 내용에 구애받지 않고 내키는 대로 썼다. 그래서 책 제목에서 스웨덴 특파원이라는 말보다 '비공식'이 중요하다.

애초 출판이 목표가 아니었고 한 편씩 쓰다 보니 운 좋게 한 권으로 묶인 거라 기존 책 문법에 맞는지도 모르겠다. 뒤늦게 책을 내며 글 쓴 시점의 내용을 손보긴 했지만 지금 보면 맞지 않는 부분도 있을 것이다. 눈에 거슬리지 않는다면 다행이지만 발견해낸다면 눈 밝은 독자의 눈썰미를 칭찬할 수밖에 없다. 이 때문에 책 제목에 '비공식'이라는 단서를 붙이면 어떻겠느냐는 첫째 딸의 제안은 상당히 적절했다.

그래도 우리 지식과 경험으로 한국 언론사상 스웨덴에 상시 특파원이 없었다는 점에서 이 책이 유일한 (비공식) 스웨덴 특파원으로서의 책이라는 자부심을 느낀다. 이전에 스웨덴 상시 특파원이 있었다고? 그래도 어쩔 수 없다. 그래서 '비공식'이다.

10여 년간 생계형 기자로 일하며 터득한 얕지만 다방면에 걸친 관심과 호기심이 이 책의 원천이다. 나름 노력했음에도 '비공식' 특파원인지라 물리적인 팩트 체크에 조금 소홀할 수 있었다는 것을 인정할 수밖에 없다. 그 때문에 내용이 조금 사실과 다르거나 보편적 상식에 어긋나더라도 '얘네, 비공식이야'라고 가벼운 마음으로 책장을 넘겨주길 바란다. 역시 이를 내다본 첫째 딸은 혜안이 있다.

이래저래 밑밥 한번 잘 깔았다. 결론은 깃털 같은 마음으로 너무 진지하지 않게 읽어 달라는 말이다. (사실 머리털 나고 첫 책이라 몹시 떨린다.)

프롤로그

스웨덴은 운명

1. Somewhere in Stockholm **10**
2. 행운의 첫 집 **14**
3. 자녀 입학 기피 부모가 될 줄이야 **17**
4. 스웨덴축구는 처음이지? 알스벤스칸 직관기 **21**
5. 팔자에 없는 부촌 월세살이 **25**
6. 한국 영화를 보다가 좌절한 이유 **29**
7. '유쾌 상쾌 통쾌' 그레타 툰베리를 만나다 **32**
8. 북유럽 기자를 상대로 영어 강연을 **37**
9. 국제학교에서 사고 친 아들, 가슴이 철렁 **41**
10. Kill Korean! 버스에서 당한 인종차별? **44**
11. 힐튼호텔의 비밀 **47**
12. 폭설에 사라진 등굣길, 볼보가 멈춰 섰다 **52**
13. '방학 잘 보내' 청소년 교통 티켓이 무료 **58**
14. '개편한 세상' 버스 타는 개들 **65**
15. 꼬마는 눈썰매, 어른은 스키… 골프장의 변신 **69**
16. 노벨상 시상식은 가야지? **73**
17. 산타가 나타났다 **78**
18. 평등한 불꽃놀이의 향연 **80**
19. 장어 15마리 잡았다고 사임한 장관 **82**
20. 폭망한 오로라여행… 사파리투어는 잭팟? **87**

㉑ 스톡홀름 60곳에 빙판… 이거 안 하면 후회 **94**
㉒ 신의 한 수 바이올린 **98**
㉓ 유료화장실 돈 내고 이용하면 바보 **101**
㉔ 건방지고 도발적인 아이들 **107**
㉕ 영어 맨땅에 헤딩하기 **111**
㉖ 인생 첫 이별, 막내의 폭풍 눈물 **114**
㉗ 바람 새는 공 '묻지마' 교환… 신뢰의 사회 **117**
㉘ 패스 미스한 아들에 얼굴 붉힌 아빠 **122**
㉙ 대낮에 죄수 가로채 도주… 영화야? **126**
㉚ 거리 집회 연사가 총리라고? **130**
㉛ 우연히 본 인공기… 분단국가를 체감 **135**
㉜ 돈 안 되는 자연에 투자하는 사람들 **139**

이게 스웨덴이지

㉝ 난생 처음 실아본 북향집의 선물 **146**
㉞ 집단면역, 근거가 있긴 있나요 **149**
㉟ 골프장, 도서관에 밥 먹으러 간다 **156**
㊱ 동물이 행복한 동물원은 있을까 **160**
㊲ '그깟 쟁반이 뭐라고' 오픈런까지 **166**
㊳ '볼보의 나라' 이 차가 제일 잘나가 **170**
㊴ 대중교통에서 와인 한잔? **175**
㊵ 15분 도시' 부산… 스톡홀름에 정답이 **179**
㊶ 세컨핸즈숍 이야기 **184**

㊷ 로마 판테온이 스톡홀름에? **188**

㊸ 올해 옷 몇 벌 버리셨나요 – 스웨덴 올해의 기사 **194**

㊹ 아름다운 스웨덴을 느끼는 가장 쉬운 방법 **200**

㊺ 3만 축구팬 무단 도로점거에 교통 올스톱 **206**

㊻ 스웨덴 제1정당 사민당은 복권회사? **212**

㊼ 우린 엘리엇을 만나러 독일로 간다 **218**

㊽ 1천200km를 날아 진심과 진심이 만나면 **220**

㊾ 열차 파업에 지옥과 천당을 오가다 **224**

㊿ 그린피스에 무릎 꿇은 스키폴 공항 **230**

㉑ 스웨덴 국왕 생일 축하곡이 'Without You'(너 없이) **235**

㉒ 아이 어른 모두 행복한 동화 속 세상 **240**

㉓ 경기 찢은 농구 초보의 일취월장 **245**

㉔ 루프탑 파티에 초대받다 **249**

우리 여기서 살까

㉕ 한없이 높은 문화의 힘 **254**

㉖ 전투경찰 없는 노동절 **258**

㉗ 스톡홀름 놀이터가 393개… 아동 최우선 나라 **265**

㉘ 자전거 탄 여성이 우아한 이유 **270**

㉙ 이 노래만 나오면 온몸이 둠칫둠칫 **275**

㉚ 한국 폐지노인을 떠올리다 **282**

㉛ 술꾼들이 기억해야 할 시간 **286**

㉜ 나토가입보다 표현의 자유가 중요한 나라 **292**

- ⑥³ 스웨덴 사람들이 국경절을 보내는 방법 297
- ⑥⁴ 여기 쿠바야? 올드카가 왜이리 많아? 300
- ⑥⁵ 북유럽에 왜 대머리가 많나 306
- ⑥⁶ 일본어는 있는데 한국어 해설은 없나요 309
- ⑥⁷ 국민 40%가 마라토너 318
- ⑥⁸ 이제 '스웨덴빠'를 탈퇴한다 323
- ⑥⁹ 이런 멋대가리 없는 건물이 1등? 327
- ⑦⁰ 코로나 첫 '졸업' 국가에서 마스크 팔기 331
- ⑦¹ 여보, 우리 여기서 살까 336
- ⑦² 외국인 거주자의 당연한 권리 341
- ⑦³ 교과서 없는 수업 345
- ⑦⁴ 번역앱으로 쌓은 우정 349
- ⑦⁵ 이 사람들 뭐가 행복하다는 거야 353
- ⑦⁶ 한국에 오기 전 이 사람을 꼭 만나야 했다 362

다시, 부산

- ⑦⁷ 이 땅에 살기 위하여 374
- ⑦⁸ 흰머리가 어때서 377
- ⑦⁹ 항상 높았던 콜레스테롤이 낮아졌다 380
- ⁸⁰ 어쩌면 공부보다 중요한 달리기 383
- ⁸¹ 맞벌이의 비애… 아이가 아프면 388
- ⁸² 기후위기 보고서에 원주민이 나온 까닭 392
- ⁸³ 추락하는 출생률보다 무서운 건 398

에필로그

스웨덴은
운명

Somewhere in Stockholm

01

"꼭 가야 돼?"

스웨덴 출국 날짜가 다가오자 첫째는 떠나고 싶지 않다며 눈물을 보였다. 친구들과 헤어지고 아는 사람도 없는 그곳이 무섭다고 했다. "응, 가야 해. 비행기 표 환불 불가야"라고 말하고 싶은 걸 꾹 참고 "아빠도 무서워. 근데 아마도 1년 후엔 거기서 이곳으로 돌아오는 게 아쉬울 거야"라고 말했다. 앞으로 어떤 인생이 펼쳐질지 예측 불가였지만 이상은의 노래처럼 '삶은 여행이니까' 왠지 재미있을 것 같았다. 그래도 처음 가는 곳은 아니라 근거 없는 자신감은 있었다.

스웨덴과 인연은 2018년 여름부터다. 아직 돌도 안 된 막내를 포함한 삼남매를 데리고 덴마크, 스웨덴, 핀란드 북유럽 3국 여행을 떠났다. 막내를 유모차에 태우고 참 부지런히 돌아다녔다. 당시 아내는 14박 16일 여행 내내 막내 모유 수유까지 했다. 꼭 그렇게 사서 고생하며 여행 가야 했느냐고 묻는 사람이 많았지만 직장 10년 차 휴가가 아니면 유럽 여행을 갈 기회가 없을 것 같았다. 그때 들렀던 스웨덴 스톡홀름은 덴마크 코펜하겐이나 핀란드 헬싱키와 또 달랐다. 단연 세계 최고라는 스웨덴 여름 끝자락에 스톡홀름을 돌아다니며 환상적인 하늘, 구름 아래 몸과 마음이 치유되는 느낌이었다. 한국에 와서도 자꾸 스웨덴 하늘과 구름이 생각났다. 그것이 우리 가족이 스웨덴과 맺은 첫 인연이었다. 다시 갈 수 있을지 몰랐는데 기회는 생각보다 빨리 찾아왔다.

2022년 3월 대선 열기가 달아올랐던 그때 아내가 한국언론진흥재단 해외연수에 합격했다. 해외연수 길은 최근 몇 년 새 더 좁아졌고 세 아이 엄마로 육아와 직장생활을 병행하며 토익, 영어회화, 연수계획 고민으로 이어지는 과정이 얼마나 힘든 것인지 지켜봤다. 아내가 2년가량 모든 걸 쏟아부은 시험인 줄 알기에 내가 합격한 것처럼 기뻤다.

유치원생인 막내 덕분에 나도 육아휴직을 내고 선후배 배려 속에 아내 해외연수에 동행할 수 있었다. 첫째, 둘째 키우면서 육아휴직을 해야겠다는 생각조차 못 했다. 세 아이 아빠로 주변에서는 "애국자네"라는 말을 자주 들었지만 합법적인 부모 권리인 육아휴직은 나와는 먼 이야기라고만 생각했다. 다람쥐 쳇바퀴 같던 16년 직장생활 뒤 첫 쉼표였다. 그것이 내 삶 두 번째 스톡홀름이 될 줄 몰랐다.

2018년 잊지 못할 추억을 남기고 온 곳에 다시 가본다는 사실만으로도 설렜다. 한국에서 익숙해진 생활을 접고 엄마, 아빠를 따라나선 삼남매는 앞으로 닥쳐올 시련과 고난을 아는지 모르는지 마냥 즐거웠다. 스웨덴 생활을 걱정하던 첫째도 언제 그랬냐는 듯 들뜬 모습이었다. 하지만 아내와 난 출발부터 걱정이 태산이었다. 전 세계적인 코로나 유행으로 항공노선이 축소된 시기라 해외행 비행기는 대부분 인천공항에서 출발했다. 김해공항에서 한 번만 탑승 수속을 하면 인천공항에서 짐 없이 갈아탈 수 있는 내항기 운항이 중단돼 기차나 다른 교통수단으로 인천공항으로 가야만 했다. 우크라이나-러시아 전쟁으로 비행 시간이 늘어나고, 항공료도 턱없이 올라 있었다.

전기밥솥, 사계절 옷 등 살림살이를 꾹꾹 눌러 담은 우리 가족 짐은 수화물 최대 허용 무게인 23kg으로 칼같이 맞춘 이민 가방과 대형 캐리어 총 8개, 개인 가방 5개였다. 이걸 끌고 인천공항으로 갈 수 없어 승합차를 개조한 인천공항 대형택시를 부산으로 부를 수밖에 없었다. 짐을 다 싣고 다섯 사람이 탈 수 있을까 무척 걱정했는데 어떻게든 되기 됐다. 인천공항에 내려서 그 많은 짐을 끌고 다니며 겨우 수속을 마쳤을 때 참았던 긴 한숨이 터져 나왔다. 부산에서 인천공항까지 5시간 30분, 수속까지 3시간 30분, 인천에서 헬싱키까지 14시간 30분, 헬싱키 경유 2시간 30분, 헬싱키에서 스톡홀름까지 1시간 15분 등 총 27시간이 걸려 스톡홀름 알란다 공항에 도착한 여정은 무척 힘들었지만 재미있었다. 다음에는 정말 짐을 잘 꾸릴 자신이 있는데 아마도 그럴 기회가 없겠지.

많은 해외연수자가 미국으로 간다. 왜 미국을 선택할까 생각해 보면 우선 다양한 연수 프로그램과 영어 본고장이라는 이점이 있고, 선임자들에게 여러 조언과 도움을 받을 수 있기 때문이 아닐까.

왜 우리 가족은 조금 쉬운 길을 놔두고 다른 길을 택했을까. 조금 다른 세상에서 살고 싶다는 욕심이 우릴 스웨덴으로 이끌었다. 앞선 스톡홀

름 여행이 스웨덴을 좀 더 깊이 알고 싶다고 느끼게 만든 점도 부정하기 어렵다. 아내가 해외 연수국으로 스웨덴을 택한 건 운명이었다고 생각한다.

스웨덴은 2023년 세계행복보고서 기준 세계에서 6번째로 행복한 나라다. 매년 순위는 조금씩 바뀌지만 핀란드, 덴마크, 아이슬란드 등 북유럽 국가와 함께 행복 순위도 상위권 단골 국가다. 한국은 스웨덴보다 51단계 낮은 세계에서 57번째 행복한 나라다. 우리 가족 스웨덴살이는 세계에서 57번째 행복한 나라 국민이 세계에서 6번째 행복한 나라로 간 삶의 체험 현장이었다.

기자인 우리 부부는 스웨덴이 어떤 나라일까 궁금하고 기대됐다. 이 책은 여행자와 이민자 사이 어디쯤에서 스웨덴을 느끼고 내가 살았던 사회와 차이, 다름을 발견하려고 한 기록이다. 그랬기에 이민자보다 빨리, 여행자보다 깊이 스웨덴을 들여다볼 수 있었다고 생각한다.

본격적인 이야기를 시작하기 전에 잠시 가족 소개를 해야겠다. 먼저 현재 초등학교 2학년인 막내 민설이다. 스웨덴에 갈 당시엔 유치원생이었다. 우리 집에서 똑 부러시는 바른말 내징과 귀여움을 덤딩 하고 있다. 둘째는 현재 초등학교 5학년, 스웨덴에서 초등 3학년이었던 동휘다. 농구와 축구를 좋아하고 불의를 보면 참지 못하는 다혈질 의리파다. 첫째 나현이는 현재 중학교 2학년, 스웨덴 국제학교에서 중학교 1학년이었다. 스웨덴 학제는 12세에 중학교 과정이 시작된다. 두 동생의 정신적 지주이자 예민한 감수성의 소유자로 그림 그리기와 책읽기를 좋아한다. 마지막으로 워킹맘으로 삼남매를 키우는 슈퍼우먼 아내와 아직 철들지 않은 남편인 나다. 다시 태어나도 이 가족 구성원 그대로 살고 싶다고 말한 이는 5명 중 3명이다.

우리 가족은 그렇게 원형돔 공연장인 '아비치 아레나'가 보이는 굴마르스플란(Gullmarsplan)역 근처 아파트에서 스톡홀름 1년 생활을 시작했다.

행운의 첫 집

 스웨덴에서 1년 살 집을 한국에서 구하는 건 모험이라고 생각했다. 그래서 한시적으로 지낼 집만 계약한 뒤 현지에서 이사할 만한 곳을 살피기로 했다. 피터 할아버지 집은 우리 가족이 스웨덴에서 머문 첫 집이었다. 할아버지 덕분에 정착 초기 어려운 고비를 넘길 수 있었다.
 스웨덴에 가기 전 함마르뷔와 외스테르말름, 릴리에홀멘, 쿵스홀멘 등 스톡홀름에서 살 만한 몇 곳을 점찍어뒀다. 지인이 알려준 여러 인터넷 사이트를 오가며 두 달간 살 수 있는 집을 검색하다 한 집이 눈에 들어왔다. 지하철역에서 매우 가까웠고, 아이들을 보내고 싶었던 국제학교와도 지하

철 한 코스 거리에 있었다. 트램과 지하철, 버스가 모두 다니는 교통 중심지, 환승역 굴마르스플란역 부근이었다.

직접 집을 볼 수 없는 사정을 설명하자 피터 할아버지는 화상전화로 집 내부와 테라스, 바깥 풍경까지 꼼꼼히 보여줬다. 가구와 식기류가 다 있어 몸만 들어가면 되는, 우리에겐 딱 좋은 집이었다. 피터 할아버지는 예정보다 입주일을 5일 앞당길 수 있느냐는 요구도 흔쾌히 응해줬다.

그런데 계약금을 보낼 시점이 되자 며칠간 할아버지와 연락이 닿지 않았다. 가족 수에 비해 집이 너무 좁은 경우 아파트 협회 허가를 받지 못해 이삿날 당일 쫓겨나는 경우도 있다고 해 덜컥 겁이 났다. 우리가 들어갈 집은 한국 아파트 기준으로 약 30평인데 방이 2칸뿐이고 거실과 주방이 좀 넓었다. 아동 권리를 중요시하는 스웨덴에는 아이들이 집에서 적정한 공간을 누려야 하기에 이런 문화가 있다고 했다. '돈에 맞게'가 아니라 '식구 수에 맞게' 집 넓이를 선택해야 한다는 기준이 신선했다.

아뿔싸. 피터 할아버지에게 아이가 세 명이라고 말했는지 기억이 가물가물했다. 우리 가족 때문에 피터 할아버지가 곤란을 겪는 건 아닌지 걱정스러웠다. 겨우 연락이 닿은 피터 할아버지는 "걱정하지 마. 내가 우리 아파트 협회 회장이야. 내가 잘 설명했고 너희는 우리 집에 들어올 수 있어"라고 말했다. 덕분에 마음 편하게 출국 준비를 하고, 비행기를 탈 수 있었다.

피터 할아버지 집은 무척 편안했다. 가구는 물론이고 세제, 학용품, 비닐 팩, 반찬통, 침구 등이 다 갖춰져 있어 머무는 동안 먹을 것 외에는 살 것이 없었다. 우리가 좋아했던 스웨덴 국민 의자인 라미노 이지 체어(Lamino easy chair)를 비롯해 편안하고 안락한 소파나 의자가 집안 곳곳에 있었고 조명도 적절했다.

스웨덴에서는 임대 계약이 끝나면 엄격하게 집을 점검한다고 한다.

파손된 물품이나 기기가 있으면 수리 비용 등을 보증금에서 빼고 돌려준다. 사는 동안 막내가 침대 옆 서랍에 자기 물건을 넣어두고 내내 여닫더니 고장 내버렸다. 피터 할아버지는 계약이 끝나던 날 집을 둘러보고는 깨끗한 상태, 잘 자란 화분들을 보고 아주 흡족해하며 "내가 꼭 알아야 할 사항이 있니?"라고 물었다. 우리는 미안한 마음에 고장 난 서랍을 보여줬다. 그러나 "이 정도는 괜찮아. 문제없어"라며 엄마한테 혼날까 걱정하는 막내를 오히려 위로해줬고, 며칠 뒤 보증금 전액을 돌려줬다.

좋은 집주인을 만나 스웨덴 삶을 순조롭게 시작할 수 있었다. 고마운 마음에 한국에서 가져간 자개 텀블러를 선물로 드렸는데 "입주 첫날에도 나한테 컵 선물 줬잖아. 그것도 고마운데 이것까지…" 하면서 감격하던 게 눈에 선하다.

피터 할아버지, 우리 모두 당신과 당신 집을 아주 그리워해요. 고마워요.

자녀 입학 기피 부모가 될 줄이야

―― 03 ――

아이들이 다닐 학교를 미리 확정 짓고 싶어 출국 5개월 전부터 스웨덴 스톡홀름 한 공립 국제학교에 첫째와 둘째 입학 지원서를 냈다. 그러나 첫째만 허가를 받았고 둘째는 스웨덴에 도착한 뒤로도 내내 대기 명단에 있었다. 기다림에 지친 우린 사립 국제학교에 뒤늦게 입학 지원서를 보냈고 수월하게 두 아이 모두 입학 허가가 났다. 공립과 사립은 학비가 있느냐 없느냐 차이였다. 체재비가 부족한 해외연수자와 휴직 수당으로 버티는 육아휴직자 조합인 우리 부부에게 두 아이를 합쳐 1년에 700만 원이 넘는 학비는 부담이었다. 학비가 무료인 공립 국제학교에 두 아이를 보내고 싶은 열망이 컸다. (물론 일부 국제학교는 연간 학비가 1인당 2천만 원이 넘는 곳도 있다.)

스웨덴에 도착한 뒤 공립 학교를 돌아보니 시설이 크고 좋아 아이를 보내고 싶은 마음은 더욱 커졌다. 입학일은 다가오는데 둘째는 계속 '대기' 상태였고 학교 측에 여러 차례 메일을 보냈지만 답이 없거나 기다려보라는 말뿐이었다. 학교가 정해져야 남은 기간 살 집도 구하는데 마음이 급했다. 학교에 직접 찾아갔지만 입학 사정관은 만나지 못했고 우연히 한 선생님을 만나 사정을 설명한 뒤 입학처 담당자에게 얘기를 잘 전달하겠다는 답변을 들었다.

하지만 여전히 연락은 없었다. 5개월 희망 고문 끝에 남은 건 좌절이었다. 첫째만 공립학교에, 둘째는 사립학교에 각각 보낼까도 고민했지만 등하교를 직접 시켜줘야 했기에 결국 두 아이를 같은 사립학교에 보내기로 마음먹었다. 미련이 남아 가을학기 입학 3일 전 마지막으로 공립학교 입학 사정관에게 두 아이가 함께 학교에 다닐 수 있기를 간절히 소망한다는 메일을 보냈다. 혹시 우리 가족을 딱하게 여겨 자리를 마련해주지 않을까 하는 실낱같은 희망이었다. 이번에도 답은 오지 않았다.

가을학기 시작일 첫째와 둘째는 사립학교에 입학했다. 공립학교에 비해 건물도 몇 동 되지 않았고 운동장도 작아 실망스러웠다. 그래도 어쩌겠는가. 당장 영어로 의사소통하는 것도 쉽지 않은 두 아이가 학교에 적응하는 게 시급했다.

입학 다음 날 느닷없이 스톡홀름시 교육청으로부터 메일 한 통이 왔다. 교육청 의무교육 담당자는 공립학교 측으로부터 연락이 와서 우리 아이들 상황에 대해 이야기를 나눴다고 했다. 그러면서 "스웨덴에 있는 모든 아이는 학교에 가야 할 권리가 있으며 너희 아이들 역시 마찬가지다. 국제학교에 자리가 없으면 일반 학교라도 보내야 할 의무가 있다. 만약 아이를 학교에 보내지 않으면 하루 단위로 벌금을 물게 될 것이며 벌금액은 너희 부부 연소득에 따라 책정될 것"이라고 말했다.

심장 두근거린 첫 등교일 풍경

이 무슨 날벼락 같은 소리인가 싶었다. 공립학교 입학사정관에게 쓴 메일을 입학 허가가 안 나면 아예 학교에 보내지 않겠다고 오해한 것인지 도대체 알 수 없었다. 더 황당한 건 간단한 답장조차 하지 않고 상부 기관인 교육청에 고자질하듯 연락한 학교 측이었다. 부모가 아이를 학교에 안 보낼 가능성이 있다는 취지로 말이다. 한국 학부모의 자녀 교육열을 무시하는 처사는 제쳐두더라도 어떻게 그런 발상을 할 수 있는지 이해할 수 없었다. 끓어오르는 화를 억누르며 아내는 해당 공무원에게 두 아이가 사립학교에 입학해서 잘 다니고 있다고 답장했다.

다음 날 또 메일이 왔다. 이번엔 첫째, 둘째가 다니는 사립학교 이름과 유사한 학교가 스톡홀름에 6곳이 있는데 어떤 학교에 다니고 있느냐고 물었다. 이제는 황당함을 넘어 스웨덴 사회에 심각한 결함이 있는지 의문이 들었다. 교육청은 이미 첫째, 둘째 이름과 나이, 학교 이름까지 알고 있다. 그런데 초등학교를 관할하는 교육청 공무원이 학생 신상정보만으로 재학 여부나 학교명을 알 수 없는 교육 시스템인가. 스웨덴 교육청은 학생 현황조차 파악하지 못하고 학생 입학 여부를 부모에게 물어볼 정도로 주먹구구식으로 학사관리를 하는 것인지 되묻고 싶었다.

하지만 아내는 다시 마음을 진정시키고 정확한 학교 이름은 물론 두 아이 학년과 반까지 적어 짧은 메일을 보냈다. 마지막엔 한 문장 덧붙였다.

"나는 단지 내 아이들을 같은 공립 국제학교에 보내고 싶었을 뿐이다. 왜 내가 이런 메일을 계속 받아야 하는지 이해할 수 없다. 매우 불쾌하다"고.

하루 뒤 다시 메일이 왔다.

"빨리 답해줘서 고맙다. 너희 아이들이 우리 시스템에서 올바른 배치를 받았다는 걸 알 수 있었다. 이제 더 이상 정보는 필요하지 않다."

자녀 입학을 기피한다는 혐의를 가까스로 벗은 순간이었다. 이유 없이 자녀를 학교에 보내지 않는 부모는 한국에서도 아동 학대 수사 대상이다. 스웨덴엔 학생 학사관리 시스템이 없는 것인지, 있지만 개인정보 보호 등으로 시스템 검색 대신 당사자에게 물어보는 것인지 여전히 궁금하다.

민원인에겐 답변해주지 않지만 상부에 신속하게 보고하는 공무 체계는 인상적이었다. 물론 모든 스웨덴 공무원이 그렇지는 않은 듯하다. 2022년 스웨덴 총선에서 승리한 우파 연립 정부는 불법체류자 등이 학교나 도서관 등 공공기관에 서류를 제대로 제출하지 못하는 경우 해당 공무원이 이민청과 경찰에 신고하도록 의무화하는 정책 도입을 검토하고 있다. 페이퍼리스(paperless)라고 불리는 서류 미비자는 스웨덴 거주 허가를 받지 못해 숨어 지내는 불법 체류자이다. 스웨덴에 5만 명에서 수십만 명 페이퍼리스가 있다고 한다. 특히 이들 다수는 자녀가 있다. 놀랍게도 스웨덴은 2013년 7월부터 허가 없이 체류하는 아동도 교육을 받을 법적 권리를 부여해 다른 학생과 똑같이 지식을 얻을 기회를 제공해 왔다. 현 우파 연립 정부는 10여 년 만에 시계를 거꾸로 돌리려 하고 있다.

많은 교육자는 이에 반발했다. 한 교사 잡지가 실시한 설문 조사에서 응답자 93%가 정책 도입에 반대 의사를 밝혔다. 몇몇 교사는 언론 인터뷰에서 서류가 미비한 학생들 명단을 이민청에 절대 알리지 않겠다고 말했다. 예테보리 한 학교장은 만약 경찰이 찾아오면 해당 학생이 학교에 없다며 꽁꽁 숨길 것이라고 했다. 반대 여론은 교사뿐 아니라 도서관 사서 노조 등 공무원 전반으로 퍼졌다.

* 2024년 9월 현재 스웨덴 우파 연립정부는 공무원이 서류 미비자를 스웨덴 경찰청과 스웨덴 이민국에 신고하도록 의무화하는 법안을 계속 준비 중이다.
* Dagens Nyheter, www.skolverket.se, www.expressen.se을 참고했다.

스웨덴축구는 처음이지?
알스벤스칸 직관기

스웨덴은 운동 쫌 하는 북유럽 스포츠 강소국이다. 스웨덴 운동선수를 떠올려보면 셰이크핸드로 기막힌 수비와 허를 찌르는 공격을 했던 탁구 황제 얀 발트너, 박세리와 함께 LPGA를 삶아 먹었던 골프 여제 애니카 소렌스탐, 소싯적 테니스 중계 때 보던 스테판 에드베리, 축구에는 골도 많이 넣지만 뭔가 괴짜 같은 즐라탄 이브라히모비치, 영국 프리미어리그 토트넘 손흥민 동료인 데얀 쿨루셉스키, '우생순' 한국 여자 대표팀에 번번이 패배를 안긴 핸드볼 팀이 생각난다. 써놓고 보니 뭔가 아재스럽다.

    축구만큼은 특출한 성적을 보여주지 못한 나라이기도 하다. 남자 축구 피파 랭킹은 2023년 5월 기준 우리나라보다 5난계 높은 22위다. 리시아 월드컵 때는 우리나라에 0대 1 통한의 패배를 안겨 16강 진출을 가로막았다. 2022년 카타르 월드컵에서는 치열한 유럽 예선을 뚫지 못하고 막판 폴란드에 져 본선 진출이 좌절됐다. 본선에 올랐더라면 거리 응원이나 축구 열기를 느껴볼 수 있었을 텐데 정말 아쉬웠다. 그럼에도 스웨덴에 온 이상 꼭 축구 경기를 직관하고 싶었다. 2018년 여행 때 축구장 코앞까지 와놓고 망설이다 못 간 기억 때문에 무조건 보고 싶었다.

    표는 스톡홀름 라이브(stockholm live) 앱에서 어렵지 않게 구할 수 있다. 특히 아이를 동반할 수 있는 가족석 가격이 저렴하다. 당시 5세인 막내는 무료였고 둘째와 나 이렇게 200크로나(약 2만 5천 원)였다.

스웨덴 남자 축구 1부 리그는 알스벤스칸(Allsvenskan)리그라고 부른다. 1924년 시작돼 100년 역사를 자랑한다. 총 16개 축구팀이 있다. 2부 리그인 수페레탄(Superettan)과 승강제로 운영된다. 남자 축구 못지않게 다말스벤스칸리그라고 불리는 여자 프로 축구도 인기다. 스웨덴 여자 축구는 월드컵 우승 후보일 만큼 강하다. 2023년엔 한국 여자 국가대표 골키퍼 윤영글 선수가 BK 헤켄에 입단하기도 했다.

관람한 경기는 2022년 8월 22일 함마르뷔와 데게르스포스 대결이었다. 각각 리그 2위와 15위로, 홈경기로 치르는 2위 함마르뷔가 우세할 것으로 예상됐다. 함마르뷔는 스코틀랜드 리그 팀인 셀틱처럼 흰색과 녹색 줄무늬 유니폼이 인상적이었다. 우리가 살던 굴마르스플란역 부근은 함마르뷔 홈 경기장인 있는 글로벤(globen)역과 지하철 한 정거장 거리였다. 경기가 있는 날이면 대낮부터 스포츠바나 거리주점이 함마르뷔 팬들로 북적댔다.

홈경기가 있는 날이면 함마르뷔 팬들은 일단 생맥주로 목을 축이고 경기 예상도 하면서 실컷 떠들다 글로벤역 부근 경기장으로 어슬렁거리며 이동했다. 함마르뷔 팬들은 몹시 시끄러웠다. 경기 시작도 안 했는데 걸어가면서도 응원가와 고함을 지르는 열성팬이었다. 흥겹고 축제 같은 분위기였다. 부모 손잡고 온 아이들도 많이 보였다. 스웨덴은 지역마다 유소년 축구클럽이 있을 만큼 축구를 즐긴다.

팬들은 저마다 함마르뷔팀 상징인 녹색과 흰색이 섞인 머플러, 모자, 수건, 유니폼 등을 걸쳤다. 함마르뷔 홈구장인 텔레2 아레나(TELE2 Arena)는 축구 전용 돔 경기장인데 외형이나 내부 모두 세련되고 멋졌다. 2013년 건립된 이 경기장은 약 3만 명까지 수용할 수 있다. 아비치(Avicii)나 롤링 스톤즈 등이 텔레2 아레나에서 공연했다. 특히 관람석 첫 줄과 터치라인 사이가 무척 가까워 선수들 움직임이 정말 잘 보였다. 그라운드가 천연 잔디가 아닌 인조 잔디인 점은 특이했다. 겨울이 긴 북유럽 기후 때문에 잔디 관리가 쉽지 않아 그럴 수 있겠다고 혼자 생각했다.

간단한 짐 검사 후 게이트를 통과해 계단을 오르자 녹색 그라운드가 눈앞에 펼쳐졌다. 그것만으로 너무 흥분됐다. 관람석도 팬들로 가득 차고 경기 시작 전 함마르뷔팀 응원가를 다 같이 부르는데 덩달아 가슴이 웅장해졌다. 경기가 시작되고 야생마 같은 양 팀 선수들의 치열한 공방이 벌어지자 응원 함성은 하늘을 찔렀다. 무뚝뚝해 보이던 스웨덴 사람들이 축구장에서는 굉장히 열정적이었다. 경기 초반부터 함마르뷔의 매서운 공격이 이어졌고 데게르스포르스는 역습 작전으로 대응했다. 함마르뷔 첫 골이 이른 시간에 나오면서 경기가 기울었지만 상대 팀 반격도 만만치 않아 보는 재미가 있었다.

축구 전용 경기장인 텔레2 아레나

둘째와 막내는 뭔 말인지도 모르면서 일어서서 응원 구호 따라하고 급기야 골이 터지자 옆자리에 앉은 또래 친구와 어깨동무하고 펄쩍펄쩍 뛰었다. 내가 앉은 곳은 가족석이라 비교적 조용(?)했지만 홈팀 응원석은 광란의 도가니였다. 후반전에도 함마르뷔는 공세를 이어가 결국 5대 1로 크게 이겼다.

잊히지 않는 장면도 있었다. 후반전에 데게르스포르스가 한 골을 만회하자 홈팬들로 가득한 경기장이 일순 조용해졌다. 그때 아빠와 딸로 보이는 원정 팬이 홈팬 사이에서 벌떡 일어나 소리를 지르고 붉은 수건을 돌리며 격정적으로 기쁨을 표출했다. 자신이 응원하는 팀이 지고 있는 상황에서 그것도 홈팬으로 둘러싸인 관람석에서 주눅 들지 않고 당당히 응원하는 모습이 멋졌다. 그리 달갑지 않을 텐데 한마디 하는 홈팬도 없었다. 영국 프리미어리그나 세리에 A에서 홈팬 응원석에 앉은 원정 팬은 골이 들어가도 홈 텃세에 소리 한번 못 지르고 붕어처럼 입만 벙긋한다는 이야기를 들은 적이 있어서인지 담대한 부녀 모습이 무척 기억에 남았다.

2023년 챔피언스리그 1차 예선과 유로파리그 2차 예선에 진출한 스웨덴 클럽은 BK 헤켄, 유르고르덴 IF, 함마르뷔 IF 세 팀이었지만 본선에 오르지 못했다. 세계 유수 클럽팀과 비교해 성적은 떨어지지만 스웨덴 축구 응원 문화나 열정만큼은 결코 뒤지지 않았다.

팔자에 없는 부촌 월세살이

05

 스웨덴에 와서 겪은 가장 큰 난관은 두 번째 집을 구하는 것이었다. 딱 두 달만 계약한 피터 할아버지 집에서 나가야 할 시간은 다가오는데 이사할 집을 못 찾아 하루하루 피를 말리는 상황이 반복됐다. 에어비앤비도 알아보았지만 다섯 식구가 살 만 한 집은 월세가 1천300만~1천600만 원 정도였다. 0이 하나 잘못 붙은 줄 알았다. 스톡홀름의 '미친' 집세를 실감했다.
 첫째 둘째가 다니는 국제학교가 있는 외스테르말름 주변에 집을 구하고 싶었다. 문제는 스톡홀름의 '강남'이라고 불리는 외스테르말름은 집값이 너무 비싸다는 점이었다. 거실과 방 1개 아주 허름한 아파트 월세가 330만 원이 넘었다. 그럼에도 다음 날이면 집 구하기 사이트에서 마감되기 일쑤였다.
 더 큰 문제는 집을 볼 기회조차 쉽게 오지 않는 것이었다. 부동산 사이트에 올라오는 글마다 집주인에게 메시지를 보냈지만 번번이 답을 받지 못했다. 스웨덴 사회로부터 거부당하는 느낌이었다.
 연락한 곳이 20여 곳쯤 되자 나름 노하우도 생겼다. 우선 새집 등록글이 올라오자마자 집주인에게 재빨리 연락해 집 보기 날짜를 선점하는 것이 중요했다. 또 영어로 메시지를 보내는 것보다 번역기를 활용해 스웨덴어로 집에 대한 호감을 표시하고 집 보기 요청을 했다. 이런 방법으로 차츰 하나둘 답장도 받고 집 보기 약속도 잡게 됐지만 약속을 정하고도 퇴짜를 맞는 경우가 허다했다.

정말 집주인이 '슈퍼 갑'이었다. 현지 한인들 이야기를 들어봐도 집 구하는 게 쉽지 않은 듯했다. 어떤 집주인은 한국 돈으로 대략 월 900만 원 소득 증빙이 되는 경우에만 집 보기 신청을 하라고 했다. 아이들이 다니는 국제학교와 가까운 아파트를 보러 갔을 때는 집주인이 소득 증명서를 보내라고 해서 허겁지겁 각종 저축과 월급 명세서 등을 찾아 밤에 메일로 보냈다. 결국 '합격' 소식은 듣지 못했다.

하다 하다 구세주 같았던 피터 할아버지에게 몇 달 더 살면 안 되냐고 물어봤다. 알고 보니 할아버지는 인근에 있는 여름 별장에서 두 달 머무르면서 그 기간 우리 가족에게 세를 준 것이었다. 스웨덴에서는 여름휴가 기간 작은 통나무 별장 같은 곳에서 쉬다가 오는 경우가 많다. 구세주 할아버지조차 우릴 구해주지 못했다.

눈만 뜨면 휴대전화로 부동산 사이트를 들여다보고, 메시지를 보내고, 감개무량하게도 주인이 답장을 보내주면 친절하게 답변하는 나날이 이어졌다. 집 보기 날짜를 잡아 집을 보고 퇴짜 맞는 나날이 한 달가량 이어졌을 때쯤 우리에게 또 다른 구세주가 나타났다.

우아한 멋쟁이 할머니 엘리자베스의 집은 스톡홀름 북동쪽에 있는 섬, 스톡홀름의 대표적 부촌 중 하나인 리딩외 토르스비크(Torsvik)에 있었다. 집을 보러 가던 날 동네 입구에 들어서자마자 내내 감탄했던 기억이 난다. 3~4층 대저택에 미니 축구장이나 정원이 딸린 집이 즐비했다. 할머니는 대저택을 각 층마다 임대해주고 있었고, 우리는 할머니가 요가 클래스로 쓰던 1층 집을 보게 됐다.

할머니는 이전 집주인들과 달리 "너희만 좋다면 언제든 오케이야. 다른 사람이 모레 집을 보러 올 예정이지만 취소하면 된다"고 했다. 단비 같은 호의에 감동한 나는 남편과 상의해 집을 보고 1시간 만에 계약하겠다고 연락했다. 할머니 집은 부촌에 있어 월세가 상당히 비쌌지만 선택의 여지가 없었다.

　이 집도 자칫하면 못 들어갈 뻔했다. 할머니 남편이 임대 기간이 짧다는 이유로 거부한 것이었다. 이사 후 들어 보니 할머니가 "세상만사 당신 입맛대로 다 되지 않는다"고 설득해 겨우 할아버지 마음을 돌렸다고 했다. 그 후론 할머니는 물론 할아버지와도 무척 잘 지냈다. 인심 좋은 할아버지, 할머니는 입주 때 필요한 것이 없냐고 물었고 TV가 없다고 하자 다음날 바로 삼성 TV를 사서 설치해줬다. 삼성 엄지척을 하면서.

　자체 분석 결과 집을 구하기 힘들었던 이유는 첫째 머무는 기간이 1년 미만(9개월)으로 짧다, 둘째 식구 수가 많다, 셋째 외국인이라는 점이었다. 1년 또는 2년 이상 머물 예정이고 식구 수가 적다면 비교적 집 구하기가 쉬울 것이다.

리딩외에 있는 한 저택

아, 입주 날짜가 맞지 않아 결국 계약하지 못했지만 유엔에서 일하는 나심이라는 의사와 기분 좋은 대화를 나눴던 기억이 있다. 나심은 이집트 카이로에서 일하며 스웨덴 집을 세주고 있었는데 임대 기간이 다 돼 다음 세입자를 찾으러 스웨덴으로 돌아온 상황이었다. 처음 문의할 때부터 집을 보러 가서까지 무척 친절하고 따뜻하게 대해줘서 위로를 받았다. 한국에 돌아온 뒤 이스라엘-하마스 전쟁이 발발했고 관련 기사를 쓰며 팔레스타인 측 취재가 필요했는데, 나심에게 많은 자료와 영상을 받았다. 덕분에 기사에 한국에서 접하지 못했던 보도들을 인용할 수 있었다.

주택 임대 사이트인 블로켓(Blocket)에 따르면 스웨덴 10대 도시 중 스톡홀름에서 집을 임대해 사는 것이 가장 비싸다고 한다. 스톡홀름의 한 달 임대료 중간값(median rent)은 1만 4천 크로나(약 177만 원)로 스웨덴 도시 중 단연 1위였다. 스톡홀름 주택시장은 진입 장벽이 높고 이동성이 약해 주민 90%가 저렴한 주택을 찾기 어렵다고 생각할 정도라고 한다. 이는 모든 유럽 수도 중에서 가장 높은 비율이다.

한국 영화를 보다가 좌절한 이유

매년 10월 부산에서 부산국제영화제가 열리듯이 매년 초겨울쯤 스톡홀름에서는 스톡홀름국제영화제가 열린다. 2022년 스톡홀름국제영화제 비경쟁 부문에는 박찬욱 감독의 <헤어질 결심>, 고레에다 히로카즈 감독의 <브로커>(스웨덴 제목 '나의 아름다운 별'), 홍상수 감독의 <소설가의 영화> 등 한국 영화가 상영돼 반가웠다.

  배우 이정재가 감독으로 데뷔한 <헌트>를 비롯해 한국 해외 입양 문제를 다룬 <리턴 투 서울>(데이비 추 감독), 이시카와 케이 감독의 <한 남자>, 하야카와 치에 감독의 <플랜 75> 등 범아시아권 영화도 다수 스크린에 올랐다. 스톡홀름에서 상영되는 한국 영화를 꼭 보고 싶어 <헤어질 결심>을 골랐다. 한국에서 이미 봤지만 아내가 보고 싶다고 해 한 번 더 보기로 했다.

  상영관은 필름후셋(Filmhuset)이라는 곳이었는데 눈이 펑펑 내리는 날씨에도 좌석은 거의 꽉 차 있었다. 대부분 현지인이었는데 박찬욱 감독이 유명해서인지 국제영화제라는 이름값 때문인지 궁금했다. 맨 앞좌석 두 자리만 운 좋게 비어 있었다. 우리나라 대형 상영관과 다르게 소파 같은 좌석이라 머리를 기댈 공간이 없어 불편했다. 현지인에게는 자막이 필요한 외국 영화지만 우리 부부에겐 출연자 대사가 공기처럼 편안한 영화였으니 기분이 무척 색달랐다. 그러나 편안함도 잠시, 여주인공 탕웨이 중국어 대사가 복병이 될 줄 몰랐다. 탕웨이가 유독 중국어로 말하는 장면이 많아 낭

패였다. 분명 한국 영화인데 자막 없는 중국 영화를 보는 듯한 느낌이었다.

몇 년 전 부산 영화의전당에서 열린 스웨덴영화제에 간 적이 있다. 소설 《밀레니엄》시리즈를 쓴 기자 출신 작가 스티그 라르손을 주제로 한 다큐멘터리를 비롯한 몇몇 영화를 봤다. 그때 예매해 놓고 아쉽게 못 본 영화가 있었다. <더 스퀘어 The square>. 감독은 루벤 외스틀룬드(Ruben Östlund). 2017년 이 영화로 칸영화제 황금종려상을 받았다고 했다. 스톡홀름에 오고 난 뒤 그 영화가 보고 싶어졌다. 왠지 익숙한 풍경이 나올 것 같고 몰입이 더 잘될 것 같았다. 실제 영화는 자주 다녀 익숙한 오덴플란역 광장에서 시작됐다. 뭔가 불편하지만 이런저런 생각이 남는 블랙코미디였다. 스톡홀름 현대미술관 수석 큐레이터인 주인공에게 우연과 불운, 위선 혹은 미필적 고의가 겹치는 여러 일화가 펼쳐진다. 특히 미술관 만찬 장면은 압권이다. 황금종려상을 받을 만큼 예술성이 있는지 잘 모르겠지만 신선했고 재미있었다. 헛웃음이 나오거나 가슴 먹먹한 장면도 더러 있었다.

루벤 감독이 만든 다른 영화도 보고 싶었다. 2014년 만든 <포스 마쥬어 : 화이트 베케이션>은 스위스로 스키 휴가를 떠난 스웨덴 가족의 다이

내밀한 여정을 다뤘다. 역시 뭔가 불편하고 찜찜하고 그럼에도 잔상이 남는 영화였다. 영화 속 인물은 물론 영화를 보는 이도 주인공 딜레마에 빠지도록 밀어 넣는다. 이 작품도 칸영화제에서 심사위원상을 받았다. 미국에서는 <다운힐>이라는 제목으로 리메이크되어 외스틀룬드 감독이 기획을 맡았다. 하지만 원작에 비해 캐스팅, 구성 모두 처참한 실패였다.

    영화 두 편을 본 뒤 루벤 외스틀룬드 팬이 된 나는 2022년 칸영화제 황금종려상을 받은 <슬픔의 삼각형 Triangle of sadness>도 이어서 봤다. 몇 작품 만들지 않았는데 황금종려상 2관왕이라니. 당시 국내에서는 정식 개봉되지 않은 작품이었다. <슬픔의 삼각형>은 한 모델 커플이 초호화 크루즈에 초대되면서 벌어지는 스펙터클한 일화이다. 영화 중반부터는 인물, 설정, 줄거리 모두 전복시켜 버린다. 좀 과하다 싶게 억지스러운 설정도 있었지만 영화 흐름상 나쁘지 않았다.

    애초 크게 주목을 못 받아서 황금종려상을 받자 이변이라는 기사가 나오기도 했다. 박찬욱 감독은 이 작품을 칸에서 가장 보고 싶은 영화로 꼽았다. 공교로운 건 주인공 중 한 명인 '야야' 역할을 맡은 배우 찰비 딘(Charlbi Dean)이 칸영화제 수상 3개월 만에 숨졌다는 거다. 외신에 따르면 공식 사인이 밝혀지지 않았지만 '갑작스러운 질병'으로 요절했다고 하는데 영화 내용과 맞물려 참 기분이 이상했다.

    이후 루벤 초기 작품인 <플레이 The Play>, <분별없는 행동 De Ofrivilliga>도 찾아봤다. 2011년 작 <플레이>는 10대 폭력으로 본 스웨덴 이민 문제를 그리고 있다. 이 영화는 개봉 이후 인종차별 문제로 한동안 논란이 됐다고 한다. 루벤 다른 작품처럼 이 역시 불편하지만 해석과 이해는 각자 몫이다. 이미 소재가 정해졌다는 다음 작품도 기대된다.

'유쾌 상쾌 통쾌' 그레타 툰베리를 만나다

시위에 참여한 그레타 툰베리

인스타그램 팔로워 1천470만여 명. 스웨덴 영향력 최상위 인플루언서이자 기후운동가. 아스퍼거 증후군, 강박 장애가 있는 채식주의자. 15세 때 학교를 결석하고 국회 앞에서 기후위기 대책 마련 1인 시위를 벌인 것을 시작으로, 금요일마다 기후를 위한 학교 파업(School Strike for Climate), 미래를 위한 금요일(Fridays for Future) 시위로 전 세계 수백만 학생들이 금요일 수업을 거부하고 기후위기 시위로 뛰쳐나오게 한 10대 환경운동가.

그레타 툰베리(Greta Thunberg). 그를 스웨덴 스톡홀름에서 만났다. 2022년 11월 25일. 오로라(Aurora)라는 기후운동단체는 어린이, 청소년 636명 서명을 받아 스웨덴 정부에 집단소송을 제기하며 시위를 벌였다. 이들은 스웨덴 정부가 이렇다 할 기후정책을 펴지 않고 미래 세대가 마땅히 누려야 할 자연을 보호해야 하는 직무를 유기하고 있다며 법원에 고소장을 제출했다.

2015년 12월 프랑스 파리에서 열린 21차 유엔기후변화협약 총회에서 한국 포함 195개국이 파리협정을 채택했는데 스웨덴 정부가 이를 위해 노력하지 않는다는 주장이었다. 파리협정 핵심 내용은 지구 평균 온도를 산업화 이전에 비해 1.5도 이상 상승하지 않도록 하고 각국이 이산화탄소 순배출량을 제로로 만들기 위해 자체적으로 온실가스 배출 목표를 정해 실천하자는 것이었다.

시위에 나선 이들은 스웨덴 정부가 세계에서 차지하는 스웨덴 탄소배출이 얼마나 되는지 조사하지 않고 이를 줄이기 위한 실행 가능한 감축 계획도 없다며 '바로 지금' 국가를 고소한다고 외쳤다. "스웨덴 정부는 파리협정에 부합하는 새로운 기후 목표를 개발하고 따라야 한다. 국가의 기후 조치가 실패하면 미래에 우리 인권을 위협한다"는 깃이 이들이 집단소송과 시

스웨덴 정부를 고소한 오로라(Aurora)

위에 나선 이유였다. 기후 위기가 인권을 위협한다는 표현에 눈길이 오래 머물렀다. 앞서 비슷한 소송이 제기된 네덜란드, 독일 등에서도 환경단체가 승소해 해당 정부가 기후정책을 근본적으로 바꾸는 계기가 됐다.

사실 한국에서 뉴스로 본 적은 있지만 그레타 툰베리가 구체적으로 어떤 인물인지는 잘 몰랐다. 하지만 기후위기를 주제로 스웨덴으로 연수 온 아내가 이번 집회를 취재하면서 급 관심을 가져야 했다. 내 임무는 시위 모습을 카메라에 담는 것이었는데 조금은 알고 가야 좋을 것 같았다.

시위 출발점은 정부 청사가 있는 민토르짓(Mynttorget)이었다. 늦지 않을까 조바심내며 도착하니 사람들이 삼삼오오 모여 있었다. 이번 시위에는 그레타 툰베리도 소송자 중 한 명으로 참여해 관심을 끌었다. 프랑스 AFP 통신, 다겐스 뉘헤테르, SVT 등 외국과 스웨덴 언론 기자들도 일찌감치 와서 취재에 나섰다. 휴대전화 카메라로 찍으려다가 그래도 엄연한 취재 활동이라 DSLR 카메라를 들고 갔다. 24mm 단렌즈가 결합된 출시된 지 14년인 캐논 500D였다. 평소 아이들 찍기엔 좋은데 화각이 꽤 넓어 생생한 시위 모습을 찍으려면 바짝 붙어서 카메라를 들이대야 했다. 현지 기자들의 플래그십 카메라와 비교해 너무 보잘것없었지만 '장인은 장비 탓을 하지 않는다'는 고고한 자존심으로 셔터를 눌렀다. 밥벌이하는 입장이 아니다 보니 진짜 기자들 동선과 카메라 화각에 피해가 안 가도록 신경 써야 했다.

스웨덴 시위도 우리나라와 별반 다르지 않았다. 플래카드 들고 대열 지어 행진하며 구호 외치고 노래도 부르고 비교적 자유로운 분위기 속에서 경찰차 한 대가 앞에서 에스코트하고 경찰관 두어 명 정도가 길을 유도하는 식이었다. 많은 취재진이 시위대 속 그레타 툰베리 모습을 담으려고 했다. 나도 무리에 끼어 열심히 사진을 찍었다.

시위에는 소송 주체인 청소년, 어린이, 대학생은 물론 다양한 계층과

연령대가 참여했다. 최연소 소송 참여자는 7세였다. 유모차를 끌고 나온 엄마, 반려견과 함께 행진하는 이도 있었다. 추운 날씨에도 상당히 많은 시민이 스톡홀름 지방법원까지 4~5km 거리를 함께 걸었다. 시위대에 박수를 쳐 주거나 호기심 어린 시선을 보내고 사진을 찍는 시민도 있었다.

시위는 법원에 소송장을 제출하고 오로라 주요 멤버들이 이번 소송 목적과 당위성을 낭독하는 정리 집회로 끝났다. 연단 옆 받침대에 올라선 한 남성이 집회 발언을 수화로 계속 전달했는데 스웨덴은 행사마다 수화 해설을 자주 볼 수 있었다.

아내 덕분에 그레타 툰베리도 보고 스웨덴 기후위기 시위를 몸소 느껴본 색다른 경험이었다. 기후위기는 이론적, 이성적으로는 절박한 문제인데 한편으론 비현실적이거나 피부에 와 닿지 않는 주제다. 라면값이 몇백 원 오르는 것과 달리 지구 온도가 1도 올라간 것은 평소 쉽게 체감되지 않기 때문인 듯하다. 빙하가 녹고 해수면이 상승해 국토가 물에 잠긴 섬나라 투발루 사례는 TV 볼 때만 잠시 심각성을 느낄 뿐 이내 잊어버리기 일쑤다. 한국에선 다양한 집회와 시위가 많지만 기후위기 관련해서는 몇몇 환경단체나 유명 인사가 주도하는 시위가 대부분이고 대중 집회로 이어지지 못하는 게 현실이다. 지금은 서울, 부산에서 강이나 바다와 인접한 곳이 부동산 시장에서 인기 있지만 기후변화 혹은 해수면 상승 가능성으로 기피 주거지역이 될 수 있다는 전망도 나온다.

그레타 툰베리에 대한 냉소나 비아냥거림도 끊이지 않는다. 도널드 트럼프 미국 대통령은 이전 임기 당시 툰베리에게 "감정조절 문제에 애쓰고 친구랑 영화나 보러 가라"라고 조롱했다. 스티븐 므누신 전 미국 재무장관은 "대학에서 경제학 공부나 하고 와라"라고 비꼬았다. 전 재규어 랜드로버 CEO는 툰베리에게 "대안 없이 비판만 한다", 미국 폭스뉴스 한 패널은 툰베리를 '정신질환자'라고 저격했다 퇴출당하기도 했다. 2023년 초 성폭행 혐의를 받는 앤드류 테이트라는 킥복서 출신 인플루언서가 SNS로 툰베리에게 유치한 시비를 건 뒤 한 방 먹고 다시 조롱 영상을 올렸다가 영상 속 피자박스 때문에 자기 위치가 노출돼 경찰에 체포된 일도 있었다. 그레타 툰베리는 이런 조롱을 유쾌하게 혹은 그대로 되받아치면서 10년째 매주 금요일 기후를 위한 학교 파업을 하고 있다.

뉴욕에서 열리는 기후회의에서 연설하려고 막대한 이산화탄소를 배출하는 비행기가 아닌 무동력 요트를 타고 한 달간 대서양을 건너는가 하면 2023년엔 독일 뤼체라트에서 석탄 채굴 광산 반대 집회에 참여하다 경찰에 사지가 붙들려 구금됐다. 또 스웨덴 북부 원주민인 사미족 거주 지역 중 하나인 키루나에서 유럽 최대 희토류 매장지 개발 반대 운동을 하는 등 꾸준하게 활동하고 있다. (희토류는 자연계에 매우 드물게 존재하는 금속 원소로 21세기 최고의 전략 자원으로 불린다. EU는 유럽에서 소비되는 90%의 희토류를 중국에서 수입하는 상황에서 키루나 희토류 개발을 환영하는 상태다. 하지만 희토류가 개발될 경우 순록을 키우며 사는 사미족은 거주지를 잃게 된다.)

2019년엔 그레타 툰베리 재단도 설립됐는데 2022년 10월까지 유니세프, 그린피스를 포함한 기후환경 단체 등에 1천350만 크로나(16억 2천만 원)를 기부했다. 2023년 1월 스무 살이 된 그레타 툰베리는 스웨덴에서 유럽 곳곳에서 종횡무진하는 '현재진행형' 활동가다. 이제는 그레타 툰베리에게 영향을 받은 전 세계 수많은 '툰베리 키즈'들이 "지구는 하나뿐"이라는 피켓을 들고 거리로 나서고 있다. 그레타 툰베리는 기후위기에 대한 대응과 우리의 변화는 나중이 아닌 '바로 지금'부터라고 강조한다.

"The time to act is now."

북유럽 기자를 상대로 영어 강연을

스톡홀름에 짐을 풀고 '아, 내가 진짜 스웨덴에 왔구나'를 실감할 때쯤 스웨덴 안보·개발정책 연구소(ISDP) 한국센터의 이상수 소장님이 강연을 요청했다. 소장님은 나를 스웨덴의 방문연구원으로 초청해준 은인이었다.

스웨덴에서는 주로 6월 중순~8월 중순 무렵 2개월이 여름휴가 기간이기 때문에 늦으면 8월 중순이 돼야 각자 일터로 돌아왔다. 그 무렵 인사도 할 겸 연구소에 들렀는데, 소장님이 강연을 요청한 거다. 약 3주 후, 북유럽 언론인을 대상으로 한 영어 강연이었다. 북유럽 기자를 상대로? 그것도 영어로?

돌덩이 하나가 가슴에 들어앉았지만 거절할 도리가 없었다. 초청받아 온 이로서 당연히 해야 하는 일이있다.

'그러면 생각을 바꾸자, 기회가 주어진 거라고 생각하자.' 전혀 알지도 못했던 나를 스웨덴으로 초청해준 소장님에게 보답할 기회, 영어로 사람들과 소통하며 빠르게 적응할 수 있는 기회. 연이 닿으면 북유럽 기자들과 네트워킹까지 할 수 있는 기회.

어차피 한국에서 하는 강연도 대본을 쓰고 그걸 참고하는데, 영어 강연도 대본을 미리 써놓으면 못 할 게 뭐람. 최대한 자연스럽게! 읽으면 되지. 다행히 센터에 인턴으로 와 있던, 한국인 수현 씨가 질의응답 때 부족한 부분은 채워주기로 했다. 수현 씨는 룬드대에서 석사 과정 중이었다.

ISDP는 한국국제교류재단과 'ISDP-KF Nordic Journalist Fellowship

Program'을 진행하고 있었다. 이미 전년도에 1차는 스웨덴에서, 2차는 서울에서 행사가 열렸고 이번이 3차였다. 나는 동아시아박물관에서 열린 3차 행사 마지막 날 강연 중 하나를 맡았다. 강연에는 한국국제교류재단 관계자도 참관했다.

주최 측은 북유럽 언론인들이 한국 사회에 대해 궁금해 하는 것을 기자의 관점으로 강연해주길 바랐다. 이에 그들이 무엇을 궁금해 하는지 사전조사 했고 이를 토대로 강연 내용을 구성했다.

사실 북유럽 언론인들이 한국에 대해 어떤 이유로 애정을 갖고, 알고 싶어 하는지는 내가 더 궁금했다. 이 부분에 대한 궁금증은 연구소 한국센터의 피터 연구원(UN으로 이직했다)이 쓴 글에서 풀렸다.

"지난 20년 동안 한국은 세계에서 가장 강력한 중간 강대국 중 하나가 됐으며 민주적 가치, 지속 가능한 개발, 녹색 기술 및 양성 평등의 주요 촉진자 중 하나로서 아시아에서 특별한 위치를 차지했습니다. 또한 K-Entertainment(팝, 드라마, 영화), 언어, 요리 등 한류 열풍으로 한국의 위상이 전 세계적으로 빠르게 높아지고 있습니다.

여러 면에서 한국은 유라시아 대륙 반대편에 있는 첨단 기술, 혁신적, 도덕적 초강대국으로 북유럽 국가들과 유사한 국가 이미지를 갖고 있습니다. 그러나 북핵 문제로 한국의 발전이 가려져 활기찬 중견국이라는 한국의 이미지가 북유럽 언론에 잘 드러나지 않습니다."

우리는 미처 생각 못했지만 북유럽인, 특히 스웨덴인은 한국이 자기 나라의 이미지와 겹치는, 결이 비슷한 국가라고 생각하며 특히 관심을 표했다. '아바(ABBA)'의 나라답게 스웨덴인은 케이팝에 관심이 많았고, 젠더 문제, 양성 평등에 있어 스웨덴이 전 세계를 선도한다고 생각하는 만큼 한국의 젠더 갈등과 정치인의 젠더 갈라치기 현상에 대해서도 깊은 관심을 표했다.

출생률 감소와 수도권 과밀화, 사교육 문제에 대해서도 관심이 많았다. 다른 강연에서 그들은 한국의 외모 중시 문화가 얼마나 심각한지, 성형수술이 얼마나 빈번하게 이뤄지는지, 최근 과도한 금전 만능주의 문화가 생기게 된 이유 등을 물었다고 했다. 그들은 한국의 심각한 자살률도 잘 알고 있었다.

내가 강연한 내용 중 사투리 기획 시리즈 관련, 사투리를 홀대하는 분위기에 의아해하고 놀라워했다. 한국이 수도권 과밀화와 지방 소멸 문제를 해결하기 위해 공공기관을 지방으로 이전한 것에 흥미롭다는 반응을 보였다.

그들이 이미 드라마나 영화 등을 통해 한국사회의 여러 가지 문제점을 알고 있어(그들도 기자이지 않은가!) 소위 '국뽕'에 찬 '선전'보다는 최대

강연하는 모습

한 객관적 관점에서 강연하려고 노력했다. 행여 그들이 오해할 수 있는 부분에는 "한국은 짧은 시간에 일제강점기, 전쟁, 눈부신 경제 발전과 인구의 급속한 증가와 감소 등을 겪으며 아주 짧은 시간에 많은 것을 경험한 나라다. 이 때문에 젠더 갈등, 세대 갈등 등 다양한 현상이 맞물려 나타난다. 하지만 이로 인해 생겨나는 흥미롭고 역동적인 현상도 많다. 예컨대 교육 격차와 사교육과 학벌을 통한 계층 세습 등은 한국 사회의 큰 문제로 다뤄지지만 한편으로는 계층 이동이 비교적 자유로운 나라이기 때문에 가능하다는 양면이 함께 존재한다는 점을 잊어서는 안 된다"고 언급하기도 했다.

한 북유럽 기자는 사교육비가 심각하다고 했는데 실제 한 달에 얼마 정도를 쓰느냐고 내게 물었다. 실제 아이 셋에 들어가는 금액을 얘기했더니 다소 놀라는 표정이었다. (나중에 스웨덴에서 살아보니, 아이 사교육에 돈이 많이 들어간다는 게 놀랄 만하다는 생각이 들었다.)

우크라이나 전쟁이 한창이어서 전쟁 관련 질문도 나왔다. 핀란드의 미코 기자는 한국이 왜 우크라이나 전쟁에 관심을 보이지 않는 것인지, 단순히 지리적으로 멀기 때문이냐고 물었다. 이에 "여러 요인이 있을 수 있지만, 한국의 휴전 상황, 북한과의 관계가 큰 원인이다. 북한은 유엔에서 러시아 규탄 반대 입장을 드러낼 만큼 러시아, 중국과 같은 편에 서 있는 나라다. 이 때문에 한국은 미국이 요구하는 것처럼 앞장서서 우크라이나 편을 들 수 없는 복잡한 사정이 있다"고 답변했다. 마치 한국 대변인이 된 것처럼.

이 날 강연이 끝난 후 한 언론인은 "서울 사람이 아닌 한국 사람은 처음 본다"고 했다. 한국 사람들은 다 서울에 사는 줄 알았다며. 알아들을 수만 있다면 부산 사투리를 시원하게 들려주고 싶었다. "마, 느그 강알리에서 둥킨 도나스 무봤나?"

국제학교에서 사고 친 아들, 가슴이 철렁

국제학교에 다니던 둘째 아들이 결국 폭발했다.

가을학기가 시작된 지 두 달 만인 2022년 10월 초. 아이들 학교 보내고 지리를 익힐 겸 주변을 산책하는데 학교 연락 앱에 알림이 떴다. 학교 도서관 선생님 메시지였다. 공놀이하던 친구와 다툰 둘째가 선생님 경고와 만류에도 불구하고 분을 가라앉히지 못하고 친구를 향해 공을 던졌다는 것이었다. 메일엔 둘째가 어떻게 행동했는지, 당시 선생님이 얼마나 화가 났는지 고스란히 느껴질 정도로 자세한 상황이 묘사돼 있었다.

선생님 말을 듣지 않는 아들이라니, 가슴이 철렁 내려앉았다. 졸지에 '문제아'가 돼버린 둘째를 당장이라도 데려와야 할 것 같아 곧장 학교로 달려갔다. 선생님한테도 사과해야 할 것 같았다. 괜히 아이를 낯선 땅에 데려와 문제아로 만든 것은 아닌지 만감이 교차했다.

학교 앞에 도착했지만 어찌해야 할지 몰라 정문에서 서성이고 있기를 한참. 담임선생님에게 메시지를 보냈더니 둘째가 사서 선생님에게 사과했고, 친구와도 문제가 잘 해결됐으니 데려갈 필요는 없다는 답장이 돌아왔다. 그제야 안정을 찾고 일단 집으로 돌아왔다.

스웨덴까지 와서 부족한 부모 노릇이 온 동네에 까발려진 것처럼 부끄러웠다. 선생님께 문제를 일으켜 죄송하다고, 아이에 대한 사랑이 부족했거나 훈육이 부족했던 것 같다고 앞으로 아이를 똑바로 가르치겠다고 메시지를 보냈다.

하지만 선생님의 답장은 의외였다. "우리가 너에게 연락하는 것은 부모로서 능력을 평가하려는 것이 아니라 상황을 공유해 집에서 얘기를 나누기를 바라기 때문이다." 특히 둘째 행동은 새 학교에서 의사소통이 원활하지 못해 서로 감정을 충

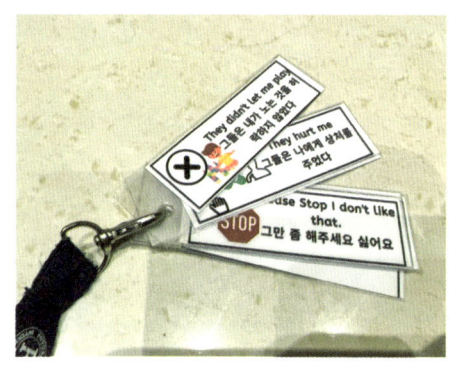

친구와 소통할 수 있는 카드 목걸이

분히 이해하지 못하는 친구 사이에서 생기는 자연스러운 결과이며, 이로 인해 아이가 엄청 스트레스를 받고 있을 것이라고도 했다. 이 때문에 모국어인 한국어로 최대한 이해할 수 있도록 '해도 되는 것'과 '하면 안 되는 것'을 설명해 달라고 정중히 부탁했다.

그리고 다음날 담임선생님은 둘째가 학교에서 친구에게 보여줄 수 있는 카드 목걸이를 만들어줬다. 카드 목걸이에는 둘째가 영어로 설명하기 어려운 억울한 상황이 영어와 한글, 그림으로 간단히 표현돼 있었다. 한글을 모르는 선생님이 번역기를 돌려 하나하나 만든 것이었다. 학교생활 중 번역 사이트를 사용할 수 없거나, 선생님이 없는 시간에 필요하면 친구에게 보여주라는 용도였다. 생각지도 못한, 깊은 배려에 감동을 넘어 눈물이 날 것 같았다.

학기 초 학교에서 학부모 모임 하던 날, "만일 생일 파티를 할 거면 몇 명만 초대하지 말고 반 아이 모두를 초대해 달라. 물론 부담이 되는 건 안다. 하지만 초대받지 못한 아이가 느낄 상처를 생각한다면, 반 아이 모두를 초대하지 않을 거라면 생일 파티는 하지 않았으면 좋겠다"라고 부탁했던 선생님이었다.

남편은 한 번씩 "스웨덴에서 한 사람을 한국으로 데려갈 수 있다면, 둘째 담임선생님 미스 해리스를 데려가고 싶다"고 농담처럼 말하곤 했는데, 정말이었다. 아이에게도 나에게도, 스웨덴 교육과 교사에 깊은 신뢰감을 느끼게 해 준 선생님이었다.

해리스 선생님과 둘째 동휘

Kill Korean! 버스에서 당한 인종차별?

아이를 등교시킨 뒤 집으로 돌아오는 버스에서 황당한 일을 겪었다. 한 할머니가 하차하면서 나에게 뜻 모를 말을 격하게 쏟아냈다. "Kill Korean now?" 마지막 말만 겨우 알아들었다. 가만히 앉아 있다 날벼락 같은 일을 당하자 어안이 벙벙했다. 이 모습을 본 맞은편 승객도 황당한 듯 나와 할머니를 번갈아 쳐다봤다. 나도 그 정거장에서 내려야 했기에 할머니를 따라 내리는 모양새가 됐다. 그대로 가자니 너무 분해 무슨 말을 한 거냐고 다시 물었다. 그러나 이번에도 할머니는 속사포처럼 한바탕 말 잔치를 쏟아내고는 휙 몸을 돌려 가버렸다. 무슨 내용인지도 모른 채 또 한 방 얻어맞고 그 자리에서 한 발짝도 움직일 수 없었다. 너무 기분 나쁘고 불쾌했다.

마음이 약간 진정되자 의문이 솟구쳤다. 도대체 할머니는 내가 'Korean'인지는 어떻게 알았을까. 휴대전화로 전자책을 보고 있었는데 한글이라도 본 것인지, 흔들리는 버스에서 휴대전화 활자를 구분할 수 있는 동체 시력을 가진 것인지. 겉보기로는 한국, 일본, 중국 사람을 구분하기 쉽지 않을 텐데 콕 집어 한국인이라고 지명한 이유를 도무지 알 수 없었다. 최근엔 아내가 한 스웨덴 취객으로부터 '이제 이민자들은 더욱 살기 힘들어질 거다. 너희들은 살길을 찾아야 한다'는 투의 난데없는 훈계를 듣기도 했던 터라 그 폭언이 예사롭게 들리지 않았다.

2022년 8월 스웨덴 총선에서 좌파 연립 정부가 우파 연합에 패배했다. 주목할 것은 극우성향 스웨덴민주당(SD)이 처음으로 제2당으로 올라섰다는 거다. 스웨덴민주당은 반이민, 반이슬람 등을 표방하며 지지세를 넓혀왔고, 선거에서 이민자 지원 축소, 총기사고 억제, 조직폭력범죄 처단 등 공약을 내세워 많은 지지를 끌어냈다는 평가였다. 스웨덴민주당은 보수당, 기독민주당, 자유당과 연립 정부를 구성했다. 첫 여성 총리였던 사회민주당 막달레나 안데르손 대표가 물러나고 울프 크리스테르손 보수당 대표가 총리가 됐다. 좌우를 막론하고 아직 스웨덴 정치계가 극우파 스웨덴민주당 총리를 받아들이지 못하는 분위기지만 나중엔 어찌 될지 알 수 없는 노릇이다.

변화는 곧 시작됐다. 우파 연립정부가 들어선 이후 이민자 영주권 기간이 경우에 따라 10년에서 3년으로 줄어드는 등 갱신 심사가 강화됐다. 시민권을 받을 수 있는 의무 거주기간 역시 길어졌다고 한다. 스웨덴은 사회민주주의 복지정책과 소수자 보호 정책을 펼쳐왔고 독일과 더불어 많은 이민자를 받아들이는 등 적극적인 이민 우호 정책을 펴온 것으로 유명하다. 해외 입양도 많이 받아들였는데 5대 입양국 중 하나가 한국이다. 2022년 현지 언론 다겐스 뉘헤테르는 스웨덴 해외 입양 문제를 다룬 기사를 내보냈고 스웨덴 정부가 한국을 비롯한 5대 입양국 불법 해외 입양 문제를 공식 제기하기도 했다.

다른 유럽 국가처럼 스웨덴에서도 총기사고나 갱단 연루 조직범죄가 늘고 있다. 이러한 현상은 스웨덴민주당 같은 극우 정당이 세력을 넓히는 배경이기도 하다. 또 세금 징수율이 40%에 이르다 보니 왜 이민자를 지원해야 하느냐는 주장은 유권자에게 꽤 설득력 있는 호소였다. 아직 단일민족이라는 인식이 여전한 우리나라에서도 '내가 낸 세금을 왜 이민자에게 퍼줘야 하느냐'는 말에 반박하기 쉽지 않다. 실제 서구 국가 상당수에서 이런 말은 극우파 득세를 부추기는 논리 중 하나가 되고 있다. 물론 사회 부적응, 소외, 범죄율 증가 등 이민자 문제가 존재하는 것도 사실이다. 우리 같은 시한부 거주자는 한국으로 돌아가면 그만이지만 스웨덴에 정착하려는 사람에겐 스웨덴민주당 득세와 우파 연립 정부 정책 변화는 분명 달갑지 않은 신호임이 틀림없었다.

내가 경험한 스웨덴 시민 의식과 치안은 매우 높은 수준이었다. 가게에서 진열된 빵을 옷에 슬쩍 넣는 사람이나 지하철역에서 경찰에 연행되는 현행범을 보긴 했지만 거리를 순찰하는 경찰을 자주 볼 수 있었고 소매치기도 당하지 않았다. 외국인이라는 이유로 불이익이나 차별을 당하지 않았다. 사람 사는 세상이 늘 그렇듯 다양한 사람이 있지만 몇몇 불쾌한 경험보다 고맙고 기분 좋은 기억이 더 많았다. 한 할머니로부터 당한 폭언이 인종 차별로까지는 느껴지지 않았던 이유이다.

사회민주주의 탄생 배경은 경제적 호황에서 비롯됐다는 글을 본 적이 있다. 소위 잘나갈 때는, 가진 게 많을 때는 좀 도와줘도 별 문제가 없지만 살기 팍팍하면, 나 살기도 어렵다고 생각되면 복지보다는 자력갱생이 먼저다. 더군다나 러시아의 우크라이나 침공으로 한국은 물론 유럽 곳곳에서 전기세가 폭등하고 물가는 치솟았다. 100년 넘게 탄탄한 복지정책 토대 위에 의료, 공공 서비스가 뒷받침 돼온 스웨덴 사회민주주의는 분명 극우파 득세로 위기를 맞고 있지만 스웨덴 국민들의 건강하고 성숙한 정치의식이 이를 돌파하길 기대한다. 돈 냄새 풀풀 나는 시장 민주주의와 달리 사람 냄새나는 스웨덴 사회민주주의가 오래도록 지속되길 바란다.

힐튼호텔의 비밀

11

굴마르스플란역 주변에서 스톡홀름 북동쪽 섬인 리딩외로 이사할 때 일이다. 한국에서 들고 온 짐도 많은 데다 스웨덴 생활 불과 2개월 사이 살림은 더 늘어나 있었다. 이삿짐센터를 부르자니 비용이나 절차 등이 신경 쓰여 직접 이사하기로 결정했다. 가장 큰 문제는 이삿짐을 옮길 차였다. 당시엔 아직 우리나라 주민등록번호에 해당하는 퍼스널넘버(PN)가 나오지 않아 차량 대여 앱을 이용할 수 없었다. 결국 알아보다가 서클케이 주유소에서 차를 빌렸다. 신기하게도 주유소에서 렌터카 영업을 했다. 국제면허증을 보여 주고 왜건인 볼보 V90을 빌렸다. 스웨덴에서 첫 운전이라 무척 떨렸다. 인터넷으로 수차례 검색해 보고 대충 지리감을 익혔으나 긴장됐다. 스톡홀름은 외곽순환도로가 잘 돼 있어 갈 때는 복잡한 도심을 피해 30분 만에 순조롭게 이사할 집에 도착할 수 있었다. 짐이 많아 몇 번 더 왕복해야 했다. 돌아올 땐 구글맵 내비게이션을 잘못 봤는지 외곽으로 빠지지 않고 도심 한복판 도로로 들어와 버렸다. 아차 싶었지만 돌아가는 게 더 힘든 상황.

내비게이션에 집중하며 운전하는데 갑자기 난데없는 터널 입구가 나왔다. 빽빽한 도심 건물 1층에 나 있는 사각형 입구는 생소했다. 터널을 따라 몇 백 미터를 달렸을까 주위가 환해지며 외부 도로가 나왔고 감라스탄과 쇠데르말름을 연결하는 다리를 건넌 뒤 다시 다른 터널 속으로 쏙 빨려 들어갔다. 이 두 번째 터널은 제법 길었다. 북에서 남으로 쇠데르말름을 직선으로 관통했다. 쇠데르말름을 빠져나온 차는 곧장 요하네쇼프 다리

(Johanneshovsbron)와 연결됐다. 도심 속 터널이라니 신기했다. 지하터널로 차량을 돌려 도심 교통체증을 줄이는 묘법 같았다.

문득 이 터널을 어떻게 만들었을까 의문이 생겼다. 스톡홀름은 역사와 전통이 있는 오래된 도시다. 터널 위는 많은 건물, 광장, 공원 등이 이어져 있다. 터널공사로 인한 엄청난 민원이 불가피했을 것 같은데 그 아래로 어떻게 터널을 만든 건지 궁금했다. 스톡홀름은 터널의 도시인 건가?

일상에 빠져 한동안 잊고 살다가 스톡홀름 지하철 녹색 라인을 타고 슬루센(Slussen)과 감라스탄(Gamlastan) 사이를 지나가다가 문득 이 질문이 다시 떠올랐다. 지하철이 슬루센역에서 감라스탄역으로 향하며 사방이 확 트인 지상 구간으로 이어졌다. 지하철 창으로 차량이 오가는 다리를 봤는데 그 다리가 쇠데르말름으로 이어지는 터널과 연결돼 있었다. 터널 위엔 힐튼호텔(Hilton Stockholm Slussen)이 있었다. 평소에도 여길 지날 때 '조식은 맛있겠지?' 생각하며 무심코 지나쳤는데 이번엔 다르게 보였

쇠데를레드 터널 북쪽 입구 위에 있는 힐튼 호텔 (출처 https://digitalastadsmuseet.stockholm.se/fotoweb/)

다. 호텔 아래로 도대체 터널을 어떻게 뚫은 거야? 다시 궁금증과 호기심이 발동했다.

도심 터널은 총 2개였다. 스톡홀름 중심인 노르말름에 있는 클라라 터널과 쇠데르말름을 관통하는 쇠데를레드 터널이다. 클라라 터널은 티에겔박켄과 스비아베겐을 잇는 길이 500m 터널과 티에겔박켄과 매스테 사무엘스가탄 사이 길이 850m 터널 2개를 부르는 이름이었다. 500m짜리 터널이 1976년 10월, 850m짜리 터널은 1979년 6월 각각 개통했다. 쇠데를레드 터널은 스톡홀름 쇠데르말름에 있는 센트럴 다리와 요하네쇼프 다리를 연결하는 터널이었다. 북쪽 방향 터널 길이는 1천520m, 남쪽 방향 터널은 1천580m이었다. 이 터널은 1984년 10월 개통했다.

예상대로 두 터널 모두 도심 통행량을 우회시킬 목적으로 건설했다. 클라라 터널은 지반이 약해 땅을 파고 들어가는 공법이 아니라 땅을 걷어 낸 뒤 터널을 만드는 방식을 채택했다고 한다. 이 때문에 터널이 들어설 지역 주변 건물이 상당수 철거됐다. 건물 철거 시점인 1967년부터 공사가 진행돼 빠른 건 9년, 다른 터널은 12년 만에 완공됐다. 터널 개통 후 그 위를 덮고 건물을 세워 지금 모습이 됐다. 터널 굴착이 아닌 터널을 먼저 만들고 그 위에 건물을 올렸다니 터널에 대한 고정관념을 깨는 발상이었다.

쇠데를레르 터널 건설 전(좌) 건설 중(우) 모습 (출처 digitalastadsmuseet.stockholm.sefotoweb)

쇠데를레드 터널도 비슷하다. 하지만 클라라 터널에 비해 길이가 훨씬 길어 건설 과정에서 아픔도 있었다. 1930년대 초 쇠데르말름 남북 방향 도로가 있었는데 스톡홀름 남쪽 지역이 발전함에 따라 교통량을 수용하기 어려워졌다고 한다. 기존 도로와 평행한 새 도로를 만들어 교통량을 분산시키기로 결정했고 1944년 쇠데르말름 북쪽에 길이 650m 도로가 1945년 개설됐다. 이 도로를 건설하려면 많은 거주자를 쫓아내야 해 큰 저항에 부딪히고 비난을 받기도 했다고 한다.

특이하게도 이 도로는 지상에서 깊이 10m 아래로 파내려 간 도랑 형태였다. 이후 쇠데르말름 남쪽 주거지역에 굴착공사가 시작돼 1964~1966년 길이 150m 터널이 건설됐지만 연결도로가 없어 사용되지 않았다. 그러다가 1980년대 초 쇠데르말름 남쪽에 터널이 뚫린 후 북쪽 도로와 연결되며 비로소 하나의 긴 터널이 만들어졌다. 이 때문에 쇠데를레드 터널은 남쪽 암석터널과 북쪽 콘크리트 터널이 섞인 특이한 구조이다. 1940년대 스톡홀름 정치인들이 30~40년 후 쇠데르말름을 관통하는 거대한 왕복차선 터널을 미리 염두에 두고 미리 북쪽 150m 도로를 만들었는지 모르겠지만 미래를 내다보는 결정이었던 셈이다.

쇠데를레드 터널은 1960년대 이후 기술 발전으로 일부 구간을 굴착하기도 했지만 과거 도랑 형태로 건설된 도로를 터널로 만들고 그 위에 집과 건물을 지은 형태이다. 클라라 터널 역시 먼저 땅을 파고 터널을 건설한 후 그 위에 복개를 했다는 점에서 유사한 공법이다. 스톡홀름 도심 터널 비밀은 풀렸다.

그럼 힐튼 호텔은 어떻게 지어진 것일까. 스톡홀름시는 많은 차들이 오가는 쇠데를레드 터널 위에 들어서야 하는 건물에 대해 높은 미적, 도시 디자인, 기술적 품질을 요구했다. 이런 까다로운 건축 조건을 충족한 건물이 들어섰고 1989년 스카닉 호텔이 문을 열었다. 이후 힐튼 호텔이 스카닉 호텔 건물을 인수해 현재 모습이 되었다.

이런 의미에서 본다면 스톡홀름은 지하 터널을 뚫은 도시가 아니라 터널 위에 지어진 도시에 가깝다고 해야 할 것 같다. 클라라 터널과 쇠데를레드 터널은 이전 도로와 터널 건설 과정에서 불가피하게 철거된 건물을 복원했다는 의미도 있겠다. 클라라 터널은 2018년 측정된 결과에 따르면 하루 통행량이 4만 2천 대에 이른다. 스톡홀름에서 가장 크고 복잡한 시설 중 하나인 클라라 터널은 지은 지 50년이 다 되다 보니 이런저런 문제가 생겨 2028년부터 전면 폐쇄하고 보수 공사를 할 예정이다.

두 터널은 스톡홀름 중추인 노르말름과 쇠데르말름을 연결하는 도로 운송의 중요한 연결고리다. 또 차량 통행을 우회시켜 도심 속 차량을 줄이고 보행자와 자전거 이용자 접근성과 쾌적함을 높이는 역할도 하고 있다. 대도시에서 찾아보기 쉽지 않은 도심 터널인데 만들어진 과정도 흥미로웠다. 번잡한 도심을 달리다가 마치 '이상한 나라의 폴'에 나오는 마법 통로처럼 전혀 다른 세계로 들어가는 듯 착각하게 해 준 색다른 터널이었다.

* 스톡홀름시 홈페이지, 위키피디아 등을 참고했다.

폭설에 사라진 등굣길, 볼보가 멈춰 섰다

2022년 11월 19일 토요일, 날씨 눈.

정오 무렵부터 눈이 내리기 시작했다. 스웨덴에서 첫눈이었다. '그래, 이게 스웨덴이지' 하면서 삼남매 모두 마당으로 총출동해 눈밭에서 뒹굴며 눈사람 만들고 눈싸움도 하면서 놀았다. 1년에 눈 한번 구경하기 힘든 부산에서 살던 우리 가족은 추운 줄도 모르고 즐겼다. 눈은 밤새 내리다 일요일인 다음 날 아침에야 그쳤다. 현관에 나가보니 30cm는 넘을 만큼 눈이 수북이 쌓였다. 집 주변은 온통 눈 세상이었다. 막내가 사랑하는 영화 <겨울

차 위에 마구 내려앉은 눈

왕국>이 이런 모습이겠거니 싶었다. 나무가 쌓인 눈 무게에 축 늘어진 모습이 마치 엘사가 만든 '눈 괴물' 같았다. 이게 스웨덴 겨울 낭만 아니겠는가.

그런데 일요일 밤이 되면서 걱정이 되기 시작했다. 내일 애들 데리고 학교 가야 하는데 별일 없겠지? 별일 없을 거야, 그럼. 일단 잤다. 내일 일은 내일 생각하기로 하고.

다음날 집을 나서는데 생각한 것보다 상황이 심각했다. 학교 갈 때 집 뒤편 쪽문을 열고 숲 오솔길을 지나 도로로 나가는데 무릎 높이까지 쌓인 눈 속으로 발이 푹푹 빠졌다. 운동화 속으로 차가운 눈이 들어와 발이 젖었고 이내 시렸다. 도로에는 내린 눈이 치워지지 않았고 주차된 차는 그냥 하얀 눈덩이 같았다. 출근하려는데 차가 눈에 파묻혀 삽으로 걷어내는 사람들도 많았다. '아, 늦겠는데.' 불안감이 엄습했다. 가까스로 버스정류장에 도착했지만 평소 버스 도착시간을 알려주던 버스정보 안내기는 먹통이었다. 아무리 기다려도 버스는 오지 않았다. 도로는 차바퀴가 닿는 실선 두 가닥만 검은색이고 나머지는 하얀 눈밭이었다.

그때였다. 자동차 한 대가 정류소 앞에 서더니 창문이 스르륵 내려갔다. 자가용 운전자가 뭐라고 말했다. 잘 알아듣지는 못했지만 타라는 말 같았다. 잠깐 망설이던 사이 옆에 있는 청년이 차로 뛰어들었고 2명이 뒤따라 탔다. 3명 모두 모르는 사이였다.

자동차가 떠난 뒤 후회하는 마음도 잠시, 다음 자동차가 또 섰다. 볼보 XC60이었다. 중년 여성 운전자가 차에 타라고 했다. 이미 등교 시간을 훌쩍 넘긴 상태라 염치 불구하고 첫째, 둘째와 차 안으로 몸을 던졌다. 운전자는 고맙게도 지하철 환승이 가능한 롭스텐(Ropsten)역까지 우릴 태워줬다. 정말 고마운 마음에 "탁 소 뮈케(스웨덴어로 고맙습니다)"만 되풀이하며 내렸다.

롭스텐역에는 고마운 '카풀' 차들이 계속 도착하고 있었다. 리딩외에서 스톡홀름으로 나오는 승용차 운전자 대부분은 누가 시키기나 한 것처럼 버스정류소에서 오지 않는 버스를 기다리는 시민들을 환승이 가능한 지하철역까지 실어 날랐다. 눈 폭탄으로 대중교통이 중단된 등굣길에 카풀이라니. 예상치 못한 호의에 마음이 훈훈해지는 감동적인 순간이었다.

우리 가족이 살던 곳은 스톡홀름 북서 방향에 있는 리딩외(Lidingö) 섬으로 스톡홀름 지하철이 연결돼 있지 않다. 스톡홀름 자체가 크고 작은 군도로 이뤄진 곳이기도 하다. 롭스텐역까지만 지하철이 운행하고 버스와 트램으로 갈아탄 뒤 리딩외로 갈 수 있는 교통 시스템이다. 눈이 너무 많이 와서 리딩외와 롭스텐을 오가는 버스, 트램 운행이 모두 중단된 것이었다. 그 때문에 리딩외 주민들은 카풀 차량을 얻어 타지 못했다면 꼼짝없이 걸어서 리딩외와 스톡홀름 롭스텐을 잇는 길이 750m 다리를 건너야 했다. 실제로 걸어서 다리를 건너는 사람들도 많았다.

롭스텐에서 지하철을 타고 학교로 가는 중에 '눈이 많이 내려 교통이 불편하니 등교에 주의하고 사정이 여의치 않으면 등교 안 해도 된다'는 학교 알림 문자를 받았다. 조금 일찍 문자를 줬다면 학교 안 갔을 텐데. 첫째, 둘째는 30분 정도 늦었지만 무사히 학교에 도착했다. 같은 학년 학생 절반 정도가 이날 등교하지 않았다고 했다.

혼자 집으로 돌아가는 길도 만만치 않았다. 그쳤던 눈이 다시 내렸다. 지하철을 타고 롭스텐역까지 오는 길은 쉬웠는데 버스와 트램은 운행 중단 상태였다. 트램 레일은 눈에 파묻혀 구분이 되지 않았다. 출발시간이 계속 지연되는 트램을 30여 분 기다리다가 결국 리딩외 다리를 걸어가기로 했다. 바닥이 닳은 운동화로 눈길을 걷자니 자꾸 미끄러지고 무릎마저 시큰거렸다. 다리를 건너 거의 한 시간을 걸어 집까지 도착했는데 불현듯 걱정

눈 오는 날 등굣길

이 앞섰다. 스웨덴 사람들은 눈이 이렇게 많이 오는데 어떻게 사는 건지, 우리 가족은 앞으로 이 겨울왕국에서 어떻게 살아가야 할지 앞이 깜깜했다.

숨 좀 돌리고 나니 이번엔 하굣길이 문제였다. 리딩외뿐 아니라 스톡홀름 곳곳에서 버스 운행 중단 사태가 속출했다. 지하철은 비교적 상황이 나은 듯했다. 역시 불길한 예감은 들어맞아 오후에도 눈은 계속 내렸고 버스, 트램 운행은 재개될 기미가 보이지 않았다. 다시 걸어서 다리를 건너야 했다. 운동화는 젖은 지 오래였다. 아이들을 데리고 또 한 번 다리를 걸어 돌아와야 했다. 학교에서 나온 첫째 둘째는 눈길에 장난도 치고 재미있다고 깔깔거리는데 난 앞일이 걱정이었다. 스웨덴이 눈의 나라라더니 첫눈에 뼈저리게 느꼈다. 기상예보를 잘 살피고 방한화와 방한용품을 빨리 사야겠다는 생각뿐이었다.

기상청 홈페이지를 찾아보니 이번 눈 폭탄으로 오렌지 경보가 발령됐다고 했다. 스웨덴 기상 경보는 옐로, 오렌지, 레드로 나뉜다. 중간 단계인 오렌지 경보는 사회에 심각한 결과를, 대중에게 위험을 초래할 수 있고 재산과 환경에 큰 피해를 줄 수 있는 날씨 수준이다. 또 대중교통 등 다양한 사회 서비스가 중단될 위험이 크고 취약한 장소에 매우 심각한 피해를 입힐 수 있다고 했다. 이보다 강하다는 레드 경보는 어떤 수준인 건지.

이날 저녁, 옆집 이웃이 귀가하다가 야외 주차장에 수북이 쌓인 눈에 자동차 바퀴가 헛돌아 난감해하고 있었다. 사방에 고무 타는 냄새가 진동했다. 이웃 차가 이면도로를 막는 바람에 다른 차들도 오도 가도 못하는 상황이었다. 집 앞 눈을 치우던 나는 눈삽을 들고 나섰다. 강원도 철원 군 생활 중 지겹도록 눈 치운 실력을 한번 발휘해 보리라. 바퀴 주변에 쌓인 눈을 한참 걷어내는데 이웃이 "스톡홀름에 20여 년 살았는데 이런 눈은 처음 봤다"고 하는 게 아닌가. 이게 스웨덴 보통 적설량이 아닌 건가 어안이 벙벙했다. 그러고 보니 현지 주민들도 미처 동계 준비가 안 됐는지 다음 날에도 겨울용 타이어가 없는 차들이 눈길에 미끄러지는 광경을 자주 봤다. 스웨덴에서는 겨울용 타이어 장착이 필수인 듯했다. 차량 대부분이 신발을 갈아 신듯 겨울이 되면 타이어를 바꿔 끼운다. 심지어 철로 된 '징'이 박혀 있는 타이어도 봤다.

첫눈 여파는 꽤 오래갔다. 나흘째 되어서야 제설차가 집 앞 이면도로 눈을 본격적으로 치우기 시작했다. 곳곳에 쌓인 눈이 녹았다 얼었다를 반복하며 시꺼멓게 되다 거의 사라질 무렵 다시 새로운 눈이 내렸다. 무지막지한 첫눈에 놀라 서둘러 식구 수대로 스노부츠와 두꺼운 옷도 샀는데 이후 두 달이 지나도록 첫눈에 상당히 못 미치는 눈만 몇 번 왔다. 첫눈에 무서워하던 마음과 달리 눈이 펑펑 내렸으면 하는 바람이 생겼다.

당시 내린 기록적 폭설에 스톡홀름시는 상당히 당황하고 곤혹스러웠던 것 같다. 스톡홀름 남부에는 최대 60cm 넘는 눈이 쌓였다. 당국은 폭설에 제대로 대응하지 못했고 시민 비판도 빗발쳤다. 스톡홀름시 교통국은 제설 작업을 외부 업체인 Svevia와 Peab에 맡겼는데 작업이 제때 이뤄지지 않자 각각 280만 크로나(3억 5천여만 원)와 5만 5천 크로나(688만 원) 벌금을 부과했다. Peab는 계약 금액 중 120만 크로나(약 1억 5천만 원)를 깎이기도 했다. 눈과 친숙한 도시에서 제설작업을 외주화하고 즉각 대응하지 못하자 벌금까지 물리는 모습이 의외였다.

　　한편 첫눈으로 마비된 교통 상황에 스웨덴 시민이 보여준 자발적 카풀은 지금 생각해도 가슴 뭉클한 장면이었다.

* Dagens Nyheter를 참고했다.

지붕 무너질 듯 내린 함박눈

'방학 잘 보내' 청소년 교통 티켓이 무료

13

2018년 덴마크, 스웨덴, 핀란드 북유럽 3개국을 여행했을 때다. 생후 7개월이었던 막내를 유모차에 태우고 대중교통은 물론 열차나 배 등 모든 교통수단을 편하게 이용했다. 대부분 열차나 지하철역에 엘리베이터가 있었고 간혹 없는 경우 계단에 유모차를 밀고 올라갈 수 있는 경사로도 있었다.

특히 유모차를 대하는 덴마크 코펜하겐, 스웨덴 스톡홀름, 핀란드 헬싱키 대중교통 정책이 조금씩 달랐다. 3국 모두 발판 높이가 낮은 저상버스였다. 코펜하겐에서는 버스 중간에 있는 하차 전용 문으로 유모차를 실었다. 운전사가 기다려주고 배려해 주는 느낌이었다. 스톡홀름에서는 버스에

시내버스 중간문으로 유모차를 싣고 있다

유모차를 싣고 타는 부모 한 사람 요금을 받지 않았다. 유모차를 끄는 부모가 버스 중간 문으로 탑승해 유모차를 고정한 뒤 교통카드를 결제하러 가야 하는 번거로움과 불편함을 이해하지 못한다면 이런 정책은 결코 나올 수 없다. 오로지 버스 탈 때 아이만 신경 쓰라는 거 아니겠는가. 헬싱키에서는 놀랍게도 유모차를 끄는 부모 한 사람에 대해 버스, 지하철, 열차, 트램 등 모든 대중교통 요금이 무료였다. 한국 정부나 지자체가 출생률이 낮다고 말만 할 게 아니라 이 정도 정책은 펴야 하지 않을까.

한국에선 어린아이가 있으면 자동차 없이 생활하기 대단히 불편하다. 유모차를 버스에 싣기도 쉽지 않고 운전사나 승객 배려도 아쉽다. 지하철역과 승강장에 엘리베이터가 있긴 하지만 유모차만으로 이동하기 쉽지 않다. 애초부터 장애인이나 유모차 끄는 부모를 위한 설계가 아니라서 그런지도 모르겠다. 우리나라에선 유모차로 외출할 때 가볍고 작게 접히는 휴대용을 선호한다. 계단이나 장애물을 마주쳐 유모차를 메고 아이를 안아야 하는 경우가 제법 생기기 때문이다. 반면 북유럽에는 가방, 유아용품, 인형 등을 다 실을 수 있는 대형 유모차가 많다. 유모차를 끌기 힘들거나 접어야 하는 상황이 좀처럼 생기지 않아 가능한 일이다.

그래서인지 한국 부모들은 아이가 생기면 빚을 내서라도 자가용부터 산다. 유모차 친화적인 대중교통 환경을 만들면 차를 덜 사는 건 물론 배기가스로 인한 이산화탄소 배출도 줄이고 환경도 살릴 수 있다. 스칸디나비아 3개국 대중교통 정책은 좁은 국토에 차가 많은 우리나라에 시사하는 바가 크다.

4년이 지나 스웨덴에 다시 오니 아이들이 커서 유모차를 끌고 다닐 일이 없었다. 스톡홀름 거리에는 여전히 유모차를 끌고 다니는 엄마나 '라테 파파'가 많았다. 아빠도 육아휴직이 당연시되는 스웨덴에서는 낮 시간 한 손에 커피를 들고 유모차를 끄는 남성을 라테 파파라고 부른다. 아무튼 다섯 살이 된 막내는 대중교통 요금이 무료였고 초등학생인 첫째 둘째는 할인 요금으로 대중교통을 이용할 수 있었다.

스톡홀름 대중교통은 공영제다. 스톡홀름 대중교통 업체는 SL(Storstockholms Lokaltrafik)이라고 부르는데 버스, 지하철, 트램, 통근열차, 셔틀 보트를 SL카드 한 장으로 모두 이용할 수 있다. 1회권은 75분 이내 무제한 환승이나 재탑승이 가능하다. 실물 카드를 사서 충전해도 되고 앱을 다운로드해 큐알코드처럼 생긴 티켓을 살 수도 있다. 교통카드나 큐알코드를 단말기에 찍고 탑승하면 된다.

6세 이하는 대중교통을 공짜로 탈 수 있고 20세 이하나 65세 이상은 요금을 할인받을 수 있다. 우리나라 도시 대부분이 실시 중인 65세 이상 요금 무료 정책이 지하철 적자를 유발해 유료로 전환하자는 목소리가 높다. 스톡홀름은 요금을 할인해 줄 뿐 무료는 아니었다. 우리나라 65세 이상 지하철 요금 무료 정책은 세계에서 보기 드문 복지정책임엔 틀림없다.

스톡홀름 대중교통 요금은 비싼 편이다. 2023년 당시 1회권은 성인은 39크로나(4천800원가량), 20세 이하 65세 이상은 26크로나(3천200원가량)였다. 처음엔 요금이 너무 비싸 어디 돌아다닐 생각도 못 했다. 스톡홀름 시민은 어떻게 감당하는 걸까 궁금했다. 알고 보니 그들은 대부분 한 달권, 3개월이나 1년 정기권을 사용하는 듯했다. 일정 기한 내 버스나 지하철 등을 무제한 이용할 수 있는 정기권은 상대적으로 저렴했다.

한 가지 재미있는 건 7세부터 11세까지는 주말에 부모나 보호자가 동승할 경우 대중교통 요금이 무료라는 점이다. 정확히는 금요일 정오부터 일요일 자정까지 무료다. 주말에 아이들과 마음껏 놀러 다니라는 배려였다. 주말뿐만 아니다. 공휴일 전날 오전 0시부터 공휴일 당일 자정까지, 크리스마스 휴가 기간인 12월 23일부터 이듬해 1월 6일까지는 부모와 함께하는 7~11세 아동 대중교통 요금이 전부 무료다.

20세 미만 학생 대상으로 스쿨 티켓과 레저 티켓도 판매한다. 스쿨 티켓은 봄과 가을 학기 월~금요일 오전 4시 30분부터 오후 7시까지 대중교통을 무제한 이용할 수 있다. 가격도 봄 학기 6개월간 1천20크로나(약 13만 원), 가을학기 4개월간 스쿨 티켓은 810크로나(약 10만 원)로 저렴하다. 두 아이 통학용 스쿨 티켓을 끊으면 주말에는 무료니까 웬만해선 아이들 교통비가 추가로 들지 않았다. 레저 티켓은 스쿨 티켓 유효시간이 아닌 월요일부터 금요일까지 오후 4시부터 다음 날 오전 4시 30분까지, 학교 휴일, 주말, 공휴일에 자유롭게 대중교통을 탈 수 있다. 가격은 봄, 가을 학기당 1천60크로나(약 14만 원)이다.

스톡홀름 권역이 제법 넓은데 정기권을 사면 추가 부담 없이 자유롭게 버스, 지하철을 탈 수 있어 근교 여행까지 할 수 있으니 좋았다. 스웨덴에 처음 왔을 때로 돌아간다면 주저 없이 할인율이 가장 높은 1년권을 살 것이다. 러시아 전쟁 이후 스웨덴에 온 우크라이나인이 많있는데 이들은 별도 티켓 없이 여권을 보여주면 모든 대중교통이 무료였다.

노선에 따라 다르지만 시내버스 중에는 버스 두 대가 붙은 굴절버스나 이층 버스도 있었다. 주로 만(MAN)이라는 독일 회사에서 만든 버스였다. 모두 저상버스인 데다 유모차나 노인 등 교통약자가 쉽게 탈 수 있도록 승하차 시 버스가 정류소 방향으로 살짝 기울어졌다가 출발 전 원상태로 돌아온다. 사각지대를 없애려는 목적인지 전면이 한 개 통유리로 돼 있는 점도 특이했다. 우리나라에 천연가스 시내버스가 있듯 스톡홀름 시내버스는 음식물 쓰레기를 정제 발효하는 과정에서 생성되는 바이오가스를 연료로 사용한다. 스톡홀름을 비롯해 린셰핑 등 40여 개 도시 시내버스가 바이

오가스를 연료로 운행 중이었다.

    툰넬바나(tunnelbana)라고 부르는 지하철은 내외부가 군더더기 없이 깔끔한 디자인으로 항공기 회사로 알려진 롬바르디아가 제조했다. 한때 지하철역 투신 사고가 이어져 사회적 이슈가 되자 스크린도어를 설치한 한국과 달리 스톡홀름 지하철역에는 스크린도어가 없었다. 하지만 잘 알려지지 않을 뿐 투신 사고가 없지 않은 듯했다. 이에 SL은 새로운 경보 시스템을 개발하고 있다고 했다. 인공지능(AI)을 기반으로 승강장 카메라 영상을 분석해 철로에 떨어진 사람이나 물체를 감지하면 자동으로 SL 보안센터로 경보를 보내는 방식이다. 경보를 받은 보안센터는 역으로 진입하는 기관사에게 알려 전동차를 사전에 정차하게 한다. 17개 역에서 시범 테스트를 거쳐 현재 주요 역에서 이 경보 시스템을 적용 중인데 2021년 이후 17명을 구했다고 했다. 하지만 진입하는 전동차를 향해 작정하고 뛰어드는 사람까지 막을 수 있을지는 의문이다. 그런 면에서 우리나라 지하철역 대부

역에 정차하면 기관사가 나와 승하차 상황을 살핀다

분에 설치된 스크린도어는 세금이 많이 들긴 했지만 안타까운 사고를 막는 일등공신이다.

역에 정차할 때마다 기관사가 문을 열고 나와 직접 눈으로 혹은 승강장을 비추는 폐쇄회로TV로 마지막 승객이 탑승하는 것을 확인하고서야 출발하는 모습도 눈길이 갔다. 하지만 지하철 운전은 너무 거칠었다. 역에서 출발할 때 꼭 손잡이를 잡아야 했다. 그렇지 않으면 흔들리는 전동차에서 자칫 앞좌석 승객 무릎 위에 앉는 불상사가 생길 수 있었다. 스톡홀름 전동차 기관사들은 정차 지점을 부드럽고 정확하게 맞추는 부산교통공사 기관사들에게 운전기술을 좀 배워야 할 듯싶다.

스톡홀름 대중교통은 버스와 지하철을 중심으로 외곽 도시를 연결하는 통근열차(pendeltåg), 트램(spårvagn)과 경전철 10개 노선으로 이뤄졌다. 트램은 승객이 탑승하면 검표원이 와서 표 검사를 한다. 새로 탄 승객만 골라서 확인하는데 기억력이 상당했다. SL 직원이 버스 정류소나 지하철 매표소 등에서 불시에 표 검사를 하기도 하는데 부정 탑승으로 걸리면 1천490크로나(약 18만 원)를 벌금으로 내야 한다. 검사에서 적발된 사람은 한 번도 못 봤다. 어느 스웨덴 아저씨가 표 없이 나 뒤에 바짝 붙어서 지하철 탑승구를 통과한 적은 있었지만.

2023년 봄학기 후 SL로부터 편지 한 통이 왔다. 스톡홀름 권역 내 2005~2011년생이 여름방학 기간인 6월 5일부터 8월 27일까지 사용할 수 있는 무료 탑승 티켓이었다. SL 앱이나 SL카드에 코드를 입력하면 사용할 수 있었다. 12~18세 청소년이 방학 동안 교통비 걱정 없이 마음껏 놀러 다니라는 일종의 교통 복지 서비스였다.

전 세계 60개 도시 대중교통을 분석한 2022년 도시 이동성 준비 지수(Urban Mobility Readiness Index 2022)에 따르면 스톡홀름 대중교통은 미국 샌프란시스코에 이어 2위였다. 스톡홀름은 대중교통 이용 승객 비율, 전기자동차 비율, 기반 시설, 문제해결 능력, 역과 정류장 위치, 대중교통 효율성 측면에서 좋은 평가를 받았다. 특히 연결 수단이 많은 밀집된 대중교통 시스템, 대중교통과 자전거 네트워크 확장 계획에서 좋은 평가를 받았다. 다만 자동차 이용자가 많아 도심 내 자동차 진입이나 운행을 더 어렵게 해야 한다는 지적이 있었다. 스톡홀름 대중교통 통근자 비율은 38%로, 오슬로와 헬싱키 34%, 코펜하겐 20% 등 북유럽 국가 중 가장 높다는 분석 결과도 있었다.

상반된 평가도 있다. 그린피스가 유럽 30개 국가와 수도의 대중교통 가격과 편의성을 평가해 2023년 발표한 결과를 보면 스웨덴은 17위, 스톡홀름은 25위에 그쳤다. 스톡홀름 대중교통 티켓 가격이 상대적으로 높았기 때문인데 그린피스는 독일, 오스트리아, 헝가리처럼 하루 3유로 미만의 저렴한 티켓 도입으로 더 많은 사람이 대중교통을 이용하도록 해야 한다고 말했다. 룩셈부르크와 몰타는 국내 대중교통 요금이 무료라고 한다. 이럴 수가, 작은 나라라서 그런가.

스톡홀름에서 자가용으로 출근하면 트램, 지하철, 기차를 타는 사람보다 2만 배 이상 많은 이산화탄소를 배출한다는 연구 결과가 있다. 대중교통만 이용해도 기후위기 시계 초침을 조금이나마 늦출 수 있다.

'개편한 세상' 버스 타는 개들

스웨덴 거리엔 개가 정말 많다. 조그만 녀석도 있지만 리트리버 등 중대형 개들이 많았다. 스웨덴에서는 개를 키우려면 지자체에 등록해야 한다. 목줄 착용도 의무이다. 입마개를 한 개는 더러 보긴 했지만 중대형견 의무 사항은 아닌 듯했다. 신기한 건 스웨덴 개들은 덩치에 상관없이 잘 짖지 않고 성격이 순하다는 점이다. 주인과 산책 중 다른 개를 만났을 때 신경전을 벌이는 건 봤지만 사람을 향해 짖는 건 드물었다. 사회생활을 배우는 견공 교육기관이 있는 건지 스웨덴 개들은 예의범절이 잘 갖춰져 있었다. 집주인 할머니 개 '싸싸'만 빼고.

싸싸는 스웨덴에서 유일하게 나한테 짖은 녀석인데 집주인 댁에 초대받아 안면을 튼 뒤로는 더 이상 짖지 않는다. 첫 만남에서 싸싸가 나를 덮쳐 얼굴에 침 샤워를 했다. 개도 입냄새가 난다는 걸 처음 알았다. 개 유치원도 다니는 싸싸를 보면 '개 팔자가 상팔자'라는 말이 절로 떠올랐다.

개를 데리고 갈 수 있는 곳도 많다. 물론 출입을 제한하는 공공장소나 기관도 있지만 버스나 지하철, 쇼핑몰 등 일상 공간에서 개가 자연스럽게 돌아다닌다. 그래서 절대적인 수와 별개로 스웨덴에서 개를 많이 보는 건지도 모르겠다. 지하철에서 개가 주인과 출입구를 넘어 뚜벅뚜벅 걸어 들어오면 저절로 눈이 간다. 한국에서는 낯선 모습이기 때문인 듯하다. 전동차 안으로 들어온 개는 주인 손짓에 따라 보통 의자 밑에 앉거나 엎드렸다. 훈련을 받은 건지 원래 그런 건지 아무리 봐도 신기했다.

버스에서도 개가 승차하면 시선 집중. 개가 버스 좌석 아래를 차지해 사람이 앉지 못해도 승객 대부분은 신경 쓰지 않거나 이해하는 듯한 태도를 보였다. 그렇다고 무조건 버스나 지하철에 개 탑승이 허용되는 건 아니다. 지하철에는 탑승할 수 있는 객차가 따로 있었고 버스 두 대를 붙인 굴절버스도 보통 뒤 칸에만 탑승이 허용된다는 문구가 있었다.

한 손으로 유모차 끌고 나머지 한 손엔 개 세 마리 목줄을 쥔 사람이 기억에 남는다. 또 한 남성은 지하철에서 중대형견 5마리를 데리고 탔는데 마주 보는 좌석 4개가 통째로 개들 차지였다. 눈이 오나 비가 오나 특별한 사정이 없는 한 개를 안고 가는 사람은 없었다. 에스컬레이터에서 발이 낄까, 안전 문제 때문에 품에 안은 모습은 봤다. 추운 날 개한테 신발이나 옷을 입힌 경우도 많이 못 봤다.

개는 주인과 함께 쇼핑도 자주 하러 다닌다. 자주 가는 칼라플란역 팰토베스텐(Fältöversten) 백화점 1층 통로엔 개 주인끼리 인사하고 개들도 서로 냄새를 맡는 모습을 볼 수 있다. 상점 안까지 출입이 허용되지는 않아서

재미있게도 구석 벽면에 개 목줄을 묶어둘 수 있는 고리가 있다. 주인이 물건을 사는 동안 개가 홀로 기다리는 장소였다. 이곳엔 'hundar får vänta utanför'라는 문구가 적혀 있다. 스웨덴어로 '개는 밖에서 기다려야 한다'는 뜻이다. 주인이 없는데도 낑낑대거나 짖지 않고 얌전히 있는 모습이 기특했다. 마트 앞 입간판에 매여 있는 개들도 하나같이 묵묵히 주인을 기다렸다.

개는 밖에서 기다려야 한다

거리에 개똥은 그다지 많지 않았다. 스웨덴 견주도 한국처럼 개똥을 의무적으로 치워야 한다. 수시로 개들은 거리에서 오줌을 쌌는데 물청소를 자주 하는 건지 냄새가 많이 나지는 않았다. 스톡홀름 시내에서 기마부대 군인들이 한 번씩 말을 타고 행진해서 멋졌지만 거리에 떨어진 말똥은 차가 밟고 지나다니고 생분해될 때까지 놔두는 것 같았다.

우리나라에도 이제 곳곳에 개 놀이공원이 들어서고 있지만, 스웨덴에서는 공원이나 체육시설 자투리 공간에 개 놀이공원이 잘 마련돼 있다. 개 놀이공원 울타리 안에서는 목줄을 풀 수 있는데 울타리가 없는 애견 쉼터에서도 견주 감독 아래 개들이 목줄 없이 뛰놀 수 있다고 한다. 무엇보다 도심에 천연 녹지나 공원이 많아 개와 산책하기 좋고 개들은 그 넓은 들판을 뛰어다니며 냄새를 맡고 자유를 만끽한다. 도심에 이런 공간이 있다니 개를 키우는 입장에서 더없이 좋을 거 같다.

아이들과 한국에 돌아가면 개를 키우자며 무슨 종을 선택할지 토론했다. 그러다 스웨덴과 너무 차이 나는 환경에 단념할 수밖에 없었다. 한국에서 자가용에 탄 개를 많이 볼 수 있는 건 개를 데리고 대중교통수단을 이용할 수 없기 때문 아닐까. 전용 케이지에 넣어 버스나 지하철을 탈 순 있다고 하지만 여간 번거로운 일이 아닐 수 없다.

한국에서 개 관련 사업이 번성하고 있는 듯하다. 개와 관련된 제약이 많아 이를 해소할 수 있는 상업적인 공간, 시설, 아이템 등이 필요한 것일 수도 있겠다. 혹은 상술이거나. 2021년 국내 한 언론 기사에서 스웨덴 개 관련 사업가가 국내 반려동물 프리미엄 문화공간을 둘러보고 한 말이 기억에 남는다. 이 관계자는 "한국 사람들이 개를 단순히 가족이 아닌 사람처럼 대하는 모습을 보고 놀랐다"고 말했다. 그러면서 "스웨덴에서도 개는 가족이지만 사람과 동일시하지 않고 '개는 개'라고 생각한다. 그런데 한국에서는 개를 사람 대하듯, 내 아이를 대하듯 세심하게 돌보고 서비스를 제공하는 것을 보고 다소 놀랐다"고 덧붙였다. 이상하다는 건지 부럽다는 건지 문맥만 보고 알 수 없었지만 한 번쯤 생각할 거리를 던져주는 말이었다.

개에 대한 규제와 제약이 많은 사회에서 개를 더 애지중지하게 될 수밖에 없는 측면도 분명 있는 것 같다. 동물 학대나 무책임한 유기에 대한 경각심이 높아지고 반려동물에 대한 배려나 권리도 많아지는 추세다. 반면 사람보다 과한 대접을 하는 태도에 반감이 있는 것도 부인할 수 없다. 우리나라에서 흔히 볼 수 있는 개 유모차는 독특한 현상이다. 개 유모차는 견주들의 불편한 점을 잘 포착해 만들어낸 아이디어 상품으로 보이는데 그 이면엔 개를 데리고 다니기 힘든 사회가 있다.

사람이 제대로 존중받지 못하는 사회에서 동물도 존중받지 못할 거 같다. 사람이 존중받고 살기 좋은 사회라면 동물에 대한 인식과 존중도 높아질 것이다. 우리나라에서 동물의 보편적인 권리와 배려, 존중은 어디쯤 있을까. 사람과 개가 공존하는 듯한 스웨덴은 개 키우기 좋은 나라다. 개 입장에서는 천국이 따로 없는 셈이다.

꼬마는 눈썰매,
어른은 스키… 골프장의 변신

15

첫눈 온 다음날 눈썰매를 인터넷으로 주문했다. 부산에 살아 1년에 눈 한 번 제대로 볼 기회가 없었던 우리는 스웨덴 겨울을 마음껏 즐길 생각이었다. 근데 막상 어디로 가야 할지 몰랐다. 일단 아이들 등하교하며 봐뒀던 장소로 한번 가봤다. 평소 주민들이 출퇴근하는 자전거 도로 옆 사면이었다. 제법 경사가 있어 눈썰매 타기 좋았다. 매년 겨울 눈썰매 타러 전북 남원까지 갔던 기억이 생생한데 집 근처에서 썰매라니. 아이도 어른도 시간 가는 줄 모르고 신나게 탔다. 다만 사면 끝부분이 인도와 아스팔트 도로와 맞물려 강제로 제동해야 하고 자칫 딱딱한 바닥에 다칠 수 있는 점이 아쉬웠다.

    대안이 시급했다. 그런데 이번엔 제대로 된 눈이 한동안 오지 않았다. 스웨덴엔 눈이 많이 온다던데 무슨 일인가 싶었다. 그리고 20여 일 만에 제법 그럴싸하게 눈이 내린 주말 아침, 밥 먹고 곧장 집을 나섰다. 며칠 전 놀이터에서 손자를 데리고 나온 한 할아버지에게 추천받은 눈썰매장에 가볼 생각이었다. 사실 긴가민가했다. 속으로 '그게 가능해? 진짜로?'라는 말이 튀어나왔다.

    일단 버스부터 탔다. 애초 목적지인 놀이터까지 두 정거장 정도 남았는데 버스 창문 너머로 길게 쭉 뻗은 사면에서 눈썰매를 타는 아이들 모습이 보였다. '진짜네.' 그 할아버지 말씀이 참말이었다. "아빠, 더 가야 된다며"라는 셋째 말을 뒤로하고 바로 하차 벨을 눌렀다. 내린 곳은 골프장이었다. 아이들이 환호성을 지르며 눈썰매를 타고 있었다.

정말 짜릿한 광경이었다. 몇몇 사람들만 즐기는 골프장에서 눈썰매를 타는 게 우리나라에서 상상이 되는가. 만약 그랬다면 덩치 큰 보안요원이 "어이 학생 여기에 들어오면 안 돼, 얼른 나가"라고 할 듯하다. 예전 어린이날을 맞아 부산 한 골프장이 시민에게 처음으로 개방됐다는 기사를 본 적이 있긴 하다.

어린이날에 어린이를 위해 골프장 개방했다는 게 기사가 되는 나라에 살다가, 눈이 오자 동네 아이들 마음껏 썰매 타라고 생색 없이 골프장 문을 여는 이곳에 감격했다. 놀이터 할아버지 말을 듣고도 내가 잘못 이해했나 의심이 들었던 이유는 내가 살아온 상식으론 골프장에서 눈썰매를 탄다는 것이 쉽사리 납득되지 않았기 때문이었다. 이건 스웨덴의 사회적 분위기나 전통 등에서 비롯된 것이 아닐까 싶다.

스웨덴에서는 사유지라도 상업적인 목적이 아닌 이상 즐길 수 있

골프장에서 시속 25km 눈썰매를

는 권리가 허용된다. 알레만스레텐(allemansrätten)이라고 불리는 공동 접근권이다. 그래서 어떤 숲에서든 동물에 해를 끼치지 않는 선에서 링곤베리 열매나 버섯 등을 따서 집으로 가져갈 수 있다. 그게 당연한 시민 권리로 받아들여진다. 비단 숲에서 열매를 따는 것뿐 아니라 사회 전반에 걸쳐 똘레랑스(관용)가 일상화돼 있다고 느꼈다.

그래도 명백한 사유 시설인데 눈이 올 때만 일반인 출입을 허가하는 게 아닐까 싶었다. 하루는 골프장 인근 숲길을 산책하다가 골프장 안내문을 봤다. 여기엔 '골프 코스에 들어서면 골프 게임이 항상 우선된다는 걸 기억해야 하며 골프를 치는 3월 31일부터 10월 30일까지는 개에게 목줄을 매야 한다'라고 돼 있었다.

'사유지이니 외부인은 출입 금지'라는 익숙한 문구가 아니라서 어떻게 이해해야 할지 멈칫했다. 나름대로 재해석해 보면 '골프장에 들어오는 건 자유지만 골프 게임에 지장을 줘서는 안 된다'는 말인 듯했다. 개에게 목줄

눈썰매 실컷 타고 방전된 막내

을 매라는 것도 '개를 데리고 골프장에 오는 것은 자유지만 적어도 골프에 방해되지 않도록 목줄은 해야 한다' 정도가 아닐까.

한 마디로 골프 치는 데 방해만 안 된다면 누구든 이곳을 누릴 수 있다는 선언처럼 보였다. 그래서 아내와 '당당하게' 골프장을 산책했다. 물론 라운딩하는 사람들을 보면 멀리 돌아가며 푸른 잔디와 자연을 즐겼다. 개 데리고 산책하는 이들도 만났다. 개는 어김없이 목줄을 하고 있었다. 골프장이 사적 스포츠 공간이 아닌 공원, 산책코스, 눈썰매장이었다. 이 정도면 골프장 인근에 있는 집들은 '골세권'이라고 불러도 좋을 것 같았다.

눈썰매만 타는 것도 아니다. 어른들은 기다란 스키를 신고 골프장 곳곳을 '크로스컨트리'했다. 일부만 이용하는 게 아니라 통째로 개방했다. 눈썰매를 타다가 골프장 여기저기에서 크로스컨트리 스키를 타고 지나가는 사람들을 보면 정말 신기했다. 골프장에서 스키라니…. 버킷리스트가 하나 늘었다.

설국으로 바뀐 골프장

노벨상 시상식은 가야지?

지금 생각해도 어처구니없는 일이었다. 스웨덴에서 우리 가족이 가고 싶은 행사 중 하나는 노벨상 시상식이었다. 2022년 12월 노벨상 시상식 며칠 전 아내가 물었다.

"우리, 노벨상 시상식 갈 순 있는 거지?"

나는 "그냥 가면 되는 거 아냐? 우리도 축하하러 가야지"라고 당당하게 말했다. 노벨상 시상식은 누구든 참석할 수 있는 행사인 줄 알았다. 한국에서 뉴스를 통해 노벨상 수상자 소식만 간략하게 듣곤 했지, 시상식 정보는 아는 것이 거의 없었다.

알고 보니 노벨상 시상식은 그야말로 선택된 자들만 갈 수 있는 젠틀하고 엘레강스한 격조 높은 행사였다. 멋도 모르고 시상식 한번 가보겠다고 나대다가 뒤늦게 그 사실을 알고 부끄러웠다.

노벨위원회는 시상식에 참석할 인원을 나라별로 정식 초청했다. 각 나라 과학이나 의학 등 관련 단체에 초청 인원을 알리면 해당 단체가 시상식에 참석할 개인을 위원회 측에 통보한다. 배우자 등 한 명을 동반할 수 있는 참석자는 시상식 며칠 전 스톡홀름에 도착해 주최 측이 마련한 숙소에서 머물면서 시상식에 입고 갈 연미복이나 드레스를 맞춘다. 스톡홀름을 둘러보는 등 자유 시간을 보낸 뒤 맞춘 의복을 입고 시상식에 참석한다. 항공료, 숙박료, 의상비 등 전액을 주최 측이 부담한다.

시상식에는 스웨덴 국왕을 비롯한 각계 인사들이 참석한다. 노벨상 시상식에 초청되는 것 자체가 가문의 영광인 셈이다. 그런 곳에 아무나 갈 수 있는 행사 아니냐고 큰소리를 쳤으니 면목 없었다. 초청은 받지 못했지만 시상식장 주변에서 분위기라도 느껴보려고 온 가족이 총출동했다.

시상식이 열리는 곳은 회토리에트(Hötorget)역 부근 스톡홀름 콘서트홀(Konserthuset Stockholm)이었다. 스톡홀름 시청사에서 열리다가 이곳으로 변경됐다고 한다. 평소 다양한 공연이 열리는 곳이고 그 앞 광장은 벼룩시장이 선다. 이날 콘서트홀 앞 광장은 통제된 상태였고 주변 도로 인도까지만 접근이 허용됐다. 시상식 초청자들이 행사장으로 들어가는 모습이 보였고 귀빈을 태운 행사 차량도 오갔다. 마치 부산국제영화제 개막식이 열리는 영화의전당 같은 느낌이었다.

눈길을 끈 건 화려한 의상을 입은 여성 초청자들이 긴 드레스가 땅에 끌릴까 부여잡고 종종걸음으로 행사장으로 들어가는 모습이었다. 마치 신데렐라 같았다. 모두 맞춤 의상을 입어 중세 왕족 행사 같은 느낌도 들

시상식 초청자들은 맞춤옷을 입게 된다 (출처 The Nobel Prize 홈페이지)

옷자락 끌릴라 드레스 부여잡고 가는 시상식 초청자

었다. 남성은 나비넥타이에 연미복, 여성은 화려한 색의 모양도 가지각색인 드레스를 입었다. 초청자 대부분에게 일생에 한 번뿐인 경험일 노벨상 연회나 시상식 참석을 위해서는 엄격한 복장 규정이 적용된다고 한다.

주말이면 벼룩시장이 열리던 회토리예트역 주변이 노벨상 시상식으로 인해 고급스러운 분위기로 변신했다. 그리스 신전 같은 여러 기둥으로 장식된 스톡홀름 콘서트홀은 화려한 조명으로 빛나고 있었다. 많은 사람들이 통제선 밖에서 초청객과 행사장을 바라보며 기념사진도 찍었다. 다양한 조명으로 치장된 시상식장 외관을 보는 것만으로도 무척 설레었다. 우리도 시상식장을 배경으로 기억에 남을 한 컷을 남겼다.

행사장 옆 도로엔 시상식이 끝나면 천 명이 넘는 초청자들을 연회가 열리는 스톡홀름 시청사로 태워 갈 시내버스가 전광판에 'Nobel 2022'라는 글자를 띄운 채 대기하고 있었다. 시상식 절정은 노벨 물리학상, 화학상, 생리의학상, 문학상, 경제학상 수상자가 차례로 나와 칼 16세 구스타프 스웨덴

시상식장 지켜보는 시민들

국왕으로부터 노벨상 메달과 증서를 받는 순간이다. 시상식에 앞서 수상자들은 공개 강연 등으로 대중과 만나는 시간도 가졌다. 상금은 1천만 크로나(환율 130원 기준 약 13억 원)였다.

한때 미국 주식에 관심을 가지며 알게 된 벤 버냉키 전 미국 연준 의장이 노벨경제학상을 받아 반가웠다. 노벨문학상은 프랑스 작가 아니 에르노가 수상했다. 한림원 측은 선정 이유로 "개인적인 기억의 뿌리와 소외, 집단적인 구속을 드러낸 용기와 꾸밈없는 날카로움"을 들었다. 주로 자전적인 소설을 많이 썼다고 하는데 한 권 빌려 읽어보니 쉽게 읽히진 않았다.

시상식이 열리는 12월 10일은 노벨상을 만든 알프레드 노벨 기일이다. 다이너마이트를 발명한 알프레드 노벨은 화학자, 발명가, 엔지니어, 작가, 기업가 등 다양한 직업을 가졌다. 죽기 전 3천100만 크로나(현재 시세 약 2억 6천5백만 달러)를 남기며 물리학, 화학, 생리학, 의학, 문학, 평화 분야 상금으로 사용해 달라고 유언을 남긴 것이 시작이었다. 재미있는 건 노벨상 각 분야 후보자 이름은 50년이 지나야 공개되는 점이다. 수상자로 적합한지 등 여러 논란을 의식해서일 것이라 생각한다.

노벨평화상 수상자 상당수는 정치적으로 박해를 당했거나 미얀마 아웅산 수치 여사처럼 국제, 국가 분쟁에 관여한 이가 많아 해당 국가 반발을 사기도 한다. 또 1960년대까지는 거의 유럽, 미국인들만 수상해 비판을 받았다. 여성 수상자도 1903년 노벨물리학상을 받은 마리 퀴리를 시작으로 늘어나는 추세지만 남성 수상자에 비해 적다는 지적이다.

시상식 초청자에겐 노벨상 시상식 참석도 색다른 경험이겠지만 스톡홀름 시청 블루홀에서 열리는 연회가 더 기대될 거 같았다. 블루홀을 가득 채운 1천 명 이상 초청자들은 전채 요리, 본 요리, 디저트 등 풀코스로 이어지는 만찬을 대접받기 때문이다. 만찬 메뉴는 행사가 끝날 때까지 공개되지 않아 신비감을 더했다. 메뉴는 매년 다르고 스칸디나비아에서 난 재료가 꼭 들어가야 한다고 한다. 식사에 곁들일 와인, 커피, 차, 코냑 등도 제공됐다. 만찬 메뉴를 보니 정말 일생에 단 한 번 초청받고 싶다는 생각이 절로 들었다.

노벨평화상 시상식은 3시간 앞서 노르웨이 오슬로 시청사에서 열렸다. 코로나로 2년간 시상식이 열리지 않아 2022년엔 총 3명이 수상했다. 수상자는 벨라루스 인권운동가 알레스 비알랴스키, 러시아 시민단체 '메모리알', 우크라이나 시민단체 '시민자유센터'였다. 2000년에는 우리나라 김대중 전 대통령도 노벨평화상을 받았다. 감라스탄 노벨박물관에는 김 전 대통령 관련 물품이 전시돼 있다. 노벨평화상 시상식이 노르웨이에서 열리는 건 노벨 유언에 따라서라고 한다. 물리, 화학, 경제학상은 스웨덴 왕립 과학 아카데미가, 생리의학상은 카롤린스카 연구소 노벨 의회, 문학상은 스웨덴 한림원, 평화상은 노르웨이 노벨위원회가 각각 수상자를 선정한다. 유튜브 생중계로 본 평화상 시상식 축하공연이 기억에 남았다. 노르웨이 가수 아스트리드 에스(Astrid S)가 부른 <Favorite Part Of Me>였는데 멜로디도 좋고 가사도 와닿았다.

노벨상 시상식 엿보기를 끝내고 돌아오는 길에 삼남매에게 "엄마 아빠도 노벨상 시상식에 한번 초대받으면 정말 좋겠다"고 말했다. 둘째 동휘가 "어떻게 하면 초청받을 수 있는데?" 묻더니 이내 "내가 노벨상 받으면 가족은 당연히 올 수 있는 거 아냐?" 그런다. 말만 들어도 고맙다. 그 꿈이 꼭 이뤄지길 기대한다.

* The Nobel Prize 홈페이지를 참고했다.

산타가 나타났다

17

똑똑똑. 크리스마스이브 저녁, 누군가 현관문을 두드렸다. '이 시간에 누구지?' 문을 열었는데, 세상에~ 산타클로스가 문 앞에 있었다. 루돌프는 없었지만 산타클로스가 어느 여성과 나란히 서서 손을 흔들었다. 얼굴 가득 흰 수염에 안경을 낀 산타클로스는 동화책에서 본 모습 그대로 선물 보따리를 들고 있었다.

추운 날 산타클로스를 집 밖에 서 있게 할 수 없어 일단 집안으로 들였다. 집안에서 따분해하던 삼남매는 갑작스러운 산타클로스 등장에 폴짝폴짝 뛰고 난리 났다. 산타클로스는 첫째에게 이름을 물어보고 보따리에서 선물을 꺼내줬다. 둘째, 셋째에게도 각각 선물을 안겼다. '진짜' 산타를 본 적 없었던 아이들은 어안이 벙벙했다. 산타는 징글벨 노래도 함께 부른 뒤 아이들을 차례로 안아주고는 문을 닫고 퇴장했다. 산타클로스가 가고 나자 아이들은 선물을 뜯기 바빴다. 첫째는 지구본 게임 퍼즐, 둘째는 자동차 탈출 두뇌게임, 셋째는 팅커벨 퍼즐이었다. 선물도 제각각 달랐고 예쁘게 포장된 사탕, 초콜릿 꾸러미도 있었다.

산타클로스가 삼남매에게 깜짝선물을 주고 나간 뒤 루돌프가 끄는 썰매를 타고 옆 건물 자기 집으로 돌아갔다는 사실을 여전히 우리 부부만 알고 있다. 산타클로스는 다름 아닌 집주인 엘리자베스 남편 발보였다. 70대인 발보는 따로 산타클로스 분장이 필요하지 않을 만큼 흰 수염이 멋진 할아버지다. 무척 바쁜 분이기도 해서 우리 가족은 주로 엘리자베스와 만났고 발보는 2층 발코니에서 햇볕을 쬐거나 정원에 물을 줄 때 가끔 만났을 뿐이다. 그때마다 아이들은 발보와 산타를 연결 지을 생각을 하지 못했다. 그리고 지금도 산타클로스가 옆집 할아버지였다는 사실을 모르고 있다.

산타클로스가 방문하기 며칠 전 엘리자베스 할머니는 아내에게 아이들이 뭘 좋아하는지 물어봤다. 빌보가 완벅한 산타글로스가 되기 위해 옷도 산다고 했었는데 그렇게 완벽한 모습으로 나타날 줄 몰랐다. 산타클로스 복장을 한 집주인이 아이들 이름 하나하나를 새긴 선물 꾸러미를 들고 그것도 세입자 가정에 깜짝 방문할 줄은 꿈에도 몰랐다.

스웨덴 부자의 품격과 여유가 느껴졌다. 엘리자베스와 발보처럼 늙고 싶었다. 삼남매에게도 우리 부부에게도 결코 잊을 수 없는 크리스마스였다.

크리스마스 당일 아침 일어난 막내 민설이가 물었다.

"아빠, 스웨덴에서는 산타가 잠자기 전에 오는데 왜 한국에서는 잠잘 때 왔다 가는 거야?"

평등한 불꽃놀이의 향연

— 18 —

12월 31일, 한 해 마지막 날 스웨덴에는 불꽃놀이 전통이 있다. 한국에선 잘 경험하지 못한 특이한 행사라 흥미가 생겼다.

리딩외시 홈페이지에는 불꽃놀이가 금지돼 있고 사전에 경찰 허가를 받아야 한다고 나와 있다. 다만 12월 31일 오후 9시부터 다음 날 새해 오전 1시까지는 허가가 필요 없다고 했다. 리딩외시는 연말연시 불꽃놀이로 매년 약 100명이 다치고 자연환경에도 해로울 수 있다고 경고했다. 그럼에도 폭죽을 쏘며 새해를 맞이하고 싶어 행사 장소를 찾아보려고 했는데 어영부영 시간만 보냈다. 직접 폭죽을 사볼까도 싶었지만 사전 허가가 두렵고 폭죽 파는 장소도 몰라 단념했다.

결국 집에서 가족과 함께 오붓하게 연말을 보내게 됐다. 해가 지고 오후 7시가 지나자 주변에서 펑펑 폭죽이 터지는 소리가 들렸다. 창문 밖을 내다보니 이웃집 마당에서 불꽃놀이를 하는 것 같았다. 이 사람들 경찰 허가는 받고 하는 건가. 저녁 내내 동네에서 산발적으로 불꽃이 터졌다. 허가 없이도 불꽃놀이를 할 수 있다던 오후 9시부터는 빈도가 잦아졌고 규모도 커졌다.

새해가 바짝 다가온 밤 11시 59분, 용두산 공원에서 열리는 부산 시민 타종 행사 같은 것은 없었지만 나름 경건한 마음으로 새해를 맞이하려 했다. 시곗바늘이 12시를 가리키던 그때, 창문 밖 나지막한 숲 그림자로 이어지던 지평선 위로 일제히 불꽃이 솟아올랐고 '다다다다~ 펑펑' 하는 폭죽

소리가 요란했다. 이전까지 산발적으로 터지던 폭죽과는 확연히 달랐다. 10여 분간 지속된 각양각색 불꽃 향연은 그야말로 장관이었다. 둘째와 막내는 이미 잠에 빠진 새해 새벽, 창문에 코와 이마를 바짝 대고 나란히 선 아내와 나, 첫째는 연신 "우와 우와~"만 반복했다. 매년 광안리해수욕장에서 열리는 부산불꽃축제 같은 화려함은 없었지만 리딩외 가정 곳곳에서 쏘아 올린 낮은 불꽃이 모여 평등한 하모니를 연출했다. 불꽃 한두 발도 아니고 적어도 10분 넘게 쏘려면 비용이 제법 만만치 않을 것 같은데 리딩외 부자 동네는 뭔가 달랐다.

  2023년 새해를 불꽃으로 맞이한 나는 문득 '불꽃놀이를 하는 것이 금지돼 있고 사전에 경찰 허가를 받아야 한다'라는 리딩외시 공지가 엄포가 아니었을까 의문을 품게 됐다. 연말연시를 기념하려고 각자 집에서 고작 불꽃 몇 발 쏘는 건데 신뢰도 1위 공공기관인 스웨덴 경찰이 폭죽 소리 나는 집을 찾아다니며 단속하는 것도 웃기고 실제 그런 일도 없는 듯했다. 나는 리딩외시의 불꽃놀이 사전 허가 공지를 '과하지 않다면 쏘든 말든 네 자유야'라고 해석했다. 남에게 피해 주거나 사회에 악영향을 끼치지 않는다면 얼마든지 누릴 수 있는 스웨덴식 자유가 아니었나 생각해볼 뿐이다.

장어 15마리 잡았다고 사임한 장관

2023년 1월 닐손(P.M. Nilsson) 스웨덴 국무장관이 사임했다는 보도를 뒤늦게 봤다. 2022년 11월 임명됐는데 두 달여 만에 스스로 물러난 거다. 이유가 궁금했는데 1년여 전 불법으로 장어를 잡은 일 때문이라고 했다. 장관이 장어 밀렵을 했다고? 그게 사임 이유라니.

사정은 이랬다. 닐손은 2021년 9월 스웨덴 남부 칼스크로나 지역에서 러시아인들과 장어를 잡다가 해양수자원관리청 직원에게 단속됐다. 닐손은 러시아인들과 우연히 만났고 장어를 잡은 건 러시아인들이지 자신이 아니라고 발뺌했다. 해양수자원관리청 직원은 장어 15마리와 포획도구를 압수하고 닐손 퍼스널넘버(주민등록번호)를 알아갔다. 스웨덴은 장어 개체수 보호를 위해 2007년 이후 특별 허가 없이 장어 잡는 행위를 전면 금지한 상태였다.

사건은 그대로 잊히는 듯하다가 닐손이 2022년 11월 울프 크리스테르손 스웨덴 총리 국무장관으로 임명된 뒤 수면 위로 떠올랐다. 사건 후 1년여가 흐른 2022년 크리스마스 전 칼스크로나 경찰이 닐손 장관에게 연락해 온 것이다. 처음에는 단속 당시와 마찬가지로 장어 밀렵 행위를 전면 부인한 닐손은 크리스마스가 끝나자마자 돌연 경찰에게 연락해 자신이 법을 위반했다고 태도를 바꿨다. 이후 닐손은 3만 8천800크로나(약 465만 원) 벌금형을 받고 관련 법 위반으로 조사를 받았다.

2023년 1월 중순께 스웨덴 언론이 이 사실을 보도하면서 닐손 장관 거

취가 도마에 올랐다. 장어 밀렵으로 법을 어긴 것도 문제지만 경찰 조사 과정에서 거짓말한 것을 두고 정치권 비난이 쏟아졌다. 더군다나 닐손은 2007년부터 장어 포획이 금지됐다는 사실을 이미 알고 있었고 페이스북 사진을 통해 이전에도 장어 밀렵을 한 사실도 드러났다. 닐손은 어린 시절부터 장어를 잡는 취미가 있었다고 한다.

사회민주당 막달레나 안데르손 대표는 닐손이 법 위반과 함께 국무장관 취임 후 버젓이 거짓말을 했다며 즉각 사임을 요구하고 나섰다. 하지만 크리스테르손 총리는 즉시 진실을 말하지 않은 것은 어리석은 행동이었지만, 스스로 혐의를 인정했고 벌금까지 낸 만큼 해임은 합리적이지 않고 여전히 그를 신뢰한다고 감쌌다. 크리스테르손 총리는 국무장관 임명 과정에서 해당 사실을 알았지만 이후 경찰에서 아무 연락도 없어 문제가 종결됐다고 생각했다고 말했다.

하지만 논란이 계속되자 1월 26일 닐손은 페이스북에 자진 사임하겠다는 의사를 밝혔다. 닐손은 첫 언론보도 이후 페이스북에 뒤늦게 잘못을 사과하는 글을 몇 차례 올렸지만 기자 표명 없이 동향을 살피다가 여론이

페이스북에 자진 사임하겠다는 글을 남긴 P.M.닐손

악화하자 사임을 밝혔다는 비판을 받았다. 2022년 총선 후 우파 연립 정부 내각이 꾸려진 뒤 불명예 낙마는 처음이었다. 선거 직후 60%까지 치솟았던 보수당 출신 크리스테르손 총리 지지율은 막달레나 안데르손 전 총리(사민당 대표)에게 1위를 내주고 닐손 장관 사임 문제 등까지 겹쳐 갈수록 악화했다.

닐손 페이스북을 보니 댓글 상당수가 사임을 아쉬워하거나 슬퍼하는 내용이었다. 비록 장어 밀렵은 잘못했지만 능력이 아깝다는 댓글이 주를 이뤘다. 장어 15마리 잡은 것보다 수력발전 때문에 죽는 장어가 훨씬 많은데 사임이 부당하다는 글도 있었다. 그럼에도 지지자 대부분은 안타깝지만 사임을 받아들이는 분위기였다. 앞서 2006년 라인펠트 정부에서 장관 2명이 라디오와 텔레비전 수신료를 내지 않거나 세금을 내지 않고 가사 노동자를 고용한 사실이 밝혀지자마자 자진 사임한 일도 있었다.

우리나라는 어떨까. 2022년 윤석열 정부가 들어선 뒤 장관 후보자들이 줄줄이 낙마했다. 사퇴 이유를 보면 김인철 장관 후보자는 부인과 두 자녀의 미국 대학 '아빠 찬스' 의혹, 한국외대 총장 시절 법인카드 '쪼개기' 결제와 성폭력 교수 옹호 논란 등이 문제가 됐다. 정호영 복지부 장관 후보자도 경북대병원 부원장, 원장 시기 두 자녀 경북대 의대 편입학 등 '아빠 찬스' 논란 끝에 낙마했다. 이어 김승희 전 의원은 정치자금법 위반 혐의로 복지부 장관 후보직을 자진 사퇴했고, 박순애 교육부 장관은 '5세 조기 초등 입학' 추진 논란으로 사퇴했다. 지난 문재인 정부에서는 언론인 출신 김의겸 전 청와대 대변인이 상가 투기 의혹으로 사임하기도 했다.

인사청문회 제도로 각종 논란에 낙마 사례가 나오면서 웬만한(?) 허물은 넘어가자는 일부 여론도 있고 장관 할 사람이 깨끗해야 한다는 반론도 만만치 않다. 낙마 사유만 놓고 본다면 스웨덴이 가볍긴 한 것 같지만,

정치제도는 물론 시민 인식이 나라마다 달라 직접 비교는 힘들다. 다만 낙마 이유를 보면 두 나라 시민이 어떤 부분에 민감하게 반응하는지 짐작해 볼 수 있다. 실정법을 위반했다는 사실 외에 국민 정서나 상식을 건드리면 사퇴 칼날을 피하기 어려운 듯하다.

구시가지 감라스탄 일반 건물 사이에 있는 총리 관저(가운데)

닐손 장관 관련 기사를 보다가 재미있는 부분이 있었다. 2022년 11월 21일 취임해 두 달여 만에 사임한 닐손이 퇴직금을 받을 자격이 있느냐 하는 거였다. 관련 규정에는 재임 기간이 12개월 미만이면 최대 12개월 치 월급을 퇴직금으로 받을 수 있다고 돼 있는데 조건은 본인이 직접 사임하면 퇴직금을 못 받고 해임되면 받을 수 있다는 것이었다. 규정대로라면 두 달 일하고 직접 사임 의사를 밝힌 닐손은 퇴직금 수령 자격이 안 되는 것으로 보이는데 기사는 명확히 밝히지 않았다. 만약 총리가 해임했다면 닐손은 퇴직금 수령 문제로 또 한 번 논란의 중심에 섰을 듯싶다.

국무장관 월급도 눈길이 갔다. 그는 한 달에 12만 1천200크로나를 받았다고 한다. 우리 돈으로 치면 1천442만 원, 연봉으로 치면 1억 7천37만 원가량이다. 2023년 우리나라 장관 연봉은 1억 3천941만 원이다. 명목상 금액은 스웨덴이 더 많지만 원천징수 세율이 더 높으니 실수령액은 더 적을 수도 있다. 한 나라 장관이 그 정도 연봉을 받을 자격은 있겠지만 국민을 위해 얼마나 밥값을 하는지가 관건이겠다.

사임 뒤 근황도 보도됐다. 국무장관이 되기 전 다겐스 인더스트리

(Dagens Industri) 정치 편집자였던 닐손은 시장 자유주의 싱크탱크인 'Timbro'에서 기후, 환경, 도시 및 농촌문제를 담당할 예정이라고 했다. 우리나라는 장관이나 후보자가 낙마하면 보통 한동안 어떻게 사는지도 모를 정도로 조용히 자중하지만, 스웨덴에서는 쿨하게 다른 일을 하고 기사화됐다.

석 달 뒤인 2023년 4월에는 닐손이 전 직장인 스웨덴 경제신문 '다겐스 인더스트리'로 복귀한다는 기사가 보도됐다. 일테면 한겨레신문 출신 김의겸 전 청와대 대변인이 부동산 투기 의혹으로 사임한 뒤 다시 한겨레신문으로 복귀하는 식이다. 한국 상식으론 잘 이해되지 않지만 스웨덴에선 별다른 비판이 없는 거 같다. 다겐스 인더스트리에 바로 복귀하기엔 여론 눈치가 보이니 잠시 다른 곳에 있다가 세간의 관심이 멀어진 뒤 자리를 옮긴 것으로 해석할 수도 있겠다. 정부 권력에 대한 감시가 사명 중 하나인 언론사에 현 정부 국무장관을 잠시나마 지낸 중견 기자가 복귀하면 제대로 된 비판을 할 수 없지 않을까 하는 생각이 드는데 말이다.

스웨덴 언론 상당수는 특정 이데올로기를 지지한다고 선언한다. 언론이 우린 사회주의, 사회민주주의, 자유주의 혹은 중립 성향이라고 밝힌다는 의미다. 그것이 때에 따라 특정 정당을 지지하는 형태가 될 수도 있지만 꼭 그렇지는 않다. 중요한 것은 어떤 이데올로기를 가지고 있든 보도 객관성에 영향을 미치지 않는다는 점이다. 비슷한 성향 정부나 정당을 비판하는 일도 잦다. 실제 사회민주주의 성향 다겐스 뉘헤테르는 이전 좌파 연립정부나 사민당을 여러 차례 날카롭게 비판하는 모습을 보여줬다. 이런 밑바탕이 있기 때문에 장관 출신 닐손이 언론사에 복귀해도 별말이 나오지 않는 게 아닐까. 이해관계에 따라 기사 논조가 뒤바뀌는 우리나라 몇몇 언론과는 분명 달랐다.

폭망한 오로라여행… 사파리투어는 잭팟?

2023년 1월 키루나 여행을 다녀온 지 몇 달이 지나 첫째한테 물었다.

"키루나 하면 뭐가 떠올라?"

"음…. 정말 추웠던 거랑 하루 종일 숙소에만 있었던 거. 오로라는 뭐 별로."

우리 가족 첫 오로라 여행은 망했다.

2023년 1월 초 3박 4일 일정으로 키루나로 떠났다. '스웨덴까지 왔는데 오로라 한번 봐야 하지 않겠어?' 키루나 여행을 마음먹은 계기였다. 항상 여행은 설레었는데 이상하게도 오로라 여행은 설레지 않았다. 인터넷 검색만 해도 잘 찍은 오로라 사진이 너무 많아 뭐 그렇게 다를 게 있을까 하는 생각이었다. 분명히 안 봤는데 본 거 같은 뭐 그런 느낌적인 느낌이었다.

오로라 관측지로 유명한 스웨덴 아비스코나 노르웨이 트롬쇠가 아니고 왜 키루나였느냐면 스톡홀름에서 더 가깝고 가기 쉬웠기 때문이다. 오전 일찍 출발하는 비행기라 새벽 3시 30분에 일어나 부산을 떨었다. 매우 이른 시간이라 버스가 다니지 않아 23kg 꽉 채운 캐리어를 질질 끌면서 롭스텐역까지 약 2km를 걸었다. 지하철 첫차를 타기 위해서였다. 공항까지 한 번에 가는 택시를 탈 수 있었지만 비싼 택시비와 승차 인원 5명이라는 애매한 숫자 때문에 포기했다. 물론 돈 몇 푼 아껴보려고 가족 고생시킨 것은 부인할 수 없다. 새벽 운동한 셈 치자고 말했더니 '오로라 보러 가는 버킷리스트 여행인데 이게 무슨 야반도주도 아니고'라는 타박이 돌아왔다.

식구가 4명에서 5명으로 느는 순간 여행 질은 떨어지고 비용은 기하급수적으로 늘어난다. 숙소, 교통편을 예약할 때 애매하기 짝이 없는 수다. 웬만한 숙소는 방 하나에 최대 인원이 4명까지인 경우가 많다. 침대가 5개인 패밀리 룸을 구하는 건 하늘의 별 따기고 숙박비도 확 뛴다. 패밀리 룸이 없다면 어쩔 수 없이 방 2개를 예약해야 할 때도 있다. 기차를 탈 때도 한 명은 따로 앉아야 하고 외국에서 택시를 이용할 때도 적정 인원을 넘다 보니 이런저런 눈치가 보인다. 이상 오로라 여행 떠나며 꼭두새벽부터 가족 고생시킨 아빠의 비겁한 변명이다.

지하철 첫차를 타고 T-센트랄렌역에 도착한 뒤 시속 200km로 공항까지 18분 만에 주파하는 알란다 익스프레스를 타고 알란다 공항에 도착했다. 키루나행 노르웨지안 항공기에도 무사히 탑승했다. 하지만 기내에 기름 냄새가 많이 났고 새벽부터 많이 걸은 탓인지 첫째와 둘째는 먹은 것도 없는데 속을 게워 내 마음이 아팠다.

2시간여 비행 끝에 도착한 키루나 공항은 진짜 자그마했다. 코털이 어는 거 같은 알싸한 공기부터 라플란드 추위가 실감 났다. 곳곳에 눈이 산더미같이 쌓여 있었다. 스톡홀름도 해가 짧은데 여긴 더 짧았다. 정오인데 주변이 어둑어둑하고 해가 뉘엿뉘엿 지고 있었다. 해가 떨어지면서 서서히 추위가 본색을 드러냈다. 키루나 시내를 돌아본 뒤 놀이터에서 눈썰매를 타고 놀다가 마중 나온 차를 타고 30분가량 떨어진 캠프에 도착했다. 우리 가족이 3박 동안 머물게 될 곳이었다.

너무 추웠다. 숙소 밖으로 나갈 엄두를 못 냈다. 밥해 먹고 쉬고 있는데 캠프 주인아저씨가 오늘 밤 오로라 지수가 높다며 얼른 나가자고 했다. 오로라 헌팅 투어를 신청하긴 했지만 갑작스럽게 나오라고 하니 당황스러웠다. 그래도 이왕이면 오로라를 빨리 보는 게 좋을 거 같아 중무장하고 주인아저씨를 따라나섰다. 차를 타고 10분 정도 갔을까 사방이 확 트인 벌판이 나왔다. 이 벌판은 사실 호수가 꽁꽁 얼어붙은 것이었다.

진짜 너무 추웠다. 주인아저씨가 모닥불을 피웠는데도 아이들 손가락 발가락이 급속도로 얼기 시작했다. 발가락 감각이 없어졌다. 막내는 급기야 춥다고 울음을 터트리고 결국 오로라 구경도 못하고 숙소로 복귀했다. 영하 18도라는데 체감온도는 훨씬 더 낮았다. 주인아저씨가 방한복과 방한화, 방한 장갑을 빌려줄 테니 다음엔 입고 나오라고 했다.

둘째 날도 무지 추웠다. 오로라 투어는 날씨가 가장 좋다고 예상되는 셋째 날 다시 하기로 해 이날은 별다른 일정이 없었다. 잠시 밖에 나와 주변을 돌아보는데 하늘 색깔이 참 오묘했다. 눈 쌓인 얼어붙은 강을 걸어봤는데 기분이 색달랐다. 강이 아주 넓어 시야가 확 트였다. 그러곤 다시 숙소로 들어가 나가지 않았다. 추워서 못 나간 거다. 씻는 것조차 귀찮았다. 방안에서 뒹굴거리다가 그대로 잤다.

다음 날 새벽 4시인가 오로라 앱 알림에 문득 눈이 떠져 밖으로 나갔다. 방한복 입는 데만 한참 걸렸다. 하늘에 뭔가 일렁서리는 연두색 혹은 녹색 빛이 보였다. 이게 오로라인가. 가슴이 콩닥콩닥 뛰고 빨리 미니 삼각대 펼치고 휴대전화로 사진을 찍었다. 이렇게 볼 줄 알았다면 70만 원짜리 오로라 헌팅 투어 신청은 안 했을 텐데 뒤늦은 후회를 하면서.

오로라는 눈으로 보기보다 사진으로 찍어야 더 선명하게 잘 보였다. 그도 그럴 것이, 오로라는 계속 움직이고 사라지길 반복하는데 사람 눈은 망막에 그때그때 잔상만 남아 바로 지워진다. 반면 사진은 길게는 수십 초 동안 센서에 빛을 모으니 당연히 그럴 수밖에. 오로라를 직접 보니 신기하고 황홀했다. 한편으론 그동안 내가 봐왔던 휘황찬란한 오로라 사진보다 못해서 실망스럽기도 했다.

그래도 오로라가 신기루처럼 사라지기 전에 사진 한 장이라도 건지려고 계속 찍었다. 장갑을 벗은 손이 깨질 듯 시리고 아팠다. 나중엔 타임랩스를 켜둔 채 주머니에 손 넣고 오로라를 감상했다. 오로라를 오롯이 눈에 담고 싶었다. 영화 <월터의 상상은 현실이 된다>에 등장하는 사진작가가 히말라야산맥에서 기다리던 눈표범을 발견하고도 카메라 셔터를 누르지 않은 것처럼. "아름다운 순간이 오면 카메라로 방해하고 싶지 않아. 그저 그 순간 속에 머무르고 싶지."

아내가 숙소로 빨리 돌아가 애들을 깨웠는데 첫째는 평소엔 그렇게 굼뜨더니 빛의 속도로 옷을 입고 나와 잠시나마 오로라를 봤다. 둘째는 잠시 눈을 뜨더니 한다는 말이 "나 안 봐도 돼. 나중에 다시 여기 와서 보면 돼" 하고 다시 잤단다. 셋째는 깨워도 여전히 꿈나라였고. 5명이 와서 3명만

키루나에서 본 인생 첫 오로라

오로라를 본 가성비 현저히 떨어지는 여행이었다. 비록 인터넷에서 볼 수 있는 오로라 사진보다 못했지만 눈으로 직접 본 오로라는 기대 이상이었고 오로라를 볼 수 있는 기회를 준 하늘과 우주에 감사한 마음이었다. 숙소로 들어가서도 여운이 가시지 않아 쉽게 잠을 이룰 수 없었다.

아침을 일찍 챙겨 먹고 셋째 날 일정인 사파리 투어를 떠났다. 캠프 주인아저씨 승합차에 탑승해 스웨덴에서 가장 높은 산인 '니칼루옥타' 주변에 사는 야생동물을 보는 일정이었다. 1시간가량 지루하게 눈길을 달렸다. 날씨가 추워 창문에 서리가 껴 밖이 잘 보이지 않았다. 캠프 주인아저씨가 건네준 딱딱한 플라스틱 받침으로 유리에 하얗게 낀 서리를 벗겨내다가 내가 지금 뭐 하고 있는 건지 혼란스러웠다. 영화 <겨울왕국>에 나오는 '스벤' 비슷한 동물이라도 불쑥 나와 주길 기대했지만 한 마리도 보지 못했다. 그때 갑자기 주인아저씨가 차를 세우고 앞을 보라고 말했다. 전방 50m 거리에 엄마 무스와 새끼 무스가 도로를 건너는 모습이 보였다. 무스 2마리는 이내 길을 건너 숲속으로 사라졌다. 주인아저씨는 '잭팟(jackpot)'이라고 말했다.

이제 사파리가 본격적으로 시작되는 모양이다 싶었는데 그걸로 끝이었다. 차를 돌려 숙소로 돌아왔다. 주인아저씨는 2시간 동안 무스 2마리를 본 우리 가족에게 "너흰 정말 운이 좋다"고 했다. 캠프 홈페이지에서 본 눈으로 덮인 대초원을 달리는 순록 무리 사진은 정말 장관이었다. 무스 2마리 본 것이 가족 5명 총 50만 원짜리 야생 사파리 투어라니. 이건 뭐 보이스피싱급 여행 사기가 아닐까 싶었지만 그래 이것도 여행이고 평생 도저히 잊히지 않는 (분통 터지는) 추억으로 남으려니 했다.

기분 상해서 이날 저녁 예정됐던 오로라 투어는 취소하고 알아서 보겠다고 말했다. 그날 새벽 오로라를 본 경험도 있고 더욱이 오로라 지수도 높아 충분히 다시 볼 가능성이 클 것 같았다. 주인아저씨도 오늘 밤이 오로라 피크라고 말해줬다. 카메라 삼각대도 빌려 DSLR과 휴대전화 두 가지 촬영으로 세기의 역작을 찍어보리라 마음먹었다. 잠도 안 자고 밤새도록 오로라 앱 알림을 기다렸다. 하지만 끝내 알림은 오지 않았고 새벽까지 들락날락하며 호숫가를 전전했지만 짙게 낀 구름은 하늘을 쉬이 내주지 않았다. 아쉬움이 많이 남는 밤이었다. 하지만 어쩌겠는가. 그게 자연 섭리인 것을. 누군가는 오로라를 3대가 덕을 쌓아야지 볼 수 있는 지리산 천왕봉 일출과 비교하기도 했다. 실제 오로라 여행을 갔지만 날씨와 여건이 맞지 않아 오로라를 못 보고 돌아오는 경우도 많다. 전날 오로라를 본 것만도 행운이고 감사한 일이었다.

마지막 날엔 키루나 시내를 잠시 돌아보다가 총 15시간 걸리는 야간 침대열차를 타고 스톡홀름으로 돌아왔다. 침대, 이불 등 잠자리를 스스로 만들어야 하지만 3층으로 된 침대칸에서 누워 자며 여행하는 것도 새로운 경험이었다. 아이들이 무척 좋아했다.

캠프 홈페이지에 있는 야생 사파리 투어 장면

놀랍게도 내가 만나본 스웨덴인 대부분은 오로라를 본 적이 없다고 했다. 현지인에게도 오로라를 보는 건 특별한 경험인 듯했다. 우여곡절 끝에 가족과 함께 버킷리스트 하나 삭제 완료다.

오로라 여행 팁! 야생 사파리 투어는 변수가 많아 차라리 스노모빌이나 개 썰매 체험이 더 나은 것 같다. 근데 체험이나 액티비티 자체가 너무 비싸다. 숙박비가 비교적 저렴한 대신 각종 체험으로 돈을 버는 구조인 듯. 오로라 헌팅 투어는 복불복이다. 오로라를 찍을 때 삼각대가 있으면 좋고 블루투스 릴리스가 있으면 더 좋겠다. 주머니에 손 넣고 버튼만 누르면 된다. 너무 추운 시기는 피해라. 키루나 캠프 주인아저씨는 11월에 오로라 투어 여행객이 가장 많다고 말했다. 하지만 그만큼 성수기라는 말일 테니 시기를 잘 선택하길. 아무리 오로라 지수가 높아도 구름이 끼면 말짱 도루묵이다. 운 없으면 못 볼 수도 있으니 마음을 편하게 먹고 여행에 임하는 게 정신건강에 좋다. 다음에 다시 오면 된다던 둘째는 오로라 사진만 보고도 마치 본 것처럼 만족하며 잘 살고 있다.

사파리 투어 중에 만난 무스 2마리

스톡홀름 60곳에 빙판…
이거 안 하면 후회

21

스웨덴은 겨울이 길다. 언제부터 겨울이라고 정의해야 할지 모르겠지만 대략 1년에 절반 정도인 것 같다. 여름이 지나간 2022년 9월부터 긴 겨울을 어떻게 보낼지 걱정이었다. 처음엔 조금만 추워도 집안에 틀어박히는 날이 많았다. 이곳 사람들은 추워도 집 밖으로 나갔다. 어른뿐 아니라 어린아이들도 꽁꽁 싸맨 뒤 유모차에 태워 동행했다. 아기를 추운 날씨에 빨리 적응시키려는지 우리나라에서 흔히 볼 수 있는 유모차 비닐 커버조차 없었다. 정말 추운 날이라도 햇볕이 나면 무조건 나가서 산책이나 운동 등 뭔가를 했다.

    스톡홀름 겨울은 길긴 하지만 영하 10도 이하 매우 추운 날은 많지 않았다. 아열대 기후가 돼버린 부산에 사는 촌놈이 서울 가서 느꼈던 칼바람 추위는 이곳에서 많이 느껴보지 못했다. 대신 가늘고 길게 추운 듯했다. 리딩외에 오래 산 집주인 할아버지는 서울에 갔다 온 적이 있었는데 여기보다 훨씬 춥더라면서 고개를 절레절레 흔들었다. 아무튼 겨울이 길다 보니 춥다고 방에 콕 박혀 있으면 무조건 손해다. 가뜩이나 짧은 낮 허리를 뚝딱 베어내어 뭐라도 해야 했다. 여름만 누리기엔 스웨덴 1년은 너무 짧다.

    겨울이 오기 전 중고물품점에서 스케이트화를 미리 사놨는데 까먹고 있었다. 그러다 스웨덴 겨울이 반환점을 돈 시기, 스톡홀름 T-센트랄렌역에 갔다가 우연히 '왕의 정원(Kungsträdgården)'에 마련된 스케이트장을 보고 정신이 번쩍 들었다. 12월부터 문을 열었다는데 2월이 되도록 뭐했는지 후회가 밀려왔다. 늦었지만 식구들 스케이트화도 마저 장만하고 스케이트장으로 출동했다.

왕의 정원은 중앙에 동상이 있는 팔각형 형태의 지름 40~50m 광장이다. 날씨가 추워지면 얼음을 얼려 빙판을 만든다. 스케이트가 있는 사람은 누구나 입장 가능하고 장비가 없는 사람을 위해 지자체가 시간당 어른 8천400원 정도, 아이는 3천600원 정도에 스케이트화와 안전모를 빌려준다.

접근성 좋은 도심 한복판에 있는 스케이트장 꽤 낭만적이지 않은가. 겨울 스톡홀름에는 왕의 정원을 포함해 인공 스케이트장이 총 5개가 만들어진다. 도심 공원이나 야구장이 겨울 몇 달간 시민을 위한 동계 레포츠 공간으로 탈바꿈하는 것이다. 이뿐만 아니다. 축구 운동장 등 대형 경기장 10곳이 거대한 빙판으로 변하는 등 총 50개 이상 크고 작은 스케이트장이 곳

겨울이 되면 스케이트장으로 변하는 왕의 정원

곳에 들어선다.

또 있다. 날씨가 추워져 얼음이 두꺼워지면 호수에서도 스케이트를 즐길 수 있다. 스톡홀름 전역에 천연 얼음 호수 아이스링크는 총 7곳이다. 제설차 같은 차량으로 얼음을 다지고 빙질을 좋게 만든다. 이런 환경에서 스케이트를 타지 않으면 바보다. 놀랍게도 스케이트장은 누구에게나 열려 있고 모두 공짜다. 스톡홀름시가 운영하기 때문이다. 스케이트장마다 장비도 저렴한 가격에 빌릴 수 있다. 기후와 주변 자연환경을 잘 이용해 국민에게 건강 증진과 레포츠 기회를 제공하는 겨울왕국 스웨덴의 참모습이었다. 부산에 살면서 시민공원 정도 외에는 주말에 집 나가면 숨 쉬는 것 빼고 돈이 들었는데 이렇게 돈 안 들고도 마음껏 놀 수 있어 좋았다.

스케이트장이 많아 훌륭한 선수들이 많이 배출됐을 거 같은데 언뜻 유명 빙상 선수는 잘 떠오르지 않았다. 생활체육 위주라서 그럴지도 모르겠다. 엘리트 선수 몇 명 키우는 것보다는 시민 건강, 행복이 중요하다는 국가 스포츠 시책으로 이해했다. 12월~3월 초에 스톡홀름을 방문한다면 도처에 널린 스케이트장에서 추억을 남겨도 좋겠다. 스케이트는 남녀노소 누구나 즐기는 스웨덴 국민 레포츠이다.

첫째 둘째를 데리고 외스테르말름에 있는 운동장(Östermalms Idrot-tsplats)으로 향했다.

운동장을 통째로 얼려버린 스케이트장

둘째의 학교 친구 어머니 추천으로 알게 된 곳이다. 축구장 1개 반에 해당하는 면적을 통째로 얼려버렸다. 어마어마한 크기에 한 번 놀라고 부대시설에 두 번 놀랐다. 한편에 스케이트를 신고 벗을 수 있도록 긴 의자가 있고 간식 등 음식을 먹을 수 있는 테이블과 화로대도 있었다. 화로대에서는 누구든 몸을 녹이거나 소시지를 구워 먹을 수 있었다. 핫도그 등 간단한 음식을 파는 작은 매점도 있었다.

추운 날씨에 흐르는 콧물을 닦으며 겨우 스케이트화로 갈아 신고 두둥 빙판에 첫발을 올렸다. 소싯적에 롤라장에서 런던 보이즈의 <런던 나이트> 노래를 들으며 롤러스케이트를 탔던 가락이 있어 '뭐 크게 다르겠어' 하고 몇 발 내디뎠는데 웬걸 중심도 못 잡고 허우적거리다가 엉덩방아를 찧었다. 요란한 그 모습을 보고 벤치에 앉은 금발에 초록 눈 아이가 피식 웃었다. 롤러장 죽돌이 자존심이 박살 나는 순간이었다. 첫째는 유치원 때 스케이트를 배워서 그런지 넘어지지 않고 잘 탔다. 인라인스케이트를 탔던 둘째는 곧잘 타다가도 의욕이 앞서서인지 우당탕탕 넘어져 가슴이 아팠다. 뒤뚱뒤뚱 이 거대한 아이스링크를 한 바퀴 도는 데 시간이 꽤 길렸다. 조그만 아이부터 어른까지 씽씽 얼음을 가르며 나아가는 모습이 부러웠다.

두 바퀴를 돌고 나서 약간 감이 오려는 찰나 얼음을 정비하는 시간이라고 나가라고 했다. 제법 큰 정빙 차량 2대가 한 시간 동안 아이스링크 표면을 정리한다고 해서 철수할 수밖에 없었다. 집에 와서 멋들어지게 슝슝 얼음을 지치는 모습을 상상하며 스케이트 기초 강습 유튜브도 좀 찾아봤다. '아…. 이론은 빠삭한데 몸이 말을 안 들어.'

내일 또 가볼 생각이다. 화로대에 구워 먹을 소시지 들고 말이다.

신의 한 수 바이올린

며칠 전부터 아내는 자꾸 떨린다고 했다. 난 "혼자 가는 것도 아닌데 괜찮을 거야"라고 말했다. 부모 없이 처음 밖에서 자는 건데라는 아내 말에 "에이, 별걱정 다 한다"고 말했지만 나도 걱정이 되는 건 마찬가지였다.

삼남매의 정신적 지주이자 대장, 수줍은 성격이지만 강단 있고 예민한 감수성의 소유자 K-장녀 첫째 딸이 인생 첫 여행을 떠났다. 스웨덴에 와서 엄마 아빠 없이 첫 여행을 가게 될 줄 몰랐다.

첫째는 봄 학기부터 방과 후에 지자체 음악학교가 운영하는 바이올린 레슨을 시작했다. 한국에서 꾸역꾸역 들고 와 먼지만 쌓여가는 바이올린을 보고 "이럴 거면 뭐 하러 들고 왔냐?"던 아내의 의지가 강력하게 작용했다. 첫째는 첫 수업부터 생기가 돌았다. 좋은 선생님을 만나 바이올린을 연주하다 보니 잊고 있던 손가락 마디마디 감각이 살아났다나 우쨌다나. 매주 월요일 방과 후를 학수고대했다.

바이올린 선생님 마틴은 첫 레슨 때 첫째에게 오케스트라 합류를 제안했다. 실력이 좋아서였는지, 그저 자리가 남아서였는지 첫째는 아직도 묵묵부답이다. 더없이 좋은 기회였고 연주의 기쁨을 다시 느낀 첫째는 즉석에서 "Of course!"를 외쳤다고 한다. 최근에는 앙상블 연습까지 하면서 일주일에 3일 강행군 연주를 하고 있다. 나도 한 번씩 따라가는데 연습실 밖으로 흘러나오는 오케스트라 선율에 귀가 호강한다.

그러던 중 바이올린 선생님이 오케스트라 축제가 열리는데 같이 가는 게 어떻겠느냐고 제안했다. 오케스트라 단원이면 모두 참가할 수 있다는 거였다. 축제 개최 장소를 듣고 놀랄 수밖에 없었다. 2박 3일 일정으로 노르웨이 베르겐(Bergen)에 갈 예정이라고 했다. 스톡홀름 근교 도시나 멀어 봤자 말뫼나 예테보리 정도가 되지 않을까 싶었던 예상은 크게 빗나갔다.

유럽 여행 정보를 주고받는 모 포털 카페를 검색하며 몇 번이나 머릿속에 여행 경로를 짜봤던 노르웨이 서남쪽 관문 도시 베르겐. 환상적인 피오르드를 감상할 수 있고 디즈니 애니메이션 <겨울왕국> 아렌델의 모티브가 된 도시. 첫째는 가고 싶은데 혼자 가는 게 약간 겁이 난다고 했다. "아빠가 대신 가면 안 되겠니?"라는 말이 나오는 걸 가까스로 참았다.

고물가로 악명 높은 노르웨이라 참가 비용이 꽤 나오겠다고 생각했다. 그래도 첫째가 가겠다면 보내야지. 정말 좋은 기회 아닌가. 며칠 뒤 바이올린 선생님이 보낸 메일을 보고 두 눈을 의심했다. 1인당 참가비가 5백 크로나였다. 엥, 5천 크로나가 아니고? 우리 돈 6만 원가량만 내면 음악학교 측이 항공료, 숙박비, 식비, 교통비 모든 걸 책임진다고 했다. 단체 후원을 받았다고 했지만 정말 저렴한 비용이었다. 첫째는 며칠 고민하더니 "엄마, 나 갈래"라고 선언했다. 그래, 당연히 가야지!

공연 때 입을 흰 셔츠를 사고 세컨핸즈숍에서 검정 구두도 구매해 원정 공연 준비를 마쳤다. 짐을 챙기는 첫째는 여전히 긴장되는 모습이었다. 스웨덴어도 잘 못하고 오케스트라 단원들과 아직 서먹서먹한 사이인데 잘 해낼 수 있을까 싶은 생각이 들었을 것이다.

대망의 출발일이 밝았다. 나는 둘째와 막내 등원, 등교시키느라 첫째가 가는 걸 보지 못했다. 아내는 첫째가 오케스트라 단원들이 탄 버스에 오르는 걸 보고 눈물이 나올 뻔했다고 말했다. 10년 넘게 애지중지하며 키운 딸이 처음으로 며칠이나마 부모를 떠나는 건데 마음이 싱숭생숭했으리라.

첫째는 버스 안, 공항 도착, 점심, 비행기 탑승 등 일련의 과정을 쉴 새 없이 문자로 보내왔다. 부모 없이 떠나는 첫 여행이라는 애틋한 감정도 잠시, 첫째가 바로 옆에서 재잘재잘 떠드는 것 같았다. 베르겐에 도착하자마자 2시간, 둘째 날은 5시간 동안 오케스트라 연습만 죽도록 했다고 한다. 공연은 마지막 날에 한다는데 노르웨이 베르겐까지 가서 공연장과 연습장만 실컷 보고 올 수도 있겠다. 그래도 가슴과 머리에 많은 걸 남기고 오겠지. 또 하나의 추억과 이제껏 느껴보지 못한 인생 첫 경험 말이야. 첫째가 돌아와 들려줄 이야기가 기대된다.

유료화장실 돈 내고 이용하면 바보

스톡홀름 중심가 한 유료화장실.

급한 마음에 10크로나(약 1천300원)를 내고 유료화장실을 사용한 뒤 문을 열었다. 화장실에 들어갈 때 못 본 두 여성이 서 있었다. 두 여성은 닫히려는 화장실 문을 탁 잡더니 서로 먼저 들어가라고 양보했다. 실랑이 끝에 한 여성이 화장실로 들어가며 다른 여성에게 고맙다고 했다. 돈은 내가 냈는데 이 사람들 뭐 하는 거지? 이들은 나를 투명 인간 취급하며 서로 인심 쓰듯 차례를 양보하고 고맙다고 했다. 이래도 되나.

그래도 된다. 스톡홀름에서 유료화장실을 무료로 이용하는 방법이다.

화장실이 대개 무료인 한국에 살다가 스웨덴에 오니 돈 내고 용변을 봐야 하는 야박한 인심에 좀처럼 적응되지 않았다. 대체로 우리 돈 천 원이 채 되지 않는 요금이긴 하지만 유료화장실을 이용할 때마다 빈정 상하는 건 어쩔 수 없었다. 사회민주주의 국가에서 공중화장실 복지가 이렇게 형편없나 싶어 처음엔 실망도 했다. 그래도 어쩌겠는가. 스웨덴 화장실 문화에 빨리 적응하는 게 관건이었다.

특히 우리 집엔 내장 기관이 새처럼 짧은지 마시고 돌아서면 화장실을 찾는 '조류 인간'이 둘 있다. 그 때문에 외출만 하면 항상 긴장 상태라, 화장실 위치를 미리 알고 있어야 마음이 편했다. 스톡홀름 화장실에 관심을 가지게 된 이유다.

스톡홀름에는 1885년 17개, 1930년 14개, 1960년 32개, 1987년 14개 공중화장실이 있었다고 한다. 상황에 따라 들쭉날쭉했지만 많지 않았다는 건 분명하다. 대중들이 당국에 해결책을 요구하기도 했다. 1920년에는 스웨덴 최초 여성 의사인 카롤리나 비더스트룀을 비롯한 여성들이 남성 전용 소변기만 많고 칸막이가 있는 남녀공용 화장실이 많이 없다며 여성을 위한 무료 화장실 설치 동의안을 시의회에 제출했다.

이후 무료 공중화장실이 일부 설치되긴 했지만 음란한 그림이나 낙서를 그리는 등 부작용이 심각했다. 이 때문에 두 달에 한 번 벽을 재도색하면서 시설 유지비용이 많이 들자 1955년 공중화장실 옆에 키오스크를 설치해 돈을 받고 화장실 문을 열거나 열쇠를 빌려주는 유료 운영체제로 전환했다. 이것이 스톡홀름 유료화장실 시초였다.

이후 키오스크 화장실은 동전 결제, 문자메시지(SMS)를 이용한 결제로 진화해 오늘날 신용카드 결제 형태에 이르렀다. 무료 화장실이 마약 투약, 범죄, 노숙자 아지트 등으로 이용돼 화장실 이용자들 접근성을 떨어뜨리는 것도 유료 전환에 한몫했다고 한다.

술집 손님과 노숙자가 많이 모이는 슬루센(Slussen)과 미드볼야톨옛(Medborgartorget)엔 무료 화장실이 없어 한때 시민 원성이 자자했다. 심지어 사람들이 개 놀이공원이나 나무 덤불에까지 들어가 용변을 봐 문제가 된다는 기사가 나오기도 했다.

상황이 이러하자 2014년 다수당이 된 사회민주당, 녹색당 등 좌파 연립정부가 무료 화장실을 짓겠다는 프로젝트를 발표했다. 그 연장선에서 스톡홀름시는 한 업체에 10년간 350개 공공장소 외부 광고판 사업 권한을 주고 그 대가로 무료 화장실을 짓도록 했다. 2019년까지 이 업체는 무료 화장실 66개를 만들었다. 스톡홀름시는 손 안 대고 코 풀듯 관리하기 어려운 공중화장실을 아웃소싱한 셈이다.

기존에 지자체가 만든 약 40개의 유료 공중화장실까지 포함하면 스톡홀름에 현재 약 100개 공중화장실이 있다. 스톡홀름 면적이 188㎢라 1.88㎢당 1개꼴로 공중화장실이 있는 셈이지만 막상 다녀보면 찾기가 쉽지 않다.

무료 화장실은 주기적으로 무인 셀프 관리와 청소를 한다고 하는데 직접 사용해 본 결과 그다지 깨끗하지 않았다. 최대 사용 시간은 20분. 그 이상 경과하면 자동으로 문이 열린다. 외관이 기존 유료 공중화장실과 달라 처음엔 화장실인 줄 몰랐다. 스톡홀름 시민 역시 초반엔 건물 정체를 몰라 사용하는 사람이 많이 없었다고 한다.

2021년 11월 19일 세계 화장실의 날, 이 업체는 가장 가까운 무료 화장실을 찾을 수 있는 앱을 만들어 공개했다. 아주 깨끗하지 않지만 공중화장실 귀한 스톡홀름에서 무료 화장실이 가지는 의미는 상당했다. 우리 집 '조류 인간'들의 쾌적한 도시 생활을 위해 외출하면 스톡홀름시 유료 공중화장실 지도와 이 앱을 비교해 화장실 위치를 알아두곤 했다. 내 머릿속에 스톡홀름은 화장실 위치로 기억된 도시이기도 하다.

지자체가 만든 유료 화장실 이용 요금은 5크로나(약 650원)지만 T-센트랄렌역 등 최근 지어진 사설 화장실이나 백화점 등 쇼핑 시설 화장실은 10~15크로나(약 1천300~1천900원)로 요금이 다소 비쌌다. 더군다나 지하철 개찰구 같은 출입문 때문에 꼼수를 부릴 수도 없다. 백화점이나 큰 쇼핑몰에서 화장실 문호를 개방하지 않는 건 이해할 수 없었다. 입점한 카페와 음식점 이용자도 돈을 내고 화장실을 갈 수밖에 없는 것이 한국인 정서상 도저히 납득되지 않았다. 그런 면에서 시설 화장실을 무료 개방하는 스톡홀름 중심 NK백화점은 가뭄의 단비 같은 존재였다.

카페나 패스트푸드점 등에서 간단한 메뉴를 주문하고 화장실을 이용하는 것이 가장 마음 편한 방법이다. 일부 패스트푸드점은 화장실을 열어두기도 하지만 대개는 문을 비밀번호로 열리도록 한다. 급할 때 유료화장실도 못 찾겠다 싶으면 어디든 들어가서 양해를 구하는 것이 불상사를 막는 지름길이다.

스톡홀름 근교에 있는 마리에프레드(Mariefred)에 갔을 때다. 삼남매 모두 볼일이 급한데 주변에 화장실이 보이지 않는 긴박한 상황이었다. 아내가 근처에 있던 스타드미션(Stadmission) 세컨핸즈숍에 아이들을 데리고 무작정 들어갔다. 스타드미션은 중고물품 거래 등 수익으로 노숙자 지원 사업 등을 하는 비영리단체다. 아내는 얼굴이 사색이 된 삼남매와 함께 매우 미안해하며 '화장실을 좀 이용할 수 없겠느냐'고 말했다. 그때 스타드미션 직원이 한 말은 지금도 잊을 수 없다. "얼마든지 사용해도 된다. 모두를 위한 화장실이다." 화장실은 누구에게나 열려 있어야 한다는 사회적 믿음이 담긴 말이었다. 남이 돈을 냈지만 닫히는 유료화장실 문을 탁 잡으며 '땡큐' 하고 들어갈 수 있는 분위기와도 연결됐다. 이번엔 내가 화장실 요금을 냈지만 다음엔 다른 사람 덕을 볼 수 있다는 그런 믿음 말이다.

　남녀가 같이 사용하는 화장실 문화도 신선한 충격이었다. 백화점이나 쇼핑몰, 문화시설 등엔 대체로 남녀 구분 화장실이 있었지만 공용 화장실을 쓰는 곳도 많았다. 특히 마라톤 대회에서 경험했던 화장실 체험은 어색하지만 많은 생각을 하게 했다. 간이 화장실 5~6개마다 기다란 줄이 하나씩 만들어졌는데 남녀가 같이 줄을 서고 순서대로 비는 화장실을 찾아 들어갔다. 마라톤 출발 시간이 다가오는데 줄이 너무 길어 조마조마했지만 생각보다 빨리 줄이 짧아졌다. 무엇보다 남녀가 같이 줄을 서는데 기분이 묘했다.

쿵스홀멘 마라톤 대회 전 남녀가 함께 기다리는 화장실 풍경

　남녀 신체 구조 차이로 남자 화장실이 좀 더 지저분할 것이라고 생각해 왔다. 청결 등의 이유로 여자들이 남자보다 남녀 공용 화장실 사용에 반대하리라 생각했었다. 그러다가 한 스웨덴 여성이 공연 휴식 시간 때 남녀 화장실을 공용으로 사용하면 시간을 더 줄일 수 있다고 신문에 의견을 낸 걸 보고 효율 관점에서 여성들이 남녀 공용 화장실을 선호할 수도 있구나 싶었다. 또한 남자와 여자로 구분 짓는 것이 아니라 인간이라는 동질성에 초점을 맞추는 관점이 남녀공용 화장실 문화에 녹아 있는 듯했다.

더 나아가 성평등을 강력히 지지하고 구현해 온 사회 기조가 반영된 결과로도 볼 수 있다. 스웨덴은 버스, 지하철 운선사를 비롯해 한국에서 남성이 할 일이라고 여기는 직업 상당수에서 여성이 실력을 뽐내고 있으며 내각이나 국회의원 여성 비율은 절반에 근접한 46~47%대다.

스웨덴에서는 1980년부터 직장 내 성차별이 불법이 됐고 2009년 차별금지법이 시행돼 고용주가 남녀평등을 적극적으로 이행하고 괴롭힘에 대해 조치하도록 규정했다. 이 법은 성별 임금 격차를 해소하기 위해 적극적으로 노력해야 한다고 명시했는데 2023년 기준 스웨덴 여성 평균 임금이 남성 평균 임금 90% 수준까지 올라왔다고 한다. 스웨덴 정부는 남성의 성폭력에서 여성을 보호하려는 노력도 계속해 왔다. 2018년 스웨덴 의회는 폭력이나 위협이 없더라도 명시적인 동의가 없는 섹스는 강간이라고 규정하는 새로운 성적 동의법을 채택했다. 1999년엔 성매매 금지법을 만들었는데 성 제공자를 제외한 성 구매자만 처벌하는 세계 최초 법률이었다.

스웨덴 남녀 공용 화장실 문화는 이런 사회적, 문화적, 정치적 토대 위에 나타난 사회현상이라고 볼 만하다. 남녀가 동등한 인격체라는 인식, 여성 권리와 인권 신장의 역사가 있기에 가능한 일이다.

* 스톡홀름시 공중화장실 지도   * 무료 화장실 찾기 앱 다운로드

* 스톡홀름시 홈페이지, JCDecaux 홈페이지, 위키피디아, stockholmskallan, www.mitti.se, www.svt.se, sweden.se를 참고했다.

건방지고 도발적인 아이들

24

눈 내린 날이었다. 찻길 옆 보도를 걷던 중 발 앞에 주먹만 한 눈이 툭 떨어져 산산이 부서졌다. 누군가 던진 게 틀림없었다. 올려다보니 언덕 위에서 한 꼬마 녀석이 우릴 보고 씩 웃더니 달아났다. 한국 같았으면 "이노무 시키가~" 하면서 한소리 퍼부어줬을 것 같은데 이상하게도 기분 나쁘지 않았고 멀리 도망가는 아이 모습에 헛웃음이 났다. 그 녀석이 눈을 던질 기회를 노리다가 우연히 우리를 향해 던졌는지, 스웨덴 사람처럼 생기지 않은 외모가 만만해 보여서 눈을 던졌는지 모르겠다. 웃으며 달아나던 개구쟁이 녀석이 오래도록 기억에 남았다.

　어릴 적 <말괄량이 삐삐>라는 텔레비전 연속극을 봤다. 주근깨투성이 얼굴에 양 갈래로 주황색 머리를 땋은 삐삐. 오랜 시간이 지나서인지 사세한 내용은 기억나지 않았다. 원작은 스웨덴 작가인 아스트리드 린드그렌 동화였다. 《내 이름은 삐삐 롱스타킹》, 《꼬마 백만장자 삐삐》, 《삐삐는 어른이 되기 싫어》로 된 시리즈다. 스웨덴에 살면서 문득 삐삐 동화책을 읽고 싶어졌다. 어른이 되어 읽은 삐삐는 새로웠다. 삐삐는 바다에서 돌아가신 선장 아빠가 헤엄쳐 어느 섬 식인종 왕이 됐다고 믿으며 원숭이 윌슨 씨, 말과 함께 꿋꿋하게 살아간다. 이웃집 단짝 친구인 토미, 아니카와 매일 엉뚱한 일을 꾸미며 자기 집인 '뒤죽박죽 별장'에서 다양한 일을 벌이며 재미있게 지낸다.

　삐삐는 자신을 어리다고 무시하는 어른들을 혼내주거나 천하장사 같은 힘으로 어른들을 번쩍 들어 올려 본때를 보여준다. 아빠가 남겨준 금화로 돈에 약한 속물근성 어른들을 입 다물게도 한다. 장난감이나 초콜릿 등을 잔뜩 사서 동네 아이들에게 나눠주기도 한다. 엉뚱하리만치 기발한 상상력을 발휘하는가 하면 도랑이 좋다며 물에 빠지기도 하는 등 행동에 거침이 없다. 좌우 색깔이 다른 양말을 신거나 발 크기 두 배나 되는 구두를 신는 자유로운 패션 감각을 지니기도 했다. 학교는 하루 가보곤 적성에 맞지 않다며 때려치우고 소풍 갈 때만 찾아가는 괴짜다.

아스트리드 린드그렌은 폐렴에 걸린 딸을 위해 들려줬던 삐삐 이야기를 나중에 글로 묶어내며 본격적인 작가 길로 접어들었다. 삐삐 시리즈 외 많은 동화를 썼고 어린이책 노벨상이라고 불리는 한스 크리스티안 안데르센상을 비롯해 스웨덴 한림원 금상, 유네스코 국제 문학상 등을 수상하며 스웨덴을 대표하는 세계적인 작가가 됐다. 삐삐 책을 읽다가 눈을 던진 아이를 다시 떠올렸다. 어른을 무서워하지 않는 아이. 단지 버릇없는 것이 아니라 어른의 권위에 저항하거나 도전할 수 있는 아이의 순수한 정의감이 아스트리드 린드그렌이 쓴 삐삐 정신과 연결돼 있는 게 아닐까 싶었다.

스웨덴에서 30년 넘게 산 한 지인은 한국 아이들이 스웨덴 학교에 다니면 처음에 좀 힘들 거라고 했다. 스웨덴에서는 학생들이 '왜'라고 도발적인 질문을 던지며 선생님 지적 권위에 도전하고 자유롭게 토론한다. 교사 말 하나하나를 진리인 양 여기고 암기하는 한국 교육에 길들어 있다면 스웨덴 수업을 따라오기 쉽지 않다는 말이었다. 그러면서 한국에서 노벨상 수상자가 나오려면 아직 멀었다고 덧붙였다. 세계에서 가장 많이 공부하고 경쟁도 치열한데 정작 노벨상 수상자는 없는 나라가 한국이라는 말에 반박할 수 없었다. (김대중 전 대통령이 노벨평화상을 수상했고 2024년 한강 작가가 노벨문학상을 받았지만 아직 순수 학문 분야 수상자는 없는 것이 아쉽긴 하다.)

　스웨덴 한림원 등은 매년 물리학, 화학, 생리의학, 문학, 경제학 분야에서 '독보적인' 첫 연구 결과를 내놓은 학자를 노벨상 수상자로 선정한다. 한국에서 '독보적인' 첫 연구 업적을 이룬 사례가 많지 않은 이유는 빨리 성과를 내야 하는 사회 분위기 탓인지, 폭넓고 지속적인 연구 분야 예산 지원이 없어서인지 모르겠다.

　학교에 다니지 않아 글자도 잘 모르고 옷도 제멋대로 입으며 어른에게 똑 부러지게 말하는 삐삐 같은 인물은 우리나라 어린이문학에 잘 등장하지 않는다. 삼남매와 함께 살며 많은 동화책을 읽었지만 삐삐 같은 등장인물은 못 본 것 같다. 린드그렌이 삐삐로 첫 책을 출판하려고 했을 때 스웨덴도 마찬가지였던 듯하다. 출판사는 내용이 너무 자유분방하고 기존 동화 틀을 벗어난 이야기라 결국 출판을 거부했다고 한다. 린드그렌이 1년 뒤 다시 다듬어 쓴 원고가 공모전에서 1등이 되면서 책으로 출간됐다. 1945년이었다. 스웨덴 아이들은 어릴 적부터 삐삐 동화책을 읽으며 저도 모르게 삐삐를 닮아가지 않았을까. 잘못된 어른에 지칭하고 어른을 무서워하지 않는 아이로 은연중 자라나지 않을까.

　린드그렌이 1978년 독일 출판협회 평화상을 수상하며 "아이들에게 절대 폭력은 안 된다"고 연설한 다음 해 스웨덴은 세계 최초로 어린이 체벌 금지법을 제정했다. 아이들은 저마다 다르고 공부를 잘하든 못하든 모두 존중받을 권리가 있다. 린드그렌은 자기 작품과 삶으로 스웨덴 아이들이 진정한 어른이 되도록 길잡이 역할을 한 것 같다. 삐삐 시리즈를 읽고 난 뒤 《사자왕 형제의 모험》도 읽었다. 1973년에 출판된 이 책은 전 세계 판타지 소설 원조라고 해도 손색이 없고 철학적이기도 했다. 린드그렌 책은 아이들에게 꿈과 용기, 상상력을 주는 듯하다. 어른이 되어서도 부끄럽지 않게 행동할 것 같다. 나에게 눈을 던진 그 아이도 삐삐와 사자왕 형제를 읽었겠지? 삼남매에게 한강 작가도 감명 깊게 읽었다던 《사자왕 형제의 모험》을 읽어보라고 권했지만 전혀 흥미가 없어 보였다. 어쩌겠는가. 고분고분 말 잘 듣는 아이로 자라는 걸 린드그렌도 바라지 않았을 거라고 생각해본다. 세상 모든 아이의 정의로운 삐딱함(?)을 기원한다.

영어 맨땅에 헤딩하기

다섯 식구가 한국을 떠나며 가장 부담스러웠던 건 바로 영어였다. 체류 기간이 1년이라 삼남매를 현지 학교 대신 국제학교나 영어유치원에 보내기로 마음먹었지만 아이들 영어 실력은 기초 수준이었다. 삼남매는 출국 전까지 원어민과 간단한 대화 몇 번 해본 것이 전부였다. 외국인과 만나는 두려움이라도 없애보자는 목적이었다.

국제학교 중등 1학년과 초등 3학년에 편입한 첫째와 둘째 영어 실력은 단연 학교 전체에서 꼴찌였다. 다른 학생들은 영어권 국가 출신이거나 적어도 부모 중 한 명은 원어민이라 영어로 의사소통하는 데 크게 지장이 없었다. 두 아이가 영어로 진행되는 수업에서 받았을 압박감은 상당했을 터였다. 첫째는 등교 스트레스로 아침만 되면 복통에 시달렸고 둘째는 의사소통이 원활하지 못한 데서 오는 친구들과 갈등, 다툼도 있었다. 남매는 눈칫밥으로 학교생활을 꾸역꾸역 해나가더니 점차 영어에 익숙해졌다. 학교에서 살아남기 위한 생존 영어였던 셈이다. 아이들에게 다소 가혹한 환경이었지만 도화지 같은 습득력과 적응력으로 위기를 돌파했다. 친구들이 말을 많이 걸어주고 학년별 보강수업이 진행된 것도 다행이었다. 옆에서 지켜보니 듣기, 말하기, 쓰기 순으로 영어에 친숙해졌다. 담임선생님은 면담 때 모국어인 한글로 된 책도 꾸준히 읽으라고 했다. 모국어를 잘 익히는 것도 영어 공부에 도움이 된다는 것이었다.

막내는 한 살 차이로 입학 연령이 모자라 언니, 오빠가 다니는 국제학교에 입학할 수 없었다. 삼남매를 한 번에 등하교시킬 수 있었는데 아쉬웠다. 수소문 끝에 외스테르말름 한 영어유치원에 보냈다. 돌이켜보면 공부하는 학교보다 노는 것이 우선인 유치원에 간 것이 더 좋은 선택이었다.

막내 역시 초기에는 유치원에 가기 싫다고 한 적이 있었다. 아무래도 말이 통하지 않으니 힘들었던 것 같다. 6개월여가 지나고 하원 때 만난 유치원 선생님과 원장 선생님이 막내의 급격한 변화에 이야기해 줬다. 영어 단어 하나 몰랐던 막내가 단기간에 영어로 된 문장까지 표현한다는 거였다. 유치원에서 전혀 어려움 없이 일상적인 의사소통을 할 수 있다며 신기해했다. 막내에게 어떻게 영어를 빨리 배웠냐고 물어봤더니 친구나 선생님이 하는 말을 반복해서 되뇌었다고 했다. 유아들이 부모 말을 따라 배우듯 또래 친구와 지내며 자연스럽게 영어를 익힌 듯했다.

첫째, 둘째와 달리 막내는 유치원에서 잘 놀기만 해도 충분하다고 여겼는데 의외의 수확이었다. 재미있는 건 유치원 친구들은 처음부터 막내가 영어에 서툴다는 걸 전혀 몰랐다고 말했다는 점이었다. 말이 통하지 않아도 친구가 되고 어울릴 수 있다는 걸 아이들이 증명해 준 것이었다.

삼남매 영어 습득 과정을 보면 한글 어휘 습득 수준이 가장 높았던 첫째가 가장 빨리 적응했고, 둘째는 약간 더뎠지만 특유의 자신감으로 난관을 돌파했고, 정규 교육을 전혀 받지 않은 막내는 어느 순간 각성한 듯 유창한 발음으로 원어민처럼 자연스럽게 영어를 사용했다. 막내는 R과 L 발음이 어떻게 다른지 직접 단어를 소리 내 설명하기도 했다. 삼남매 영어 실력은 스웨덴 거주 반년 만에 아빠를 월등히 추월했다. 영어에 익숙해진 것만으로 큰 성과였다.

스웨덴은 자국 언어가 있지만 네덜란드와 마찬가지로 일반 국민 영어 실력이 상당한 나라 중 하나다. 네덜란드와 더불어 모국어가 아님에도 영어 구사 능력이 뛰어난 국가 1, 2위를 다툰다. 공중파 방송에서 웬만한 영화는 스웨덴어가 아닌 영어 음성으로 방송된다. 발음, 문법, 유창함 면에서 스웨덴인 영어 실력이 그다지 뛰어나지 않다는 견해도 있다. 하지만 영어가 모국어가 아닌 나라가 전 세계 80%인 상황에서 스웨덴인 수준이면 소통하기 충분하다고 느낀다.

스웨덴어는 독일어와 비슷하다고 한다. 영어와는 뿌리가 다르다고 하는데 그래도 비슷한 단어가 많고 문법도 유사해 배우기 수월해 보였다. 한글은 우리나라 자랑이자 자부심이지만 언어학적으로 영어와 많이 달라 우리나라 사람이 배우기는 어려운 축에 속하는 것 같다. 초등학교부터 대학교까지 많은 시간 영어를 배우지만 정작 실생활에서 유용한 회화 중심이 아닌 문법, 독해 등에 치우치는 것도 안타깝다.

번역 앱과 인공지능 기술이 계속 발달하면 외국어를 몰라도 실시간 의사소통에 전혀 지장 없는 세상이 언젠가 올 것이다. 그럼에도 원활한 외국어 구사 능력은 특별한 자원이 될 수 있지 않을까. 음성이 상대 청각기관으로 바로 입력되는 것과 매개를 거치는 것은 분명 차이가 있을 것이다.

기자로서 간혹 외국인을 인터뷰할 기회가 있었는데 그때마다 영어를 잘했다면 얼마나 좋았을까 생각했다. 통역자 도움을 받긴 했지만 내가 의도하는 바를 완벽히 전달하고 있는지 의문이었다. 그건 통역자 능력을 떠나 말이나 문장이 통역이라는 단계를 지나며 의미 손실이나 왜곡이 어느 정도 불가피하기 때문일 테다. 기술과 인공지능이 고도로 발전하게 되면 미세한 말뜻 차이마저 인간과 다름없이 해독해 낼 수 있을까.

분명한 건 적어도 그때까진 영어 실력은 개인이 경쟁력을 높일 수 있고 더 넓은 세계를 경험할 수 있는 도구라는 점이다. (이렇게 말해놓고 물론 공부하지 않았다.)

인생 첫 이별, 막내의 폭풍 눈물

 엄마 아빠 손에 이끌려 다니던 유치원을 그만두고 이역만리 스웨덴에 온 막내 민설이는 새 유치원에 빨리 가고 싶다고 졸라댔다. 아내는 이곳에서 살 날이 정해져 있는 만큼 막내가 현지 유치원보다 영어 유치원에 가길 바랐다. 아내 노력으로 유치원 선별, 등록 등 결코 쉽지 않은 과정을 거쳐 드디어 막내가 영어 유치원에 다니게 됐다.
 기뻤다. 첫째, 둘째는 이미 국제학교에 다니고 있었고 막내는 하루 종일 껌딱지처럼 같이 붙어 지냈는데 이제 해!방!이었다. 한국에서 영어로 자

아드비카, 민설, 리디아 (유치원 친구들)

기소개를 외워 온 막내는 유치원 생활에 의욕을 보였다. 하지만 며칠 다니더니 안 가면 안 되냐고 말했다. 영어유치원이라고 하지만 한국처럼 영어를 배우는 유치원이 아니라 이미 모국어로 영어를 습득했거나 부모로부터 영어를 배워 어느 정도 대화가 가능한 아이들이 오는 유치원이었다. 영어 구사력에서 걸음마 단계, 완전 생초보인 막내가 처음에 겪었을 혼란과 답답함은 엄마 아빠라도 결코 이해할 수 없는 일이었다. 그래도 막내는 꿋꿋하게 삼남매 막내 특유 친화력과 '인싸력'으로 잘 적응해 나갔다.

　　나중에 알게 된 사실이지만 막내가 유치원 적응하는 데 한 친구 역할이 무척 컸다. 유치원 초기부터 막내를 항상 챙겨주고 장난도 치고, 막내를 데리러 가면 먼저 나를 보고는 "너희 아빠 왔어"라고 이야기해 주던 아이, 엘리엇이었다. 막내가 집에 와서 가장 많이 언급하는 아이였다. 금발의 단발머리에 여자아이인 줄 알았는데 남자아이인 걸 알고 식구 모두 놀라기도 했다. 막내는 어느 순간 유치원에 일찍 가고 싶다고 말했다. 알고 보니 일찍 등원하는 엘리엇과 같이 놀고 싶었던 거다. 다른 친구하고도 잘 지냈지만 유독 이 친구랑 '케미'가 잘 맞았던 거 같다.

　　그렇게 봄날이 이어지던 어느 날 청천벽력 같은 소식이 들렸다. 엘리엇이 이사 간다는 거였다. 그것도 스웨덴이 아닌 독일로. 막내뿐 아니라 가족 모두 너무 슬펐다. 등하원하며 자주 봐서인지 유독 마음이 아팠다. 이사 가기 전날 엘리엇 부모는 바쁠 텐데도 다른 친구 생일잔치에 엘리엇을 데리고 왔다. 막내도 생일잔치에 갔다가 엘리엇과 이별 전 마지막으로 시간을 같이 보냈다.

　　단짝 친구와 이별을 덤덤히 받아들이는 것 같던 막내는 다음 날 저녁 엄마 품에 안겨 울음을 터트렸다. 유치원에 엘리엇이 없는 게 너무 슬프고 너무 보고 싶다고 펑펑 눈물 바람이었다. 막내는 울다 지쳐 잠이 들었다. 다음 날 엘리엇 엄마로부터 문자메시지 한 통이 왔다. 메시지엔 엘리엇이 울면서 막내가 너무 그립고 보고 싶다고 말하는 동영상이 담겨 있었다. 순수한 아이들 마음에 가슴이 저렸다. 아내는 애틋한 두 아이를 만나게 해 주기 위해서라도 독일에 한번 가야 할 거 같다고 말했다. 한 달여가 지나도록 막내는 독일로 이사 간 친구를 떠올렸다.

시간이 지나면 기억이 희미해지겠지만 두 아이 마음속에 남은 서로를 향한 진심은 영원하리라 믿는다. 잊지만 않으면 언젠간 꼭 만날 수 있다.

엘리엇 안녕.

민설과 엘리엇

바람 새는 공 '묻지마' 교환…
신뢰의 사회

27

둘째 동휘가 학교 쉬는 시간이나 방과 후 교실에서 축구를 자주 하더니 재미를 붙였다. 부산에서 학교 다닐 때는 그 재미있는 축구를 왜 안 했냐고 물어보니 돌아오는 답이 어이없었다. 학교에 축구 골대가 없다고 했다. 몇 년 전 같은 지역의 한 풋살장 골대에 매달린 아이가 골대가 넘어지는 바람에 깔리는 사고가 있었다고. 그 이후로 학교 측이 아예 골대를 없애버렸다고 했다. 심정은 이해하지만 그렇다고 골대를 치워버리는 게 상식적인 해결책일까. 골대가 넘어지지 않도록 하면 되는 것 아닐까. 사고 이후 아이들은 운동장에서 축구할 권리를 잃은 것 아닌가.

아무튼 둘째에게 축구공을 하나 사줬다. 인터넷으로 주문해 오프라인 스포츠용품점으로 받는 방식으로 해야 배송비가 없다. 스웨덴에서는 흔한 배송 옵션이다. 둘째 따라 덩달아 공을 차니 기분이 꽤 좋았다. 그런데 공에 바람을 넣고 사나흘 지나면 어느새 공이 말랑말랑해져 있었다. 그때마다 펌프로 바람을 다시 넣곤 했는데 여간 귀찮은 일이 아니었다. 산 지 얼마 안 지났으니 공에 이런 하자가 있다면 제조사, 판매자 책임이 아닐까. 판매자에게 정식 애프터서비스(A/S)를 신청하려면 확실한 원인 분석이 필요했다. 공기 주입구에서 바람이 샐 가능성이 큰 것 같아 물 몇 방울을 떨어트리니 기포가 하나씩 올라왔다, 빙고!

축구공 상태와 주문 날짜 등을 넣어 주문한 홈페이지에 질의하니 이런 경우는 보통 오프라인 판매점에서 공 상태를 보고 애프터서비스를 결정한다고 했다. 호락호락하지 않다는 생각에 며칠 고민하다가 공을 배송받았던 스포츠용품점을 찾아갔다. 주문 번호 등 구매 영수증 사진과 축구공 공기 주입구에서 기포가 나오는 동영상까지 챙겼다. 만반의 준비를 했지만 구매한 지 두 달이 넘었다는 점에 주눅이 들었다. 그동안 부지런히 공을 차는 바람에 축구공 이곳저곳에 생긴 스크래치가 유독 눈에 띄었다. 더군다나 공 색깔도 좀 누리끼리해진 것 같았다.

'구매 기간이 오래됐다고 하면 뭐라고 대답하지?', '이건 사용자 과실이라 애프터서비스 대상이 아니라고 하면 어떡하지?' 걱정이 앞섰다. 에라, 모르겠다, 안 된다면 그냥 공 찰 때마다 바람 넣지 뭐. 축구공과 주입구 공기 누출 동영상, 구매 서류 사진이 저장된 휴대전화를 꼭 쥐고 스포츠용품점으로 들어갔다. 계산대에 있던 콧수염이 멋진 직원에게 주섬주섬 공을 꺼낸 뒤 "Excuse me~. 두 달 전 인터넷 주문 후 이곳에서 공을 받았다, 여기에서 바람이…"

딱 여기까지 했을 때, 콧수염 직원이 어설픈 영어 스피킹을 끊고 훅 들어왔다. "바람 샌다고? OK. 나 따라와." 이러는 게 아닌가. 난 아직 시작도 안 했는데, 공에 바람 새는 동영상도 보여줘야 하고, 내가 여기서 공을 배송받았다는 영수증 사진도 안 보여줬잖아. 이 콧수염 직원은 내가 여기서 샀는지 확인하지도 않고 뭘 믿고 따라오라는 거야?

직원 뒤를 따라가니 똑같은 축구공이 철망 상자 안에 무더기로 있었다. 콧수염 직원이 그 공들을 하나하나 살펴보더니 같은 크기(내 건 5인데 4밖에 없었다)가 없다며 잠시 창고에 갔다 오겠다고 했다. 아, 느낌이 싸했다. 창고에도 재고가 없으면 본사에서 보내주고 다시 여기로 찾으러 오고 일주일 이상은 걸릴 수도 있겠구나. 10분 같은 1분이 지났다.

드디어 콧수염 직원이 창고에서 나왔다. 한 손에 공 하나가 들려 있었다. "똑같은 크기가 없는데 이거 할래?" 그런다. "이게 네 거보다 더 좋은 거야. 400크로나(약 4만 8천 원) 이상 비싼데 돈은 안 받을게." 그러는 게 아닌가. 나는 그 공을 보자마자 내가 산 공보다 훨씬 좋은 거라는 사실을 이미 알고 있었다. 축구공 검색할 때 봤던 성인 프로축구 경기에 사용되는 피파 공인구였다. 이게 웬 떡인가 싶기도 하고 얼떨떨한 기분으로 얼른 고맙다고 말한 뒤 공을 받아 나왔다. 콧수염 직원 마음 바뀌기 전에.

이래도 되나 싶었다. 뒤돌아보니 콧수염 직원은 웃으며 "바이"라고 했다. 아마 콧수염 직원은 점장님이 아니었을까 싶다. 일개 직원이었으면 그렇게 흔쾌히 상품 교환을 해주지 않았을 것 같았다. 바람 새는 축구공을 더 좋은 상품으로 교환한 이야기를 길게 쓴 건 구성원 간 신뢰와 믿음에 기반을 둔 스웨덴 사회 단면을 잘 보여주는 장면이라는 생각 때문이다.

얼마 전 리딩외 집주인 할아버지 댁에 초대받아 간 적이 있었는데 할아버지는 몇 년 전까지만 해도 이 동네 주민 대부분이 문을 잠그지 않고 살

누군가 잃어버린 물건을 잘 보이게 걸어놓았다

앉다고 했다. 타인 물건을 건드리지 않는다는 확고한 믿음이 있었다는 말이었다. 한 번은 길거리에 누군가 떨어뜨린 장갑을 봤는데 몇 날 며칠이 지나도록 그 장소에 그대로 있었다. 누구 하나 들고 갈 법한데도 주인이 와서 잃어버린 장갑을 찾아갈 거라는 믿음 때문이었는지 모를 일이었다.

스웨덴에서는 몇 년 전부터 현금 없는 사회를 도입했는데 신용카드나 간편 결제인 스위시(Swish) 등을 많이 사용했다. 한번은 맥줏집에서 술값을 계산하는데 카드 단말기에 금액을 나더러 직접 누르라고 했다. 스위시를 사용할 때도 고객이 휴대전화 스위시 앱에서 직접 물건 값을 입력했다. 금액을 잘못 적거나 고의로 적은 금액을 넣을 수 있는데도 손님을 믿는 거 같았다.

의료혜택 등을 받을 수 있는 스웨덴 사회보험청(Försäkringskassan)에 가입할 때도 당사자가 직접 연 소득을 적게 돼 있다. 물론 거짓으로 적으면 처벌을 받거나 각종 수당을 다시 토해내야 한다는 서명란이 있기도 했지만 누구든 마음만 먹으면 소득을 축소 신고할 가능성이 있었다. 그럼에도 소득 신고를 개인에게 맡기는 건 사람을 믿는다는 기본 전제가 깔려 있기 때문이라고 생각한다. 우리나라 같으면 양심을 시험하지 않고 국세청 소득, 세금 자료를 공유하겠지만 말이다.

내 가게로 축구공을 들고 온 건 네가 여기서 구입한 공에 문제가 있기 때문이라는 믿음 말이다. 그래서 콧수염 점장님은 내가 준비한 주문 서류나 공에 바람이 새는 동영상 따위 안 보고도 새 공으로 바꿔주는 아량을 베풀었을 것이다. 같은 크기가 없으니 더 좋은 공으로. 스웨덴에서는 민간은 물론 공직 사회에서도 때때로 원칙을 벗어나 개인 사정에 따라 유연하게 일을 처리하는 분위기가 있는 듯했다. 안타깝게도 일 처리는 제법 시간이 걸리는 편이었지만.

스웨덴에서는 구글에 이름을 검색하면 주소, 동거인 등 개인정보가 나왔다. 약간 돈을 내면 전화번호, 재산, 소득 등을 알려주는 사이트도 있었다. 개인정보가 투명하게 공개되는 사회에서 금방 들통날 거짓말을 하지 않는 게 현명할 거라는 생각마저 들었다.

2022년 9월 스웨덴 총선거 투표율은 84.21%였다. 높은 스웨덴 투표율은 정치, 정치인에 대한 국민의 높은 신뢰에서 비롯된다고 한다. 자전거를 타거나 캐리어를 끌고 출근하는 국회의원이 이상하지 않은 사회. 국민은 정치를 믿고 정치는 더 나은 삶을 위한 정책으로 국민에게 보답하는 선순환이 구성원 믿음을 더욱 공고히 하는 사회. 서로를 믿고 신뢰로 응답하는 사회 분위기는 무척 인상적이었다.

물론 이를 악용하는 이들도 있다. ICA, LiDL, COOP 등 대부분 스웨덴 대형마트는 무인계산대를 운영 중인데 육류를 비롯한 각종 식료품 도난이 증가하고 있다고 한다. 스웨덴에서 가장 많은 매장을 가진 ICA는 최근 몇 년간 식료품 도난이 증가하자 무인계산대 여러 곳을 폐쇄했고 2023년 스톡홀름 쇠데르말름 한 매장도 같은 이유로 통째로 폐쇄했다. 2022년 1년간 결제 없이 사라진 상품이 이전 해보다 두 배 많은 900만 크로나(약 11억 원)에 달했기 때문이었다. Swedish Trade 조사에 따르면 2021년 식료품 거래에서 전체 매출액 2.5%인 45억 크로나(5천526억 원) 이상 상품이 도난당한 것으로 나타났다. 가장 많은 도난품은 육류였다. 이 비율은 매년 증가 추세다.

리딩외 센트룸 INTERSPORT 콧수염 점장님, 묻지도 따지지도 않고 새 공으로 바꿔줘서 정말 고마웠습니다.

패스 미스한 아들에 얼굴 붉힌 아빠

28

둘째 동휘가 축구에 이어 농구클럽에 등록하면서 뒤늦게 농구하는 재미도 알아버렸다. 농구클럽에 선수는 달랑 5명, 모두 2014년생 동갑내기다. 감독, 코치 선생님은 여성이다. 농구 선수 같은 기럭지에 왠지 모를 신뢰감이 생겼다. 농구 수업하는 데 한 번도 못 가다가 클럽 대항 농구 경기에 가보고 알게 된 사실이었다. 앞선 첫 번째 경기에서는 2게임 모두 이겼다고 했다. 그 때문인지 두 번째 경기가 기대됐다.

토릴드스플란(Thorildsplan)역 인근 한 실내 코트에 들어서자 다른 팀 경기가 한창 진행 중이었다. 정식 경기장을 3분의 1씩 나눈 미니 코트 3개에서 동시에 다른 경기가 펼쳐졌다. 관중석도 있고 규모만 작을 뿐이지 실제 성인 경기랑 똑같았다. 중고등학교 농구클럽 선수로 보이는 2명이 심판이었다. 경기는 3대 3으로 풀코트를 사용했다.

경기가 시작됐다. 한눈에 봐도 상대 팀 선수 기량이 뛰어났다. 드리블, 스피드, 패스워크 등 우리 팀을 압도했다. 하지만 우리 팀 선수들도 선전하며 따라붙었다. 양 팀 선수 모두 나이가 어리고 농구를 배운 지 오래되지 않아서인지 더블드리블, 트래블링 반칙을 많이 범했다. 일대일 수비를 하다 공을 따라 우르르 몰려가는 모습도 보였지만 이 정도면 충분히 잘한다고 생각했다.

경기 초반 둘째가 생각지도 않던 골을 두 번이나 성공시켰다. 정말 하늘을 날아갈 듯이 기뻤다. 예전 아시안게임이던가. 서장훈, 현주엽, 이상민이 주축인 한국 농구대표팀이 만리장성 야오밍, 천재 가드 류웨이 등이 버틴 중국에 역전승했을 때보다 더 좋았다. 둘째는 클럽에 가장 늦게 들어갔고 농구 수업도 많이 받지 않아 객관적인 실력이 떨어진다고 생각했는데 뜻밖의 선전에 놀랄 수밖에 없었다.

하지만 이내 실력이 드러났다. 가만히 서서 패스를 받으려다 보니 패스 길을 예상한 상대에게 가로채기를 당하기 일쑤였고 이미 상대방 수비가 동료 선수 옆을 지키는 상황에서 패스해 공을 뺏기는 일도 많았다. 특히 골밑에서 공격 시작 패스 3개를 실책해 연속 3실점 한 것은 팀 사기를 꺾기에 충분했다. 둘째 잘못도 크지만 패스를 받는 동료도 움직이면서 공간을 확보해야 했는데 잘되지 않았다. 응원석 첫 줄에 앉아서 경기를 보고 있는데 마치 내가 실수한 것처럼 얼굴이 화끈거리고 뒤통수가 따가웠다. 뒷줄에 앉은 같은 팀 선수 부모들이 왠지 나를 원망의 눈으로 쳐다보고 있을 것 같고 한편으론 미안한 감정도 들었다.

정말 멋졌던 둘째의 러닝 점프슛. 이게 들어갔으면 원더골이었는데 아쉬웠다

선수 5명이 교대로 출전하며 분투했지만 결국 2경기 모두 큰 점수 차로 패배했다. 둘째가 정말 열심히 노력한 걸 알면서도 조금만 더 잘했더라면 하는 생각도 들었다. 하지만 다른 부모들은 잘한 건 힘차게 격려하고 실수하더라도 크게 개의치 않는 모습이었다. 농구 감독과 코치 선생님도 경기 내내 둘째가 열심히 수비하는 모습에 칭찬을 아끼지 않았다. 경기 후 둘째에게 찾아와 경기 잘했다고 이야기해 준 부모도 있었다.

각자 운동을 시작한 시점도 다르고 매주 한 시간씩 생활체육으로 농구를 즐기는 거라 사실 승패는 중요하지 않았다. 나 혼자 경기에 몰입해 꼭 이겨야 한다고 생각한 것이다. 얼굴이 땀범벅이 된 둘째에게 미안했다. 둘째의 연이은 패스 미스에 얼굴을 붉힌 내가 부끄러웠다. 살면서 자연스럽게 몸에 익힌, 경쟁에서 무조건 승리해야 한다는 잠재의식이 불쑥 나온 거 같아 반성도 됐다.

2023년 초 스웨덴에서 핸드볼 월드컵이 열렸다. 스웨덴에서 핸드볼은 인기 종목이다. 북유럽 국가들 모두 핸드볼 강팀이라 경쟁이 치열해서 그런지도 모르겠다. 스웨덴은 4강에 올랐고 우승까지 점쳤지만 결승 문턱에서 패배했다. 이 경기에 스웨덴 핸드볼 경기 사상 가장 많은 관중이 몰렸는데 스웨덴 관중들은 자국 팀 패배에도 경기장을 춤을 추는 흥겨운 파티장으로 만들어버렸다는 기사를 본 적이 있다. 국가대항전에서 지면 실수하거나 패배의 빌미를 제공한 선수에 대한 비난이 쏟아지는 우리 스포츠 응원 문화와는 달라 신선했다. 그 비난 대열에 합류한 적이 있는 나로선 이 기사에 유독 눈길이 갔다.

경기 패배 이후 둘째랑 시간 나는 대로 함께 농구를 즐겼다. 둘째가 농구를 즐기기도 하고, 몸은 안 따라주지만 이론만큼은 빠삭하다고 믿는 내가 특훈으로 둘째 농구 실력을 향상시키고 싶은 마음에서였다. '스웨덴은 생활체육일지 몰라도 한국은 역시 스파르타 엘리트 교육이지' 하면서 말이다. 다음 공식 시합이 무척 기대된다.

2023년 기준 국제농구연맹(FIBA) 세계 랭킹 50위인 스웨덴은 38위인 한국보다 12단계 뒤처져 농구 강국은 아니다. 농구 월드컵에도 몇 번 출전하지 못했고 국제 농구계에서 큰 두각을 보이지 않았다. NBA에 진출한 스웨덴 선수가 있다고 하는데 크게 존재감은 없는 것 같다. 그럼에도 공원 곳곳에, 지자체 운영 체육관에 농구 코트가 많았다. 유소년 농구 클럽도 많아 남자, 여자 할 것 없이 농구를 즐겨 생활체육 저변이 넓었다. 큰 비용 들이지 않고 스포츠를 배우고 공식 경기까지 경험할 수 있는 건 부러운 환경이었다.

대낮에 죄수 가로채 도주… 영화야?

'스웨덴 치안이 이 정도로 허술했어?'

2023년 2월 스웨덴 언론에서 다소 충격적인 사건 기사를 봤다. 자칫 미궁에 빠질 가능성도 있어 보인다. 사건 내용은 이렇다. 2월 8일 오후 1시 40분 스톡홀름에서 남서쪽으로 150km가량 떨어진 노르셰핑(Norrköping) 한 병원에서 복면을 쓴 두 괴한이 병원에 진료받으러 온 죄수를 가로채 달아났다. 이들은 총으로 교도관을 위협한 뒤 순식간에 죄수를 빼내 빨간색 스포츠카에 태워 유유히 달아났다. 해당 지역 경찰은 대규모 병력을 총동원해 도주한 스포츠카를 뒤쫓았지만 허탕이었다. 경찰은 이번 사건이 매우 이례적이고 심각하다며 달아난 3명을 추적 중이지만 별다른 단서조차 잡지 못하고 있다.

말뫼(Malmö) 암살단 범죄 조직 전 멤버인 이 죄수는 살인미수로 징역 10년을 선고받고 복역한 지 얼마 되지 않았는데 교도소에서 치밀하게 범행을 준비한 정황이 드러났다. 병원 치료가 필요하다고 고집해 병원 예약을 잡았고 친척과 통화할 수 있는 권리를 이용해 외부로 전화 18통을 한 것으로 밝혀졌다. 경찰은 이들이 타고 달아난 차량을 발견해 DNA 등 증거를 확보하는 작업을 벌였지만 유의미한 진전은 없었다. 경찰은 도주한 죄수가 스웨덴에 있는지 해외로 달아났는지조차 파악하지 못했다.

대낮에 총으로 교도관을 위협한 뒤 중범죄로 복역 중인 죄수를 가로채 도주하다니. 정말 영화에서나 볼 법한 장면이 현실에서 일어난 것이다.

스웨덴에 살면서 치안 면에서 큰 위험을 느끼지 못했기 때문에 이 뉴스는 꽤 충격적이었다.

한편으론 이걸 왜 못 잡나 생각도 들었다. 도주 경로조차 찾지 못하는 이유가 무엇일까. 스웨덴 CCTV 설치 현황에 그 이유가 있지 않을까 싶었다. CCTV가 전 국토를 거미줄처럼 촘촘하게 뒤덮고 있는 한국이었다면 경찰 CCTV는 물론 지자체, 공공기관, 사설 CCTV까지 동원해 범죄자 추적에 나섰을 것이다.

2019년 한국인터넷진흥원 조사를 보면 30~40대 직장인이 출근부터 퇴근까지 하루 총 98차례 CCTV에 노출됐다는 결과가 있다. 통계청 자료에 따르면 2008년 15만 7천여 대였던 공공기관 CCTV는 2014년 8배 이상인 145만 8천여 대로 늘었다. 2021년 말 민간, 공공기관 모두 포함한 CCTV는 약 1천600만 대로 추정되고 지금은 더 늘어났을 것이다.

스웨덴에 살면서 백화점 등 상업시설, 대중교통, 공공기관 등을 제외하면 CCTV를 거의 보지 못했다. 한국에서 쓰레기 투기 감시나 주정차 단속 등을 목적으로 이면도로 곳곳에서 쉽게 볼 수 있는 360도 CCTV도 눈에 띄지 않았다. 보안용으로 CCTV를 설치한 집도 있었지만 없는 집이 더 많았다. 차량용 블랙박스도 거의 못 봤다. 차를 사면 블랙박스부터 설치하는 우리와 무척 달랐다. 교통사고가 나면 어떻게 책임을 따질까 하는 생각도 들었다. 차량 접촉 사고 장면을 한 번도 보진 못했지만 신뢰와 믿음의 스웨덴 사회라 과실 여부나 비율을 상호 합의로 정하는 것일까.

2022년 크리스마스 이후 2023년 초까지 스톡홀름 지역에서는 총기, 흉기 사건 총 46건과 폭발 사고 23건, 화재 2건이 발생했다. 스웨덴 정부는 최근 범죄에 갱단이 연루되거나 20대, 그 이하 청소년이 가담하는 점을 크게 우려하고 있다. 정부가 발표한 통계를 보면 심각성이 느껴진다. 총격 범죄로 인한 사망자는 2017년 43명, 2018년 45명, 2019년 42명, 2020년 47명, 2021년 45명에서 2022년 61명으로 늘었다. 총격 범죄에 노출된 지역 주민은 주거지에서 밤늦게 다닐 때 안전하지 않다고 느끼는 비율이 절반인 49%로 조사돼 불안감이 높았다. 그렇지 않은 지역 주민 야간 보행 체감 위험도는 절반가량인 27%였다.

상황이 이렇자 스톡홀름 경찰은 즉각 대응책 마련에 나섰고 울프 크리스테르손 총리의 우파 연립정부도 2023년 1월 25일 정부 출범 100일을 맞아 갱단 범죄와의 전쟁을 선포했다. 범죄 예방을 위해 법 집행기관과 개인정보를 공유하고 중대범죄는 강력히 처벌하며 15세 미만 아동 범죄에 적극적으로 개입하는 등 조치를 발표했다. 그중 눈에 띄는 것은 더 자주, 더 많은 장소에서 카메라 감시가 가능하도록 카메라 감시법을 개정해야 한다는 거였다. 신뢰와 믿음의 사회 스웨덴도 결국 CCTV 말고는 답을 찾지 못한 것인가.

범죄자를 잡는 데 효율적이지만 사생활 침해 등 부정적인 요소도 있는 만큼 CCTV 설치에는 사회적 합의가 필요하다. 그동안 한국은 국민 대부분이 모르는 사이 CCTV가 급격히 늘었다. 하루에 100차례 가까이 CCTV에 노출되면서도 평소엔 잘 인식하지 못하기 때문인지 무분별한 CCTV 확대에 별다른 문제 제기도 없었다. 특히 빨리 강력범죄가 해결되길 원하는 국민 정서상 CCTV 설치에 신중해야 한다는 목소리는 큰 힘을 얻지 못하는 것도 사실이다. 그럼에도 범죄자를 빨리 잡기 위해 어쩔 수 없다는 논리로 일거수일투족이 CCTV 카메라에 그대로 담기는 건 아무래도 찜찜하다.

사생활을 중시해 온 스웨덴도 정부가 나서 CCTV를 늘리려 하니 머지않아 '감시 사회'가 될지도 모르겠다. 조짐은 이미 보인다. 스웨덴 우파 연립정부는 범죄 예방을 위해 지방자치단체와 경찰이 '허가 없이' 공공장소 등 필요한 곳에 CCTV를 설치할 수 있는 법적 근거를 만들겠다고 밝힌 상태다. 뒤늦은 CCTV 설치가 소 잃고 외양간 고치는 격이긴 하지만 초유의 죄수 무장 탈취로 자존심에 금이 간 스웨덴 정부와 경찰이 미궁에 빠진 사건을 어떻게 해결할지 지켜볼 일이다.

* 이 사건과 관련한 스웨덴 언론 마지막 기사가 2024년 2월 다겐스 뉘헤테르 기사였다. 여전히 달아난 죄수와 범인 행방은 오리무중이라는 내용이다. 이후 관련 보도가 없는 것으로 보건대 장기 미제 사건이 돼 가고 있는 것처럼 보인다.

거리 집회 연사가 총리라고?

— 30 —

2023년 2월 24일 금요일 오후 가족 나들이를 갔다가 우연히 스톡홀름 T-센트랄렌역에 있는 세르옐 광장에서 집회가 열리고 있는 걸 봤다. 평소 이 광장에서 많은 집회가 열리기 때문에 무심코 지나가려는데 아내가 "아, 오늘이 러시아-우크라이나 전쟁 1년 되는 날이네"라고 했다.

 그러고 보니 우크라이나 국기로 몸을 휘감은 사람들과 대형 우크라이나 국기가 곳곳에 보였다. 평소 열리는 집회보다 참가 인원이 훨씬 많은 거 같았다. 피난 온 우크라이나인을 비롯해 스웨덴 현지 사람도 많아 보였다. 이들은 연설을 경청하고 손뼉 치고 소리 질렀다.

 그때 집회 단상으로 활용된 세르옐 광장 계단에 한 사람이 나와 발언했는데 아내가 "저 사람 혹시 스웨덴 총리 아니냐"고 말했다. 난 "에이, 총리가 이런 거리 집회에 나오겠느냐"고 대꾸했다. 꽤 멀어 얼굴이 잘 보이지 않았고 스웨덴어 연설을 이해하지 못해 결국 집에 돌아왔다. 다음 날 인터넷으로 검색하니 아내 말이 맞았다. 그 인물은 놀랍게도 울프 크리스테르손(Ulf Kristersson) 스웨덴 총리였다.

 총리가 군중집회에 나온다고? 크리스테르손 총리에 앞서 발언하고 많은 박수를 받은 여성이 있었는데 전 총리인 막달레나 안데르손(Magdalena Andersson) 현 사회민주당 대표였다. 그 외 토비아스 빌스트룀(Tobias Billström) 스웨덴 외무장관, 역사가, 작가, 언론인, 노조 연맹 회장 등이 줄줄이 연사로 나섰다. 내 상식으로 도저히 이해가 안 되는 상황이었다. 광장 집회에 국가수반을 비롯해 정부 각료, 야당 대표, 각계 인사들이 다 나온 것이다. 한국 거리 집회에 대통령, 총리, 장관 등이 줄줄이 나와서 발언하는 게 상상이 되는가. 박근혜 탄핵 집회 때 정치인이 참석하기도 했지만 민간이 집회를 주도한 취지가 왜곡된다는 이유로 정치인에게 발언 기회도 제대로 주지 않았던 것으로 기억한다.

집회 주최자가 누군지, 어떤 단체인지 궁금해졌다. 혹시 관변 단체라서 정치인이나 국가 지도자가 참여하는 게 아닐까. 집회를 연 단체는 노르딕 우크라이나 포럼(Nordic Ukraine Forum)이라는 곳이었다. 스웨덴 비영리 비정부 조직으로 스웨덴과 우크라이나 사이 다리가 되고 지식과 모범사례 등을 공유한다는 민간단체였다. 러시아의 우크라이나 침공 이후 매주 스톡홀름에서 러시아 침략 반대 시위를 벌여왔다. 이번에 전쟁 발발 1년을 맞아 광범위하고 초당파적인 시위를 벌이려고 정부, 정당, 각계 조직 대표를 초청한 것이다. 그러자 제대로 된 단상도 없는 광장 계단에서 기껏해야 5분가량 연설하려고 금요일 늦은 시간에 스웨덴 정치 지도자들이 한자리에 모였다.

현지 신문으로 그날 발언을 정리하자면 울프 크리스테르손 총리는 "러시아는 1년 동안 우크라이나를 정복하려고 했지만 실패했다. 우크라이나에 대한 지속적인 지원이 중요하다"고 말했다. 안데르손 사민당 대표는 "국제사회 목소리는 크고 또렷하고 분명해야 한다. 가해자들은 전쟁범죄에 책임을 져야 한다"고 말했다. 빌스트룀 외무장관은 "유엔총회에서 140개국 이상이 러시아의 우크라이나 침략을 규탄했다"고 말했다.

크리스테르손 총리는 집회 참석 며칠 전 우크라이나 키이우를 방문, 젤렌스키 대통령을 만나 우크라이나를 계속 지원하겠다고 강조했다. 2023년 2월 기준 스웨덴 군사 지원 금액은 116억 크로나(약 1조 3천829억 원)

에 달했다. 군사 지원에는 레오파드 전차, 대전차 로봇, 아처 포병 시스템 등 첨단 군사 장비가 포함됐다. 방공체계에 30억 크로나, 우크라이나 군인 훈련에 필요한 장교나 교관 파견, 우크라이나를 돕는 국제 기금에 약 3억 크로나 등을 지원했다. 대충 더해도 우리 돈으로 1조 8천억 원이 넘는다. 스웨덴 지원 규모는 우크라이나 물자 지원 상위 5개국에 속한다고 한다.

이 사람 누군가 했더니… 스웨덴 총리!

세르옐 광장에서 열린 러시아 전쟁 반대 집회

2022년 2월 우크라이나를 침략한 러시아에 군사적 위협을 느낀 스웨덴은 핀란드와 함께 나토 가입을 신청했다. 재미있는 건 러시아 전쟁 전만 해도 사민당이나 여타 스웨덴 정당은 나토 가입에 적극적이지 않거나 있을 수 없는 일이라며 반대 입장을 고수했다는 점이다. 스웨덴은 1, 2차 세계대전에서 어느 진영에도 가담하지 않았고 이후 전시는 물론 평시에도 중도를 지키며 군사동맹에 참가하지 않는 중립외교주의를 표방해 왔다. 나토와 협력은 강화하되 가입에는 반대한 이유이다. 그랬던 스웨덴이 생존을 위해 나토 가입에 목을 매고 우크라이나 지원을 아끼지 않고 있다. 러시아 위협으로부터 보호해 줄 안전망이 시급한 처지이다.

　그런 면에서 총리 등이 군중집회에 참여한 건 우리와는 다른 집회 문화도 있겠지만 러시아 전쟁이 스웨덴엔 절박한 안보 문제이기 때문이라는 생각이 들었다. 한러, 한중 관계를 고려할 수밖에 없는 우리나라는 선뜻 우크라이나에 적극적인 군사 지원을 하지 않고 있지만 스웨덴엔 이번 전쟁에 국가 명운이 달린 거 아니겠는가.

　얼핏 보면 스웨덴은 러시아와 국경을 마주하고 있지 않아 보인다. 유럽에서 러시아와 맞닿은 국가는 핀란드, 에스토니아, 라트비아, 리투아니아, 벨라루스 정도다. 하지만 스칸디나비아반도의 스웨덴과 발트해를 사이에 둔 유럽 본토에 칼리닌그라드(Калининград)라는 러시아의 역외 영토가 있다. 스웨덴과의 거리는 약 290km에 불과하다. 중장거리 미사일 한 방이면 스웨덴 거의 전역이 러시아 사정권에 속하는 셈이다. 스웨덴에 있으니 러시아 전쟁이 주는 무게가 한층 더 무겁게 느껴졌다.

　러시아 전쟁 이후 난방비 부담이 늘어났다는 이야기를 많이 들었다. 우리는 월세 옵션에 난방비가 포함돼 체감하지는 못했지만 한 달 난방비로 월세 버금가는 돈이 나왔다는 이야기도 들렸다. 생활 물가도 많이 올라 살기 힘들어졌다고 다들 전쟁이 빨리 끝나기를 바라지만 그렇지 않을 것 같은 현실이 모두를 답답하게 만드는 거 같다.

한쪽이 이기거나 협상으로 실마리를 찾아야 전쟁이 끝날 듯싶은데 나토와 서방 세계 지원을 받는 우크라이나 전투 의지는 높고 세계 2위 군사 대국 러시아를 오히려 밀어붙이고 있다. 러시아 역시 쉽게 이길 거라는 예상과 달리 우크라이나에 고전하고 있지만 타협이나 협상으로 전쟁을 마무리 지을 생각은 없는 것 같다. 전쟁이 장기화하고 러시아와 중국 등 추종 세력과 우크라이나, 서방 세계 신냉전 구도가 펼쳐지지 않을까 하는 우려도 암울하다.

파랑과 노랑 국기 색깔부터 닮은 스웨덴과 우크라이나가 각각 나토 가입과 전쟁 승리라는 절체절명 과제를 꼭 이루기를 진심으로 기원한다.

* 2024년 3월 스웨덴은 꿈에도 바란 나토에 가입했지만 우크라이나는 여전히 러시아와 전쟁 중이다.
* Dagens Nyheter, regeringen.se 등을 참고했다.

우크라이나와 스웨덴 국기 게양 모습 (출처 스톡홀름시 홈페이지)

우연히 본 인공기… 분단국가를 체감

스웨덴에 오기 전 책을 읽으면서 북유럽 복지국가 이미지 외에 다른 면모를 알게 됐다. 스웨덴은 과거부터 중립 외교를 표방하는 국가였다. 북한과 정식 수교를 맺었고 북한대사관도 있다. 북한대사관과 한국대사관이 동시에 있는 국가 중 하나다. 북한은 현재 스웨덴, 독일, 스페인 등 유럽 13개국에 대사관을 두고 있다. 탈북자로 첫 국회의원이 된 태구민(태영호) 의원도 과거 주스웨덴 북한대사관에서 서기관으로 일했다고 한다. 스웨덴은 서방국가 중 처음으로 평양에 대사관을 둔 나라이기도 하다. 코로나가 심해지자 인력은 모두 철수했고 아직 복귀하지 않고 있다. 스웨덴은 북미 회담에서 중재 역할을 하거나 회담 장소가 되기도 했다. 특히 주스웨덴 북한대사관은 과거 북미 회담 과정에서 물밑 협상이 진행되기도 해 작은 움직임이라도 포착하려는 언론의 큰 관심 장소였다.

스웨덴은 한국과도 인연이 있다. 2023년 초 스웨덴 언론 다겐스 뉘헤테르는 한국과 북한 경계 지역인 비무장지대(DMZ) 판문점에 근무하는 스웨덴 장교 5명 이야기를 다룬 기사를 보도했다. 이들은 스위스 군 장교 5명과 함께 1953년 7월 27일 휴전협정 이후 중립국 감시 위원회를 대신해 70년간 한국의 휴전협정 준수 여부를 감시하는 역할을 하고 있다. 북한의 휴전협정 준수 여부는 폴란드가 감시해 왔는데 1995년 폴란드가 나토 가입 의사를 표명한 이후 북한은 판문점에 있던 폴란드 장교를 쫓아냈다고 한다.

주말 아이들과 놀이터에 가다가 우연히 북한대사관을 보게 돼 놀랐다. 도로변 한 단독주택이었는데 금색 명판에 '조선민주주의인민공화국 대사관'이라는 한글이 선명했다. 스웨덴에 있는 각국 대사관이 주로 스톡홀름과 리딩외에 모여 있는데 북한대사관은 리딩외 내에서도 홀로 떨어져 있었다. 건물 전면 국기 봉에는 텔레비전에서나 보던 인공기가 펄럭이고 있었다. 기분이 이상했다. 전 세계 유일 분단국가인 우리나라 현실을 새삼 느꼈다.

스웨덴 언론에서는 북한 관련 뉴스가 많이 보도됐다. 2023년 전반기는 대부분 미사일 발사 소식이었다. 한국과 미국 연합군사훈련에 대응해 북한이 핵탄두 탑재가 가능한 대륙간탄도미사일(ICBM)을 동해로 발사했다는 보도 등이었다. 우리에게도 익숙한 뉴스가 스웨덴에서도 비교적 비중 있게 다뤄지는 듯했다. 한국 사람은 북한이 남한 본토를 향해 미사일을 쏘기가 쉽지 않고 대체로 무력시위라는 것을 경험상 알고 있다. 하지만 스웨덴 사람들은 당장이라도 한반도에서 전쟁이 일어날 것 같은 느낌을 갖게 되기에 충분했다. 북한에 대한 호전적인 이미지를 심어주는 역할도 할 수 있을 거 같았다.

주스웨덴 북한대사관 현판

    버스에서 한 스웨덴 할머니로부터 "Kill Korean now"라는 폭언을 들은 적이 있다. 상황을 전해 들은 아내는 "당신을 북한 사람으로 보고 그런 말을 한 게 아닐까?"라고 말했다. 내가 북한 사람처럼 생겼단 말이냐고 웃고 넘겼지만 그럴 수도 있겠단 생각이 들었다. 틈만 나면 미사일을 쏘아대는 보도를 통해 각인된 북한과 북한 사람들 이미지는 그다지 좋지 않으니까. 스웨덴인은 한국 사람과 북한 사람을 잘 구분하지 못하니 충분히 가능한 추론이었다. 게다가 북한대사관이 있는 리딩외에서 겪은 일이니.

    아마 북한은 앞으로도 계속 미사일을 쏠 것이다. 미국을 위시한 서방세계 경제 제재로 정상적인 경제활동이 막힌 북한으로선 핵무기 보유가 유일한 돌파구일 테니까 말이다. 핵무기와 경제 제재 해제를 맞바꾸고 나아가 한반도 정전협정, 북미 간 평화협정도 바랄 것이다. 그 과정에서 북한은 이란처럼 미국에 백기 투항은 하지 않을 것 같다. 분명한 건 그 길로 가는 여정이 매우 지루할 거라는 점이다. 군산복합체 국가인 미국이 한반도 평화를 바라는지도 의문이다. 한반도 운명은 미국과 중국 이해관계에 끼인 채 앞으로 어디로 흘러갈지 모르겠다.

역사에 만약은 없다지만 지난 두 차례 북미정상회담 때 북한과 미국이 핵동결 내지 평화협정으로 가는 합의라도 했다면 어땠을까. 2000년대 초 클린턴 정부 말기 매들린 올브라이트 미국 국무장관이 처음으로 북한에 방문하는 등 북미 해빙 기류가 마련됐지만 부시 정부가 들어서며 냉각됐다. 트럼프 정부 때는 2020년 북한과 싱가포르에서 세기의 정상회담을 가졌지만 결국 진전이 없었다. "모든 것을 이겨내고 여기까지 왔습니다"고 말한 김정은 위원장 손을 잡고 북핵 동결을 선언했다면 어땠을까. 트럼프 대통령이 왜 북한과 관계 개선에 공을 들였는지 아직도 잘 이해가 안 된다. 김정은 위원장과 성향이 잘 맞았던 건지, 노벨평화상이라도 받으려 했는지.

한편으론 먼 훗날 북미 평화협정이 체결되고 남북이 화해 무드로 접어들어 활발히 교류하게 된다면 어떤 모습일까 궁금하다. 70년 아니 그 이상 다른 체제에서 살아왔으니 필연적으로 갈등과 혼란이 뒤따를 것이다. 통일된 지 30년이 훌쩍 넘었지만 여전히 동독과 서독인 갈등이 이어지고 있는 독일이 그렇다. 통일과 별개로 사회체제나 사람들 인식 차이가 서로 다를 때 어떻게 극복해야 하는지가 문제이다. 스웨덴도 인도적인 이유로, 혹은 인구 감소를 해결하려고 여러 민족의 이민을 받아들였다. 종교나 문화면에서 상당한 차이가 불가피한 민족 간 공존 문제를 앞으로 어떻게 해결해 나갈지 궁금하다.

돈 안 되는 자연에 투자하는 사람들

'도심 속 자연은 평화와 휴식을 제공한다.'

스웨덴 첫 집이 있던 굴마르스플란역 주변은 교통 중심지라 항상 사람들이 북적댔지만 동쪽으로 도로 하나만 건너면 넓은 공원이 있었다. 서쪽으로는 오르스타(Årsta) 자연보호구역이 강을 따라 이어졌다. 숲속으로 여러 갈래 길이 나 있고 산책 또는 조깅하거나 자전거 타는 사람을 볼 수 있었다. 야외 운동시설도 있어 걷다가 잠시 근력운동을 할 수 있었다.

한번은 자전거로 멀리 가려고 마음먹었다. 5분 정도 달렸나, 정말 큰 숲과 녹지가 나타났다. 도심 가까이 이런 광활한 숲이 있다는 게 놀라웠다.

나카 자연보호구역이라고 했다. 화로대 같은 곳에 불을 피워 소시지를 구워 먹는 가족을 봤는데 꽤 신기했다. 스웨덴에는 공원이나 자연보호구역 곳곳에 불을 피울 수 있는 장소가 지정돼 있다. 자연보호구역과 어울리지 않게 골프장도 있어 시민들이 골프를 즐기기도 한다.

어느 날엔 쇠데르말름 서남쪽 강변을 걸었다. 에릭스달(Eriksdal)에서 혼스툴(Hornstull) 지하철역까지 강변을 따라 길과 녹지가 이어지는데 많은 시민이 산책하며 자연을 즐겼다. 크고 작은 공원이 서로 연결돼 있고 군데군데 Utegym이라는 야외 체육관이 있어 나무로 만든 기구에서 운동하는 이들이 많았다. 날씨가 좋아 옷을 벗고 강물에 뛰어드는 사람도 있었다. 도심과 녹지, 강이 가까웠고 사람들은 그걸 즐길 줄 알았다.

두 달간 굴마르스플란 지역에서 살다가 리딩외로 이사 가려니 너무 아쉬웠다. 이런 곳이 또 있을까 싶었다. 그런데 새집은 뒷문으로 나가자마자 숲이었다. 아침에 일어나 커튼을 열면 우거진 나무가 보이고 새소리가 들렸다. 새벽에 새들이 지저귀는 소리가 너무 커 잠에서 깰 때도 있었다. 어릴 적 만화에서나 접했던 딱따구리가 나무 쪼는 소리도 들렸다. 매일 자연휴양림에 있는 기분이었다.

자전거를 타고 집 주변을 돌아봤는데 리딩외 자체가 큰 섬이라 강변길이 아름다웠다. 걸어도 좋고 자전거를 타도 좋았다. 리딩외 한가운데엔 섬 전체 크기 약 3분의 1 면적인 자연보호구역이 있었다. 또 스톡홀름처럼 야외체육관이나 자전거 도로, 산책길이 잘 조성돼 있었다. 이사한 지 며칠 되지 않아 이곳 역시 큰 노력을 들이지 않고 자연을 접할 수 있는 곳이라는 걸 알게 됐다.

리딩외엔 자연보호구역 2개와 85개에 이르는 공원이 있다고 한다. 전체 녹지 면적은 리딩외 절반 이상에 해당하는데 지자체는 자연보호구역을 추가로 넓히는 방안을 고려 중이다. 리딩외시 홈페이지에서 본 글에는 자

화창한 날씨를 즐기는 사람들 (쿵스홀멘)

유모차 세워놓고 낚시하는 아빠 (유르고르덴)

부심까지 느껴졌다.

"리딩외에서 당신은 공원과 자연에서 결코 멀지 않다. 누구도 녹지까지 300m 이상 떨어져 있지 않다."

아이들 학교 부근인 야뎃(Gärdet)역 주변에는 스웨덴에 와서 한 번도 보지 못한 광활한 초원이 끝도 없이 펼쳐졌다. 유르고르덴(Kungliga-Djurgården)이라는 왕립 국가도시공원 일부분인 라두고츠야뎃(Ladugårdsgärdet)이었다. 유르고르덴은 스톡홀름 남북으로 1마일(1.6km) 이상 뻗어 있고 넓이는 1천만 제곱미터에 달한다고 한다. 과거 스웨덴 왕 사냥터였다가 현재는 공원, 박물관, 숲, 스톡홀름대학교, 기타 교육 및 연구 기관 등이 산재해 있다. 800종 이상 다양한 꽃식물, 1천200종 이상 딱정벌레 종, 약 100종 조류가 서식해 생물다양성 측면에서도 가치가 높다. 이 때문에 스톡홀름 녹색 오아시스라고 불린다.

유르고르덴 안에 있는 하가파켄(Hagaparken)은 잔디 초원이 드넓어 날씨가 좋으면 일광욕을 즐기거나 피크닉 하는 이들을 쉽게 볼 수 있다. 라두고츠야뎃이나 하가파켄은 우리 부부가 시간 날 때 숨 돌리고 여유를 찾는 곳이었다. 스톡홀름 대표 관광지인 스칸센, 로젠달 정원 등도 유르고르덴에 속해 있다. 유르고르덴은 2023년 3월 독일 베를린에서 열린 국제관광박람회에서 'Green Destinations Story Award'를 수상했다. 이 상은 기후변화, 환경 파괴와 싸우며 지속가능성을 보여준 여행지에 수여된다. 유르고르덴은 스웨덴 문화유산과 지속 가능한 사고를 연결했다는 평가를 받았다.

스톡홀름에는 유르고르덴 외에도 11개 자연보호구역과 19곳의 작고 조용한 공원이 있다. 스톡홀름시는 이곳에서 숲 하이킹을 하고, 식물을 발견하고, 표지판을 따라 걷고, 수로에서 노를 젓고, 동굴 사이를 오르고, 새를 찾고 피크닉이나 수영을 하는 등 자연을 즐기라고 말한다. 예외는 있지만 열매나 버섯 채집, 특정한 조건 하에 낚시도 허용된다. 스톡홀름시는 하셀비 빌라스타드(Hässelby Villastad)와 시을캄(Kyrkhamn)에도 새로운 자연보호구역을 계획하고 있다.

스웨덴은 왜 도심 속 자연 접근성을 높이고 그 범위를 넓혀가는 데 막대한 예산을 쓸까. 스웨덴 국토 69%가 숲이라서 가능한 일일까. 스톡홀름시 홈페이지를 둘러보다가 몇몇 힌트를 발견했다. 스톡홀름시는 '스톡홀름이 성장함에 따라 자연보호구역은 주민 건강을 위해 점점 더 중요한 자원이 되고 있다. 도심 속 자연은 평화와 휴식을 제공한다'고 말한다. 또 '자연에 자주 나가는 아이들은 스트레스를 덜 받고 집중하기가 더 쉬우며 덜 아프다'고도 했다. 즉 도시 구성원 건강과 집중력, 휴식을 위해 자연이 중요하고 그건 곧 사회 건강함과 생산성과 직결된다는 것이다. 시민이 자연을 자주 접해 몸과 마음이 건강해지면 의료비나 관련 예산도 적게 들고 장기적으론 건강수명도 길어지지 않을까.

우리나라는 기존 숲이나 녹지도 없애고 아파트나 콘크리트 구조물만 주야장천 짓고 있다. 스웨덴은 우리나라 면적보다 2배 크다. 인구는 대략 1천35만 명으로 5천155만 명인 한국의 약 5분의 1이다. 한국이 스웨덴보다 자연 접근성이 떨어지는 것은 단지 국토 대비 인구수가 많기 때문인가, 자연에 대한 인식 차이인가 고민해 볼 문제다.

스웨덴에서 좋은 것 중 하나는 '가까이 있는' 자연이다. 주말에 마음먹고 차를 타고 나가야 접할 수 있는 게 아닌, 일상에서 숲 냄새를 맡고 딱따구리 소리가 들리고 다람쥐가 뛰노는 걸 보는 하루하루가 자연휴양림에 와 있는 듯한 삶. 아내와 그런 말을 나눈 적이 있다. 굴마르스플란에서 이사할 때 익숙해진 자연과 멀어질 것 같아 정말 슬펐는데 살다 보니 스웨덴 자연은 어디든 다 좋은 것 같다고. 많이 좋냐, 아주 많이 좋냐 차이만 있을 뿐이라고.

이게
스웨덴이지

난생 처음 살아본 북향집의 선물

— 33 —

'띠링~.'

2023년 3월 15일 자정 무렵 자려고 창문 커튼을 치려는데 휴대전화 알림이 떴다. 이 시간에 뭐지 싶었는데 오로라 앱 알림이었다.

'당신이 있는 곳에서 지금 날씨가 좋다면 한 시간 이내에 오로라를 볼 수 있습니다.'

1월 키루나 여행 때 다운로드한 앱인데 잊을 만하면 한 번씩 이런 알림을 보냈다. 그때마다 밤하늘을 살펴봤지만 매번 실패였다. 그도 그럴 것이 오로라는 보통 65도 이상 고위도나 북극권 지역에서 관측할 수 있다. 스톡홀름은 그보다 위도가 한참 낮은 58도 정도라 관측 확률이 떨어질 거라 생각했다. 오로라 지수가 높다 한들 구름이 끼는 등 날씨가 좋지 않아도 볼 수가 없었다.

별생각 없이 창문을 내다보는데 뭔가 초록빛이 보였다. 설마… 키루나에서도 간신히 봤는데 이곳에서 오로라를 볼 수 있겠어?

자세히 보니 오로라가 맞는 거 같았다. 키루나 여행 때 캠프 주인아저씨가 하던 대로 휴대전화로 찍은 하늘에 나타난 푸른빛은 오로라가 확실했다. 서둘러 휴대전화 삼각대와 DSLR 카메라를 들고 테라스로 나갔다. 키루나에서 비싼 돈 들여가며 손발이 떨어져 나가는 듯한 추위에 생고생하면서 오로라를 봤는데 집에서 이렇게 편하게 오로라를 본다는 게 믿기지 않았다.

　우선 삼각대에 거치한 휴대전화로 타임랩스를 켜두고 단잠에 빠진 첫째를 깨웠다. 자면 누가 업고 가도 모르는 첫째인데 오로라 나왔다고 깨우니 이번에도 기적처럼 일어났다. 근데 하늘을 한번 올려다보더니 "아 오로라 맞네" 하고 그냥 자러 들어갔다. 아침에 일어나서 "밤에 오로라 본 거 기억 안 나?" 그러니 허탈하게도 "모르겠는데" 그랬다. 아내가 둘째도 깨워 잠시 하늘을 보게 했는데 역시나 별 감흥 없이 들어가 버렸다. 키루나에서도 다음에 또 오면 된다고 자던 녀석인데 정말 한결같다. 너무 곤히 자는 막내는 이번에도 깨울 생각조차 못 했다.

　키루나 여행 때처럼 아내와 나만 흥분해 연신 '대박'을 외치며 사진을 찍어댔다. 정말 믿기지 않았다. 키루나, 아비스코나 노르웨이 트롬쇠, 아이슬란드 정도는 가야 오로라를 볼 수 있다고 생각했는데 스톡홀름에서 그것도 집 테라스에서 보다니! 키루나 3박 4일 여행에서도 오로라를 본 날은 딱 하루였다. 그런데 집에서 녹색 커튼이 펄럭이는 듯한 빛 향연을 보고 있노라니 감개무량했다.

리딩외 집에서 딱 하나 마음에 안 드는 게 있었다. 바로 북향이었다. 아침에도 집에 햇볕이 들지 않았다. 난방 때문에 춥지는 않았지만 햇볕이 거실에 내리쬐는 그 따뜻한 느낌이 아쉬웠다. 하지만 리딩외 북향집은 우리에게 축복 같은 선물을 줬다. 뻥 뚫린 북쪽 하늘에서 펼쳐지는 오로라는 또 봐도 신비로운 시각 경험이었다. 심지어 키루나에서 본 오로라보다 더 오래 화려하게 지속됐다. 불현듯 찾아와 준 오로라에 감사했고 그걸 때마침 볼 수 있어 행운이었다.

자정이 넘어 이웃들은 곤히 잠든 시간에 1시간가량 우리 부부만 극도로 흥분된 상태에서 오로라를 감상했다. "이럴 줄 알았으면 키루나 안 가는 건데 말이야" "그때 사파리 체험으로 무스 달랑 두 마리 보고 50만 원 냈잖아" 뭐 이런 대화를 하면서 말이다.

아내는 두 번째 오로라를 보고 난 뒤 이렇게 말했다.

"오로라는 사람이나 지구가 만든 풍광이 아니고 우주가 만든 거잖아. 뭔가 오묘하고 신비롭고 심연으로 들어가는 기분이 들어. 그래서 오로라를 보는 건 특별한 거 같아. 그냥 단순히 색깔이 예뻐서 그런 건 아니고 거스를 수 없는 대자연의 선물 뭐 그런 거 말이야"

그 말에 적잖이 동의하면서 난 요정들이 일렁이는 녹색 커튼에서 뛰놀고 장난치는 상상을 해봤다. 분명 초자연적인 현상이니 그 속엔 우리가 모르는 일이 펼쳐지고 있지 않을까.

집단면역, 근거가 있긴 있나요

2022년 7월 말 스웨덴에 올 당시 한국은 마스크 공화국이었다. 실외에선 마스크를 쓰지 않아도 됐지만 실내에선 여전히 마스크를 착용해야 했다. 경유지인 핀란드 헬싱키 반타 공항에서 환승할 때도 PCR 검사 결과지, 백신 접종 증명서 등을 요구받진 않았지만 승객 대부분은 마스크를 착용한 상태였다. 그런데 스톡홀름행 비행기 게이트 대기실에 오니 아무도 마스크를 끼지 않은 거였다. 우리 가족만 마스크를 쓰고 있는 것이 이상해 벗어버렸다. 코로나 유행 2년여 만에 처음 맛본 해방감이었다. 스웨덴은 이미 '포스트 코로나'였다.

2023년 3월 스웨덴 통계청(SCB)은 2020~2022년 스웨덴 초과 사망률이 EU 31개국 중 가장 낮았다고 발표해 눈길을 끌었다. 스웨덴 언론은 이를 제법 비중 있게 다뤘다. 코로나 팬데믹이 시작된 2020년부터 3년간 연평균 스웨덴 사망자 수는 그 이전 3년보다 4.4% 증가했는데 이는 전 유럽에서 최소치라고 했다. 스웨덴 초과 사망률(4.4%)은 노르웨이(5%), 덴마크(5.4%), 핀란드(8.7%) 등 인접 스칸디나비아 국가보다 낮았다. 초과 사망률은 일정 기간 통상 수준을 초과해 발생한 사망자 숫자 비율을 말하는데 코로나 등 전염병이나 위기 상황이 사망에 미친 영향을 파악하는 자료로 활용됐다. 이 뉴스가 많은 관심을 받은 건 스웨덴이 그동안 보여준 코로나 대응 때문이었다. 스웨덴은 2020년 초 코로나19가 유행할 당시 다른 나라와 달리 바이러스 침투를 막으려 해외 입국을 봉쇄하는 등 강력한 방역 조치를 하지 않았다.

2020년 1월 31일	스웨덴 첫 확진자 발생.
2020년 2월 1일	코로나19 공중 보건 질병으로 분류.
2020년 3월 11일	첫 사망자 보고. WHO의 코로나19 팬데믹 분류.
2020년 3월 16일	스웨덴 공중보건 당국의 70세 이상 외출 금지 '당부'. 회사 원격 근무, 고등학교와 대학교의 원격 학습 '권장'.
2020년 4월 6~12일	요양원을 중심으로 하루 100명이 넘는 사망자 발생, 총 737명이 숨져 코로나 팬데믹 기간 최대 사망자 수 기록.
2020년 11월	펍과 주점 등 모임 인원 8명 미만으로 제한. 오후 10시부터 음주 금지령.
2020년 12월	중학교 운영 중단. 크리스마스 휴가 기간 최대 8명 모임 허용.
2020년 12월 27일	백신 접종 시작.
2021년 1월	대중교통 출퇴근 시간 마스크 착용 '권고'.
2021년 1월 10일	전염병 법 도입.
2021년 3월	모든 음식점과 레스토랑 영업시간 오후 8시 30분 제한. 백화점, 상점, 목욕탕, 체육관, 스포츠시설의 허용 인원 500명으로 규제.
2021년 9월 29일	돌봄과 사회복지시설 감염 예방조치를 제외한 모든 제한 해제.
2021년 12월	공공모임, 대규모 실내 행사에 백신접종 증명서 지참 필요.
2022년 1월	식당과 술집 영업시간 제한 해제.
2022년 2월 9일	모든 코로나 방역 조치 해제. 진단검사 중단.
2022년 4월 1일	전염병 법과 감염 예방 조치에 관한 법률 폐지. 일반적이고 사회적으로 위험한 질병 분류에서 코로나19 제외.

코로나 창궐 이후 2년간 스웨덴 보건당국 코로나 주요 대응 일지다. 강력한 방역 대책을 내놓은 다른 나라에 비해 스웨덴 대처는 확실히 느슨했다. 시민을 통제하기보단 자율과 자발적 거리 두기로 일상을 그대로 유지하는 정책을 취했다. 호흡기로 전파되는 코로나19 특성상 다른 국가들은 감염을 막으려 마스크 착용을 의무화하고 어기면 처벌까지 했지만 스웨덴 정부는 국민에게 마스크 착용을 권고했을 뿐 강제하지 않았다.

오히려 스웨덴 국가 역학자인 안데르스 테그넬(Anders Tegnell)은 2020년 4월 공공장소에서 마스크를 착용하면 팬데믹 확산을 늦출 수 있다고 조언한 유럽질병예방통제센터(ECDC)에 우려를 표명하며 "마스크가 만병통치약이 아니며 공기를 통해 코로나 감염이 확산된다는 증거도 없다"고 말했다. 이를 두고 스웨덴이 구성원 상당수가 감염으로 항체를 가져 더는 유행병이 확산하지 않는 집단면역을 추진한다는 말이 나왔다.

하지만 집단면역 전략이 일관성 있게 추진된 것은 아닌 듯하다. 첫 확진자 발생 이후 10개월간 별다른 조치를 취하지 않다가 뒤늦게 모임 인원을 제한하는 등 방역 조치가 이뤄졌다. 코로나 대유행 1년여 후 북유럽에 변이 바이러스가 유행하자 대중교통 내 항시 마스크 착용을 '권고'했고 레스토랑, 술집 등 영업 중단을 발표했다. 그 사이 코로나 백신이 개발되자 스웨덴은 비교적 빠르게 백신 접종률을 높였다. 이를 바탕으로 1년 뒤인 2022년 2월 방역 조치 대부분을 해제하고 진단검사도 중단했다. 전 세계에서 가장 먼저 '위드코로나'를 발표한 것이다.

스웨덴이 취한 느슨한 대응은 전 세계적으로 주목과 비판을 동시에 받았다. 초기 요양원 집단감염으로 고령 환자들이 대거 사망하자 스웨덴 집단면역이 실패했다는 지적이 나왔다. 이후 코로나 사망자 수가 감소세로 접어들자 대응이 적절했다는 상반된 평가가 있었다. 이 같은 상황에서 스웨덴 초과 사망률 최소 보도는 자연스럽게 집단면역이 성공한 것인가라는 질문으로 귀결될 수밖에 없었다.

알렉스 슐만 다겐스 뉘헤테르 칼럼니스트는 "스웨덴 초과사망률 수치는 팬데믹 발생 3년 만에 스웨덴 공중 보건 당국이 한 일이 현명하고 옳았다는 증거"라고 말했다. 그는 "스웨덴이 실수를 저지르기도 했지만 실제로 다른 대부분 국가보다 코로나를 더 잘 관리했다는 통찰"이라고 추켜세웠다.

인근 국가인 핀란드 코로나 대응 관리를 이끈 미카 살미넨(Mika Salminen)은 "처음엔 스웨덴 초과 사망률이 사실인지 의심할 정도로 너무 놀랐고 상상했던 것보다 훨씬 좋은 수치"라며 "다만 바이러스 관리가 얼마나 성공적인지 평가하려면 더 많은 조치가 필요하다"고 초과사망률 통계에 한계가 있음을 분명히 했다.

스베리예스 라디오(Sveriges Radio) 과학 해설자 울리카 비에르크스텐(Ulrika Björkstén)은 중립적인 의견을 내놓았다. 그는 "이 숫자가 의미하는 바를 과장하지 않는 게 중요하다"며 "비교 대상 국가의 다양한 연령 구조를 고려하지 않았고 스웨덴은 코로나 초기 노인 사망률이 매우 높았기 때문에 나중에 코로나에 감염돼 사망할 수 있는 허약한 노인이 더 적었다고도 볼 수 있다"고 말했다.

그럼 한국 질병관리청장에 해당하는 스웨덴 집단면역 전략을 실행한 국가 역학자 안데르스 테그넬은 어떤 반응을 보였을까. "초과 사망률 측정에는 약점이 있으며 다른 국가에서 인구 구조가 어떤지에 따라 크게 달라진다. 그러나 어쨌든 이 조치(집단면역)에 관한 한 스웨덴은 분명히 꽤 잘 해냈다." 결국 통계 약점에도 스웨덴이 코로나 대응을 잘했다고 말한 셈이다. 안데르스 테그넬은 초기 코로나 감염으로 사망자가 속출하자 전 세계적인 조롱과 비판을 받았으며 신변 위협을 느껴 한동안 경찰 보호를 받았다. 지난 총선에서 제2당으로 올라선 스웨덴 민주당 대표인 임미 오케손(Jimmie Åkesson)으로부터 사임 압박을 받기도 했다.

공공의료 체계인 스웨덴은 우리나라만큼 충분한 공공, 민영 의료시설과 의료진을 갖추지 못했기 때문에 K-방역 같은 강력한 대응을 하려야 할 수 없어 불가피하게 집단면역을 선택한 게 아니냐는 비판도 있다. 스웨덴에서 더딘 의료 경험을 해보니 충분히 일리 있는 말처럼 느껴지기도 했다. 수년간 코로나 추적 조사와 방역관리를 할 수 있었던 K-방역도 의료진과 국민 무한 희생을 담보로 했지만 말이다. 지나고 보니 과학적인 근거에 입각하기보다는 공포심에 마스크를 쓰라고 하니 쓰고 백신을 맞으라고 하니 맞은 거 같기도 하다.

유럽만 놓고 본다면 국경을 틀어막고 방역 조치를 한 국가와 집단면역을 추진한 스웨덴 코로나 사망률 차이가 아주 크지는 않은 듯했다. 한편 환경이 비슷한 북유럽 국가와 비교하면 스웨덴 인구 대비 코로나 사망률은 0.9%로 핀란드 0.6%, 노르웨이 0.4%, 덴마크 0.2%보다 오히려 높다(한국은 0.1%). 초과 사망률 통계로만 스웨덴 집단면역 정책을 생각하기엔 빈틈이 많아 보였다.

코로나가 인간에게 미친 영향은 결코 적다고 할 수 없다. 2023년 3월 기준 전 세계에서 6억 7천500만 명이 코로나에 감염됐고 690만 명이 사망했다. 110만 명이 숨진 미국은 코로나 사망자가 가장 많은 나라였다. 인구 비율로 보면 페루가 인구 10만 명당 660명 이상 사망해 가장 큰 피해를 보았다.

배포된 백신은 133억 회 분량이었다. 어쩌면 공적자금 등 지원을 받아 백신을 만들고 판매한 제약회사가 진정한 승리자 아닐까 싶다. 코로나 초기 효과가 없어 물백신이라는 악평이 쏟아진 아스트라제네카 백신을 만든 제약업체 아스트라제네카가 스웨덴과 영국 합작회사였다는 사실을 스웨덴에 와서 알았다. 아스트라제네카는 스톡홀름 근교에 회사와 공장이 있다.

 스웨덴 정부가 과학적 근거를 분명히 내세우며 '집단면역 전략'을 취한 것은 아니다. 집단면역 전제는 한번 감염된 환자에게 지속적인 항체가 형성돼 더는 감염이 확산되지 않아야 한다는 것인데 코로나19는 각종 변이 발생과 재감염 사례가 속출했다. 스페인에서는 확진자 6만 1천 명을 상대로 한 연구에서 항체 양성 반응을 보인 이들이 2주 후 재검사에서 항체가 나타나지 않았다는 결과도 있었다. 스웨덴 정부는 결과적으로 변이와 재감염 등 변수를 간과한 셈이다. 코로나를 끝낸 것도 사실상 백신이었다. 광범위한 감염에 의한 항체 형성이 아닌 백신 예방접종에 의한 집단면역에 더 가까웠다. 젊고 건강한 사람에게는 집단면역이 유효한 전략이 될 수 있지만 취약층인 노인이나 환자를 피해 간다는 보장도 없었다. 실제 요양원 고령 환자 집단감염에 이은 사망자 증가는 초기 대응이 실패했다는 비판으로 이어졌다.

 그럼에도 인상적인 것은 미흡한 코로나 대응과 주변국 우려와 질타에도 스웨덴 국민 상당수는 정부를 지지했다는 점이다. 2020년 4~6월 사망자가 속출한 뒤 첫 여름휴가 시즌에 스웨덴 국민 일부는 코로나 유행에도 아랑곳없이 스위스, 스페인 등 유럽 휴양지로 휴가를 떠났다. 휴가철이 끝나고 돌아온 여행자들은 자가 격리도 없이 일터로 복귀했고 스웨덴에서 코로나 2차 유행이 시작됐다. 주변국에 민폐가 될 수 있는 행태였고 한국 등 강력한 방역 조치를 취한 나라로서는 상상할 수 없는 일이었다. 스웨덴 정부와 국민은 전 세계가 코로나 공포에 휩쓸리는 동안 자신만의 길을 선택했다.

 스웨덴 작가인 요한 보난데르(Johan Bonander)는 "WHO 방역 통제와 마스크 착용 매뉴얼에 대해 독립적인 평가를 할 용기를 가진 나라에 사는 것이 자랑스럽다"고 평가했다. 그는 "많은 국가에서 적용한 엄격한 봉쇄 조치는 비효율적이고 인적 비용도 많이 들었으며 두려움과 고립으로 심리적 고통을 초래했다"며 "코로나 이후 WHO 권고는 더 구속력을 가지게 될 것인데 스웨덴의 독립적 판단은 그에 대항하는 생각할 거리를 던져준다"고 말했다.

반면 나심 니콜라스 탈레브(Nassim Nicholas Taleb) 뉴욕대학교 탠던 공대 교수는 "시민 목숨을 걸고 도박을 함으로써 예방 의무를 이행하지 않는 것은 학문적 실수를 넘어선 직업적 잘못이며 통치 윤리에도 위배된다"고 스웨덴 코로나 대응을 신랄하게 비판했다. 일각에서는 집단면역은 '아무것도 하지 않는다'의 세련된 의학적 표현이라고 비난하기도 했다. 스웨덴 의학, 과학계에선 부실한 코로나19 정부 대응을 면밀히 분석해 앞으로 다가올 팬데믹에 대비해야 한다는 목소리도 높았다.

스웨덴 집단면역 전략이 윤리적, 의학적, 학문적으로 옳은 선택이었는지는 잘 모르겠다. 그걸 제대로 평가할 지식이나 통찰이 내겐 없다. 다만 분명한 건 '스웨덴이니까' 집단면역을 추진할 수 있었다는 사실이다. 코로나19 팬데믹 기간 스웨덴은 좋은 의미이든 나쁜 의미이든 확실히 독보적이었다.

* Dagens Nyheter, europaportalen, Svenska Dagbladet, varldenidag, science.org, theguardian.com, 연합뉴스, 네이버 코로나 세계 현황 등을 참고했다.

골프장, 도서관에 밥 먹으러 간다

스웨덴 물가가 살인적이라던데 같은 북유럽 국가 중 노르웨이, 아이슬란드보다는 낮은 것 같고 덴마크와 비슷한 느낌이다. 그럼에도 스웨덴에서 식구 5명이 외식하려면 아무리 아껴도 기본 10만 원 이상 들었다. 고물가를 실감했다. 그러다 맥스(MAX)를 처음 알고 반가웠다. 스웨덴 패스트푸드 업계는 맥스와 맥도널드가 양강 구도를 이룬다. 맥스에서 파는 2천 원이 안 되는 저렴한 햄버거 단품으로 몇 번 가성비 좋은 식사를 하기도 했다. 하지만 단지 배를 채우려고 먹는 느낌이 싫어 웬만하면 가지 않았다.

비싼 외식 물가 등 이런저런 이유를 고려하면 집에서 음식을 만들어 먹는 것이 최선이었다. 한국에서 쓰던 전기밥통을 들고 가서 삼시세끼 쌀밥을 먹었다. 현지 마트에서 여러 가지 쌀을 팔았다. 한국 음식 재료를 대체할 수 있는 것을 찾아 반찬도 만들어 먹었다. 한국인은 역시 식탁에 김치가 있어야 해 스웨덴 현지 한국인이 만들어 파는 김치를 사다 먹었다. 한국에서 김을 제법 많이 들고 갔는데 반찬이 없을 때 정말 요긴했다. 정기적으로 아시안 마트에서 만두나 라면을 사서 먹기도 했다. 유럽에서 불닭볶음면이 인기가 있다고 해서 먹어봤더니 맵기는 매웠다.

하지만 그것도 물리기 마련. 돌파구가 필요했다. 맛있는 것을 만들어 먹고 싶은 욕구만큼 스웨덴에서 가성비 좋은 맛집을 찾고 싶었다. 현지인들이 가는 맛있고 저렴한 곳을 찾기란 쉽지 않았다. 스톡홀름과 리딩외를 다니며 식당 앞에 놓인 간판을 유심히 봤다. 특히 다겐스(Dagens)라고 적힌

'오늘의 메뉴'는 보통 식당 측이 매일 추천하는 메뉴였다.

어느 날 리딩외 도서관에 책을 빌리러 갔다가 음식점을 발견했다. 도서관 건물 안에 있는 음식점, 뭔가 특별했다. 일반적인 구내식당과는 달랐다. 포켓(POCKET)이라는 레스토랑이었는데 점심시간 3가지 메뉴로 구성된 다겐스로 손님을 맞았다. 월요일부터 금요일까지 메뉴가 달랐다. 생선이나 고기 등 메인 요리가 나오고 샐러드, 빵 같은 곁들임 뷔페식으로 얼마든지 가져다 먹을 수 있었다. 식후 샐러드나 브라우니류 빵, 커피, 차를 내주어 피카(fika) 타임까지 즐길 수 있었다. 몇 번 가다 보니 점심시간에 식사하러 도서관을 찾는 이들도 있다는 걸 알았다.

다른 음식점도 본격적으로 찾아보기 시작했다. 겨울에 아이들과 눈썰매를 타러 갔던 리딩외 골프장 홈페이지를 살펴보다가 건물 내부에 레스토랑이 있는 걸 알게 됐다. 역시 오늘의 점심 다겐스는 우릴 실망시키지 않았다. 월요일부터 일요일까지 가자미·대구 필레, 돼지고기 슈니첼, 연어 푸딩, 쇠고기 스트로가노프, 크림소스 미트볼 등 메인 요리와 함께 음료, 샐러드 뷔페, 커피, 미니 케이크까지 제공했다 평소 단품 요리는 2만 원이 훌쩍 넘지만 점심 다겐스 요리는 음료, 후식을 모두 포함해 149크로나(130원 환율 기준 약 1만 9천 원)로 저렴했다. 나중에 안 사실인데 10회용 점심 카드를 사면 한 끼 135크로나(약 1만 7천500원)에 다겐스를 먹을 수 있었다.

밥 먹으러 골프장에 가다니 왠지 낯설고 신기했다. 리딩외 골프장 건물 2층에 있는 레스토랑은 골프를 치지 않아도 누구나 이용할 수 있어 점심 먹으러 오는 사람들이 많았고 라운딩을 마치고 오는 이들도 있었다. 골프장 점심은 맛도 있었지만 고급스러운 부대시설 덕에 문화 체험하는 기분이 들었다. 창문 밖으로 푸른 하늘과 녹색 잔디를 감상하며 따뜻한 햇살 아래 식사하는 경험이 새로웠다. 식사 후에는 테이블과 소파가 어우러진 라운지를 둘러보고 나왔다. 라운지에는 골프장 역사와 사진이 전시돼 있었다. 눈썰매를 타거나 밥 먹으러 오다 보니 정작 골프를 치지 않아도 리딩외 골프장은 매우 친숙한 장소가 됐다:

도서관 레스토랑에서 주문한 다겐스

골프 클럽 라운지 모습

박물관 다겐스 점심도 유명했다. 눈이 내리던 어느 겨울날, 스칸센, 아바 박물관 등 여러 관광 명소가 있는 유르고르덴의 노르디스카 박물관을 찾아 다겐스를 주문했다. 음식은 그럭저럭 먹을 만했지만 커피값을 따로 받았다. 도서관, 골프장 다겐스 기억이 너무 좋아서인지 박물관 다겐스는 더는 가지 않았다.

그 외 한 번씩 갔던 곳이 T-센트랄렌역 인근 갤러리아 건물 1층에 있었던 카페 코폴라(Café Coppola)였다. 이곳은 특히 샐러드와 수프가 맛있었다. 주변 회사원들이 많이 오는 듯했다. 카페 코폴라와 가까운 스톡홀름 문화센터(Kulturhuset) 5층 카페 파노라마(Café Panorama)에서도 행복한 점심을 먹었던 기억이 있다. 창 측 테이블에 앉으면 세르옐 광장이 한눈에 내려다보였다.

무엇보다 우리 부부가 가장 좋아했던 식당은 함마르뷔(Hammarby) 루마 도서관 인근 레스토랑 겸 바인 '훼스타덴스 마리나(Sjöstadens Marina)'였다. 발품 팔아 찾은 식당 중 가장 만족하는 곳이었다. 1만 8천 원 징도 가격에 파스타나 생선·닭·쇠고기에 양념을 곁들어 요리한 필레와 무한 샐러드, 음료를 즐길 수 있었다. 직원들도 무척 친절했다. 한번은 실수로 와인 잔을 깼는데 직원분이 바로 달려와서 다친 곳은 없냐고 물었다. 정말 미안하다고 하니 직원은 늘 있는 일이라며 쿨하게 웃었다. 우리 부부는 이곳에 올 때마다 "함마르뷔 지역에 집을 구했다면 매일 여기 와서 점심을 먹었을 텐데" 이야기하곤 했다.

실제 북유럽 물가는 높고 관광객이 체감하는 외식비용은 상당히 비싸다. 하지만 현지인들이 자주 가는 식당은 가격이 충분히 합리적이고 음식도 입맛에 잘 맞았다. 스웨덴 음식은 이케아 미트볼밖에 없지 않냐고 말하는 사람도 있지만 찾아보면 제법 맛있고 합리적인 가격의 음식점이 많았다.

동물이 행복한 동물원은 있을까

36

2023년 3월 초 아이들 스포츠 휴가 때 스웨덴 동물원 스칸센(Skansen)과 콜모덴(Kolmården)을 연이어 갔다. 한 나라를 여행하면 가급적 동물원은 가는 편이다. 아이들이 좋아하기도 하지만 나라마다 동물을 대하는 방식이 조금씩 차이 나는 것이 흥미롭기 때문이다. 그 차이가 때론 그 사회를 이해하는 중요한 힌트가 되기도 한다.

스칸센에 간 날, 날씨가 너무 추워서 실내 서커스 체험으로 오후 시간 대부분을 보냈다. 폐장 시간이 임박해 동물 중 딱 하나만 보고 가자고 하니 첫째가 북극여우(Arctic fox)를 보고 싶다고 했다. 아시아권 동물원에선 볼 수 없는 동물이라 나도 꼭 눈에 담고 싶었다.

북극여우는 스웨덴어로 피엘라브(fjällräv) 또는 피엘라벤(fjällräven)이라고 한다. 스웨덴 아웃도어 브랜드명이기도 하다. 폐장 시간인 오후 4시가 넘어 북극여우가 퇴근(?)하지 않았을까 마음이 조급했다. 그때 멀리서 흰색 털 뭉치가 눈 아래로 휙 지나갔다. 눈 위로 흰색 여우가 사뿐사뿐 뛰어가는 모습 자체가 눈길을 사로잡았다. 북극여우는 다가올 듯 말 듯 애간장을 태우다가 경쾌한 발걸음으로 구경하는 사람들 곁으로 다가왔다. 다 같은 마음이었을까. 주변 사람들 모두 조용히 탄성을 질렀다. 그걸 알기라도 하듯 북극여우는 관람객과 가까운 거리에서 잠시 포즈를 취해 사진을 허락하더니 유유히 발걸음을 돌렸다. 횡재한 기분이었고 신비로웠다.

평균 몸길이 약 70cm, 몸무게 2.5~5kg, 수명 5~8년인 북극여우는 현재 멸종위기종이다. 20세기 초 개체수가 1만 마리였지만 1928년 심각하게 줄어 보호 대상이 됐고 2000년대 초반에는 30~40마리밖에 남지 않았다고 했다. 이후 보전 노력으로 현재 스웨덴과 노르웨이 북부 지역에 550마리 정도만 남아 있다고 한다.

스칸센에서 만난 북극여우

   생존을 위협하는 가장 큰 원인은 기후변화. 기온 상승으로 겨울에 눈 대신 비가 자주 내리면서 바닥에 고인 물이 얼음층으로 변하는 바람에 먹이를 구하지 못한 다람쥐, 쥐, 카피바라 등 설치류가 많이 줄었다고 한다. 그 영향으로 설치류를 잡아먹는 북극여우 역시 개체수가 확연히 감소하고 있다. 붉은여우도 수목한계선을 넘어서 북극여우를 위협하고 있다. 북극여우 활동 반경과 겹치는 붉은여우는 먹이경쟁에서 우위를 점해 북극여우를 죽이는 일이 많다고 한다.

   전 세계에서 550마리밖에 남지 않은 북극여우를 보게 돼 영광이었다. 생김새도 보통 여우와 다르고 흰색 털 때문인지 기품이 느껴졌다. 흰색 털은 단열 효과가 높아 추위에 잘 견딜 수 있었고 이로 인해 북극여우는 빙하가 물러난 스칸디나비아반도를 주름잡은 첫 포유류가 됐다고 한다. 하지만 눈에 띄는 흰 모피를 노리는 밀렵꾼 때문에 개체수가 급격히 감소하는 아픔을 겪기도 했다.

   다음 날은 콜모덴에 갔다. 다행히 오전 돌고래쇼 시간에 맞춰 도착해 관람할 수 있었다. 넓은 수족관에 대충 봐도 10마리 이상 돌고래가 자유롭게 헤엄치고 있었다. 제주도 한화, 일본 후쿠오카 우미노나카미치 수족관에서 돌고래쇼를 본 적이 있어서 비교하면서 감상할 기회였다. 먼저 영상과 함께 10분 정도 돌고래 생태 등에 관해 설명을 들은 뒤 쇼가 시작됐다. 그런데 어처구니없게도 4분 만에 돌고래 쇼가 끝났다. 점프도 그리 높지 않았고 돌고래가 조련사를 등 위에 태우고 물속을 질주하지도 않았다. 다른 관람객들은 환호하고 손뼉 치는데 감탄사 하나 나오지 않았다. 지금까지 봐온 돌고래쇼에 비하면 너무나도 기대 이하였다.

둘째는 "아빠, 이게 끝이야? 더 하는 거지?"라고 물었다. 나는 "끝난 거 같아. 후쿠오카 돌고래쇼보다 훨씬 못한데? 돌고래 점프 높이도 채 3m가 안 돼 보이던 걸"이라고 말했다. 그러자 첫째는 "돌고래가 높이 뛰는 게 얼마나 스트레스인 줄 알아? 여긴 그나마 인간적이네" 그랬다. 첫째는 <이상한 변호사 우영우>만큼은 못 하지만 고래에 관심이 많다. 첫째 말을 듣고 보니 여긴 돌고래를 많이 배려하나 보다 싶었다.

돌고래쇼는 우리나라를 비롯해 전 세계에서 동물 학대 논란이 많다. 경남 거제에서는 동물단체 시위로 문을 닫기도 했다. 2017년 2월에는 울산 장생포 고래생태체험관 측이 일본에서 돌고래를 들여오는 과정에서 한 마리가 탈진해 죽어 환경단체가 거세게 반발한 일도 있었다. 고래생태체험관에 간 적이 있는데 수족관이 너무 좁아 돌고래가 심한 스트레스를 겪을

콜모덴 돌고래쇼

만했다. 좁은 수조에 부딪혀 온몸에 생채기가 난 돌고래를 보니 가슴이 아팠다. 한때 돌고래를 바다로 돌려보내 자유롭게 해줘야 한다는 여론이 거세 수족관에서 사육되던 돌고래 몇몇은 제주도 앞바다에 방류돼 새 삶을 찾기도 했다.

수족관을 나와 타이거 월드로 갔다. 호랑이는 친숙한 동물이어서 별다른 기대가 없었다. 햇볕 잘 드는 곳에 호랑이 한 마리가 드러누워 있었다. 20~30m 거리였는데 호랑이를 보는 나도, 나를 보는 호랑이도 서로 그다지 감흥이 없었다. 그때 호랑이가 벌떡 일어나더니 관람객에게 다가와 유리 하나를 사이에 두고 어슬렁어슬렁 걸었다. 코앞에서 보는 호랑이 아우라와 기운은 상당했다. 날카로운 눈매, 기다란 수염, 걸을 때 꿈틀대는 근육들, 미세한 털 움직임이 다 보였다. 생태계 최고 포식자를 눈앞에서 보는 살 떨리는 경험이었다.

디즈니 영화 <메이의 새빨간 비밀>을 10번 이상 본 삼남매는 실제 레드판다를 보자 비명을 질렀다. 레드판다는 오묘한 붉은빛 털에 알록달록 꼬리, 귀여운 얼굴로 나무를 우아하게 걸어 시선을 붙잡았다. 아내는 "이곳 동물들이 정말 열심히 일한다"고 격려를 아끼지 않았다. 얼룩말, 쌍봉낙타, 물소, 타조 등은 서로 어우러져 평화롭게 공존했다. 마치 아프리카 세렝게티에 온 듯했다. 동물 생활공간을 지면 아래 2m 정도 깊이에 만들고 울타리를 없애 관람객은 아무런 방해물 없이 동물을 볼 수 있었다. 한국 동물원엔 드러누워 자기 바쁘거나 무기력한 동물이 다수였는데 이곳 동물은 맹수나 소형, 대형동물 가릴 것 없이 무척 활동적이었다. 정말 무슨 에너지 드링크라도 먹인 건지 정신교육이라도 시킨 건지 의문이었다.

동물원이 인간 욕심으로 자연 섭리를 깨트린 동물 학대장, 인간이 말 못 하는 동물을 착취해 이득을 취하는 곳이라는 비판은 타당하다. 한편 동물원은 어린이가 자연과 동물을 이해하는 교육 장소, 멸종위기에 놓인 동물을 보존하는 곳이기도 하다. 동물원을 없애는 것이 사실상 불가능한 상황에서 동물이 행복한 동물원을 만들려는 고민은 계속되어야 할 것이다.

지금은 운영이 중단된 부산 한 동물원은 2015년 야간 개장을 추진했다. 동물단체는 '돈에 눈이 멀어 밤에 쉬어야 하는 동물을 다시 스트레스에 내몰리게 하는 미친 짓'이라고 강한 어조로 비판했다. 동물원 측은 이에 아랑곳없이 야간 개장을 강행했다. 2022년 말 스웨덴 한 동물원에서는 침팬지 5마리가 탈출해 동물원 측이 4마리를 총으로 쏴 죽여 동물 학대 논란이 일었다. 동물원 측은 침팬지가 위험한 동물이라 불가피한 조치였다고 해명했지만 그렇게까지 해야 했느냐는 반발이 거셌다. 침팬지는 직접 창문을 열고 밖으로 나갔다고 하는데 동물원 생활이 따분했던 건지, 자유를 찾으러 나간 건지 알 수 없는 노릇이다.

2014년 아르헨티나에서 눈길을 끄는 동물 관련 재판이 있었다. 부에노스아이레스 한 동물원에 있던 암컷 오랑우탄 샌드라(Sandra)는 새끼 오랑우탄이 다른 동물원으로 보내진 뒤 매우 불행하고 불편해 보였다고 한다. 방문객 시선을 피하고 이불속으로 숨는 등 힘들어하는 모습을 본 동물권리 운동가 그룹은 법원에 소송을 제기했다. 그 이유가 재미있었다. 샌드라가 불행해진 건 동물원 측 태만이나 동물복지법 위반 때문이 아니라 '개인' 권리가 침해됐기 때문이라는 것이다. 이에 '동물이 사람이냐'며 말도 안된다는 반응이 많았다.

하지만 재판을 맡은 엘레나 리베라토리(Elena Liberatori) 판사는 "샌드라는 법적 의미에서 동물이 아니라 인간이며 자유에 대한 권리와 신체적, 심리적 피해로부터 보호받을 권리 같은 특정 기본 권리 즉 인권을 가지고 있다"고 판단해 세상을 놀라게 했다. 이는 사람과 같은 영장류인 오랑우탄이 자율적인 주체인 인간임을 명시한 최초 판결이었다. 샌드라는 판결 이후 우여곡절 끝에 동물원을 벗어나 미국 플로리다 보호구역으로 옮겨져 오랑우탄과 침팬지 무리와 함께 살고 있다고 한다. 오랑우탄인 샌드라가 인권을 가진 사람이라는 혁명적인 판결에도 여전히 대초원이 아닌 인간이 통제하는 보호구역에 살고 있는 건 아이러니였다.

《동물을 위한 정의 Justice for Animals》에서 미국 철학자 마사 누스바움(Martha C. Nussbaum)은 사람이 능력과 필요에 따라 가능한 한 충만한 삶을 살아야 하듯 동물 역시 능력과 필요에 따라 만족스러운 삶을 살 기회가 있는 것이 진정한 동물권이라고 주장했다. 척추동물 대부분이 인간처럼 고통, 두려움, 행복, 연민 등을 느낄 수 있는 능력을 가지고 있다는 데 기반해 동물이 인간 행위로부터 구속이나 방해를 받아서는 안 된다는 말이었다.

반면 스웨덴 저널리스트 겸 작가인 패트릭 스벤손(Patrik Svensson)은 "인간은 자연을 통제하고 동식물을 개인 실험실로 만들었다"며 "불과 몇천 년 만에 지구상 모든 생명체를 완선히 재구싱했으며 생물학적 다양성을 편의에 맞게 최소한으로 줄였다"고 말했다. 인간이 생존에 필요한 가축을 늘리고 그 외 동물은 서식지를 파괴해 멸종 위기에 처하게 했다는 지적이었다. 그는 "누스바움의 주장은 동물권에 대한 새로운 사고방식으로만 이해해야 한다"며 "인간은 많은 지구 생명을 통제하는 만큼 야생 동물과 가축 환경 개선에 최선을 다할 책임이 있다"고 말했다.

80억 개체로 지구 생태계 지배자가 된 호모 사피엔스 어깨가 실로 무겁다.

* 세계자연기금, Dagens Nyheter 등을 참고했다.

'그깟 쟁반이 뭐라고' 오픈런까지

한국에서도 안 해본 오픈런을 스웨덴에서 할 줄 몰랐다.

    2023년 3월 초 이케아와 마리메꼬(marimekko) 협업 제품이 나왔다. 바스투아(Bastua) 컬렉션이라고 했다. 아이들 스포츠 휴가를 보내고 돌아온 날이 출시 날이었는데 모든 상품이 품절된 뒤였다. 사고 싶은 상품을 구경도 못했다. 한국에선 5일 후 판매를 시작했고 평일임에도 불구하고 개장 시간 전부터 줄이 길었다고 한다. 인기 제품은 몇 시간 만에 다 팔렸다고. 이케아에 마리메꼬 북유럽 감성이 더해진 제품이니 말 다했지 뭐. 조명 하나 사서 월셋집 분위기를 살리고 싶었는데 아쉬웠다.

    그래도 입고 알림 서비스를 신청해 뒀다. 며칠 뒤 둘째를 병원에 데리고 갔다가 재고 알림이 울렸다. 병원에서 나오자마자 스톡홀름 이케아 갤러리아점으로 직행해 사고 싶었던 조명을 구매할 수 있었다. 나무 손잡이가 달린 원형 한지 랜턴이었다. 반가운 마음에 2개를 덥석 집어 들었다. 경쟁자도 없었다. 가격은 개당 299크로나, 한국 돈으로 대략 3만 6천 원 정도였다. 동일 제품 한국 이케아 가격은 2만 4천900원이었다. 2개를 샀으니 무려 2만 원 이상 더 주고 산 셈이었다. 이케아 보유국 스웨덴에서 가격이 저렴하길 바라진 않았지만 30% 이상 비싸게 판매하는 건 너무한 거 아닌가. 국내에서 옵션 장사 해 먹고 정작 미국에선 보증기간 연장, 풀 옵션 된 차를 저렴하게 팔았던 모 국내 자동차회사 소비자가 된 기분이었다. 그래도 어쩌겠는가. 없어서 못 사는 상황인데.

집에 와서 켜보니 불빛이 약했다. 아내가 보더니 '별로네' 한마디 툭 내뱉는다. 그러곤 컬래버레이션 제품 중 쟁반이 마음에 든다고 했다. 마음에 든다는 건 사라는 말이었다. 쟁반 입고 알림 서비스를 신청했다. "내가 사주마" 큰소리도 쳤다. 며칠 뒤 입고됐다는 알람이 울렸다. 만사를 제쳐두고 버스, 지하철을 갈아타고 스톡홀름 갤러리아 이케아점으로 갔다. 개장 30분 전이었는데 한산했다. 커피 한잔 마시고 돌아오니 제법 사람이 많았다. 입구에 대거 사람이 몰려 있었다. 이 사람들이 쟁반 사러 왔을 거라곤 생각하지 않았다. 적어도 오전 10시 정각이 되기 전까지는.

직원이 매장 입구에 묶어놓은 줄을 풀자마자 대기하던 사람들이 달렸다. 이게 뭔 일인가. 난 아직 입구도 통과하지 못했는데. 그깟 쟁반 하나 사려고 이 난리를 벌인다는 게 이해되지 않았다. 입구 앞줄을 차지한 사람 대부분이 50~60대 여성으로 보였는데 점잖아 보이던 아주머니들이 선두로 치고 나가자 당황한 뒷사람들도 덩달아 뛰기 시작했다. 매장 입구로 들어가

문이 열리자마자 손님들이 물밀듯이 들어가고 있다

서 좌회전한 뒤 에스컬레이터를 타고 내려가 오른쪽으로 유턴해서 직진하면 이케아-마리메꼬 제품 매대가 있었다. 통로 폭이 좁아 쉽게 추월할 수 없는 구조다. 더군다나 사람들로 뒤엉킨 상황에서. 예기치 않은 오픈런에 입은 바짝 타들어 가고 선봉에서 달리던 아주머니들이 먼저 도착해 쟁반을 들고 만면에 미소 짓는 모

문제의 이케아-마리메꼬 협업 쟁반 (출처 IKEA 홈페이지)

습이 멀리서 보였다. 그래도 '스웨덴'인데 줄 서서 차례대로 쟁반을 집어 갈 줄 알았다. 줄이고 뭐고 없었다. 내가 경험한 스웨덴인은 정류소에 아무렇게나 서 있는 거 같아도 막상 버스가 오면 기가 막히게 온 순서대로 줄 서서 타던 사람들이었는데. 마리메꼬 쟁반 앞에 선진 시민은 없었다. 마구 손을 뻗어 집히는 대로 쟁반을 가져갔다. 이날 홈페이지에서 사전에 확인한 쟁반 입고 수량은 100개 이상이었다. 여유 있는 수량이라고 생각했지만 순식간에 매대가 텅 비었다. 아내한테 큰소리 뻥뻥 쳤는데 빈손으로 돌아갈 생각을 하니 눈앞이 노랬다.

그때 60이 넘어 보이는 한 여성이 쟁반 4개를 내밀었다. 10개를 집었는데 자기한테 너무 많다고 했다. 내가 불쌍해 보였는지도 모르겠다. 그렇게 상처뿐인 영광과 함께 북유럽 감성 이케아-마리메꼬 쟁반을 손에 넣을 수 있었다. 하나는 집주인 할머니에게 드리니 아주 좋아했다. "나도 이거 안다고" 하면서. 쟁반은 부담 없이 선물로 주기 딱 좋았다. 오픈런 무용담을 살짝 곁들여서 말이다.

알고 보니 스웨덴 중년 여성들이 가장 좋아하는 브랜드가 이웃 나라 핀란드의 마리메꼬라고 한다. 1분 컷으로 끝난 쟁반 오픈런이 일면 이해되

었다. 마리메꼬와 협업한 이케아는 뭔가 고급스러웠다. 원색에 크고 화려한 꽃무늬 문양은 살짝 부담스러우면서도 이상하게 끌렸다. 거리에서 마리메꼬 의상을 입은 사람이 지나가면 눈길이 갔다. 5년 전 북유럽 여행 때 핀란드에서 삼남매 데리고 근교에 있던 마리메꼬 아웃렛을 찾아갔던 기억이 아련하다. 빨강 꽃무늬 원단도 샀는데 액자로 만들어 인테리어 소품으로 잘 활용하고 있다. 돌아오면서 헬싱키 반타 공항에서 아내가 산 마리메꼬 백팩은 지금까지도 잘 메고 다닌다.

마리메꼬 상징 문양으로 도색한 핀에어 항공기도 깔끔하고 예쁘다. 항공기 도장뿐 아니라 냅킨, 담요, 베개, 종이컵 등에도 마리메꼬 문양을 넣었다. 핀에어는 마리메꼬를 통해 고급 이미지를 브랜딩하고, 마리메꼬는 핀에어를 통해 지명도를 높이고. 핀란드 대표 브랜드끼리 상생하는 진정한 컬래버레이션 아니겠는가.

외식값이 비싼 스웨덴에서 부담 없이 식사를 해결할 수 있었던 이케아는 한국 있을 때보다 더 자주 갔다. 집안 살림에 필요한 물건도 저렴하게 구할 수 있는 다이소 같은 곳이었다. 이케아는 2022년 9월 내표 음식인 핫도그 가격을 5크로나(약 600원)에서 7크로나(약 900원)로 인상하겠다고 발표한 뒤 거센 소비자 반발에 부딪혀 철회한 일도 있었다. 2크로나면 300원 남짓인데 그걸 인상한다고 반발하는 국민이나, 반발한다고 가격을 동결한 이케아나 둘 다 신기하긴 마찬가지다.

전 세계 460개 매장이 있는 이케아는 스웨덴 국민기업으로 알려져 있지만 정작 본사는 네덜란드에 있어 고의로 세금을 내지 않으려 한다는 비판을 받는다. 2022년 회계 연도 매출은 약 4천670억 크로나(영업이익 220억 크로나)였는데 그중 스웨덴 매출은 5%에 불과했다고 하니 그럴 만하다는 생각도 든다. 여러모로 재미있는 회사다.

'볼보의 나라' 이 차가 제일 잘나가

스웨덴은 북유럽에서 유일한 자동차메이커가 있는 나라다. 유럽 전체로 보면 독일, 스페인, 프랑스, 영국, 이탈리아 다음 자동차 생산량을 가지고 있다. 3점식 안전벨트를 처음 개발했던 안전의 대명사인 볼보(VOLVO) 소유국이다. 예전에는 발렌베리 그룹이 만든 사브(SAAB)라는 브랜드가 있어 볼보와 라이벌 구도를 형성했지만 2011년 파산했다. 스웨덴 영화 <오베라는 남자>를 보면 볼보와 사브 운전자 사이 오랜 경쟁의식과 신경전을 볼 수 있다.

스웨덴 TT통신에 따르면 2022년 볼보는 61만 5천100대를 생산했는데 2021년보다 생산량이 12% 감소했다. 수요는 많았지만 반도체 등 부품 부족과 중국 코로나 셧다운으로 인한 생산 감소 때문이었다고 한다. 볼보는 2030년까지 내연기관차 대신 100% 전기차 생산 체제로 변화하겠다고 선언한 상태다.

볼보 명성답게 도로에서 XC90, XC60, XC40, S90, S60, S40, 크로스컨트리 등 다양한 모델을 볼 수 있었다. 마치 우리나라에서 현대, 기아차를 보는 것처럼 스웨덴에서 볼보는 흔한 국민차였다. 궁금한 건 볼보 다음으로 어떤 메이커들이 자동차 시장에서 자리 잡고 있으며 현대, 기아 위치는 어디쯤인지였다. 찾아보니 2021년 스웨덴 498만 6천750대 등록 차량(승용차) 기준 1위는 당연히 볼보(106만 3천490대)였다. 점유율은 21.3%로 대략 5대 중 1대 꼴이었다. 이어 2위 폭스바겐(63만 9천273대), 3위 도요타(36만 7천530대), 4위 BMW(24만 5천607대)였다.

눈에 띄는 건 24만 5천607대로 5위를 차지한 기아였다. 현대(13만 264대, 13위)를 포함하면 37만 대가 넘는데 3위 도요타보다 많은 수였다. 그 외 아우디(23만 9천763대), 포드(22만 543대), 스코다(20만 6천122대), 벤츠(19만 3천789대), 르노(19만 3천789대), 푸조(15만 9천430대) 순이었다. 파산 12년 차를 맞은 사브도 13만 5천983대로 여전히 운행 중이었다.(출처 http://mobilitysweden.se)

볼보에 둘러싸인 기아사(가운데)

유럽연합(EU)은 2022년 10월, 2035년부터 27개 회원국에서 내연기관차 신차 판매를 금지하는 방안을 확정했다. 2035년부터 전기차만 생산, 판매할 수 있다는 말이다. 그렇다면 얼마나 많은 전기차가 운행 중인지 궁금했다. 예전 스웨덴 인접국인 노르웨이에서 가장 많이 팔린 전기차가 테슬라 모델 3이라는 기사를 본 적이 있다. 자동차 제조사가 있는 스웨덴 전기차 점유율은 어떨까. 유독 테슬라 차량이 많이 보이는 느낌은 테슬라 소액주주라서 그런 걸까.

통계를 찾아보니 2021년 등록 승용차 498만 6천750대 중 2.2%인 11만 177대가 순수 전기차였다. 전기 하이브리드와 플러그인 하이브리드를 포함하면 9.1%까지 수치가 올라갔다. 재미있는 건 2022년 스웨덴에서 새로 등록된 승용차는 28만 8천87대로, 2021년 30만 1천6대보다 4.3% 감소했는데 전기차 신규 등록은 2022년 전체 33%인 9만 5천35대로 2021년 19.1%였던 5만 7천473대보다 비율이나 등록 대수가 크게 늘었다는 점이다. 2017년 1만 1천34대였던 전기차는 4년 만에 10배가량 폭증했다. 확실히 전기차 시대가 오고 있는 것이 느껴졌다.

그러면 스웨덴에서 2022년 가장 많이 팔린 전기차는 무엇일까. 볼보는 아니었다. 폭스바겐 ID4가 1만 5천512대로 1위였다. 놀랍게도 기아 니로가 근소한 차이인 1만 5천274대로 2위를 차지했다. 테슬라 모델 3가 1만 4천697대로 3위였고 주행거리가 짧아서 '마트용'이라는 평가를 받았던 닛산 리프가 1만 1천680대로 4위였다. 5위 모델 Y(9천621대)에 이어 XC40이 9천167대로 겨우 볼보 이름값을 했다. 르노 조에(ZOE) 9천145대, 폴스타 2(POLESTAR2) 8천420대, 폭스바겐 ID3 8천218대, 아우디 E-TRON이 7천990대로 10위 턱걸이를 했다.(출처 www.elbilsstatistik.se) 브랜드 전체로 보면 테슬라가 2만 4천318대, 폭스바겐이 2만 3천730대로 빅2 그룹이었고 500여 대 차이로 테슬라가 선두를 달렸다. 이것만 보면 노르웨이에 이어 스웨덴에서도 테슬라 인기는 여전하다고 봐야 할 거 같았다.

스웨덴은 2022년 11월 전기차 보조금이 끊겼다. 이 때문에 2023년 전기차 판매량과 테슬라 가격 인하가 시장에 미칠 영향에 대해 분석하는 기사도 있었다. 보조금이 우리 돈으로 1천만 원가량이어서 전기차 판매가 감소하지 않을까 싶었지만, 다겐스 뉘헤테르와 모빌리티 스웨덴(Mobility Sweden)에 따르면 2023년 1/4분기 스웨덴 신차 등록에서 전기자동차가 1위를 차지했다. 스웨덴 소비자들이 보조금 없이도 내연기관차보다 비싼 전기차를 산다는 사실이 인상적이었다.

눈길을 끄는 건 2023년 3월 스웨덴 신차 등록 현황에서 순수 전기차인 테슬라 모델 Y가 3천202대 팔려 다른 내연기관 차를 제치고 압도적인 1위를 기록했고 모델 3을 포함한 테슬라 전기차가 전체 자동차 판매량에서도 1위를 차지했다는 점이다. 과거에도 폭스바겐 전기차인 ID3, ID4가 한 번씩 월별 최고 판매량을 찍은 적이 있었지만 테슬라처럼 순수 전기차 브랜드가 월별 자동차 등록 통계에서 1위를 차지한 것은 이번이 처음이라고 한다. 테슬라 모델 Y는 스웨덴을 포함한 유럽 전체에서 2023년 1/4분기 가장 많이 팔린 자동차이기도 하다.

2030년까지 전기차 생산 체제를 갖추겠다는 볼보는 현재 전기차 시장에서 다소 고전하고 있는 듯하다. 전기차로는 XC40, C40이 주력이다. 2022년 XC40 쿠페형인 C40을 선보였는데 두 모델 차이는 잘 모르겠다. XC90 버전 전기차인 EX90 시판이 2024년 하반기부터 본격적으로 시작되며 전기차 시장 판도를 바꿀 수 있을지 모르겠다. 전기차 경쟁자인 테슬라가 2023년 들어 여러 차례 가격 인하를 했음에도 볼보는 덩달아 가격을 낮출 이유가 없다는 자신감을 보였고 볼보 CEO는 테슬라와 기술 차이가 크시 않다는 인터뷰를 하기도 했다. 근거 없는 자신감인지 그럴 만한 저력이 있는지 지켜볼 일이다.

2026년 내에 예테보리(Gothenburg)에 볼보와 노스볼트(Northvolt)의 배터리 제조 공장이 완공되면 볼보 전기차 생산에 탄력이 붙을 것이라는 전망도 나온다. 볼보는 2025년까지 판매량 70% 상승(그중 절반은 전기차)을 선언했는데 전기차 판매만 본다면 갈 길이 멀어 보인다. '안전에는 옵션이 없다'는 볼보가 만드는 전기차는 뭔가 다를지. 자회사였다가 독립한 폴스타에서도 전기차를 생산해 앞으로 행보가 궁금하다.

한편 스웨덴 거리 곳곳에 접근성 좋은 전기차 충전 시설이 많았다. 스톡홀름에만 4천521곳을 포함해 총 1만 8천 곳에 육박한다고 한다. 2017년 2천여 곳 정도였던 것이 5년여 만에 9배가량 늘었다. 그중 테슬라 슈퍼차저는 2023년 3월 현재 66곳이 있다. 스웨덴 자동차 시장에서 전기차가 급격히 점유율을 넓혀가는 이면에는 이 같은 충전 인프라가 있었다.

* 2023년 3월 독일은 2035년까지 내연기관차 신차 판매를 금지하기로 한 EU 합의를 깼다. EU는 유럽 내 최대 자동차 생산국인 독일을 구슬리려고 했지만 뜻대로 되지 않자 결국 2035년 이후 휘발유, 경유가 아닌 친환경 연료(E-연료)를 사용하는 자동차는 판매 가능하다는 절충안을 냈다. 기존 차량을 그대로 생산하되 연료만 바뀌는 것으로 내연기관차의 생명이 연장되는 셈이었다. 물을 전기분해한 수소에 이산화탄소나 질소를 투입해 만든 친환경 연료는 얼핏 이산화탄소 배출을 줄이는 탄소중립 연료로 알려져 있다. 하지만 암, 천식, 호흡기 질환을 일으킬 수 있는 독성 질소산화물(NOx)을 일반 휘발유에 비해 많이 배출해 또 다른 내연기관 연료에 불과하다는 연구 결과도 있다.

대중교통에서 와인 한잔?

상상해 보자. 퇴근 후 대중교통수단 내에서 와인 한잔을 마시며 귀가하는 모습을. 뭔 자다가 봉창 두드리는 소리인가 싶겠지만 스웨덴에서는 가능할 수도 있다.

2021년 스톡홀름에서 흥미로운 선행 연구(파일럿 테스트)가 있었다. 스톡홀름 대중교통수단인 셔틀 보트(pendelbåt)에서 알코올 서비스를 한 것이었다. 당시 스트룀카이엔(Strömkajen) - 박스홀름(Vaxholm) - 린도(Rindö)를 오가는 83번라인 셔틀 보트에서 승객을 대상으로 한시적으로 맥주와 와인을 무료로 제공했다. 통나무(stock)와 섬(holm)의 합성어인 스톡홀름은 14개 크고 작은 섬으로 이뤄졌고 도시 30%가 수로인 곳이다. 지하철, 버스, 트램과 함께 수로와 강을 운행하는 셔틀 보트가 주요 대중교통수단이다. 셔틀 보트에서 맥주나 와인을 마시며 아름다운 스톡홀름 시가지를 바라보는 건 정말 매력적일 것이다.

이 파일럿 테스트는 스톡홀름 의회 교통 의원인 크리스토퍼 탐손스(Kristoffer Tamsons) 주도로 이뤄졌다. 탐손스 의원은 현 울프 크리스테르손 스웨덴 총리의 보수당 소속이다. 그는 파일럿 테스트가 호평을 받았다며 셔틀 보트 전 라인에서 주류 판매를 전면 허용하자고 제안했다. 그는 "출퇴근길에 맥주나 와인 한잔 할 수 있는 것이 출퇴근을 조금 더 즐겁게 만드는 방법이며 매우 감사한 일"이라며 "보트 주류 판매 허용은 스톡홀름을 더 유럽적으로 만드는 자유로운 개혁"이라고 말했다. 다만 오전 11시까지는 술을 팔 수 없다는 전제를 달았다. 야당인 사회민주당 옌스 셰스트룀(Jens Sjöström) 의원은 이 제안에 대해 포퓰리즘이라고 일축했다. 그럼에도 보수당은 여전히 단념하지 않은 것 같다.

제안을 비판하는 내용 가운데 알코올로 인해 야기될 수 있는 사건이나 안전사고 등 여러 부작용을 언급하지 않는 점이 의외였다. 아마도 스웨덴 음주 문화가 대체로 점잖은 편이기 때문인 것 같다. 1인 1잔 정도로 제한한다면 괜찮지 않을까 싶기도 하다.

탐손스 의원이 셔틀 보트를 두고 이런 제안을 한 것은 발트해로 이어지는 멜라렌 호수를 오가는 셔틀 보트에서 아름다운 스톡홀름 풍경을 더 잘 느낄 수 있기 때문이 아닐까 싶다. 셔틀 보트는 섬들로 이뤄진 스톡홀름을 느낄 수 있는 좋은 교통수단이다. 통근 페리(Commuter ferry)라고도 부르는 셔틀 보트는 라인 80, 82, 83, 89 등 총 4개 노선이 있다. 스톡홀름 스트룀카이엔(Strömkajen) 선착장을 중심으로 동쪽, 서쪽, 북쪽으로 각각 운항한다. 80라인은 니브로플랜(Nybroplan)과 롭스텐(Ropsten) 사이, 82라인은 슬루센(Slussen)과 알르메나 기랜드(Allmänna Gränd) 사이, 83라인은 듀르가르드 페리(Djurgårdsfärjan), 그레나디어 다리(Grenadjärbryggan)와 스트룀카이엔(Strömkajen) 사이, 89라인은 클라라 멜라스트란드(Klara Mälarstrand)와 타프스트룀(Tappström) 사이를 오간다.

스톡홀름 중심인 니브로플랜에서 셔틀 보트를 타면 근대미술관과 동아시아박물관이 있는 스켑스홀멘과 유르고르덴으로 갈 수 있다. 왼쪽으로는 스톡홀름 놀이동산 그뢰나 룬드, 오른쪽은 쇠데르말름 북동쪽 절벽 위에 지어진 고풍스러운 건물과 정박한 크루즈선 등이 한눈에 들어온다. 날씨가 좋다면 금상첨화다.

선착장 주변으로 지하철, 버스 연계도 잘 돼 있어 환승하기도 좋다. SL

카드나 SL 앱으로 표를 사면 셔틀 보트를 탈 수 있고 버스 지하철을 무료 환승할 수 있다. 리딩외로 이사 온 뒤 니브로플랜이나 유르고르덴에서 80라인 셔틀 보트를 타고 집으로 오는 경로를 종종 이용했다. 지하철보다 시간이 좀 더 걸리지만 멋진 풍경을 볼 수 있고 번잡함 없이 조용하고 안락해

스톡홀름 셔틀 보트

확트인 셔틀보트 2층

크루즈나 유람선에 탄 기분이었다. 2층 야외 좌석이 있는 셔틀 보트를 타면 주변 풍광을 파노라마처럼 한눈에 볼 수 있다. 속도도 제법 빨라 운행 시간만 잘 맞춘다면 이보다 좋은 교통수단이 없었다.

또 다른 장점은 쾌적함이다. 배를 타면 기름 냄새나 고약한 연기 때문에 힘들었던 기억이 있는데 스톡홀름 셔틀 보트엔 전혀 기름 냄새가 나지 않았다. 대부분 전기로 운행되기 때문이다. SL은 2020년 여름부터 해상 교통 50%를 재생 가능한 연료로 운행 중이며 2030년까지 모든 셔틀 보트에 화석 연료를 사용하지 않을 계획이라고 했다. 2023년엔 수면에서 약 50cm 떠서 운항하는 전기 호버크라프트를 시험 운행하고 본격 도입을 검토하고 있다. 기존 보트와 달리 너울이 적게 형성돼 해변 침식을 줄이고 이동시간 단축, 연간 40% 운영비용 감소 효과를 기대한다고 한다.

스톡홀름에서 발트해로 이어지는 수로에는 크고 작은 섬들이 많다. 이곳 주요 해상로를 운행하는 왁스홀름스볼라겟(Waxholmsbolaget) 페리도 있다. 이 페리는 스톡홀름 스트룀카이옌에서 외부 군도 산드함(Sandhamn)까지, 남쪽 란드소트(Landsort)에서 북쪽 심프네스(Simpnäs)까지 전체 군도를 아우른다고 한다. 군도에 사는 거주민 대중교통을 책임지는 셈이다. 비수기에는 운행 횟수가 줄어들고 동절기에 바닷길이 얼면 쇄빙선도 운행한다.

세계 어느 도시를 보더라도 스톡홀름만큼 수상 대중교통이 활성화되고 잘 갖춰진 곳을 찾기는 쉽지 않을 듯하다. 스톡홀름에 온다면 셔틀 보트로 이동해 보는 것도 좋은 경험과 기억이 될 것이다. 혹시 아는가, 선상에서 맥주나 와인 한잔을 마시게 될 수도.

'15분 도시' 부산… 스톡홀름에 정답이

몇 년 전 오거돈 부산시장이 직원에게 성추행을 저질러 사임한 뒤 박형준 시장이 당선됐다. 그는 부산을 '15분 도시'로 만들겠다고 선언했다. 15분 도시는 프랑스 파리의 카를로스 모레노라는 건축가가 고안한 개념이다. 걷거나 대중교통으로 15분 거리 내에 학교, 직장, 병원, 공원, 문화시설 등이 있는 도시를 일컫는다. 핵심은 자동차를 타지 않아도 되는 생활이다. 그 외 교통수단에 사물인터넷이나 인공지능 스마트 기술을 접목해 교통난을 해결하고 학교나 관공서 같은 공공건물을 다목적으로 사용하겠다고 했다. 기후위기에 대응해 탄소중립도시를 만들어가겠다고도 덧붙였다. 말은 멋진데 어떻게 실현하겠다는 건지 이해하기 힘들었다.

2021년엔 부산시 싱크탱크인 부산연구원이 15분 도시 공약을 구체화한 보고서를 공개했다. 보고서는 시민 최우선 관심사가 문화시설 접근성이라며 차량을 이용해 시속 25km로 이동할 경우 부산 시민은 평균 6.1분 거리에 공공도서관에 닿을 수 있고 공연장은 8.5분, 갤러리 8.6분, 박물관 9.4분, 영화관은 10.1분, 미술관은 16.9분이 걸린다고 했다. 15분 도시 핵심이 거의 자동차를 타지 않아도 되는 생활이라고 했는데 차를 타고 문화시설에 도달하는 시간을 조사해 뭔가 앞뒤가 안 맞는다는 생각이 들었다. 더군다나 조사 결과는 평생 부산 시민으로 살아온 내가 보기에 악명 높은 교통체증과 도로 사정을 전혀 고려하지 않은 것으로 보였다.

다만 부산시가 15분 도시를 위해 시민 삶의 질 향상과 직결되는 '문화

서비스 거리'를 줄여야 한다는 인식과 목표가 있다는 점은 분명했다. 박 시장이 남은 임기 동안 15분 도시 부산이라는 목표를 위해 계속 노력해 주길 바란다.

부산시 이야기를 한 건 2023년 3월 스웨덴 언론에 15분 도시 관련 기사가 나왔기 때문이다. 기사는 스톡홀름 상공회의소 보고서 내용을 다뤘다. 스톡홀름 카운티 주민 대부분이 자전거나 도보로 15분 거리 내에 주택, 직장, 상업, 의료, 교육, 엔터테인먼트 시설에 도달할 수 있다는 내용이었다. 스톡홀름 카운티 내 26개 지자체에서 자전거나 도보로 생활 편의 시설에 5분 이내 도달하는 주민 비율이 50%이고 15분 거리 이내에 사는 주민 비율은 84%라고 했다. 카운티 모든 주민은 자전거를 타고 15분 이내에 녹지, 공원, 광장에 도달할 수 있고 도보로 이동하면 주민 98%가 15분 이내에 도달할 수 있다고 설명했다.

카운티 내 지자체별 15분 도시 도달률을 보면 스톡홀름시가 96%로 가장 높았다. 특히 스톡홀름시에서는 72% 시민이 자전거나 도보로 5분 이내에 필요한 상품이나 서비스에 접근할 수 있었다. 그다음으로 솔나(Solna) 94.5%, 리딩외(Lidingö) 92.5%, 순드비베리(Sundbyberg) 90.5% 순이었다. 경험상 리딩외에선 실제 10분 정도 걸으면 여러 시설이 모여 있는 복합 쇼핑몰인 센트룸에 닿을 수 있었다. 반면 닉반(Nykvarn), 뵈르되(Värmdö), 에케뢰(Ekerö) 등 스톡홀름 카운티 외곽 지역은 도심 주요 시설에 15분 이내 접근할 수 있는 인구 비율이 40% 미만으로 낮았다.

상공회의소는 스톡홀름이 파리, 바르셀로나, 시드니 등 15분 도시와 마찬가지로 삶의 질을 높이는 도시라며 목표는 2035년까지 유럽 최고 수도가 되는 것이라고 말했다. 한편 문제점은 접근성 좋은 도심에 지원책, 예산이 집중되고 저소득, 저학력 주민이 외곽으로 밀려나 삶의 질과 도시 역동성이 떨어지는 것이라고 지적했다. 또 시민이 15분 도시 내에 안주해 여행 필요성을 못 느끼고 다른 지역과 교류가 소홀해질 수 있는 점이 약점이라고 밝혔다. 이에 대응하려면 스톡홀름은 대중교통과 기타 이동 수단에 더 많은 투자를 해야 한다고 말했다.

스톡홀름에 살면서 느낀 건 센트룸이라고 부르는 다양한 상점이 모인 집합건물을 중심으로 지역 생활권이 형성돼 있는데 지역 차이는 있겠지만 도보로 10~15분이면 닿을 수 있었다는 점이다. 그곳엔 2개 이상 유명 중대형 마트, 도서관, 약국, 은행, 옷집, 안경원, 전자기기점, 이발소, 네일숍, 경찰서, 빵집, H&M, 린덱스(Lindex) 등 의류 판매점, 편의점, 생활 잡화점, 식육점 등이 입점해 있다. 센트룸에서 웬만한 건 다 할 수 있다고 보면 된다. 일테면 책을 빌리고 장을 보고 머리를 다듬고 옷을 사고 연고를 구매하는 행

리딩외 센트룸. 스톡홀름 주민 96%가 도보 또는 자전거로 15분 이내에 일상에 필요한 곳에 도달한다

위 등을 한 공간에서 할 수 있는 셈이다.

　한국에서 스웨덴 센트룸과 비슷한 역할을 하는 곳이 대형마트인데 상대적으로 개수가 적고 도서관 등 문화시설이 거의 없거나 있더라도 유료인 경우가 많다. 또한 대기업 위주 상업시설이라 지역경제 활성화라는 취지와도 거리가 있다. 스톡홀름 카운티에서 15분 도시 핵심적 기능을 수행하는 곳이 바로 센트룸이라는 생각이 들었다. 박 시장이 염원하는 15분 도시가 스톡홀름에 잘 구현돼 있는 것이다. 센트룸을 중심으로 한 근접 생활권, 도서관 등 문화시설 접근성, 전용도로나 보관소 등이 잘 갖춰진 자전거 인프라, 가까이 있는 자연이나 공원, 아이와 부모에게 친화적인 대중교통, 도심 전역 393개에 달하는 놀이터 등. 이 중 한두 개만 벤치마킹해도 살고 싶은 부산이 될 수 있을 듯했다.

　부산시는 5년 안에 어린이 문화복합센터 약 500개를 지어 15분 도시 앵커시설로 삼겠다고 했다. 센트룸 같은 역할을 하는 기대하는 듯하다. 하지만 해방 이후 한국전쟁을 거치며 주먹구구식으로 개발돼 유휴부지가 부족한 부산에서 복합센터 공간을 마련하는 게 쉽지 않고, 접근성 좋은 입지를 찾기는 힘든 형편이다. 땅을 구해 어린이 문화복합센터를 짓더라도 접근성이 떨어지는 앵커시설은 제 역할을 못 할 수밖에 없다.

　그러면 어떻게 해야 할까. 기업이 도시에 대형마트나 쇼핑몰, 공장을 지을 때 도서관이나 공공 문화시설이 입주할 수 있는 공간을 무상 임대하거나 기부채납하는 걸 전제로 허가를 내주는 건 어떨까. 시민은 도서관, 문화시설에 자연스럽게 찾아올 것이고 기업도 광고 없이 사람이 몰리는 괜찮은 공존이 될 수 있다. 이제부터라도 남는 땅에 도서관을 지을 것이 아니라 접근성 좋은 도서관 입지를 우선순위에 놓고 도시계획을 고민하면 좋겠다. 그것이 부산시가 말한 시민 삶의 질 향상과 직결되는 문화서비스 거리를 줄이는 길일 테니까.

　스웨덴에서 '15분 도시 스톡홀름' 기사를 읽으며 문득 내 고향 부산이 생각나 공상 소설을 한번 써봤다.

* 돌아와 보니 부산시는 도서관, 실감형 체험, 미디어아트 전시를 융합한 어린이복합문화공간 '들락날락'을 106곳에 만들어 운영하고 있었다. 부산시는 15분 도시 핵심 사업인 들락날락이 지속적인 도시 개발과 사회적 포용성을 높인 사례로 좋은 평가를 받아 국제적인 상을 받았다고 했다. 실제 학부모들의 반응도 좋았다. 하지만 부산의 자전거 인프라는 별로 나아진 게 없어보였다. 첫술에 배부를 수는 없겠지만 자전거 도로 확충과 자전거 이용률 제고 없는 15분 도시는 앙꼬 없는 찐빵 같은 정책이라는 게 한 시민으로서의 생각이다.

세컨핸즈숍 이야기

　스웨덴에서 다섯 가족 생활비가 한국보다 많이 들지 않은 데에는 세컨핸즈(중고품)의 덕이 컸다. 회사를 그만두고 스웨덴 유학을 거쳐 유럽에 살고 있는 회사 후배 조언 덕분이다. 후배는 세컨핸즈숍에서 옷을 사서 한철 입히고, 돌아갈 때 다시 기부하면 된다고 했다. 덕분에 1년살이 짐과 생활비가 줄었다.

　2018년 8월 북유럽 여행 때도 세컨핸즈 가성비를 경험했다. 당시 여름이라 우리 가족은 당연히 반소매 옷만 챙겨 갔는데 스웨덴 8월은 생각보다 훨씬 쌀쌀했다. 예상치 못한 추위에 긴팔 옷이 필요했는데 세컨핸즈숍에서 품질 좋은 옷과 양말 등을 저렴하게 사 입었다.

　세컨핸즈 물품을 잘 이용하겠다는 마음과 달리 정착 초반기에는 쇼핑 욕구가 불타올랐다. 피엘라벤, 아르켓, 코스 등 스웨덴 브랜드 제품을 비교적 싸게 살 수 있을 것이라는 기대에 온오프라인 가게를 기웃거렸다. 올렌스 백화점이나 잘란도 아울렛 온라인 숍을 이용하면서 초기에 매달 의류비, 주방용품 비용으로 100만 원 가까이 썼다. 정신을 차려 보니 아찔했다. 한국으로 가져가지 못할 각종 주방용품이나 장화와 겨울 부츠가 쌓여있었다. 겨울에 눈 한번 보기 힘든 부산에서 방한 부츠 신을 날이 며칠 되지 않는데도 불구하고.

　피엘라벤 패딩은 오히려 한국이 더 싸다는 남편 말이 귀에 들어왔다. 초등학생 필수가방이라는 피엘라벤 칸켄백도 마찬가지였다. 이후론 필요한 게 있으면 우선 세컨핸즈숍부터 찾았다. 둘째와 막내에게 입힐 전신 오버롤 패딩만 해도 학교와 유치원, 집에 하나씩 둬야 했는데 그것만 해도 최소 4벌이었다. 새 옷을 사려면 한 벌당 10만 원이 넘었는데 2~3만 원이면 구입할 수 있었다.

　세컨핸즈숍에 적당한 옷이 없으면 T-센트랄렌역에 있는 아웃도어, 스포츠용품점 엑스엘(XL)에서 저렴한 새 옷을 사는 노하우가 생겼다. 인형이나 보드게임, 가족 스케이트화도 모두 세컨핸즈숍에서 샀다. 마치 우리나라 다이소처럼 스웨덴 이케아엔 많은 생필품을 싸게 팔아 큰 도움이 됐다. 우리나라 올리브영에 해당하는 노멀(normal) 매장에서는 샴푸, 화장품류, 간식류를 구입해 생활비를 아낄 수 있었다.

　간혹 세컨핸즈숍에서 '득템'하기도 있었다. 스톡홀름 쿵스홀멘 인터내셔널 도서관 인근 세컨핸즈숍에서 프랑스 정신과 독일 품질을 합쳤다는 평가를 받는 프리미엄 테이블웨어 '빌레로이 앤 보흐'(Villeroy & Boch) 커피

잔과 소서 세트를 단돈 49크로나(약 6천400원)에 팔고 있었다. 계산대 아주머니는 "이거 방금 들어온 건데, 정말 운이 좋네요"라고 말했다.

가장 많이 갔던 세컨핸즈숍은 스톡홀름 지하철 레드라인 종점인 롭스텐역 부근 미료나(Myrorna)였다. 비영리로 운영되는 곳이라 싸고 좋은 물건이 많았고 매장도 컸다. 근처 또 다른 비영리 세컨핸즈숍 아가페(Agape) 매장엔 예쁜 가구들이 많았다. 리딩외 집 신발장도 여기서 250크로나(약 3만 2천 원)를 주고 구입해 잘 쓰다가 다음 세입자에게 주고 왔다. 또 릴리에홀멘에 있는 '스톡홀름 스타드미션'에서는 독일 여행 때 사용할 샘소나이트 기내용 가방을 2만 원에 샀다. 스웨덴에서 세컨핸즈에 대한 거부감이 없어져서인지 물건을 나눠 쓰고 빌려 쓰는 일이 아주 자연스러워졌다.

Sellpy(셀피)라고 하는 온라인 세컨핸즈숍도 잘 이용했다. 오프라인 매장에서 못 사면 온라인을 뒤졌는데 이곳에서도 좋은 가격에 다리미 등을 구할 수 있었다. 셀피는 H&M의 자회사인데 가끔 H&M 재고가 나오기도 했다.

스웨덴은 오랫동안 유럽 기후 모범국으로 불리는 나라답게 환경 피해를 최소화하는 노력을 꾸준히 해왔다. 특히 재활용을 넘어 물품 그대로를 재사용할 수 있도록 하는 순환 경제 운동이 자리 잡아가고 있다. 시작부터 재활용을 염두에 둔 것이 아닌 제품을 재사용하는 방식이다. 스웨덴에서는 세컨핸즈숍에서 남이 깨끗이 쓰고 기부한 물건을 저렴하게 사서 쓰고, 다시 기부를 통해 세컨핸즈숍에 내놓는 순환이 일상화돼 있다. 어린이 옷 브랜드인 폴란 오 피렛(Polarn O. Pyret)은 내구성 좋은 옷이라는 점을 강조하려고 실제 옷 주인이 네 번이나 바뀐 사진을 광고했다.

2018년 스웨덴 정부는 순환 경제를 정부 핵심 정책으로 만들기 위해 순환 경제 특별 자문그룹(Delegationen for cirkular ekonomi)을 설립했다. 이 운동은 행동연구소(Beteendelabbet)라는 스타트업이 이끌고 있다.

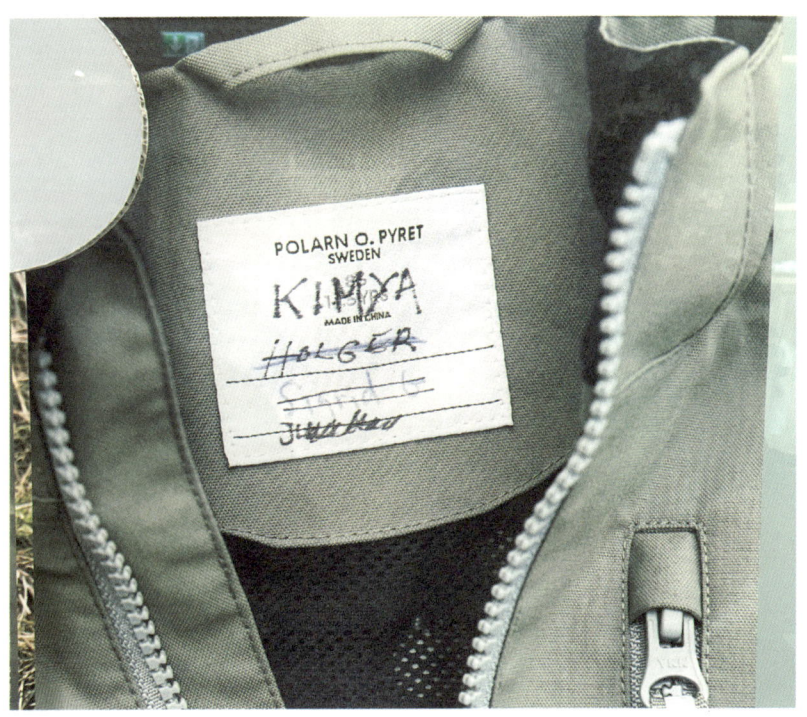

옷 주인이 바뀌어가는 걸 보여주는 라벨

지속 가능한 삶에 대한 혁신적인 솔루션을 찾는 곳이다. 연구소는 스웨덴 산업 디자인을 기반으로 생활 방식을 변화시키는 것을 목표로 삼고 있다. "우리는 소비자로서 모든 종류 기기, 가구, 심지어 작업공간과 가정까지도 공유하고 재사용해야 한다"고 설명한다. 그리고 소비자가 할 수 있는 세 가지 큰 변화로 첫째, 고기 적게 먹기, 둘째, 물건 버리지 않기, 셋째, 비행기 덜 타기를 들었다. 세 가지 중에 하나는 쉽지 않겠다는 생각이 들었지만 최대한 실천해보리라 생각했다.

로마 판테온이 스톡홀름에?

스톡홀름 여행객들이 한 번쯤 들리는 명소가 있다. 스톡홀름 공공도서관(Stockholm biblioteket)이다. 우리로 치면 시립도서관에 해당한다. 건물 외관은 직육면체에 원통을 올린 듯한 형태인데 내부로 들어가면 도서관의 진면목을 알 수 있다.

2018년 북유럽 여행 때 방문했다가 도서관이 이렇게 아름다울 수 있을까 충격받았다. 특히 둥근 벽면을 따라 책이 꽂혀 있는 원형 홀에 입이 쩍 벌어졌다. 당시 유모차에 태운 막내 포함 삼남매와 탐험하듯 이곳저곳을 돌아봤다. 건물 외관이 그려진 토트백을 사 와 한국에서 사용하며 한 번씩 도서관을 떠올렸다.

그런데 운명처럼 4년 만에 스톡홀름에 다시 왔고 삼남매와 이곳을 재방문했다. 이제 막내는 유모차를 타는 대신 어엿한 꼬마 숙녀가 됐다. 감회가 새로웠다. 도서 카드를 신청해 받았는데 이게 뭐라고 기분이 무척 좋았다.

스톡홀름 공공도서관은 생각보다 역사가 오래되지는 않았다. 스웨덴 대표 건축가인 군나르 아스플룬드(Gunnar Asplund)가 설계해 1928년에 개관했으니 아직 100년이 안 됐다. 직경 26m, 높이 24m 로툰다(Rotunda)라고 부르는 원형 홀과 연결된 직사각형 건물 4개로 둘러싸인 도서관은 네오 엔틱과 클래식 디자인에서 영감을 얻은 북유럽 20세기 건축 정점이라고 한다. 외벽은 석회를 칠한 벽돌을 쌓아 올렸고 곳곳에 고대 상형 문자 같은 문양이 그려져 있다.

원형 홀 로툰다를 중심으로 전후좌우 방향으로 난 통로를 통해 다른 책 공간과 이어지는 구조로 어린이 도서관을 비롯해 카페, 열람실 등이 미로처럼 연결돼 있다. 특히 원형 홀 바닥은 로마 판테온 신전 대리석 바다 패턴을 본떠 만들었다고 한다. 일부 열람실 벽에는 중세 벽화 같은 그림이 걸려 있고 나선 계단, 청동 문 손잡이 등이 곳곳에 보물처럼 숨어 있다. 군나르 아스플룬드는 이 도서관을 설계하며 모든 신의 사원이라고 불렀다는데 확실히 신전이 많은 로마 영향을 받은 듯했다.

로툰다에 들어서면 고풍스러운 원형 책장이 3개 층에 걸쳐 홀을 둘러싸고 있다. 서가에는 고서도 많다. 은은한 간접 조명과 360도로 나 있는 창문에서 자연광이 들어와 내부가 따뜻한 분위기다. 자연스레 올려다보게 되는 홀 천장은 돔 형태로 마치 구멍 없는 로마 판테온 신전 같다. 공간이 주는 마법이다.

개인적으로 가장 인상적인 부분은 원형 홀로 이어지는 긴 계단이다. 검은 벽에 대리석으로 된 긴 층계를 올라가다 보면 조금씩 로툰다 모습이 드러나는데 어둠에서 밝음의 세계로 나가는 듯한 착각을 불러일으킨다. 시간이 날 때면 주로 로툰다에 마련된 열람석에서 노트북을 펴놓곤 했는데 일주일 중 무척 좋아하는 시간이었다. 로툰다에는 도서 검색과 대출은 물론 이용객이 공부하거나 책을 읽을 수 있는 자리도 있다.

스톡홀름 도서관은 공공도서관답게 작가와 만남, 연령대에 맞는 교육 프로그램 등 연중 다양한 행사를 열고 있다. 장서 규모는 4만 권이며 책뿐 아니라 잡지, 영화를 볼 수 있고 오디오북도 들을 수 있다. 안타깝게도 한국어 책 코너는 없다. 한국어책은 쿵스홀멘 인터내셔널 도서관에 가면 있다. 다만 그 수가 많지 않고 오래된 책 위주라 아쉽다. 인터내셔널도서관에서 일하는 한국인 사서 신미성 씨의 노력으로 최근에는 한국어 책 신간이 조금씩 들어오고 있다.

스톡홀름 도서관이 갖춘 장점은 40여 개 스톡홀름시 공공도서관 네트워크다. 원하는 도서관에서 책을 빌리고 반납할 수 있다. 대출 기한은 한 달, 한 번에 50권까지 빌릴 수 있다. 도서관 홈페이지에서 대출 연장도 가능하다. 최장 두 달까지 책을 빌릴 수 있는 셈이다. 다만 반납 기한을 넘기면 수수료를 내야 한다. 2023년 초 도서관에 《파친코》라는 신간 소설이 들어왔다기에 처음으로 책 대출 예약이라는 걸 해봤다. 책이 어디에 소장돼 있든 자신이 지정한 도서관에서 무료로 책을 받을 수 있어 편리했다. 우리나라에도 자유로운 반납 시스템은 있지만 희망 도서관 대출 시스템은 낯설어 좀 놀랐다.

도서관은 대부분 접근성이 좋은 곳에 있었다. 오덴플란역 주변에 있는 시립도서관을 비롯해 40여 개 공공도서관은 지역 중심 역할을 하는 복합쇼핑몰인 센트룸이나 교통 요지에 있다. 외스테르말름 도서관은 지하철역 통로에 입구가 있어 출퇴근 시 편하게 들를 수 있고, 칼라플란 도서관이나 키스타 도서관 등은 쇼핑몰이나 백화점에 입점했다.

　내가 살던 부산 도서관 중 몇몇은 도심이 아닌 외곽에 있어 불편했다. 물론 도심 땅값이 비싸 외곽이나 상대적으로 땅값이 저렴한 곳에 도서관을 지을 수밖에 없었을 테다. 대학 졸업 후 취업 공부를 했던 부산 금정도서관은 시립 묘지인 영락공원 인근에 있다. 범어사 지하철역에 내려 한참을 걸어 올라가야 하는데 한여름 도서관 입구까지 가면 온몸에 땀이 흘렀다. 주변 환경이 조용해 공부하긴 좋지만 접근성 면에선 낮은 점수를 줄 수밖에 없었다.

　도서관이 제대로 역할하기 위한 제1 조건은 접근성이라고 생각하는데 그런 점에서 스톡홀름 도서관은 최고다. 장 보러 왔다가, 지하철 타러 가다가 손쉽게 책을 빌릴 수 있다. 도시 계획을 할 때부터 도서관을 중심에 놓고 시민이 접근하기 쉬운 곳에 배치한 걸 알 수 있다. 누구나 가기 좋은 곳에 있는 도서관은 때론 카페이며 만남 장소이다. 내가 가본 스톡홀름 도서관엔 모두 아동이 부모와 편하게 앉아서 책을 볼 수 있는 공간이 있었다. 다양한 디자인의 편안한 의자와 스터디, 열람 공간도 있었다.

　T-센트랄렌역 스톡홀름문화센터(Kulturhuset) 도서관에 가면 유아, 어린이, 청소년을 위한 공간이 따로 있다. 특히 11~15세 특정 연령만 출입 가능한 곳이 있어 어른은 출입을 금하고 오직 청소년만 들어갈 수 있다. 보호자 간섭이나 영향 없이 사춘기에 접어든 아이 홀로 책을 고르고 독서하며 사색할 수 있는 공간이 있다는 게 새로웠다. 피아노 연주 공간도 있어 헤드폰을 낀 채 피아노를 치면 오롯이 혼자만의 연주를 들을 수 있다. 리딩외로 이사 온 뒤엔 리딩외 도서관에 종종 가는데 휴대전화나 PC로 영화 스트리밍 서비스를 제공해 평소 보고 싶은 영화를 봤다.

스톡홀름 공공도서관은 2025년부터 2027년까지 대대적인 리모델링 작업에 착수했다. 물리적인 공간 개편은 물론 도서관 운영 전략과 소프트웨어에 대한 고민도 진행 중이다. 리모델링 전체적인 방향은 이렇다. 첫째, 도서관을 단지 책을 전시하는 곳에서 문학에 생명을 불어넣는 곳으로 바꾸겠다. 둘째, 도서관은 시민에게 도서관 소장품과 출판물을 좀 더 쉽게 제공하겠다. 셋째, 도서관이 단순히 토론 장소를 제공하는 것에서 벗어나 정부, 시민사회, 기업과 협력해 현대 사회가 직면한 복잡한 문제를 해결하는 데 기여하겠다. 넷째, 도시 전체에 강력한 도서관 네트워크를 구축하겠다. 다섯째, 새로운 서비스를 설계할 때 도서관 사용자 경험을 우선 고려하겠다.

　스톡홀름 도서관은 리모델링 작업에 앞서 도서관 발전 방향에 대한 시민 의견을 받았다. 2027년에는 어떤 모습으로 변할지 무척 궁금하다. 퍼스널 넘버가 없어도 스웨덴 거주허가증이 있다면 당장 인근 도서관에서 도서 카드를 만들길 강추한다. 도서 카드가 없어도 책 대출을 제외한 도서관 이용에는 아무런 제한이 없다.

　우리나라 도서관이 더 선진적인 부분도 있다. 부산에서는 읽고 싶은 신간이 있으면 도서관 인터넷 사이트에서 신청해 읽곤 했다. 보통 2~3주 안에 책이 도착해 대출이 가능하다는 문자메시지가 온다. 또 고사하는 지역 서점을 살리기 위해 지역 서점에서 책을 사서 읽고 도서관에 반납하면 책값을 돌려주는 정책도 시행 중이다. 몇몇 거대 인터넷 서점 할인 정책 때문에 빚어지는 지역 서점 몰락을 막으려는 고육지책이긴 하지만 전 세계에서 유례를 찾아보기 힘든 서비스 아닐까 싶다.

원형홀 로툰다. 3층에 걸쳐 책이 빼곡하다

쿵스홀멘 인터내셔널 도서관에 있는 한국어책 코너

올해 옷 몇 벌 버리셨나요
- 스웨덴 올해의 기사

43

스웨덴 최대 의류업체이자 세계 2위 패스트패션 체인 H&M. 누구나 한 벌은 있을 법한 친숙한 의류 브랜드다. 2023년 4월 스웨덴 언론에 H&M 관련 기사가 나왔다. 주제는 '우리가 버린 옷은 어디로 갔을까'였다.

10년 넘게 계속돼 온 H&M 의류 수거는 지속 가능한 패션 산업 상징으로 찬사를 받아왔다. 2020년에만 수거한 옷과 직물이 1만 8천800톤이었다. 티셔츠 9천400만 장에 해당하는 양이다. 수거한 옷이나 직물은 상태에 따라 분류해 재착용, 재사용, 재활용한다는 게 의류 수거 프로그램 취지이다.

스웨덴 언론 아프톤블라데트(Aftonbladet)는 2023년 1월 말 중고 매장에서 구입한 H&M 의류 10점을 H&M 매장 8곳 의류 수거함에 넣었다. 의류 10점 중엔 한 번도 입지 않은 새 옷 같은 헌 옷도 포함돼 있었다. 아프톤블라데트는 이 옷에 위치 추적이 가능한 태그를 부착해 어디로 가는지 추적했다. 이 옷들의 최종 목적지는 어디였을까.

몇 달 후 재킷 3벌은 아프리카 베냉 코토누, 남아프리카공화국 요하네스버그, 인도 파니파트에 각각 도착했다. 블레이저 2벌은 루마니아 부쿠레슈티 중고의류 도매상, 셔츠 1벌, 바지 2벌은 독일 한 분류시설에서 이동 후 태그 신호가 끊겼다. 집업셔츠 1벌은 독일 그로나우시 섬유 재활용 업체, 집업후드 1벌은 의류로 청소포를 만드는 폴란드 업체로 보내졌다. H&M이 홈페이지에 밝혔듯이 다시 입을 수 있는 옷은 재판매한다는 약속이 지켜진 의류는 하나도 없었다.

아프톤블라데트 기자는 이 중에서 아프리카 베냉 코토누로 향했다. 의류의 무덤이라고 불리는 코토누에는 큰 중고 의류 시장이 있기 때문이다. 기자는 신호를 보내온 재킷을 찾으러 돌아다니며 현지 상황을 보여줬다. 코토누 상인들은 브로커로부터 의류 수백 벌로 단단히 뭉쳐진 포장 더미 하나를 12만 원 정도에 샀다. 그 속에 어떤 옷이 들어 있는지는 알 수 없다. 그들은 의류 더미가 마치 복권 같다고 말했다. 상태 좋은 옷이 나온다면 팔 수 있지만 그렇지 않은 의류가 대다수다.

H&M 중고 재킷 역시 이런 과정을 거쳐 코토누에 왔을 가능성이 컸지만 많은 상인과 그보다 더 많은 산더미 옷 속에서 결국 기자는 태그가 부착된 재킷을 찾지 못했다. 기자가 베냉에서 만난 의류 상인들은 "나는 쓰레기를 산다. 그들은 우리에게 쓰레기를 보낸다. 제발 이 모든 걸 보내지 마라"고 말했다.

H&M의 위선은 이게 끝이 아니었다. 아프톤블라데트는 세관 데이터를 검토해 H&M으로부터 옷을 받은 독일 업체 3곳이 2022년 말부터 아프리카 가나에 최소 의류 100만 벌을 사실상 버린(명목은 수출) 사실을 확인했다. 의류 더미 5천711개, 무게는 약 31만 4천 kg에 달했다.

의류 재활용 속도를 높인다며 독일 한 회사와 중고 의류 수집, 분류, 판매를 위한 합작투자 회사를 만든 H&M은 수집된 의류 상당수가 제3세계로 수출을 빙자해 사실상 버려진다는 사실을 홈페이지 등에 한마디도 언급하지 않았다는 것이 아프톤블라데트 주장이다. 수거된 의류가 이산화탄소 배출이 많은 선박이나 트럭에 실려 이동한다는 말도 없었다. 중고 의류 10벌이 이동한 거리는 5천792마일(9천321km)로 지구 주위를 거의 1.5바퀴 도는 거리였다.

H&M이 옷을 버린 아프리카 가나 역시 세계 최대 중고 의류 수입국 중 하나다. 가나 칸타만토는 세계 최대 중고 의류 시장으로 매주 1천5백만 벌이 도착하며 그중 최소 3분의 2는 유럽에서 온다고 했다. 1년에 약 8억 벌, 가나 주민 1인당 25벌에 해당하는 양이었다. 문제는 베냉처럼 가나로 오는 의류 중 거의 절반은 입지도 못할 수준의 쓰레기라는 점이다. 상인들은 팔지도 못하는 옷을 강이나 바다에 버리거나 태웠다. 옷은 대부분 플라스틱 재료인 폴리에스터로 만들어졌다.

현재 전 세계 의류 68%가 폴리에스터로 만들어지고 이 값싼 원단으로 만든 패스트패션이 활황을 구가하고 있다. 불붙은 플라스틱 합성 섬유에서 나오는 유독가스를 들이마신 주민 상당수는 천식 등 호흡기 질환을 앓고 있다. 폴리에스터 의류는 생분해되지 않고 수백 년에 걸쳐 파편화되며 토양과 지하수로 독성 화학물질을 침투시키고 대기 중에 메탄을 방출한다. 의류에서 분리된 미세 플라스틱은 바닷물을 타고 지구 어디든 돌아다닌다.

오늘날 패션 산업은 전 세계 이산화탄소 배출량의 약 10%를 차지하며 이는 지구상 모든 운송 수단이 내뿜는 이산화탄소보다 많다. 이산화탄소 배출로 가속화된 기후 변화로 가나 북부를 포함한 아프리카 지역 상당 부분은 점점 더워져 많은 이들의 생계였던 옥수수밭이 말라 버렸다. 패스트패션 의류가 무차별 수입되면서 아프리카 국가에서 돈이 외부로 빠져나갔고 자체 섬유 산업이 폐업해 수만 개 일자리가 사라졌다. 나이지리아는 이런 부작용을 막으려 중고 의류 수입을 금지했지만 이웃 국가들로부터 의류가 밀반입되는 것까지 막을 수는 없었다.

가나에서 의류 투기에 맞서고 있는 비영리 단체 'The Or Foundation' 활동가 리즈 리켓(Liz Ricketts)은 "서구 국가가 팔 수 없는 쓰레기 옷을 제3세계 국가에 떠넘기는 '폐기물 식민주의'를 끝내야 한다"고 말했다. 그는

"대형 의류 브랜드 경영진이 이곳에 와서 현실을 보고 책임져야 한다"며 "세상에는 너무 많은 옷이 생산되고 있다"고 말했다.

H&M 측은 이번 보도에 대한 입장을 묻는 인터뷰 요청에 처음엔 서면으로 답변하겠다고 했으나 파장이 커지자 CEO가 직접 인터뷰에 나섰다. 하지만 "(아프리카 베냉을 포함해) 어디에도 버려진 옷이 하나도 없다"고 보도 내용을 전면 부인했다. 그리고 중고 의류가 버려지는 아프리카에 가볼 의향이 있느냐는 말에 "No"라고 답했다.

전 세계에서 매년 1천억 개 의류가 생산되고 평균 7번 입은 뒤 버려진다고 한다. 지난 20년 동안 전 세계 의류 생산량은 두 배로 증가했다. 사람과 환경에 해로운 싸구려 폴리에스터 원단으로 옷을 만들어 연간 수십억 달러를 벌어들이는 H&M, 자라, 아디다스, 나이키, GAP, 리바이스, 유니클로 등 초거대 의류회사는 생산한 옷을 팔기만 할 뿐 책임지지 않는다. 오히려 엄청난 의류 폐기물을 가난한 국가에 떠넘기고 있다. 베냉, 가나를 비롯해 케냐, 남아공, 칠레, 인도, 캄보디아, 방글라데시, 필리핀 등 쓰레기 옷이 쌓이는 국가는 점점 늘어나고 있다. 케냐 역시 2021년 한 해에만 9억 벌이 유입된 세계 최대 중고의류 수입국 중 하나이며 한국은 케냐에 10번째로 많은 중고 의류를 수출했다. 한국은 2019년 기준 중고 의류 수출액이 3억 1천2백만 달러로 미국, 영국, 독일, 중국에 이어 5위였다.

의류 폐기물은 전자 폐기물이나 다른 플라스틱 폐기물의 국가 간 이동 및 교역을 막는 바젤 협약 같은 규제가 전혀 없는 상태다. 지속 가능한 직물과 섬유 전략을 고민해 온 유럽연합(EU)은 이번 보도가 나온 뒤 패션 기업이 의류 폐기물 관리 비용을 부담하고 폐기물을 줄일 수 있도록 처음부터 재사용이 가능하거나 재활용될 수 있는 의류를 생산케 하는 규제 법안을 제안했다.

하지만 가나 비영리 단체 The Or Foundation은 "구체적인 생산량 감축 목표를 정하지 않았고 피해국 도시에 대한 해결책 제시가 없다"며 법안 내용이 수정돼야 한다고 반박했다. 스웨덴 린네 대학 마틸다 탐(Mathilda Tham) 교수는 "의류 패션 기업의 지속 가능성을 강조한 의류 수거는 그린 워싱(Green Washing, 가짜 친환경)"이라며 "지속 가능한 패션 산업이 되려면 지금보다 최소 75% 적게 의류를 생산해야 한다"고 말했다. 그는 "적게 생산하고 적게 소비하는 것이 유일한 해결책"이라고 덧붙였다.

2021년 KBS 환경스페셜에서 패스트패션 의류 투기 문제를 다뤄 인상 깊게 본 적이 있다. 그때 아프리카 가나 강과 바다를 뒤덮은 옷보다 충격적인 장면은 쓰레기 옷을 질겅질겅 씹어 먹는 소였다. 이 다큐멘터리는 2022년 방송대상을 수상했다. 아프톤블라데트 기사를 보자 환경스페셜 다큐가 생각났고 2년여가 지났지만 여전히 바뀌지 않은 현실이 안타까웠다.

패스트패션 의류 투기 문제는 이미 많이 알려진 문제다. 이번 기사가 돋보였던 건 옷에 태그를 부착하는 기발한 방법으로 이동 경로와 종착지를 파악해 초국적 패스트패션 기업의 위선과 그린워싱을 폭로했다는 데 있다. 아프톤블라데트 보도는 패스트패션 기업의 숨은 거래와 추악한 민낯을 낱낱이 보여줬고 조금 부족하긴 하지만 EU 의류 규제 법안까지 서둘러 끌어냈다. 나 혼자 뽑은 스웨덴 올해의 기사로 손색이 없었다.

이미 멈추지 못하는 폭주 기관차가 된 대량 생산 사회에서 과연 적게 생산하는 것이 가능한 일일까 의문이 든다. 그럼에도 옷 한 벌 사기 전 거듭 고민해야 하는 건 분명한 의무가 됐다. 우린 지금 상품 하나를 사는 데도 죄책감을 느껴야 할 대량 소비 시대에 살고 있으므로. 스웨덴 린네 대학 마틸다 탐 교수 말이 기억에 남았다. "적게 생산하고 적게 소비하는 것이 유일한 해결책이다." 의류에만 적용되는 말은 아닐 터다.

* 아프톤블라데트 온라인 기사

* Aftonbladet, Dagens Nyheter, TV4, changingmarkets.org, theor.org, KBS 환경스페셜 <옷을 위한 지구는 없다>, IMPACT ON '유럽연합, 의류 폐기물 규제 법안 준비 중' 등을 참고했다.

아름다운 스웨덴을 느끼는 가장 쉬운 방법

자전거 전용 도로

스톡홀름에서 해보고 싶었던 것 중 하나는 자전거 타기였다. 2018년 여행 때 이렇게 예쁜 도시를 버스나 지하철 창을 통해서만 보는 건 너무 아쉬웠다. 1년살이를 하며 제대로 느껴보고 싶었다. 자전거를 타면서 얼굴에 맞닿는 바람, 햇볕 그리고 시야에 생생하게 들어오는 녹색의 공원, 거리 풍경, 사람들, 이게 바로 스톡홀름이었다.

  부산에서 살 때도 아이들과 자전거를 탔지만 자전거 도로가 좋은 듯 좋지 않았다. 수영강 주변은 전용 도로가 깔려 꽤 괜찮았는데 그 외 지역은 자전거 도로가 자주 끊겼다. 자전거를 타는 게 마음먹고 해야 하는 일이었다. 좀 멀리 가려고 하면 자전거 도로가 있는지 확인해야 했고, 자전거 도로가 없어 차도로 내려와 버스나 트럭과 지나갈 때면 행여 치일까 무서웠다.

스톡홀름 자전거 도로 환경은 정말 부러웠다. 자전거와 헬멧만 있으면 그저 나가서 자전거 도로 위를 달리면 됐다. 자전거가 레저라기보단 생활이라는 느낌이 강했다. 내가 본 건 버스나 지하철을 타는 것처럼 자연스럽게 자전거가 생활 일부가 되는 삶이었다. 자전거를 타기 위해 쫄쫄이바지를 입지 않아도 되고, 주차 걱정, 도둑 걱정하지 않아도 되고, 자전거 도로가 끊어져 차가 씽씽 달리는 도로에 뛰어들어 가슴 졸이지 않아도 되고, 학교나 회사, 마트, 유치원 등 어디든 자전거를 타고 가는 행위 자체에 불편함이나 꺼려짐이 없는 삶. 스톡홀름에서 자전거를 타지 않는 건 예의가 아니며 진정 그 도시를 이해하지 못하는 거라 말하고 싶을 정도다. 20대 때부터 나름 자전거를 타온 나는 스톡홀름 자전거 인프라를 그대로 들여오고 싶을 정도로 진심 부러웠다.

스톡홀름 자전거 인프라가 뭐가 그렇게 대단해서 이틯게 호들갑을 떠는 건가. 우선 자전거 전용 도로 길이가 114km다. 주변 지자체로 뻗은 전용 도로까지 포함하면 더 늘어난다. 말로 해서는 와닿지 않을 텐데 스톡홀름시 홈페이지에서 자전거 도로 현황 지도를 보면 어느 정도 감이 온다. 붉은색 실선으로 표시된 자전거 도로가 마치 모세혈관처럼 도심 곳곳에 펼쳐져 있다.

공원이나 숲은 기본이고 버스가 다니는 도로엔 반드시 자전거 전용 도로가 있는 듯했다. 스톡홀름에서 도로는 자동차만의 전유물이 아니고 도로 가장자리 혹은 중간에 일정 너비 자전거 전용 도로가 당당히 자리 잡고 있다. 보행자 전용 도로와 사이좋게 나란한 자전거 도로도 있다. 자전거로 갈 수 없는 곳이 없을 정도이다.

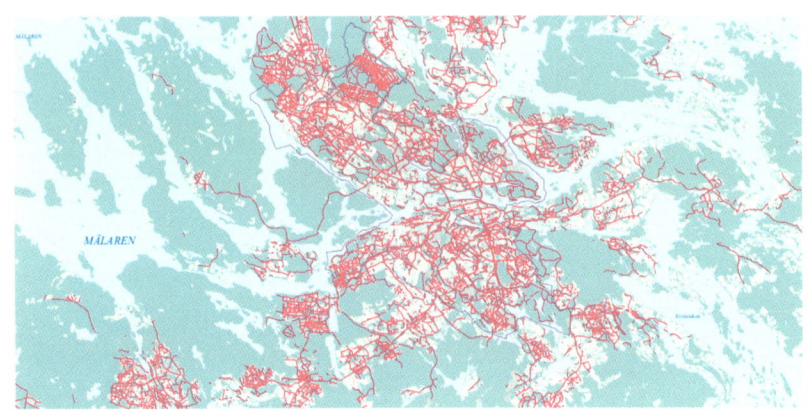
실핏줄 같은 스톡홀름 자전거 도로 (출처 스톡홀름시 홈페이지)

스톡홀름시는 2012~2022년까지 자전거 기반 시설에 약 20억 크로나 (2천400억 원)을 투자했고 자전거 도로 네트워크 확장, 자전거 친화적인 신호등 도입, 자전거 도로 유지 관리 개선 등에 예산을 쏟을 계획이라고 했다. 지역 여건에 맞는 다양한 자전거, 사이클링 프로젝트도 진행하고 있었다. 스톡홀름시는 일부 지역에서 자동차보다 자전거를 우선하는 전용도로도 추진 중이다.

스톡홀름시 목표는 2030년까지 출퇴근 시간 자전거 교통 분담률을 15%로 만드는 것이다. 출근할 때 100명 중 15명이 자전거를 타는 비율인데 언뜻 이 수치가 높은 것인지 느낌이 안 온다. 2018년 8월 31일 한 국내 언론사 기사에서 유럽연합과 OECD 주요국 자전거 수송 분담률 통계를 보니 네덜란드가 36%로 가장 높고 덴마크 23%, 스웨덴과 일본 각각 17%, 핀란드 14%, 벨기에 13%, 독일 12% 순이었다. 한국은 2%다. 통계가 어떻게 계산됐는지는 모르겠지만 분명한 건 자전거 수송 분담률 15%는 매우 높은 수치라는 거다. 자전거 출퇴근족을 늘리는 것은 도심 교통량과 정체를 줄이고 환경도 살리는 길임이 틀림없다.

실제로 스톡홀름 출퇴근 시간엔 주요 교차로에서 자전거를 탄 시민들이 줄지어 신호를 기다리는 모습을 자주 볼 수 있다. 특히 아이를 태우고 자전거를 타는 보호자가 자주 보였다. 이는 아이를 자전거에 태워도 안전하다는 믿음이 없으면 불가능한 일이다. 등교 시간 초등학교 주변이 승용차로 붐비는 한국과 대비되는 모습이다.

스톡홀름 시민 80%는 직장까지 자전거로 30분 미만 거리에 있고 스톡홀름 중앙역에서 15km 이내엔 일반적으로 출퇴근 시간에 자전거가 자동차보다 빠르다는 것이 스톡홀름시 설명이었다. 구글맵으로 검색해 봐도 동일한 목적지까지 대중교통을 이용하는 것보다 자전거를 타면 더 빨리 도착한다는 결과가 나올 때가 많았다. 이러니 어찌 자전거를 안 탈 수 있겠는가. 그럼에도 세계 10대 자전거 도시에 스톡홀름이 없어 놀라웠다. 덴마크 코펜하겐, 독일 뮌헨, 네덜란드 암스테르담 등이 상위권에 있었다. 지난 북유럽 여행 때 방문한 코펜하겐에서 확실히 도로에 자전거 탄 사람들이 많긴 했다. 어떻게 자전거 인프라가 이보다 더 좋을 수 있는 건지 궁금하다.

자전거를 빌려주는 공공 서비스도 있다. 스톡홀름 E-Bike리는 공영 자전거 대여제도는 2022년 5월 시행됐다. 나도 스톡홀름에서 자전거를 사기 전 한 달짜리 패스를 끊고 타봤다. 앱을 깔고 패스 결제를 한 뒤 도심 곳곳에 있는 스테이션에 주차된 자전거 코드를 찍으면 된다. 가격이 참 착했다. 하루짜리 패스는 11크로나(1천300원), 한 달 패스는 35크로나(4천200원), 1년 패스는 157크로나(약 1만 8천 원)였다. 3개 패스 모두 첫 1시간 30분간은 무료이고 이후 한 시간마다 11크로나씩 추가 요금이 붙었다. 단 자전거를 사용한 뒤 꼭 스테이션에 주차해야 한다.

시행 초창기라 그런지 스테이션에 가면 자전거가 아예 없거나 있더라도 통신이 원활하지 못해 연결이 안 되는 경우가 많았다. 2022년 겨울에는 겨울용 타이어 교체로 2주간 대여 서비스가 중단돼 기존 패스 이용자는 한 달에서 최대 석 달 보너스 기간 연장 혜택을 받았다. 2023년 초에는 E-Bike 프레임이 부러져 탑승자가 다치는 사고가 발생해 대여가 잠정 중단되기도 했다. 결국 스톡홀름시는 새 업체와 계약을 맺었다고 한다. 아마도 운영 방식은 비슷하지 않을까 싶다. 스톡홀름시는 스테이션과 전기자전거 수를 지속적으로 늘릴 계획이라고 했다.

자동차 운전자가 자전거 이용자에게 보이는 배려와 양보도 인상 깊었다. 좌회전하거나 횡단보도를 건널 때 자동차 운전자는 자전거가 먼저 가도록 기다려줬다. 단 한 번도 경적을 울린다거나 자전거를 앞지르지 않았다. 자동차에 자전거 전용도로는 불가침 영역이고 어쩌다 차도로 넘어온 자전거는 배려 대상이었다.

자전거뿐 아니라 보행자에 대해서도 마찬가지였다. 횡단보도 부근에서 도로를 건너겠다는 낌새가 있으면 지나가는 자동차는 거의 자동으로 멈췄다. 정지선에서 정차하다 보행자가 횡단보도를 건너간 다음 출발했다. 사람보다 차가 우선인 한국에서 살다가 스웨덴 도로에서 사람 대접을 받으니 신기했다. 스웨덴에서는 자동차가 자전거를, 자전거가 보행자를 배려하는 게 원칙이었다.

스톡홀름은 겨울이 긴 도시다. 눈이 많이 와서 '이 날씨에 어찌 탈까' 싶은 악천후에도 자전거를 타는 사람이 많았다. 구멍이 많이 없는 겨울 전용 헬멧을 쓰고 비니와 넥워머, 마스크까지 완전 중무장을 한 채로 자전거를 타는 사람이 많았다. 스톡홀름 사람들은 자전거에 진심이었다.

여기 와서 몇 년간 고민만 하던 접이식 미니벨로를 샀다. 부산에선 구하려 해도 쉽지 않고 가격도 비싸서 늘 생각만 하다 포기했는데 매장 방문 당일에 색깔, 사양을 고르고 바로 구입할 수 있었다. 가격도 한국보다 저렴했다. 혼자 타면 재미없으니 2대를 사 아내와 아이들과 따로 또 같이 자전거를 즐겼다. 5월 날씨가 풀리면서 본격적으로 자전거를 타고 스톡홀름 도심이나 리딩외 등지를 잘 구경했다. 새파란 하늘, 구름, 나무를 보며 숲과 공원에서 자전거를 타면 무척 행복했다.

  스톡홀름은 아름다운 도시다. 자전거를 탄다면 그 아름다움을 더 잘 느낄 수 있다.

어린이를 태울 수 있는 특수 자전거

3만 축구팬 무단 도로점거에 교통 올스톱

2022년 8월 스웨덴 축구 알스벤스칸(Allsvenskan)리그 팀인 함마르뷔(Hammarby) IF 홈경기를 관람하면서 함마르뷔 팬의 열정적인 응원과 매너에 상당히 매료됐었다. 단연 세계 최고 수준 축구 문화와 팬을 가진 스웨덴 알스벤스칸리그가 긴 겨울을 보내고 2023년 4월 개막했다. 개막전 당일 지하철에서 우연히 녹색 머플러를 두른 함마르뷔 팬을 보고 전날 본 기사가 떠올랐다. 함마르뷔 팬들이 경기장까지 행진하기 때문에 심각한 교통체증이 우려된다는 기사였다. 호기심이 생겼지만 '별일 있겠어?'라는 생각에 굳이 가지 않았다. 이날 오후 함마르뷔 팬들 개막 행진 기사를 보고 뒤늦게 후회했다. 대단한 볼거리 하나를 놓친 셈이었다.

기사에 따르면 함마르뷔 팬들은 홈 개막전을 앞두고 쇠데르말름에 모여 경기가 열리는 텔레2 아레나(Tele2 Arena)까지 행진하는 전통이 있다. 이걸 바이엔마르션(Bajenmarschen)이라고 부른다. 함마르뷔 서포터즈인 바이엔(Bajen)과 행진(marschen)을 합친 말이다. 코로나 유행으로 행진

경기장까지 행진하는 함마르뷔 팬들 (출처 https://www.bajenfans.se)

이 취소된 2020년만 빼고 25년째 이어지는 팬들만의 행사라고 한다. 팬들은 미드보야르플라센(Medborgarplatsen) 지하철역 부근에서 굴마르스플란역을 거쳐 텔레2 아레나까지 약 3km를 걸어가며 홈팀 건승을 기원했다. 공식 조직자도, 경찰 허가도 없는 비공식 행사이자 개막전을 앞둔 팬들의 흥겨운 의식이었다.

약간 쌀쌀한 날씨에도 많은 팬이 저마다 함마르뷔 상징색인 녹색과 흰색이 섞인 머플러와 유니폼을 착용하고 클럽 깃발을 든 채 쇠데르말름 대로를 통째로 점령했다. 이날 함마르뷔 개막전의 공식 입장 관객이 3만 941명이었으니 거리 행진에 참여한 사람만 2만 명은 족히 넘지 않았을까 싶다. 이들은 대로를 꽉 메운 채 응원가를 부르고 응원 구호도 외치면서 경기장으로 향했다. 남녀노소 다양한 사람들이 모였고 어린아이를 목말 태우고 걷는 모습도 보였다. 흥에 겨운 일부 팬들은 연막탄도 터트렸다. 팬들은 기념사진을 찍으며 홈팀 개막을 축하했다. 일부 남성은 굴마르스플란역으로 가는 다리에서 단체로 줄지어 소변을 보기도 했다고 한다. 분명 추태지만 약간의 일탈이 허용되는 축제였다. 경찰은 드론까지 띄워 행진 상황을 예의주시했지만 별다른 불상사는 없었다.

세계 많은 나라에 축구 리그가 있지만 함마르뷔 팬들 같은 개막 행진은 좀처럼 보기 어려운 행사다. 스웨덴에서는 함마르뷔 IF 외에 몇몇 팀이 비슷한 전통이 있다고 한다. 많은 시민이 행진 대열을 구경하러 쇠데르말름에 모인다. 행진이 처음부터 용인된 건 아니었다. 현지 언론과 인터뷰한 참가자는 "처음에는 많은 저항이 있었지만 시간이 지나면서 (시민사회로부터) 허용됐다"고 말했다. 처음에는 많은 시민이 반발하다가 차츰 자발적으로 참여하는 의식이나 축제가 됐다는 설명이다.

하지만 비판도 만만치 않다. 2022년 한 페미니스트 프로파일러인 시시 월린(Cissi Wallin)은 이 행진을 두고 "집단 폭력이며 '남자들이 아기가 되는 이 날'이 사회에 어떤 대가를 치르게 할지 궁금하다"고 말했을 정도였다. 아닌 게 아니라 이 행진으로 쇠데르말름에서 축구 경기장이 있는 글로벤역까지 1~2시간 정도 차량 흐름이 완전히 멈췄다. 시시 월린이 말한 집단 폭력이라는 시각에서 보면 심각한 차량 정체가 발생하고 노상 방뇨 등 일탈로 지역사회에 끼친 악영향이 컸다.

개막 행진 이면에는 충성심 높은 팬과 여느 축구 리그와는 다른 스웨덴 축구의 특별함이 있다. 스웨덴 축구 구단과 축구협회는 의사결정 과정에서 팬들과 서포터즈 의견을 많이 고려하고 어떤 경우에는 전적으로 반영한다고 한다. 이 때문에 팬들이 원하지 않는다는 이유로 스웨덴 축구에서는 비디오 판독(VAR)이 아직 도입되지 않았다. 판정 실수도 축구의 일부이며 비디오 판독이 게임 흐름과 흥미를 떨어뜨린다고 보는 시각이 지배적이다.

금지된 행위이긴 하지만 관중석에서 때때로 폭죽이 터지기도 한다. 2023년 5월 말 경기에서 AIK팀 팬들이 폭죽을 운동장까지 던지는 바람에 경기가 한 시간가량 중단됐다가 재개되는 일도 있었다. 폭죽을 던진 관중들은 몇 개월간 경기장 출입 금지 징계를 받았다. 경찰은 폭력 사태가 발생하지 않는다면 적극적으로 개입하기보다 한발 물러나서 바라본다. 대신 구단이 질서를 유지하고 서포터즈는 자진해서 폭력행위를 근절하는 등 책임을 나눠 지는 형태다. 이를 두고 한 스웨덴 기자는 "마치 선생님이 자리를 비우고 학생들이 나머지 수업 시간 동안 자기 주도 수업을 하는 것과 같다"고 논평했다. 팬과 서포터즈 자율성이 커지는 동시에 큰 책임도 뒤따른다는 논리였다.

팬과 서포터즈를 중시하는 스웨덴 축구 근간은 바로 '51% 규칙'에 있다. 이 규칙은 구단 지분의 51%를 회원이 소유해 어떤 개인이나 회사가 팬 동의 없이 구단을 완전히 사들일 수 없는 것을 말한다. 재미있는 점은 이 51% 규칙은 스웨덴 스포츠 연맹 정관에 명시돼 있다는 것이다. 축구뿐 아니라 아이스하키 등 다른 종목도 51% 규칙을 적용받는다. 함마르뷔 IF의 경우 함마르뷔 IF 축구협회가 의결권 51.24%, 자본 지분 34.41%를 소유한다. 나머지 의결권과 자본은 AEG Sweden AB라는 외부 회사와 5명의 투자자가 가진다. 회원으로 구성된 축구협회가 다수 의결권을 가지고 있는 구조다. 2023년 은퇴를 선언한 스웨덴 유명 축구선수 즐라탄 이브라히모비치는 2020년 AEG Sweden AB 지분 절반을 사들여 회사 공동 소유주가 됐다. 즐라탄은 스웨덴 남부 도시인 말뫼 IF 출신인데 함마르뷔 IF 지분을 사서 말뫼 축구 팬들의 많은 비난을 받았다. 즐라탄은 함마르뷔의 열정적인 서포터즈와 클럽 운영에 감동해 일부 지분을 샀다고 했는데 정작 함마르뷔 팬들 사이에서는 찬반이 엇갈린다. 영향력 있는 인사 입김이 클럽 운영에 작용하지 않을까 우려하는 시선도 있다.

　전 세계 나라 중 축구에서 51% 규칙이 있는 나라는 스웨덴 알스벤스칸리그와 독일 분데스리가뿐이다. 이 때문에 스웨덴 축구에서는 석유 재벌이 맨체스터 시티나 뉴캐슬 등 몇몇 구단을 인수한 영국 프리미어리그 같은 사례를 볼 수 없다. 막대한 자본을 무기로 유명 선수를 대거 사들여 단기간에 좋은 성적을 내고 유럽 챔피언스리그 우승까지 노리는 풍경 말이다.

　예전 유튜브에서 본 독일 분데스리가의 도르트문트 클럽 관계자가 한 말이 무척 인상적이었다. "우린 오일머니 같은 대형 자본 뒷받침은 없다. 우리 신념은 스타를 사지 않고 선수를 육성한다는 것이다." 그 말이 멋지다고 생각했는데 51% 규칙이라는 배경에서 보니 이해됐다. 도르트문트는 오스트리아 잘츠부르크에서 활약하던 홀란드를 영입해 키운 뒤 2022년 영국 프리미어리그(EPL) 맨체스터 시티로 이적시키며 1천4백억 원 이상 이적료를 받았다. 홀란드는 프리미어리그에서 2022~2023년 시즌 36골, 2023~2024

년 시즌 각각 27골로 EPL 두 시즌 연속 득점왕에 올랐다.

그렇지만 스웨덴 축구에서 51% 규칙은 위협받고 있다. 벌써 여러 차례 51% 규칙이 완화되거나 없어져야 한다는 주장이 제기돼 열띤 논쟁이 벌어지기도 했다. 폐지해야 한다는 측 주장은 축구 클럽에 큰 자본을 투자하려는 투자자 의지를 억제해 스웨덴 축구가 유럽에서 뒤처지고 유럽 챔피언스리그 등에서 경쟁력이 떨어지는 원인으로 작용한다는 것이다. 반면 이 규칙이 존속해야 한다는 측은 클럽 민주주의로 클럽이 안정적으로 운영될 수 있고 민영화하게 되면 산업적인 관점에서 운영돼 클럽 이름이나 연고지 변경, 클럽 매각이나 폐쇄 등으로 이어질 수 있다고 주장한다. 논쟁은 현재진행형이다.

세계에서 가장 안정적인 민주주의를 일궈온 스웨덴은 시민과 팬들에 의해 스포츠가 성장했다. 완벽하게 공정한 경쟁은 없겠지만 경기 승패가 구단과 협회 능력이 아닌 자본을 투자하는 외부인을 기반으로 해서는 안 된다는 주장이 여전히 설득력을 얻고 있다. 스웨덴 축구 팬들은 알스벤스칸리그 축구 클럽이 회원 소유여야 한다는 51% 규칙을 유지하기 위해 싸웠고 이를 지키는 데 아직까지는 성공하고 있다. 이들은 외부 자본 투자로 글로벌 브랜드가 되고 우수한 선수가 많이 영입돼 클럽대항전 등에서 좋은 성적을 내는 것보다 팬과 서포터즈 의견을 듣고 반영하는 축구팀을 더 원하는 것 같다. 다수 스웨덴 축구 팬이 '축구 민주주의'를 선택한 셈이다.

언론과 인터뷰한 함마르뷔 IF 팬은 "축구 경기가 열리기 전 항상 15~20명으로 구성된 그룹과 만나 경기장으로 가는데 그때가 모든 유형 사람들과 진정으로 교류하는 유일한 시간"이라며 축구에 대한 의미를 말했다. 그는 "축구가 나에게 사람과 교류하고 삶과 사회에서 일어나는 일을 이야기하며 의견을 나누는 기쁨을 준다. 오히려 축구 때문에 소셜미디어를 더 멀리하게 된다"라고 덧붙였다.

 스웨덴 민족학자인 카타르지나 허드(Katarzyna Herd)는 "축구는 승패를 비롯해 개인, 가족, 그곳에 있었던 모든 사람 등 집단적 기억 장소라는 점에서 의미가 있다"고 말했다. 축구를 승패를 가르는 스포츠로 바라본다면 리그 우승과 유럽 챔피언스리그에서 트로피를 들어 올리는 것이 최고일 수 있다. 하지만 집단적 기억을 공유하는 사람들과 교류라는 측면에서 보면 세계에서 축구를 가장 사랑하는 사람들은 스웨덴 축구 팬이라는 생각이 들었다.

 2023년 4월 2일 함마르뷔 축구팬 거리 행진은 스웨덴 축구 클럽과 팬들의 오랜 믿음, 사회 관용이 어우러진 결과로 다가왔다. 좀 오래된 기사이긴 하지만 영국 가디언 지는 2009년 유럽 축구 리그 중 손익분기점을 넘은 4개 리그를 꼽았는데 독일과 스웨덴, 오스트리아와 벨기에였다. 51% 규칙을 확고히 지키는 독일, 스웨덴 두 국가 축구 리그가 외부 자본 없이도 충분히 경쟁력이 있다는 것을 보여준 사례였다. 인구 1천만 명에 불과한 작은 국가인 스웨덴 프로축구에서 관중으로 가득 찬 경기장은 무척 인상적이었다.

 스웨덴 알스벤스칸리그를 영국 EPL, 스페인 프리메라리가, 이탈리아 세리에 A에 훨씬 못 미치는 세계 축구계 변방이라고 생각해 왔다. 솔직히 스웨덴 축구 리그 이름도 몰랐다. 하지만 51% 법칙과 그걸 지키려는 팬들의 노력을 알고 난 뒤 스웨덴 축구는 이전과 달라 보였다. 세계 최고 수준 축구 팬들이 앞으로도 자기만의 축구 민주주의를 일궈 나가고 함마르뷔 팬들의 개막 행진 전통도 앞으로 계속되길 바란다.

* Dagens Nyheter, www.bajenfans.se, www.hammarbyfotboll.se 등을 참고했다.

스웨덴 제1정당 사민당은 복권회사?

― 46 ―

눈이 무진장 왔던 2023년 3월 27일. 스톡홀름 솔나 프렌즈 아레나에서 열린 유로 2024 F조 예선 스웨덴과 아제르바이잔 경기를 보러 갔다. 그때 몸을 푸는 스웨덴 축구 국가대표 선수 유니폼에서 낯익은 로고를 발견했다. 스벤스카 스펠(SVENSKA SPEL). 파란색 훈련복 상의에 박힌 빨간색 스벤스카 글자는 강렬했다. 스톡홀름에서 흔히 볼 수 있는 복권 대리점 간판에도 있는 로고이다.

스벤스카 스펠은 스웨덴 제1 도박회사다. 축구 국가대표 메인 스폰서가 도박회사라니 재미있고 놀라웠다. 영국 프리미어리그(EPL) 여러 팀 유니폼에도 도박회사 로고가 있지만 그건 영리를 목적으로 하는 프로축구팀 이야기다. 우리로 치면 로또 등을 주관하는 동행복권이 대한민국 축구 국가대표 메인 스폰서인 것이다. 정부 복권 사업을 수탁하는 사기업인 동행복권과 달리 스벤스카 스펠은 온라인 카지노를 비롯해 스포츠베팅, 복권 등 다양한 도박 사업을 하는 국영기업이다.

스벤스카 스펠은 축구협회뿐 아니라 아이스하키협회, 스키협회, 올림픽위원회, 엘리트 여자축구, E-스포츠협회, 하키 리그 등 메인 스폰서를 맡고 있다. 경기 승패를 알아맞히는 스포츠 베팅 사이트를 운영하는 국영기업이 여러 스포츠에 메인 스폰서로 나서고 엘리트 스포츠 선수 지원, 각종 후원 계약과 유소년 청소년 선수 육성 등을 하고 있다니 뭔가 이상하기도 하고 그럴듯하기도 했다.

스포츠 도박으로 막대한 돈을 벌어들이니 그중 일부를 스포츠에 환원하는 것이 당연한 것 같기도 하다. 스웨덴에서 복권이나 로또, 스포츠 토토를 쉽게 접할 수 있는 가게가 많았고 상당히 도박 친화적인 국가라는 인상을 받았다. 심지어 한국에서는 복권 상금 33%를 제세공과금으로 떼지만 스웨덴은 도박 상금에 세금이 한 푼도 붙지 않는다. 스벤스카 스펠 사이트를 보면 복권이나 로또로 일확천금을 받은 이들 실명 인터뷰도 있다. 무려 얼굴도 공개했다. 한국에선 로또 1등 당첨자 신원은 본인이 밝히지 않는 이상 공개되지 않는다. 우리나라에서 많은 이들이 궁금해 하는 로또 명당처럼 인터뷰 말미엔 복권이나 로또 구입처도 명시돼 재미있었다. 스웨덴 복권이나 로또를 사서 혹시 운 좋으면 스벤스카 스펠 사이트에 실명 인터뷰를 할 수 있지 않을까 하는 꿈같은 상상도 잠시 해봤다.

복권 판매점

도박에 관대한 스웨덴 사회에 관심을 가지다가 흥미로운 기사를 읽었다. 현재 우파 연립정부 한 축인 극우 계열 스웨덴민주당이 주도해 정당 복권 판매를 금지하는 법안을 추진 중이라는 내용이었다. 정당이 복권을 판다고? 복권을 판매하다가 또 금지한다고?

스웨덴은 도박사업체 외에 비영리기구가 복권을 판매하는 것을 허용해 왔다. 놀랍게도 비영리기구에 속한 정당은 수십 년간 합법적으로 복권을 팔아 정치자금 상당 부분을 마련해 온 것이다.

문제는 스웨덴에서는 신용 즉 외상으로 복권을 판매하는 것이 법으로 금지돼 있는데 비영리단체는 예외라는 점이다. 이에 따라 정당이 만든 복권업체 역시 외상으로 복권을 판매해 왔다. 구매자는 복권업체와 구독 계약을 통해 복권을 먼저 사고 나중에 인보이스(송장)를 받아 결제하는 후불 거래가 가능했다.

더 큰 문제는 이런 시스템상 복권을 구입한 뒤 돈을 내지 않거나 못 내는 사람이 생길 수밖에 없다는 것이다. 복권업체는 복권값을 지불하지 않는 이들 명단을 크로노포그덴(kronofogden)이라는 채무 집행 국가기관에 보낸다. 채무자가 돈이나 빚을 못 갚으면 급여나 재산을 압류당하거나 살던 집에서 강제로 퇴거당할 수 있다. 정당이 소유한 복권업체가 복권 외상 판매로 사행성을 조장하고 신용불량자까지 양산하는 셈이다. 2014~2016년 약 8천 명이 복권값을 지불하지 못해 채무 집행 국가기관에 명단이 넘어갔다.

복권 판매로 가장 많은 이익을 얻은 정당은 2022년 총선 전까지 연립정부를 이끌었던 사회민주당(사민당)이었다. 사회민주당은 2021년 복권 판매로 1억 5천200만 크로나(약 194억 원)를 벌었다. 이는 그해 정당 총수익 거의 절반에 해당했다. 사회민주당과 함께 복권 판매로 정치자금을 마련한 보수당(현재 울프 크리스테르손 총리 소속)은 복권 판매로 2021년 470

만 크로나(6억여 원)를 벌어들였다. 그 외 정당은 복권을 판매하지 않았다.

사회민주당 복권 판매 수익은 보수당 수익보다 32배나 많았다. 실제 사회민주당은 2021년 기준 가장 많은 정치자금인 3억 4천45만 7천650크로나(약 444억 원)를 모았고, 이는 2위 중앙당 1억 6천100만 크로나(약 210억 원)보다 2배 이상 많았다. 거의 복권 판매 수익만큼 차이가 난 것이다. 2017년 이전 10년간 사회민주당은 복권 판매로 5억 크로나(약 652억 원) 이상 수익을 올렸고 이 금액과 비중은 갈수록 커졌다.

2022년 총선에서 보수당 등과 연립정부를 구성한 스웨덴민주당은 사회민주당 돈줄을 차단할 목적으로 정당 복권 판매 자체를 금지하는 법안을 추진하려는 것이었다. 스웨덴민주당 의회 관계자는 이 법안을 두고 '(사회민주당이) 스스로 조작한 부패한 시스템'을 정상화하는 것이라고 말했다. 이렇게 말한 이유는 2004년 사회민주당 연립정부가 정당을 비롯한 비영리단체에 복권 신용 판매를 허용하는 법을 제안했기 때문이다. 당시 기독민주당과 좌파당이 항의했지만 의회 다수였던 사민당 정부가 이를 통과시켰다. 물론 이 법은 모든 정당에 유효했지만 실질적으로 사회민주당이 복권 판매로 가장 많은 수익을 올렸다는 점에서 최대 수혜자였고 사실상 셀프 입법이었다.

스웨덴민주당, 보수당, 기독민주당, 자유당 등 우파 연립 정부를 구성하는 4개 정당이 이런 법안을 추진한다는 사실이 알려지자 사회민주당은 즉각 반발했다. 전 총리인 막달레나 안데르손 사민당 대표는 "단일 정당(사민당)을 겨냥한 법안이며 야당 입을 막는 조치"라며 "권위주의 국가에서나 볼 수 있는 일"이라고 말했다. 안데르손 대표는 사민당이 다른 정당보다 복권 판매 수익이 훨씬 많은 데 대해 "우익 정당과 달리 기업 자금을 받지 않으며 민중 정당으로서 자금을 마련하는 방식"이라며 "법안이 통과되면 스웨덴 대중운동이 약화할 것"이라고 우려했다.

실제로 2021년 사민당 수익 구조를 보면 복권 판매 수익이 45%로 가장 높았다. 그다음으로 공공지원(정부 지원금으로 추정)이 37%로 큰 비중을 차지했고 놀랍게도 회비는 1%에 불과했다. 금액으로 치면 392만 4천768크로나(약 5억 원)였다. 사회민주당 당원이 되려면 한 달 20크로나(128원 환율 기준 2천560원), 연간 240크로나(약 3만 원)를 내야 한다. 사민당 연간 회비 수익을 연간 회비로 산술적으로 나누면 회비 납부 당원이 1만 6천353명밖에 되지 않는다는 계산이 나온다.

한국 거대 양당인 국민의힘과 더불어민주당 권리당원이 2023년 나무위키 기준 각각 79만여 명, 117만여 명, 당비 수입은 각각 120억여 원, 262억여 원이었다. 스웨덴 인구가 우리나라 5분의 1에 불과하지만 제1야당 유료 당원이 1만 6천여 명에 회비 총액이 5억 원이라는 게 의아했다. 국민 신뢰도가 높다는 스웨덴 정당 정치가 참여 민주주의를 토대로 한다고 보긴 어려울 것 같다.

사민당 반발에도 스웨덴 의회에서 다수인 우파 연립정부가 이 법안을 통과시킬 가능성이 높다. 정당 복권이 금지된다면 사회민주당이 타격을 입는 것은 불가피해 보인다. 한 해 정치자금 절반에 해당하는 수입원을 잃게 되고 선거자금, 캠페인 비용 등에도 큰 구멍이 생긴다.

스웨덴 정치학자인 마리아 램네(Marja Lemne)는 "민주주의 정당에 돈은 중요하지만 문제는 돈을 얻는 방법이며 복권으로 정치자금을 마련하는 것이 과연 도덕적으로 정당한가?"라며 "많은 정당이 그런 종류 수입 없이도 살아남았으며 이를 두고 민주주의가 위협받는다고 말하는 것은 억지"라고 말했다. 정당이 도박중독이나 신용불량 등 부정적인 결과를 초래할 수 있는 복권 판매를 하는 것은 부적절하며 누가 복권을 샀는지 알 수 없어 정당 자금 투명성 차원에서도 옳지 않다는 지적도 있었다. 이래저래 명분 싸움에서는 사민당이 불리한 형국이다.

　이번 사태를 다수당 횡포라고 보는 관점도 있다. 스웨덴 의회에서 과반 의석을 차지한 스웨덴민주당, 보수당 등 우파 연립정부가 거대 야당인 사민당 정치자금 축소를 노리고 법안을 제출해 통과시키려 하는 움직임이 의회민주주의 폭력이라는 시각이다. 다수 의회 권력이 힘으로 이 법안을 통과시키면 나중에 의회 권력을 다시 잡은 사민당 정부가 기업 등 외부 기부금 비율이 높은 스웨덴민주당을 겨냥해 정당 기부금 비율을 대폭 축소하는 법안을 통과시켜도 할 말이 없다는 주장이었다. 권력을 등에 업고 힘으로 경쟁 정당을 억누르는 건 그동안 페어플레이를 해온 스웨덴 정당 민주주의 규칙을 깨는 것이라는 지적이었다.

　이번 법안이 통과될지 위협만으로 그칠지 두고 볼 일이다.

* 우파 연립정부의 정당 복권 판매 금지 법안은 2024년 2월 공식 발표됐고 2026년 1월 법안이 제정될 예정이라고 한다. 우파 연립성부가 스웨덴 의회 다수이긴 하지만 법안 통과를 강행할지 다른 변수가 생길지는 예측할 수 없다.
* Dagens Nyheter, Expressen, kammarkollegiet.se 등을 참고했다.

우린 엘리엇을 만나러 독일로 간다

47

막내의 스웨덴 유치원 단짝 엘리엇이 독일로 이사 갔다. 너무 갑작스러운 이별에 가족 모두 너무 슬펐다. 스웨덴에 있으면 주말에 한번 보러 가기라도 했을 텐데 독일로 가다니. EU 시민은 이사도 EU스럽게 가는구나. 막내는 한동안 눈물 바람이었다. 유치원에서도 겉도는 느낌이었다. 아내와 엘리엇 엄마는 아쉬운 대로 근황을 메시지나 동영상으로 주고받았다. 엘리엇은 슬픈 표정으로 "I miss you"라며 막내를 그리워했다. 아내는 농담처럼 애틋한 두 아이가 만날 수 있도록 독일에 한번 가야겠다고 말했다. 막내는 단짝 없는 새로운 삶에 다시 적응해 나갔다. 그러다가도 잊을만하면 한번씩 엘리엇 이야기를 했다. 마음이 아프지만 만나면 헤어지는 게 인생 아니겠는가.

    20여 일 남은 부활절 연휴를 어떻게 보낼지 고민하던 중 아내가 또 독일 한번 가볼까 말했다. 왜냐고 물으니 "독일 간 엘리엇도 보고 겸사겸사" 그랬다. 사실 나 역시 이전에 독일에 한번 가야겠다는 아내 말이 남아 있었다. 그럼 비행기 표 알아보고 비싸면 가지 말고 저렴한 거 있으면 한번 고민해 보자고 의기투합했다. 돌아보면 이미 그때 무슨 수를 써서라도 독일에 가려고 마음먹었던 게 아닌가 싶다. 다만 명분이 필요했을 뿐. 항공편을 검색했는데 부활절 연휴 기간이라 푯값이 인정사정없이 비쌌다. 검색이 길어질수록 더 비싸져만 갔다.

    포기하려던 찰나 벨기에 남자친구와 결혼해 네덜란드에 살고 있는 아내 사촌 동생이 떠올랐다. 한국에서 열린 결혼식도 참석 못 해 스웨덴에 있는 동안 네덜란드에 한번 가야 되는데 마음 앓이만 하고 있었다. 아내는 "나가고 들어오는 도시가 다르게 항공권을 찾아보면 어때?"라고 제안했다. 설마 했는데 맨 처음 봤던 푯값보다 조금 저렴했다. 결코 싸지 않은 가격인데 비싸지는 비행기 표만 보다 보니 엄청 저렴하게 느껴지던 미혹의 순간이었다. 그렇게 엘리엇도 보고 아내 사촌 동생 내외도 보는 일석이조 여행 계획이 만들어졌다. 비행기 표 끊고 숙소를 알아보니 독일은 나름 합리적인 가격인데 네덜란드는 숙박비가 저 멀리 안드로메다 은하로 가는 수준이었다. 이건 뭐 2박 가격이 거의 80~90만 원대 풀빌라 급이다.

"여보, 비행기 표 취소하자. 숙박비에 집 기둥뿌리 뽑히겠다."

"환불 불가인데."

돈을 조금 더 주더라도 환불 가능 티켓을 사야 한다는 교훈을 얻었다. 그럼에도 다음번에 또 돈 몇 푼에 혹해 환불 불가를 끊겠지. "인생 뭐 있나, 그래 우리도 시한부 EU 시민 아닌가. EU스럽게 여행 한번 가보자."

엘리엇 기다려라, 우리가 간다.

1천200km를 날아 진심과 진심이 만나면

48

부활절 연휴였던 2023년 4월 9일. 이별한 막내와 유치원 절친 엘리엇이 두 달 만에 재회하는 날이었다. 아내와 난 스웨덴에서 독일 프랑크푸르트로 이사 간 엘리엇과 막내를 만나게 해 주려고 비행기 티켓을 끊었다. 솔직히 말하자면 적지 않은 비용을 들여 이렇게까지 할 필요가 있을까 싶었다. 구글맵을 보니 스웨덴 스톡홀름에서 독일 프랑크푸르트까지 직선거리로 1천 200km였다. 하지만 친구를 보고 싶은 순수한 마음과 애틋한 우정이야말로 귀하다고 생각했다.

두근거리는 마음을 안고 약속 장소인 프랑크푸르트 동물원으로 갔다. 내가 다 긴장됐다. 막내와 엘리엇은 기분이 어떨까. 동물원 입구를 지나 매표소 건물로 들어갔다. 저 멀리 유치원에서 자주 봤던 엘리엇 모습이 보였다.

막내와 엘리엇은 보자마자 달려가 서로를 꼭 끌어안았다. 둘 사이 대기 줄 펜스가 놓여 있었지만 아랑곳없었다. 펜스 위로 꼭 껴안은 둘 모습에 울컥했다. 모두 극적인 상봉을 그저 숨죽인 채 바라볼 수밖에 없었다. 얼마나 시간이 흘렀을까. 부둥켜안은 둘은 마침내 서로 얼굴을 찬찬히 확인하며 두 손을 마주 잡았다. 이 장면 하나에 독일에 오기까지 했던 고민이 한순간 다 부질없는 것처럼 느껴졌다.

그제야 우리와 엘리엇 가족도 서로 안부를 묻고 인사했다. 우린 모든 가족이, 엘리엇네는 엄마와 할머니가 출동했다. 이날 주인공은 막내와 엘리

막내와 엘리엇이 다시 만난 순간

엇이었기에 첫째 둘째와 나는 따로 동물원을 구경했다. 아내한테 들으니 둘은 계속 손을 꼭 맞잡은 채 장난치며 재미있는 시간을 보낸 듯했다.

　우리 가족이 온다는 사실을 알게 된 엘리엇 할머니는 꼭 두 아이의 만남을 보고 싶다며 같이 오셨다고 했다. 둘을 보고 있으니 자꾸만 눈물이 날 거 같다고 아내에게 말했다고 한다. 그 말씀에 100% 공감했다. 나 역시 그랬으니까. 엘리엇은 이날 저녁 "독일에 온 이후 가장 행복한 날이었다"고 엄마한테 말했다고 한다. 나와 아내한테는 그 어떤 말보다 값지고 고마웠다. 막내는 숙소로 돌아오자마자 바로 곯아떨어졌다.

　다음 날 막내와 엘리엇은 스웨덴으로 치면 스칸센 같은 프랑크푸르트 근교에 있는 헤센파크 야외 박물관(Freilichtmuseum Hessenpark)에서 놀았다. 고맙게도 엘리엇 엄마는 숙소 앞까지 와서 아내와 막내를 태워서 갔다. 역시 첫째 둘째와 나는 이날도 따로 놀았다. 둘의 알콩달콩한 만남을 못 봐 아쉬웠지만 나름 우리끼리 재미있게 프랑크푸르트 이곳저곳을 구경했다. 이틀 연속 강행군에 힘들었는지 엘리엇과 막내는 오후에 예상보다 일찍 헤어졌고 우리가 숙소로 돌아갔을 땐 막내는 이미 잠든 뒤였다.

세 번째 만남은 하루이틀 뒤 보기로 했다. 프랑크푸르트 인근 도시 슈투트가르트에서 만날 계획이었다. 엘리엇네도 못 가본 도시라고 해서 재미있는 시간이 기대됐다. 하지만 엘리엇 가족에게 갑작스러운 사정이 생겼고 세 번째 만남은 이뤄지지 못했다. 야속하게 프랑크푸르트에서 6일은 화살처럼 지나가 버렸다.

프랑크푸르트를 떠나는 마지막 날 엘리엇과 막내는 우리 숙소 근처 공원에서 마지막으로 재회했다. 우리 가족이 네덜란드행 열차를 타기 전 엘리엇 엄마가 엘리엇을 데리고 온 것이었다. 막내는 엘리엇과 놀이터에서 짧지만 즐거운 시간을 보내고 아쉬운 작별을 해야만 했다. 마지막 순간 막내와 엘리엇은 첫날처럼 꽤 오래 뜨겁게 포옹했다.

헤이그행 열차에 몸을 실은 뒤 여러 감정이 교차했다. 누구를 만나러 여행을 떠난다는 게 한편으론 무모하다고 생각했다. 우린 진심인데 정작 상대방이 우리만큼 진심이 아닐 수 있다. 그렇다고 해서 서운하지는 않았다. 애초부터 우리가 선택한 일이니까. 상대방 상황과 처지를 충분히 고려하지 않고 우리만 들떠서 온 게 아닐까 걱정도 들었다. 엘리엇 엄마는 아내가 독일로 간다고 말한 뒤 우릴 위해 부활절 연휴를 모두 비워놓고 기다리고 있었다. 막내와 엘리엇이 만나면 무엇을 하고 무엇을 먹고 어디에서 놀지를 고민했다. 미안하고 고마웠다. 우리 진심과 엘리엇네 진심이 만났을 때 행복했고 여행 오기 참 잘했다 싶었다. 엘리엇은 프랑크푸르트 마지막 재회 때 엄마에게 막내랑 "결혼할 거야"라고 말했다고 한다. 그 말을 들은 엘리엇 엄마는 웃으며 "좀 많이 큰 다음에"라고 했다는 전언이다.

엘리엇과 막내의 프랑크푸르트 회동 5일 뒤 엘리엇 엄마가 아내한테 문자를 보냈다. 아침에 일어나자마자 엘리엇이 막내를 보고 싶다고 울어서 같이 껴안고 울었다고 했다. 막내와 엘리엇은 영상통화를 하면서 회포를 풀었다. 엘리엇 집 냉장고에 막내랑 엘리엇이 이번에 같이 찍은 사진이 붙어 있는 게 보였다. 통화 뒤 막내는 엘리엇이랑 잘 대화할 수 있도록 영어를 더 잘하고 싶다고 말했다.

두 아이 인연이 어디까지 이어질까. 만날 기회가 있다면 그걸 가능하게 해주는 게 어른의 역할이라고 생각한다. 사정이 여의치 않아 못 만나게 될 수도, 서서히 기억이 희미해질 수도 있다. 그래도 잊지 않는다면 언젠가는 또 만날 수 있다고 믿는다. 안녕, 엘리엇. See you soon.

막내와 엘리엇이 다시 만난 순간

열차 파업에 지옥과 천당을 오가다

2023년 4월 가족여행을 갔다가 스웨덴 스톡홀름 알란다 공항으로 돌아왔다. 평소엔 알란다 공항과 스톡홀름 중앙역을 논스톱으로 연결하는 알란다 익스프레스 열차를 이용하곤 했다. 이날은 평일 낮에 도착해 시간 여유가 있는 만큼 돈을 아끼려 교통카드만으로 추가 비용 없이 집에 가보자고 아내와 의기투합했다. 그게 고생 시작인 줄 모르고 말이다.

공항에서 시내버스를 타고 인근 메르스타(Märsta)역까지 이동한 뒤 통근열차(pendeltåg)로 스톡홀름 T-센트랄렌역까지 갈 계획이었다. 마르스타역에 도착했는데 평소와 공기가 달랐다. 뭔가 어수선하고 분주한 느낌이었다. 개찰구로 걸어가는데 갑자기 직원이 불러 세운다. 통근열차가 다니지 않는다, 저기 보이는 노란 버스를 타고 가라, 지금 안 가면 못 탄다는 말이었다.

버스를 못 탈 수도 있다는 생각에 캐리어 끌고 아이들 손잡고 허겁지겁 달렸다. 임시 특별수송 버스에 해당하는 노란 버스는 이미 만원이었다. 앞문으로 아내와 둘째 셋째, 뒷문으로 나와 첫째가 간신히 탑승할 수 있었다. 꽉 찬 버스에 짐까지 있으니 죽을 맛이었다. 추울까 봐 두꺼운 옷을 입은 우리 가족은 창문마저 닫힌 만원 버스에서 온통 땀으로 젖었다. 완연한 봄 날씨에 창문을 투과한 햇볕은 마치 히터 복사열같이 뜨거웠다. 첫째는 얼굴이 벌겋게 달아올라 아빠를 원망하는 레이저 눈빛을 쏘고 있었다. 아내에게 문자로 전달받은 내용을 보면 둘째 셋째도 너무 더워 땀을 뚝뚝 흘리고 있는 상태. 정말 1분 1초가 고역이었다. 그 상태로 40여 분을 가서야 드디어 버스 문이 열렸다. 거의 실신 직전 구원받은 첫째는 "공항에서 기차 탔으면 됐는데 이게 무슨 고생이냐?" 쏘아댔다. 가는 날이 장날이라고 난들 이렇게 될 줄 알았나. 역에서 한참 기다려 드디어 임시 편성된 통근열차를 탔다. 아내와 나는 "고생은 했지만 그래도 6만 원 굳었다."며 마주 보고 웃었다. 그런 우릴 첫째가 '참 독한 부모네'라는 표정으로 쳐다봤다.

이 난리통이 벌어진 건 4월 17일부터 시작된 통근열차 파업 때문이었다. 통근열차 기관사 70여 명이 3일간 파업에 돌입해 첫날 열차 운행 80%, 둘째 날 90%, 셋째 날 77%가 취소된 것이었다. 이 파업으로 출퇴근 시간을 비롯해 약 14만 명 시민이 큰 불편을 겪어야 했고 지각 사태가 속출했다. 평소 15분을 넘지 않던 통근열차 배차 간격이 1시간 심지어 2시간까지 늘어졌다. 특히 주변 도시에서 통근열차를 타고 스톡홀름에 출퇴근하는 시민들 불편이 상당했다. 우리 가족은 통근열차 파업 둘째 날 아무것도 모른 채 스톡홀름에 돌아온 것이다.

파업 이유는 이랬다. 1천600명을 수송할 수 있는 통근열차에는 기관사 외에 승무원 1명이 탑승한다. 승무원은 교통 장애 발생 시 안내 방송을 하고 각종 서비스와 안전을 책임진다. 장애인 등 승객 승하차를 돕고 객차 문 작동을 관리하는 등 일을 한다. 현재 약 350명 승무원이 통근열차에서 일하고 있다고 한다. 그런데 스톡홀름 의회가 외부 용역 결과를 토대로 승무원 없이도 열차 운행이 가능하다고 결정했다. CCTV를 설치하면 기관사가 열차 내외부를 감시하며 승무원 역할까지 할 수 있다는 이유였다. 2023년 초까지 승무원 일부를 해고한 데 이어 3월부터 스톡홀름 통근열차 절반이 승무원 없이 운행 중이며 9월엔 모든 열차에 승무원을 배제할 계획이다.

당연히 승무원은 이 결정에 반발했다. 그런데 이번 파업 주체가 승무원이 아니었다. 기관사였다. 자기 일도 아닌데 왜 기관사는 파업에 나섰을까.

기관사들은 승무원 역할이 결코 CCTV로 대체될 수 없으며 승객과 기관사 안전을 위해 승무원이 꼭 필요하다며 열차를 멈췄다. 지금까지 승무원 한 사람이 승객 1천500명 이상을 관리해 온 것도 유례없는 일이며 그나마 있는 승무원도 없애는 건 부당하다는 게 그들 설명이었다. 기관사들은 승무원 폐지 정책에 반발해 2023년 3월에도 단체로 병가를 내는 등 태업으로 열차 운행을 지연시키기도 했다.

더 눈길을 끈 건 열차 기관사들이 노조와 별개로 파업을 벌였다는 거다. 노조 연계 없이 단독으로 벌이는 파업을 와일드 스트라이크(wild strike)라고 한다. 노조와 사측 쟁의 조정을 거치지 않은 불법 파업이다. 이럴 경우 기관사들은 파업으로 인한 피해에 배상을 요구받을 수 있고 파업이 오래 지속되면 근로 거부로 해고될 수도 있다. 피해를 감수하면서까지 기관사들이 파업에 나선 건 업무 편의 목적만은 아닌 듯했다. 기관사들은 "우린 더 많은 임금이나 휴가를 원하는 것이 아니다. 안전을 위해 파업한다"고 말했다.

파업 이틀째, 통근열차 운영 회사인 MTR 측은 이번 파업을 불법이라고 선언하고 파업에 참여한 기관사에게 즉시 업무 복귀 명령을 내려줄 것을 노동 법원에 요청하는 것으로 맞대응했다. 이어 파업에 참여한 기관사 73명에게 손해배상 청구 소송도 제기했다. 하지만 파업은 멈출 기미가 보이지 않았다. 기관사들은 오히려 파업을 계속하겠다고 선언했다. "파업에 돌입하면서 48시간 만에 50만 크로나(6천400만 원)를 모금하는 등 파업 자금으로 150만 크로나(1억 9천350만 원)가 있다"며 "손해배상 결정을 받는다면 이 자금을 사용할 것"이라고 했다. 모금액은 전적으로 시민들이 기부한 것으로 시민이 이번 파업을 지지하는 증거이며 우리(기관사) 주장이 옳다는 취지였다. 스웨덴 언론에서 접한 시민 반응도 한국 언론과 달랐다. 한 지하철 이용객은 "아침 교통 체증으로 오늘 지각할 것이 뻔하다. 짜증은 나지만 그들이 오랫동안 무언가와 싸웠다면 그 의도를 이해한다"고 말했다.

또 하나 재미있는 점은 이번 파업을 두고 열차 기관사 대부분이 소속된 산별노조 세코(SEKO)가 파업 전부터 기관사들에게 불법 행위에 가담하지 말라고 경고하고 파업을 비판했다는 점이다. 노조원이 노조와 별개로 파업하고 노조가 노조원을 비판하는 이런 구도는 한국 노동계에서 좀처럼 보기 힘든 풍경이다. 이는 스웨덴 사회 임금 협상 시스템에 기인하는 측면이 있다. 1930년대 초반 살트셰바덴 협약으로 노조, 사용자, 정치권이 양보와 타협으로 노사문제를 해결하는 근간을 만든 스웨덴은 1997년 노조 다수와 여러 사용자 단체가 일괄 협상을 벌여 임금 인상 폭을 결정하는 '산업협정'을 체결했다. 우리로 치면 여러 산별노조가 여러 사용자단체와 일괄적인 임금 인상 협상을 벌이는 격이다.

스웨덴은 이후 25년간 이런 방식으로 임금협상을 벌여 그 결과에 노조와 사용자 단체 모두가 수긍하고 따라왔다. 이로써 사용자는 안정적인 사업 운영을, 노동자는 실질 임금 상승이라는 결과를 얻었다. 2023년엔 5개 거대 노동조합과 다수 사용자 단체 사이에 2년간 새 협약이 체결됐다. 주요 내용은 첫해에 4.1%, 두 번째 해에는 3.3%씩 급여를 인상한다는 것이었다. 조합원 근로조건에 대해 여러 고용주 단체와 다수 노조가 협상하는 스웨덴 노사 모델은 일단 단체협약이 체결되면 양측 간 평화 의무가 있고 무분별한 파업을 자제하는 불문율이 있었다.

통근열차 기관사들은 이 불문율을 깨고 파업에 나선 것이다. 2023년 기관사 노조가 속해 있는 세코(SEKO)는 사용자 단체와 임금 협상을 벌이고 있는 중 터진 기관사들 단독 파업으로 행여 임금협상에 지장이 생길까 봐 파업 전부터 불법행위로 규정짓고 기관사들에게 가담하지 말라고 경고한 것이었다. 세코(SEKO)는 승무원제 폐지 해결책 역시 불법 파업이 아니라 기존 게임 규칙 내에서 협상과 합의로 풀어야 한다는 입장이었다.

기관사들은 예고한 대로 3일 만인 19일 오전 0시 1분 전 스스로 파업을 철회했다. 파업 3일간 스톡홀름 의회는 아무런 반응을 보이지 않았다. 한국에서 유사한 일이 있었다면 필수 공익사업장에서 불법 파업이 일어났다며 비난 여론이 들끓고 파업 주동자 수배가 떨어지는 등 공권력이 작동하지 않았을까. 스톡홀름 통근열차 기관사들의 삼일천하는 그렇게 마무리됐다.

2023년 초 독일 한 열차 내에서 한 남성이 흉기를 휘둘러 승객 5명이 다치는 일이 있었다. 승무원이 없다면 이런 사건에 제대로 대응할 수 없다는 게 승무원과 기관사 주장이기도 하다. 앞으로 통근열차 승무원 근무를 둘러싼 기관사와 스톡홀름 의회 사이 갈등이 어떻게 마무리될지 궁금하다.

일부나마 들여다본 스웨덴 노사 시스템은 약간 부러웠다. 갈등을 최소화하고 사회적 비용을 줄이는 노사 관계는 양측 모두에게 예측할 수 있는 결과를 도출해 기업 경쟁력을 높이는 원동력이 되는 듯했다. 이 때문인지 스웨덴은 파업으로 인한 근무 손실 일수가 2021년 한 해 11일에 불과했다. 사실상 거의 파업하지 않았다는 말이다. 인접 국가인 노르웨이가 11만 6천250일, 핀란드가 3만 4천100일, 덴마크가 24만 3천 일인데 비해 훨씬 적었다. 스웨덴 한 언론인은 이를 두고 "스웨덴 사람들은 다른 북유럽 국가보다 파업에 관한 한 순수한 주일학교 아이들"이라고 말하기도 했다.

스웨덴에 노사 갈등이 없었던 것은 아니다. 과거 아주 많은 파업이 발생했고 주요 산업이 파업에 돌입했던 1980년 봄, 많은 공장과 사업장이 거의 2주 동안 문을 닫았다. 이로 인해 440만 일이라는 어마어마한 근무 손실 일수가 발생했다. 스웨덴 '산업 협정' 합의는 노사 갈등으로 사회가 혼란에 빠졌던 이런 배경에서 나온 것일 수 있다. 반대로 합의가 불발되면 많은 노동자 단체가 총파업에 나서 스웨덴 경제가 일시에 마비될 수도 있다. 스웨덴 노사는 과거 경험을 거울삼아 그런 파국에 이르지 않도록 가급적 양보와 합의를 하는 것이리라.

이런 모델이 한국에 있다면 지금같이 매년 반복되는 노사 갈등이 조금 줄어들지 않을까. 1년이 아닌 2년 치 임금협상을 하는 것도 불필요한 사회적 비용을 막는 방법이 될 것 같다. 파업에 대한 부정적인 여론만 보다가 당장 불편하지만 그들 주장을 이해한다는 스웨덴 시민 말엔 여유와 관용이 느껴졌다. 기관사들 파업 모금 운동에서 불과 며칠 만에 2억 원에 육박하는 돈을 기부한 시민 의식도 여러 생각을 하게 했다.

비용을 줄이려고 사람 대신 기계나 인공지능으로 대체하는 사례가 갈수록 늘고 있지만, 사람만이 할 수 있는 고유한 영역은 여전히 있다고 생각한다. 스톡홀름 시한부 거주자로서 통근열차 기관사들 투쟁을 응원한다.

* 통근열차 기관사 파업 이후 SL은 통근열차 운행률이 저조하다며 통근열차 운영사인 MTR(홍콩 지하철 운영업체)과 계약을 조기에 종료하고 운영을 맡았다. 하지만 통근열차 승무원 폐지 정책은 스웨덴 교통청 명령이라 승무원 없이 열차를 계속 운행한다는 것이 SL 입장이다.
* Dagens Nyheter와 www.ekonomifakta.se 등을 참고했다.

그린피스에 무릎 꿇은 스키폴 공항

50

스키폴 공항에서 기습 시위 나선 그린피스 활동가들 (출처 그린피스 홈페이지)

2022년 11월 환경 운동가들이 네덜란드 스키폴 공항에서 기습 시위를 벌였다는 스웨덴 현지 보도를 봤다. 당시 환경 운동가들은 개인 전용기를 가로막고 항공기 운항 감축, 개인 제트기 운항 금지 등을 외쳤다. 500여 명이 시위를 벌였고 200명 이상이 공항 경비원에게 체포됐다. 자전거를 타고 공항 계류장을 휘젓고 다니는 환경 운동가를 경비원들이 뒤쫓기 바빴다. 공항 보안 구역 안으로 어떻게 그 많은 자전거를 끌고 갔는지 의문이었다. 특히 술래잡기하는 듯 웃던 그들 모습이 기억에 남았다. 붙잡히면 체포되는 긴박한 상황에서 놀이하는 아이처럼 표정이 무척 해맑았다.

　5개월 만인 2023년 4월, 관련 기사가 또 나왔다. 스키폴 공항 측이 2025~2026년부터 개인 항공기, 소규모 비즈니스 항공기 운항을 전면 금지하며 어떤 비행기도 자정 이후에 이착륙할 수 없다고(정확하게는 자정부터 오전 6시까지 이륙 금지, 자정부터 오전 5시까지 착륙 금지) 발표했다는 내용이었다. 자정 이후 운항을 중단하면 연간 비행 횟수 1만여 편이 줄어든다. 더 많은 항공기가 이착륙할 수 있는 추가 활주로 건설 계획도 포기한다고 했다. 놀라운 발표였다. 환경 운동가들이 시위 한번 했다고 5개월 만에 이런 공항 정책을 내놓은 것일까.

　스키폴 공항은 유럽에서 잘 나가는 공항 중 하나다. 운항 횟수, 수송 능력 등에서 영국 히드로, 독일 프랑크푸르트 공항에 이어 프랑스 샤를 드 골 공항과 함께 유럽 3위권 공항이다. 운항 감소로 기존 입지가 흔들릴 수 있는데도 단호한 결정이었다.

　앞서 네덜란드 정부는 2024년까지 항공기 운항 횟수를 연간 50만 회에서 44만 회로 12% 줄이겠다고 제안한 상태였다. 이 배경엔 항공기 소음과 대기 오염으로 고통받는 스키폴 공항 인근 주민이 있었다. 파리 기후협약에 따라 이산화탄소 배출량을 줄인다는 정부 정책에 보조를 맞춘 것이기도 하다. 그럼에도 개인 전용기 전면 운항 금지 조치까지 한 것은 언론에서도 상당히 이례적인 일로 받아들이는 모양새였다. 그린피스도 스키폴 공항 결정에 즉각 환영 의사를 밝혔다.

　영국 브리스톨 대학에서 시민불복종과 사회운동을 연구하는 오스카 베리룬드(Oscar Berglund)는 스웨덴 언론 다겐스 뉘헤테르와 인터뷰에서 "스키폴 공항 측 결정은 인근 주민과 정부 압력에 따른 대응으로 보이지만 시위대가 민간 항공기에 대해 항의한 점은 의미심장했다"고 말했다. 시위가 전용기를 소유한 극 부유층들 사적인 비행의 합법성, 정당성을 잃게 만드는 데 기여했다는 설명이었다. 그는 이어 "가장 부유한 사람이 소유한 전용기는 가장 많은 이산화탄소를 배출하지만 그 결과로 인한 고통은 가장 적게 받는 분명한 사례"라며 "인기 없는 대상(부유층 개인 전용기)과 문제를 해결할 권한이 있는 상대(스키폴 공항)를 겨냥한 파괴적인 환경 운동가들 시위는 종종 다른 유형 시위보다 더 성공적일 수 있다"고도 평가했다.

실제 개인 제트기는 일반 항공기보다 20배 이상 많은 이산화탄소를 내뿜어 지구환경에 치명적이라고 한다. 전용기로 영국 히드로 공항에서 미국 JFK 공항까지 운항할 경우 이산화탄소 2만 5천56kg가 배출되는 반면, 보잉 747 퍼스트 클래스는 2천835kg, 비즈니스 클래스는 947kg, 이코노미 클래스는 313kg의 이산화탄소를 배출한다는 연구 결과가 있다. 개인 제트기 이산화탄소 배출량이 보잉 747 좌석을 모두 합친 것보다 6배나 많다. 개인 전세기를 타는 극 부유층은 지구온난화 주범인 셈이다.

그린피스 보고서에 따르면 유럽에서 전용기 등 개인 항공편은 코로나 팬데믹 기간인 2020년부터 2022년까지 64% 증가해 연간 57만 2천806편에 달했다고 한다. 이는 EU 시민이 연간 배출하는 이산화탄소 총량과 맞먹는다. 스키폴 공항에서 출발하는 전용기 30~50%는 스페인 이비자, 프랑스 칸, 오스트리아 인스브루크 등 휴양지가 목적지였다. 스키폴 공항에서 이 휴양지로 가는 정기 항공편이 충분히 있음에도 불구하고 말이다. 스웨덴에서 출발하는 개인 항공기 이륙 횟수도 2020년 3천219편에서 2022년 1만 285편으로 3배 이상 증가했다. 스웨덴에서 민간 항공기가 가장 많이 이용하는 공항은 브롬마(Bromma) 공항이며 가장 일반적인 비행경로는 스톡홀름과 런던 사이다.

기사를 보면서 2021년 2월 특별법 제정으로 건설이 확정된 부산 가덕도신공항이 생각났다. 부산엔 김해국제공항이 있지만 자정부터 오전 6시까지 이착륙을 금지하는 커퓨타임(curfew, 운항 금지)과 최대이륙중량 문제로 미주, 유럽 등 장거리 노선 취항 제약 요인이 돼 왔다. 김해공항은 주변에 신어산, 돛대산이 있어 중대형 항공기는 산악과 충돌을 피하려 화물량이나 승객수를 제한하는 최대이륙중량을 엄격히 지켜야 해 항공사들은 김해공항 취항에 난색을 표해왔다.

환경적인 측면에서 보면 24시간 운항할 수 있는 신공항 건설은 기후위기를 더 가속하는 원인이다. 그럼에도 가덕도신공항 건설이 최종 결정됐을 때 부산 환경단체들은 한동안 침묵했다. 경남 지역 환경단체가 신공항은 필연적으로 이산화탄소 배출량을 높일 수밖에 없다며 반대 입장을 취하고 나서야 뒤늦게 반대 의견을 밝혔던 것으로 기억한다. 신공항 건설이 부산시 숙원사업과 시민 염원이라는 사실을 잘 아는 만큼 의견 표명에 큰 부담을 느끼지 않았을까 추정한다.

가덕도신공항은 서울과 수도권에 쏠린 물류와 항공을 분산시키는 국토 균형발진 징책 중 하나다. 사징이 나아지긴 헀지민 여진히 지역 주민은 유럽이나 미주 지역으로 여행하려면 인천공항을 이용해야 한다. 시간, 비용 면에서 무척 손해일 수밖에 없다.

지방 이전에 반대하는 공공기관 반발도 역설적으로 서울공화국 체제가 얼마나 공고한지 보여준다. 부산으로 이전한 공공기관 직원들한테서 부산 정도 환경이면 그나마 살기 괜찮다는 말을 들은 적이 있다. 하지만 교육 문제로 자식을 서울에 남겨두고 오는 기러기 아빠들이 대부분이고 가족 전체가 내려오는 경우는 많지 않다. 지역 간 교육 격차 해소 역시 국토 균형발전의 중요한 숙제다.

서울공화국 체제에서 지역 청년들은 지역에 살고 싶어도 좋은 일자리가 없기 때문에 울며 겨자 먹기로 서울과 수도권으로 간다. 고물가와 미친 집값에 지역 청년들은 제대로 자리 잡기까지 열악한 생활을 할 수밖에 없다. 서울로 갔던 청년들이 다시 지역에 돌아오고 싶어도 일자리가 없어 오지 못하는 건 너무 슬픈 현실이다. 지역 발전을 뒤처지게 하는 악순환이다. 지역 갈등이나 열등감을 유발하는 서울공화국 체제보다 지역 균형발전은 사회통합 측면에서도 도움이 되리라 믿는다.

    2023년 1월 1일 국가균형발전 특별법이 시행됐다. 이 특별법은 지역 간 불균형을 해소하고, 지역 특성에 맞는 자립적 발전을 통해 균등한 국민 생활 향상과 국가 균형발전에 이바지함을 목적으로 한다. 앞으로 어떤 균형발전 정책이 나오는지 지켜볼 일이다. 결론은 어느 곳에 살아도 살기 좋은 대한민국이 됐으면 좋겠다는 말이다.

* www.realworldvisuals.com, Dagens Nyheter, 그린피스 홈페이지, www.realworldvisuals.com, nos.nl 등을 참고했다.

스웨덴 국왕 생일 축하곡이
'Without You' (너 없이)

2023년 4월 30일은 스웨덴 '왕의 생일(kungens födelsedag)'이었다. 왕궁에서 왕의 생일을 축하하는 행사가 열린다고 해 가봤다. 왕위가 세습되는 군주국인 스웨덴에서는 왕이 국가원수의 지위로 상당한 영향력을 가진 듯했다. 함께 간 둘째한테 "왜 왕의 생일에 가고 싶었냐?"고 하니 "음… 스웨덴 왕은 어떻게 생겼는지 궁금하고 지금 아니면 못 볼 거 같아서"란다. 그래 내 생각이랑 똑같구나 싶었다.

행사가 열리는 왕궁 바깥뜰인 이트레 보리고덴(Yttre borggården)에 도착하니 이미 많은 사람들이 모여 있었다. 사람들 틈에 끼여 행사가 시작되길 기다렸다. 해군 악단이 식전 공연으로 아비치(Avicii) 대표곡 중 하나인 <Without You>를 연주했다. 국민 뮤지션 아비치 위상이 어느 정도인지 느낄 수 있었다. 또 자칫 권위적일 수 있는 행사에 아비치 노래를 선곡하는 유연함도 돋보였다. <Without You>는 사랑하는 사람이 떠나고 홀로서기를 하겠다는 내용인데 왕의 생일을 기념하는 행사와 뭔가 어울리지 않는다는 생각이 들긴 했다(물론 연주곡이긴 했지만).

군악대와 기병음악대도 차례로 입장하면서 연주가 계속 이어졌다. 특히 말을 탄 음악대 위엄은 상당했다. 그러는 사이 왕이 나와 귀빈을 맞이하고 리셉션 장소로 이동했다. 인파 속에 파묻혀 왕이 이동하는 모습은 못 봤다. 전통 있는 행사지만 좋은 음악도 계속 들으니 약간 지겨웠다. 인내심이 필요했다. 그러다 마침내 행사 하이라이트인 어린이들이 직접 왕에게 꽃을 건네는 순서가 됐다. 사전에 선정된 아이들이 왕에게 꽃을 주겠거니 생각했는데 행사 관계자가 즉석에서 왕에게 꽃을 줄 아이들이 있느냐고 묻고 다녔다. 꽃만 있으면 어떤 어린이든 왕에게 직접 건넬 수 있었다. 이럴 줄 알았으면 꽃다발 하나 사와 둘째가 스웨덴 왕에게 생일 축하 꽃을 주는 진귀한 경험을 할 수 있었을 텐데 아쉬웠다. 부모 손에 이끌려 온 아이도 있었고 왕 복장을 한 어린이도 있었다. 기모노를 입은 일본 어린이가 왕에게 꽃을 건네기도 했다. 특히 우크라이나 국기를 망토처럼 두른 아이가 스웨덴 국왕에게 꽃을 줬을 때 많은 박수가 쏟아졌다.

 꽃 증정식이 끝난 뒤 왕은 왕궁으로 들어가 왕족들과 함께 발코니에 나와 손을 흔들었다. 생일 행사를 마무리하는 오랜 의식인 듯했다. 빅토리아 왕세녀를 포함해 다니엘 왕자, 오스카 왕자, 알렉산더 왕자, 실비아 여왕, 가브리엘 왕자, 에스텔 공주, 칼 필립 왕자, 소피아 공주, 줄리안 왕자 등 스웨덴 왕족이 총출동했다.

 이전까지는 좁은 발코니에서 왕족이 돌아가며 대중에게 인사했다고 하는데, 올해 77번째 생일을 맞아 발코니를 넓게 만들어 온 가족이 한꺼번에 나와 인사했다. 스웨덴 국민들은 즉석에서 노래를 불러 생일을 축하하기도 했다. 권위적이지 않고 열린 행사였다. 파란색 배경에 황금 왕관 패턴이 반복되는 왕실 문양이 왠지 고급스러웠다.

 2022년 사망한 엘리자베스 2세 여왕에 이어 왕위를 물려받는 영국 찰스 3세 대관식도 스웨덴 왕의 생일 뒤에 열려 눈길이 갔다. 특히 찰스 3세 인기나 여론이 좋지 않아 대관식 몇 주 전 실시된 여론조사에서 영국인 절반 이상이 대관식 비용(1억 파운드 추산, 대략 1천669억여 원)을 국가가 아닌 왕실이 지불해야 한다는 의견을 밝혔다고 했다.

기병음악대

국왕에게 생일축하 꽃다발을 건네는 아이

방문객에게 손 흔드는 스웨덴 국왕

칼 16세 구스타프 스웨덴 국왕에 대한 국민 여론은 그다지 나쁘지 않은 듯했다. 2023년 기준 왕위에 오른 지 50년째인 스웨덴 국왕은 2010년 위기를 겪기도 했다. 왕이 불륜을 저지르고 스트립 클럽 등을 방문했다는 내용이 담긴 책이 발간된 것이다. 당시 왕은 책 내용을 전면 부인했지만 왕실 신뢰도는 추락했다. 왕족 일거수일투족이 대중과 언론 관심을 받을 수밖에 없고 이런 일이 있을 때마다 군주제 폐지 여론이 높기 마련이다.

스웨덴 국왕은 왕위에 있는 동안 모든 범죄 혐의에 면책 특권을 가진다. 2020년 SOM lab 조사에 따르면 스웨덴인 54%가 군주제 유지에 찬성, 20%는 반대, 26%는 별생각 없음으로 나타났다. 스웨덴 국민 과반수가 군주제에 호의적인 반응을 보이는 셈이다. 스웨덴 의회는 1971년 국왕의 모든 공식적인 정치권력을 박탈하는 토레코프(Torekov) 협정을 맺었다. 따라서 스웨덴 국왕은 현재 상징적인 국가원수로서 노벨상 수여, 국빈 방문, 국경절 행사 참여 등과 같은 역할을 소화하고 있다.

1980년 스웨덴 의회는 성별에 관계없이 태어난 순서대로 왕위를 물려받도록 법을 개정하기도 했다. 이 때문에 둘째 칼 필립 왕자가 왕위를 박탈당하고 누나인 빅토리아 공주가 왕위 계승자가 됐다. 빅토리아 공주가 여왕이 되면 다음 왕위 계승자는 첫째 딸인 에스텔 공주가 된다. 칼 16세 구스타프 국왕은 2023년 1월 방송된 다큐멘터리에서 법을 소급 적용한 것은 옳지 않다며 아들인 칼 필립 왕위 계승 박탈에 강한 아쉬움을 표명하기도 했다. 이 일로 국왕이 의회 결정을 인정하지 않는다는 논란에 휩싸이기도 했다. 성 중립적인 왕위 계승으로 스웨덴 군주제가 존속되고 강화될 것이라는 분석도 있었다.

왕실 세 자녀인 빅토리아, 칼 필립, 마들렌 모두 아버지인 칼 16세 구스타프처럼 소위 평민과 결혼했다. 빅토리아 공주는 헬스 트레이너이던 다니엘과, 칼 필립 왕자는 모델인 소피아와, 막내딸 마들렌 공주는 은행원인 크리스토퍼 오닐과 각각 결혼했다. 왕세녀 빅토리아 공주와 다니엘의 결혼은 특히 왕실에서 강력하게 반대했다고 하는데 결국 빅토리아 고집을 꺾지 못했다. 칼 16세 구스타프 스웨덴 국왕은 왕위에 오르자 의회와 협의해 왕위계승법까지 바꿔 실비아 여왕과 결혼했는데 그 아버지에 그 딸이었다. 애초 평민과 결혼한 왕족은 왕위를 이을 자격이 주어지지 않았지만 왕위계승법을 바꿈으로써 평민과 결혼해도 왕위를 물려받을 수 있게 됐다. 칼 16세 구스타프 왕이 솔선수범해 자식이 평민과 결혼할 수 있는 길을 마련해준 셈이었다.

현재 유럽에서 군주제 국가는 스웨덴, 영국, 노르웨이, 덴마크, 벨기에, 네덜란드, 스페인 등이다. 이미 한 세기 전에 왕이 사라지고 대통령이 최고 권력자인 코리아 공화국(Republic of Korea) 국민으로서 이날 행사는 왕의 지위를 조금이나마 느껴본 자리였다. 미리 공부를 좀 하고 갔더라면 더 재미있었을 텐데라는 생각도 뒤늦게 들었다.

행사가 끝난 뒤 둘째에게 스웨덴 왕을 실제로 보니 어땠냐고 물었다. 둘째는 "그냥 할아버지 같았어"라고 말했다. 그래 우리 나이로 희수인 77세인데 할아버지 맞다 맞아. "또 뭐 다른 거 없어?" 다시 물으니 "너무 다리 아프고 너무 추웠어" 그런다. 추위 속에 2시간 동안 잘 참아준 둘째가 무척 고마웠다.

아이 어른 모두 행복한 동화 속 세상

유니바켄 삐삐의 집

유니바켄(Junibacken).

이곳은 스웨덴 스톡홀름에 있는 어린이 놀이공원이자 동화 속 세상이다. 스웨덴어로 '6월의 언덕'이라는 뜻이다. 스웨덴 작가 아스트리드 린드그렌이 창조한 캐릭터 마디켄(Madicken, 국내 번역은 마디타)이 거주하는 농장 이름이기도 하다. 스웨덴 여름 절정인 6월, 스톡홀름 유명 관광지가 몰려 있는 유르고르덴 초입에 자리 잡은 위치와 제법 어울린다는 생각이 들었다. 아이가 3명이라 스톡홀름에서 다른 어느 곳보다 더 즐겨 찾는 곳이다. 2018년 스톡홀름 여행 때 한 번 갔고 이번엔 아예 가족 모두 연간권을 끊어 7개월간 4번 다녀왔다. 유니바켄 연간권은 아이 어른 모두 세 번째 입장부터 순수 이득 구간에 들어간다. 1년에 3번 이상 유니바켄에 간다면 연간권을 사는 게 좋겠다.

자주 가다 보니 첫 방문 때 기분, 느낌, 감정을 잊었다. 익숙해져서인지 그냥 별생각 없이 놀다 오는 경우가 많았다. 아내한테 물었다. "유니바켄이 왜 좋아?"

"그뢰나 룬드(Gröna Lund, 스톡홀름 대표 놀이공원) 같은 곳은 세계 어딜 가도 많아서 경험하는 것도 비슷해. 그런데 유니바켄은 좀 달라. 어른이 진심으로 아이들을 위해 만든 공간이라고 할까. 예를 들어 삐삐의 집에 들어가면 집 안 구석구석 소품 하나하나 다 만져볼 수 있고 움직이기도 해. 겉만 그럴듯하게 꾸며놓은 게 아니라 디테일이 살아있어. 특히 동화를 들으며 타는 기차는 정말 환상적이야. 아이를 위한 공간이지만 어른들도 꼭 와볼 만한 것 같아."

아내 말에 유니바켄이 특별한 이유가 다 있었다. 나도 아마 그래서 몇 번이고 가고 싶은 곳이 아닐까. 막내가 "아빠, 또 삐삐 가자"고 하면 이제는 약간 식상하면서도 막상 가면 재미있게 놀다 오는 곳이 유니바켄이다. (막내는 유니바켄을 삐삐라 부른다.)

이야기 기차(Sagotåget)는 유니바켄 하이라이트다. 우리 가족은 항상 유니바켄에 가면 이 기차부터 탄다. 이야기 기차는 세계적인 스웨덴 작가인 아스트리드 린드그렌 주요 작품들이 스토리텔링으로 이어지는 공간에 인형, 조명, 소리, 공간, 대화, 내레이션 등을 버무려놓은 환상 체험이다. 린드그렌 동화 속 인물인 마디켄, 에밀, 칼손 등을 만날 수 있다. 4~5명이 탑승하는 조그만 리프트를 타면 눈앞과 발밑에 마법 같은 세계가 펼쳐진다.

스웨덴어를 비롯 16개 국어로 된 내레이션을 선택할 수 있는데 아쉽게도 한국어 해설은 없다. 스웨덴어 버전은 아스트리드 린드그렌 육성이 나온다고 하는데 영어만 선택하다 보니 들어보진 못했다. 유니바켄 측은 생전 린드그렌과 협력해 2년 이상 걸려 이 놀라운 마법 세계를 만들었다고 한다.

유니바켄과 이야기 기차는 1996년 6월 8일 첫선을 보였다. 20여 년 전 이 같은 세트를 만들었다는 것이 신기할 정도로 지금도 전혀 촌스럽지 않다. 등장하는 인물과 세트 디테일은 무척 정교해 감탄을 자아낸다. 린드그렌 동화를 바탕으로 혼신의 노력을 다

유니바켄 스토리 기차

삐삐의 집에서 열리는 삐삐 연극

해 만든 공간이라 영속성을 가지는 게 아닐까 싶었다. 한번 타고 나면 또 타고 싶어지는 기차여행이다.

기차를 타고 나오면 곧장 2층 삐삐의 집으로 연결되는데 이곳 역시 유니바켄 심장이다. 넓은 나무 바닥 광장에 나무로 지어진 삐삐의 집은 계단이나 미끄럼틀로 오르내릴 수 있다. 집 내부는 동화 속 삐삐의 집을 그대로 재현해 놨다. 집안 소품 하나하나 다 만져볼 수 있고 동화에서 나오는 그대로 만들었다. 아이들은 쉴 새 없이 소리를 지르며 1, 2층을 오르내리고 미끄럼틀을 타고 삐삐가 된 것처럼 놀았다.

주말에는 이곳에서 하루 2~3번 삐삐 연극을 한다. 스웨덴어라 온전히 그 내용을 이해할 순 없었지만 아역 배우들 연기가 상당해 볼만했다. 삐삐의 집 옆에는 동화 속에서 삐삐랑 같이 사는 릴라 구벤이라는 말 조각상이 있는데 이곳 역시 아이들이 좋아했다. 말 등에 올라타 사진을 찍게 되는 포토존이다.

서커스장을 연상케 하는 식당도 합리적인 가격에 미트볼이나 팬케이크 등 음식을 먹을 수 있다. 식당 야외 테이블에 앉아 쇠데르말름과 강물이 보이는 멋진 풍경을 바라보며 식사하는 작은 호사를 누릴 수 있다.

1층엔 북유럽 동화 캐릭터와 각종 소품 등으로 꾸며놓은 동화 광장과 기간마다 테마가 달라지는 체험 공간 등이 있다. 소규모 극장도 있는데 이곳에서는 북유럽 동화를 주제로 한 전시회나 연극이 1년에 1천500회나 열린다고 한다.

야외 마당엔 핀란드 동화 캐릭터인 무민을 주제로 한 놀이터가 있다. 유니바켄 내부에서 실컷 놀고 난 아이들 두 번째 놀이가 이곳에서 시작된다. 남녀노소가 함께 사용하는 화장실도 디자인이나 소품 등이 아기자기해 이용 자체가 색다른 경험이었다. 출구 옆엔 스웨덴에서 가장 크다는 어린이 서점과 삐삐나 무민 등 캐릭터 제품을 판매하는 기념품 가게도 있다.

유니바켄이 개관한 지 8개월이 지나고 아스트리드 린드그렌은 유니바켄을 기획한 일러스트레이터에게 편지를 보냈다.

"유니바켄에 오는 모든 사람은 이곳 같은 곳이 존재한다는 사실에 놀라고, 세상에 이런 어린이 박물관이 있을 것이라고 도대체 상상할 수도 없을 것이다." 기획에 참여했던 린드그렌도 유니바켄이 이토록 환상적인 공간이 되리라곤 미처 생각지 못했던 것 같다.

유니바켄 측은 '우리 야망은 아스트리드 정신으로 계속 창조하고 어린이들에게 영감을 주고 자극하는 것이다. 린드그렌 책에 나오는 삐삐 같은 캐릭터처럼 어려운 질문을 피하지 않고 인생에서 중요한 모든 것에 대해 감히 이야기할 것이다'라고 유니바켄 운영 취지를 말했다. 그러면서 어린이를 위한 다양한 독서 진흥 프로젝트를 진행하고 모든 어린이 일상을 더 즐겁게 만들기 위해 노력하겠다고 강조했다. 유니바켄을 소유한 비영리재단은 유니바켄을 정부 보조금 없이 자체 수익으로 운영하며 어떠한 이익도 분배하지 않고 모든 잉여금은 사업에 재투자한다고 밝히고 있다. 오롯이 어린이만을 생각하고 어린이가 행복할 수 있는 공간을 만들며 때론 말괄량이 삐삐처럼 어른에게 도발적인 질문도 던질 수 있는 어린이로 성장하길 바라는 마음이 느껴졌다.

유니바켄은 세월 때문인지 곳곳이 낡고 손때가 묻기도 했다. 역설적으로 이곳은 아이들 손길이 닿으면 닿을수록 더 가치가 생기는 공간 같다. 린드그렌 등 북유럽 작가들의 동화 속 공간에서 아이들이 뛰어놀며 각자 잊지 못할 추억을 만들 듯이.

경기 찢은 농구 초보의 일취월장

53

두 달 만에 결전의 날이 밝았다. 승패는 상관없다. 얼마나 기량이 향상됐는지가 중요할 뿐이다.

스웨덴 와서 농구를 시작한 둘째가 정식 경기를 한 뒤 참 많은 감정이 오갔다. 둘째는 많이 모자라는 실력이었지만 최선을 다해 경기를 펼쳤다. 아빠로서 더욱 칭찬하고 북돋워줘야 했는데 그러지 못해 참 미안했다. 경기 후 다음엔 좀 더 나아진 플레이를 하자고 둘째와 결의했다. 일주일에 한 번 농구 수업을 한 뒤 주말마다 1~2시간씩 농구 연습을 해왔다. 그래봐야 지난 두 달간 10여 번 남짓이겠지만 둘째는 연습을 빠지지 않았다.

처음엔 골밑에서 조금만 멀어도 공이 골대 근처에도 못 가던 것이 조금씩 슛 비서리가 늘있다. 슛 자세도 예진엔 힘이 없이 온몸을 비틀어서 공을 밀었는데 무릎을 이용하고 리듬을 타면서 군더더기 없는 모습으로 변했다. 파울과 바이얼레이션 규칙을 익히고 이를 위반하지 않도록 연습했다. 드리블, 패스 방법을 재점검하고 공을 소유하지 않았을 때 움직임도 달라지도록 노력했다. 리바운드가 정말 중요하며 공격 수비 시 적극적으로 가담해야 한다는 인식을 실천하려고 했다. 실전에서 얼마나 써먹을지 모르겠지만 2대 1 돌파나 피벗도 간간이 연습했다. 방법을 알면 언젠가는 유용하게 활용할 수 있을 것이라 기대했다. 경기 날짜가 확정된 이후부터 매일 저녁 농구장을 찾았다. 쓰고 보니 개별 연습만 한 거 같은데 물론 매주 농구 코치 선생님의 집중적인 지도가 가장 주효했다.

긴장되는 마음으로 스톡홀름 토릴드스플란역 인근 농구 코트를 찾았다. 그렇게 기다리던 경기였는데 경기 시간을 착각하는 바람에 한 시간 늦게 도착했다. 제시간에 왔다면 두 게임을 뛸 수 있었는데 한 게임밖에 출전하지 못해 너무 속상했다. 한 경기라도 최선을 다해 뛰자고 둘째랑 다짐했다. 이날 평소 함께 농구 훈련을 받던 친구는 한 명밖에 오지 않아 즉석에서 다른 팀 선수와 합쳐 팀을 만들었다. 매주 연습하던 친구들이랑 시합했다면 손발이 잘 맞았을 텐데 아쉬웠다. 늦게 도착한 둘째는 몸도 못 풀고 경기를 뛰었다.

역시 시합은 연습과 차원이 달랐다. 몸과 몸이 맞부딪히고 우리 팀과 상대 팀 선수들은 초반부터 악착같이 달려들었다. 양 팀 모두 첫 골이 쉽게 터지지 않았다. 공방전 끝에 상대 팀이 선취점을 넣었다. 우리 팀도 반격에 나섰다. 그때였다. 상대 코트 45도 각도에서 패스를 받은 둘째가 곧바로 슛을 던졌는데 림도 맞지 않는 클린 슛을 터트렸다. 벌떡 일어나 나도 모르게 크게 소리를 질렀다. 정말 좋았지만 슬펐다. 동영상을 찍으려고 하는 찰나에 골이 들어가 이 기념비적인 첫 골은 내 기억으로만 남아 있다. 이후 행여 하나라도 놓칠까 동영상을 계속 찍었다.

전반전이 얼마 남지 않았을 무렵 이번엔 상대 진영 사이드에서 동료가 준 로빙 패스를 골밑에 있던 둘째가 받자마자 슛했다. 좀 높이 올라간다 싶었던 공은 백보드를 맞고 그대로 림으로 빨려 들어갔다. 주책바가지같이 또 소리를 너무 크게 질렀다가 '입틀막' 했다. 이어진 상대 팀 공격에서 전반전 종료를 알리는 휘슬이 울렸다. 전반 10분 중 6~7분가량 뛰며 두 골

승리 후 친구와 악수하는 동휘

을 터트린 둘째는 두 주먹을 불끈 쥐었고 코치 선생님과 힘찬 하이파이브를 했다. 점수도 우리 팀이 상대 팀보다 2점 앞섰다.
　잠시 쉬었다가 후반전이 시작됐다. 상대 팀엔 여자 선수도 있었는데 덩치도 좋고 드리블도 잘해 연달아 몇 골을 먹었다. 둘째는 전반과 달리 체력적으로 약간 힘들고 집중력도 떨어지는 모습이었다. 둘째에게 뭔가 말하고 싶은 욕구가 꿈틀댔지만 참았다. 농구 게임을 지휘하는 코치 선생님이 있는데 선수 부모가 나대는 것도 꼴불견이었다.
　후반전 중반 둘째는 홈 코트에서 상대 팀 공격 패스를 가로챈 후 달려 나가는 동료에게 빠르게 패스했다. 공은 상대 키만 살짝 넘길 정도로 낮게 날아가 뛰어가던 동료 앞에 딱 떨어졌고 동료는 그 공을 잡아 단독 드리블한 뒤 골을 성공시켰다. 멋진 속공 어시스트였다. 둘째가 전반에 터트린 두 골보다 후반 어시스트 하나가 더 짜릿했다. 상대 패스를 스틸해 동료에게 단독 찬스를 만들어주는 날카로운 패스와 동료의 깔끔한 마무리. 경기 결과와 상관없이 그 어시스트와 속공으로 이미 게임은 끝났다고 생각했다. 양 팀 통틀어 가장 돋보이는 장면이있다고 나 혼자 생각했다. 둘째도 자신의 패스를 받은 동료가 골을 넣으니 좋았는지 두 손을 들고 손뼉을 치며 기쁨을 나눴다.
　둘째는 슈팅 찬스가 몇 번 더 있었는데 더 좋은 자리에 있던 동료에게 패스하기도 했다. 그동안 둘째가 투핸드 슛 연습을 많이 해 좀 욕심을 부려도 좋을 것 같았는데 이타적 플레이를 선택했다. 그것도 나쁘지 않다고 생각했다. 이날 경기는 우리 팀 승리였지만 승패는 중요하지 않았다.
　경기에 지각해 한 게임밖에 못 한 것이 못내 아쉬웠다. 이날 둘째 플레이를 평가하자면 괄목상대, 일취월장이었다. 나 혼자 집계한 둘째 경기 기록은 2골 3스틸 1어시스트 3리바운드였다. 이 중 점수와 직접 관련 있는 공격 포인트는 2골 1스틸 1어시스트였다.

또 하나 긍정적인 건 공을 든 채 3보 이상 걷는 워킹 바이얼레이션, 더블 드리블이 하나도 없었다는 거였다. 경기 규칙을 완전히 이해하고 실천하고 있다는 의미였다. 공을 띄우지 않고 낮게 연결해 패스 미스를 거의 하지 않은 점도 좋았다. 둘째도 플레이가 달라졌다고 느꼈는지 경기 후 표정이 밝았다. 코치 선생님께 오늘 정말 멋진 게임이었다고 소감을 전했다. 코치 선생님은 시크하게 수요일 연습 시간에 보자고 했다. 둘째가 열심히 노력해 과정도 결과도 모두 좋았다는 경험을 몸소 느낀 것 같아 무척 보람찬 하루였다.

집에 와서 뒤늦게 농구 코치와 아내의 문자메시지를 보게 됐다. 다른 내용보다 '정말 잘했다(played really well)'는 코치 선생님의 짧은 문구만 뚫어져라 몇 번이고 봤다. 무려 느낌표도 2개나 달려 있었다. 다음 공식 경기를 위해 아직 빈틈이 많은 드리블 연습과 강백호 풋내기 슛인 레이업 슛도 더 가다듬어야겠다. '역시 한국은 스파르타 엘리트 교육이야.'

멋진 어시스트 후 속공

루프탑 파티에 초대받다

세상 참 좁다.

리딩외에 이사 올 때 정말 힘들게 집을 구했는데 알고 보니 집주인 엘리자베스와 국제학교에서 만난 동휘 친구네 가족이 이미 알고 있는 사이였다. 국제학교에서 한국인은 우리와 동휘 친구네뿐이었다. 우리가 리딩외 집 세입자로 들어갈 수 있었던 큰 이유 중 하나는 이 친구 부모가 확실한 신원보증(?)을 서줬기 때문이었다. 친구 아빠는 스웨덴에서 연수 중이었는데 미국인 연수 동료가 엘리자베스 집 2층에 세입자로 살고 있었다. 그 인연으로 엘리자베스가 이 친구네를 집으로 초대해 서로 알게 된 것이었다.

친구 아빠와 2층 세입자 모두 연수 기간이 끝나 각각 한국과 미국으로 돌아가게 됐다. 엘리자베스 집에서 이별 파티가 열렸다. 집주인과 세입자는 물론 동휘 친구 가족까지 모두 아는 우리 가족은 영광스럽게도 파티에 초대받았다. 봄이 오고 왁자지껄한 이웃집 파티를 멀리서 그저 지켜봤지, 파티 참여자가 되리라곤 생각지 못했다. 한 번도 경험해 보지 못한 파티가 내심 기대됐다. 드레스코드는 없었지만 있는 옷 중 가장 좋은 걸 입었다.

파티 장소는 3층 루프탑이었다. 엘리자베스 집은 3층짜리 건물 두 개가 붙어 있는 구조인데 3층을 통해 양쪽을 오갈 수 있는 특이한 형태다. 루프탑에 서니 리딩외의 끝도 없이 펼쳐진 '숲평선'이 한눈에 들어왔다.

기다란 테이블에 다양한 음식이 차려졌고 파티에 빠질 수 없는 각종 와인, 맥주 등 술도 가득했다. 흥겨운 음악 속에 참석자들은 한 손에 와인 잔이나 맥주병을 들고 환담했다. 뷔페 음식도 자유롭게 먹으며 분위기는 점점 달아올랐다. 모르는 사람이 훨씬 많았지만 그다지 어색하지 않았다. 그게 파티인 것 같았다. 다양한 사람들이 따로 또 같이 한 공간에서 즐기는 것.

주인공인 2층 미국인 세입자와 둘째의 친구 아빠가 파티 주최자와 참석자에게 고마움을 표현하고 그동안 스웨덴에서 있었던 감회와 느낌을 말하자 모두 박수로 화답했다. 엄마, 아빠를 따라온 아이들은 음식만 조금 챙겨 먹고 1층 우리 집에 한데 모여 텔레비전을 봤다. 파티가 한창 무르익을 즈음 계획에 없던 첫째 나현이 바이올린 연주가 시작됐다. 평소 나현이가 집에서 바이올린 연습하는 걸 집주인 엘리자베스가 귀담아들었는지 즉석에서 제안한 것이다. 첫째가 바이올린을 꺼내 3층으로 올라오자 흥겨웠던 파티장이 일순 조용해졌다. 연주는 스웨덴 포크송으로 시작해 박수와 함께 연달아 3곡까지 이어졌다. 연주가 끝나자 한 파티 참가자가 스웨덴 포크송을 한 번 더 연주해 주면 자신이 노래하겠다고 요청해 합동 공연이 펼쳐져 환호성이 터지기도 했다.

우리 가족은 2시간 정도 파티를 즐기다가 아래층 우리 집으로 돌아왔다. 나머지 파티 참석자들은 자정이 넘도록 온 동네가 떠나갈 듯 큰 음악에 맞춰 춤을 추고 술을 마시고 이야기를 나누며 즐겁게 보냈다. 건물 전체가 쿵쾅쿵쾅 울리는 바람에 쉽게 잠을 이루지 못했지만 3층 사람들이 부디 행복한 밤을 보내기를 바랐다.

기억에 남는 건 참석자들이 파티 음식을 각각 준비해 왔다는 점이다. 각자 싸 온 음식을 테이블에 놓으며 자연스레 대화가 시작됐다. 우리 문화 같으면 수십 명에 달하는 참석자들을 위해 주최자가 한 달은 준비해야 할 규모였는데 이런 품앗이로 파티가 더욱 풍성해졌다. 주최자인 엘리자베스는 장소와 술만 준비했고 파티가 시작되자 부담을 내려놓고 춤을 추며 마음껏 즐겼다.

주최자와 참석자 경계가 없는 평등한 파티는 모두를 능동적이고 적극적인 자세로 만들었다. 나현이 바이올린 연주도 파티 분위기를 끌어올리는 데 보탬이 된 것 같아 기분 좋았다. 어느 참석자는 직접 재료를 준비해 와 테킬라를 만들어 나눠줬는데 다른 참석자가 자기도 한번 만들어보겠다고 나서더니 재미있다며 파티 끝날 때까지 테킬라를 만들었다. 그런 분위기에 자연스럽게 녹아들어 전혀 소외감 없이 파티를 즐겼던 것 같다.

그날 3층 루프탑 파티는 밤새도록 이어졌고 '잠 좀 자자'며 항의한 이웃은 한 사람도 없었다.

우리
여기서 살까

한없이 높은 문화의 힘

— 55 —

한국에서 매달 마지막 주 수요일은 '문화가 있는 날'이다. 국민들이 일상에서 쉽게 문화시설이나 문화 활동을 접할 수 있도록 하려고 2014년 1월부터 시행 중이다. 이날은 전국 주요 국공립 박물관, 미술관, 고궁 등을 무료로 관람할 수 있다. 극장 영화 관람료, 프로 스포츠 관람료, 각종 공연이나 문화 행사 무료 관람이나 할인 혜택도 있다. 근데 하필 수요일인 게 아쉽다. 평일에 갈 수 있는 사람이 많지 않다. 다음 날 회사나 학교 갈 생각을 하면 부담되는 게 사실이다. 일을 늦게 마치는 사람도 있다.

2023년 4월 세계적인 디제이 겸 프로듀서 아비치 박물관인 '아비치 익스페리언스(Avicii Experience)'에 다녀왔다. '스톡홀름 문화의(Kulturnatt Stockholm)' 행사를 통해서였다. 꼭 가보고 싶었던 곳이었는데 행사 덕분에 무료로 다녀올 수 있었다. 스톡홀름 문화의 밤은 매년 4월 토요일 딱 하루 열리며 이날은 저녁 6시부터 자정까지 누구나 무료로 다양한 문화 프로그램을 즐길 수 있다. 스톡홀름시와 스톡홀름 내 문화시설 혹은 문화기관 협력 사업으로 스톡홀름 지자체가 행사 전반을 조정하고 홍보하는 역할을 맡고 문화시설, 문화기관은 프로그램을 기획하거나 담당한다. 문화의 밤 행사에 참여하는 문화시설이나 기관은 무려 200개가 넘고 그 수가 해마다 증가하는 것 같았다. 2010년 시작해 코로나 팬데믹으로 2020년과 2021년엔 온라인으로 치러졌고 2022년부터 오프라인 행사가 재개됐다.

10년 넘게 열리고 있으니 스톡홀름 시민에겐 익숙하겠지만 스웨덴 시한부 거주자인 나에겐 몹시 신기한 이벤트였다. 심지어 스톡홀름 시민이 아니어도 누구든 즐길 수 있었다. 동아시아박물관, 근대박물관이 있는 스켑스홀멘에서는 다음 날 오전 2시까지 운영하는 곳도 있었다. 스톡홀름시는 이곳을 방문하는 이들을 위해 대중교통이 끊기는 새벽 시간까지 T-센트랄렌 역과 스켑스홀멘을 오가는 임시 셔틀버스를 운행했다.

홈페이지를 통해 문화기관이나 시설 위치와 춤, 가족, 영화, 공연, 박물관, 음악, 연극, 하이킹 등 프로그램 정보를 얻을 수 있다. 검색하기 귀찮은 사람을 위해 무작위로 행사를 골라 소개하는 코너도 있다. 아바(ABBA) 박물관, 노벨 박물관 등 유료 박물관이 인기가 많았다. 술 제조공장 투어, 서커스 체험, 문학 모임 등도 있다.

심야 행사에 걸맞게 침실처럼 꾸며놓은 도서관

도서관에서도 개방 시간을 자정까지 연장하고 집처럼 누워서 책을 보라고 침대를 놔두는가 하면 현대무용 레스을 여는 등 특색 있는 프로그램이 마련됐다. 한국문화원에서는 케이팝 춤 경연과 한국 영화 관람을 준비했다. 아이와 가족을 위한 프로그램이나 행사도 많았다. 단순히 무료 관람만 하는 곳도 있었으나 문화의 밤을 위해 새롭게 준비한 행사나 프로그램이 많았다. 문제는 시간이 한정돼 있는데 프로그램이나 행사는 너무 많다는 것이다. 결국 선택과 집중을 해야 한다.

문화의 밤 당일 스톡홀름 중심인 세르엘 광장 주변에는 많은 사람들로 북적댔다. 스톡홀름문화센터(Kulturhuset) 등 여러 문화시설이 모여 있어 문화의 밤 행사를 즐기려는 사람들이 많았다. 아비치 익스페리언스가 있는 건물에는 이미 상당히 긴 줄이 있었고 1시간을 기다려서야 입장할 수 있었다. 관람을 마치고 외스테르말름 쪽으로 이동했는데 레스토랑이나 주점 등에도 많은 사람이 있었다.

문화의 밤 행사가 많이 열린 유르고르덴으로 가는 버스는 사람들로 꽉 차 문도 열어주지 않고 지나쳤다. 우리 가족은 유르고르덴에 있는 기술박물관(Tekniska museet)을 가려고 했지만 날씨가 제법 쌀쌀하고 버스 타기도 쉽지 않아 돌아서야만 했다. 사전에 동선과 시간을 잘 고려해 방문할 곳을 선택한다면 자정까지 알차게 보낼 수 있을 듯하다. 입장료 때문에 망설이던 문화시설 한두 곳을 가볼 좋은 기회이기도 하다.

처음이라 제대로 즐기지는 못했지만, 스톡홀름 전체가 축제 분위기로 들썩거렸다. 토요일 밤이라는 시간도 누구든 부담 없이 참여하기 좋았다. 행사 참여 기관이나 시설은 선보일 수 있는 최고 콘텐츠로 시민에게 맞춤형 프로그램을 제공했다. 이날은 스톡홀름 시민이 주인공이었다.

넷플릭스 드라마 <오징어게임>이 인기를 얻고 세계적인 그룹이 된

BTS가 유엔총회에서 감동적인 연설을 하는 등 한국 위상이 최근 몇 년 새 크게 올라갔다. 외국인이 너도나도 한국을 좋게 인식하고 국가 인지도도 상승했다. 처음 만난 외국인이 BTS를 안다고 하면 나 역시 기분이 좋고 가슴이 웅장해지는 것을 느꼈다. 그럼에도 이내 뭔가 허전했다.

당시 한국 정부가 노동시간을 주 69시간으로 늘리는 것을 추진 중이라는 뉴스를 접했다. 이미 한국은 세계에서 가장 일을 많이 하는 나라인데 주 52시간도 모자라 더 늘린다는 말을 듣고 기겁하는 다른 나라 반응도 봤다. 한국은 식민지와 한국전쟁을 거치며 무에서 유를 창조했다. 실로 짧은 시간 어느 나라도 해내지 못한 역사를 만들어왔다. 하지만 여전히 각박하고 치열한 경쟁 속에 살아야 하고 평일에 문화생활을 편하게 누릴 만한 여유가 없는 것도 사실이다. 경제적으로 부강하다고 문화 강국이 되는 것은 아닐 터다.

시민이 문화를 향유할 기회를 높인다는 점에서 문화가 있는 날은 좋은 정책이다. 박근혜 정부 때 시작해 정권이 두 번 바뀌면서도 계속되고 있는 이 정책이 더 발진해 문화적 여유, 삶의 풍요로움으로까지 이어졌으면 좋겠다. 물론 이는 문화 인프라나 역량, 노동과 휴식의 조화 등이 두루 요구되는 문제일 것이다. 김구 선생이 가지길 바랐던 '한없이 높은 문화의 힘'은 그런 것이 아닐까.

전투경찰 없는 노동절

56

5월 1일은 노동절이다. 메이데이(May day)라는 이름으로 전 세계 곳곳에서 노동절 집회나 시위가 벌어진다. 스웨덴도 예외는 아니었다. 맞벌이인 우리 부부는 노동절 행진에 참가해 보기로 했다. 사회민주주의 국가 노동절 행사는 어떨지 궁금했다.

 스톡홀름에선 좌파당(Vansterpartiet)이 주최하는 거리 행진과 행사가 열렸다. 한국에서 좌파는 곧 '빨갱이'라는 색깔론 등식이 성립되곤 하는 무시무시한 단어지만 스웨덴에서는 어엿한 정당이다. 좌파당은 2022년 총선에서 스웨덴 의회 총 349석 중 6.8%가량인 24석을 얻었다. 8개 정당 중 중앙당과 함께 네 번째로 많은 의석을 가진 정당이다. 총선 이전에는 사민당을 중심으로 좌파 연립정부를 구성한 정당 중 하나였다. 당 대표는 1985년생 여성인 누시 다고스타(Nooshi Dadgostar)다. 좌파당은 민주주의 평등 연대에 기초한 사회, 계급·성별·인종적 억압이 없는 사회, 여성과 남성이 자유롭게 자기 미래를 건설하는 공정하고 생태학적으로 지속 가능한 사회를 실현하는 것을 목표로 한다고 홈페이지에 나와 있다.

 좌파당은 스스로를 생태학에 기반한 사회주의자이자 페미니스트 정당이라고 일컫는다. 역사적으로 사회주의 이념이 퇴물 취급을 받은 지 오래지만 스웨덴 좌파당은 부르주아를 상대로 한 노동자 계급투쟁으로 현 사회를 보는 사회주의적 인식만큼은 유지하고 있다. 우리 부부 정치 노선과는 별개로 스톡홀름에서는 좌파당의 노동절 거리 행진과 행사밖에 열리지 않앉기 때문에 선택지가 없었다.

미드보야르플라센 지하철역에 내리니 이미 거리는 사람들로 가득 차 있었다. 인근 광장에서 식전 행사가 끝나고 거리 행진이 막 시작되고 있었다. 이곳에서 왕궁이 있는 스톡홀름 구시가지 감라스탄을 거쳐 약 2.2km를 걸어간 뒤 왕의 정원에서 본 행사를 하는 일정이었다. 좌파당과 상관없는 시한부 거주자, 한국 노동자 신분인 우리 부부는 대열에 슬그머니 동참했다. 노동절만큼은 카를 마르크스가 말한 '만국의 노동자여, 단결하라'는 문구가 현실이 될 테니까.

행진하는 이들은 행렬에 끼어든 낯선 외모의 우리 부부에게 별다른 시선을 보내지 않았다. 좌파 당원이나 지지자가 아닌 이들도 많은 듯했다. 개와 함께 나왔거나 유모차를 끄는 사람, 아이들과 손잡고 걷는 가족 모습도 보였다. 부슬비가 내렸지만 매우 자유로운 분위기였다. 간간이 구호를 외치기도 했지만 가만히 있어도 거부당하는 느낌은 없었다. 행진 대열이 이끄는 대로 몸을 맡겼다.

노동절 행진에 참여한 많은 시민들

2022년 총선에서 우파 연립정부를 구성한 보수당, 스웨덴민주당, 기독민주당, 자유당의 정치적 합의인 티되(Tidö) 협정을 폐기하라는 'RIV Tidöavtalet' 손팻말이 많이 보였다. 티되 협정은 이민이나 복지정책 축소 등 내용을 담아 정치권이나 시민단체로부터 인종 차별적이고 불평등하다는 지적을 많이 받았다. 연금 인상이나 얼마 전 통근열차 기관사들의 파업 이유였던 승무원제 폐지를 철회하라는 구호도 보였다.

길가에서 행진을 구경하는 이들도 많았다. 평소 같았으면 우리도 행진을 관찰했겠지만 이날은 달랐다. 행진 대열과 인도에 서 있는 이들의 심리적 거리가 많이 떨어져 있지 않다고 느꼈다. 경찰은 전혀 보이지 않았다. 한국 노동절 행사 때는 전투경찰이 만약의 사태에 대비해 집회장 근처에 대기하고 있는 경우가 많다. 거리 행진 중간 지점인 슬루센 즈음에서 행진 대열에 막힌 차 한 대가 오도 가도 못하는 상황이 답답했는지 경적을 한번 크게 울린 것이 유일한 소동이었다.

사전에 노동절 행사로 이 일대 버스 운행이 중단될 것이라는 언론보도와 스톡홀름 대중교통 회사인 SL 공지가 있었다. 이 사실을 모르고 행진과 맞닥뜨린 차들이 급히 방향을 돌리는 모습도 보였다. 뒤를 돌아보니 제법 행렬이 길었다. 주최 측이 밝힌 이날 행진 참여자는 9천여 명이었다.

행진을 마치고 왕의 정원에서 열린 본 행사는 축하공연과 연설의 반복이었지만 축제 같은 분위기였다. 비가 제법 내렸지만 많은 이들이 자리를 지켰다. 한 연사는 "자본주의가 위기에 처하면 자본가는 희생양과 더 많은 인종차별 정책, 수사학을 필요로 한다. 그들은 우리를 분열시키려 한다. 우리는 인종차별과 비인간적인 정책에 반대한다. (…) 스웨덴 정부가 나토 가입에 반대 입장인 튀르키예에 잘 보이려고 튀르키예와 무장 투쟁을 하는 쿠르드족을 국외로 추방하는 일이 옳은가. 또 스웨덴 무기를 예멘 같은 나라에 판매해 피 묻은 돈을 받은 것은 범죄 아닌가. (…) 여성 탄압을 자행하는 이란 정권에 맞서는 이들과 연대하며 함께 싸우겠다"는 취지의 발언을 했다.

이런 연설이 선언적인 구호에 불과한 것인지 실천에서 비롯된 것인지 가늠하긴 어려웠다. 다만 스웨덴 원내정당이 주최하는 노동절 행사에서 이런 내용의 연설이 울려 퍼지고 일반 시민이 진지하게 경청하는 모습에 놀랐다. 스웨덴 국민 중 일부는 여전히 스웨덴이 중립적인 위치에서 제3세계에 대한 지원과 전쟁 반대를 외치며 세계 양심 역할을 해야 한다며 나토 가입에 반대하고 있다.

우리는 '이만하면 됐다' 싶어 행사장을 나왔다. 스톡홀름 시내는 노동절 휴일을 맞아 많은 인파로 북적댔다. 한국에서 노동절 집회가 열리면 언론에서는 '대규모 노동절 행사로 도심 곳곳이 극심한 차량 정체를 빚었습니다' 또는 '노동자들이 거리 행진 도중 경찰과 충돌했습니다' 등의 기사를 자주 봤다. 스웨덴 언론에선 어떤 기사가 나왔는지 궁금해 찾아보았다.

먼지 이날 열린 노동절 집회 기사가 눈에 띄었다. 노동절에 집회나 거리 행진을 한 정당은 제1야당인 사회민주당과 좌파당 뿐이었다. 막달레나 안데르손 사회민주당 대표는 옌셰핑에서 '스웨덴 전체를 위하여'라는 슬로건을 내걸고 행진하며 선거공약을 지키지 않는 현 정부를 비판했다고 한다. 누시 다고스타 좌파당 대표는 스웨덴 남부 도시 말뫼에서 "정부는 현재 얼마나 많은 가정이 어려운 경제 상황에 처해 있는지 이해하지 못하고 있다"고 말했다.

2022년 총선에서 가장 많은 의석수를 얻은 현 야당 사회민주당에 대한 비판 기사도 보였다. 사민당이 나토 가입에 찬성하거나 원자력 발전을 옹호하는 등 줏대 없이 기존 소신을 버린 채 현 우파 연립정부 실수나 막달레나 안데르손 당대표의 높은 신뢰, 인기에 기대고 있다는 내용이었다. 기사는 사회민주당이 주최하는 노동절 행진에 점점 참가자가 줄어들고 있는데 사회민주당은 정치적으로 거꾸로 가고 있다고 끝맺었다. 사회민주당은 100년 넘게 스웨덴 가장 큰 노동조직인 LO(Landsorganisationen)와 긴밀한 협력 관계를 맺어 왔지만 한편으론 기득권이 됐고 보수화됐다는 지적도 받아왔다.

노동계 파업을 바라보는 상반된 견해를 담은 기사도 흥미로웠다. 다겐스 뉘헤테르의 언론인 에릭 헬머슨은 "노동계의 급진적인 좌편향은 항상 있어왔지만 결코 옳지 않았다"며 "사회민주주의의 큰 힘은 자본으로 성공적인 사회를 건설하고자 하는 사람들이 적이 아니라 필요한 동맹이라는 깊은 깨달음"이라고 말했다. 그러면서 "스웨덴 노조는 합리적인 임금 수준을 수용하고 불필요하게 파업하지 않음으로써 책임감을 보여준다"며 "타협, 합의, 광범위한 개혁이 답"이라고 썼다. 파업보다 협상과 합의로 문제를 풀어야 한다는 의견이었다.

반면 사회학자 롤랜드 폴센은 "사회민주당과 노동조합은 스웨덴 임금노동자들의 무력화를 주도해 왔다"고 주장했다. 2019년 사회민주당 정부가 제출해 시행된 '단체협약이 있는 직장에서 평화의 의무'라는 법안 제정 이후 노동자들 파업권이 명백하게 제한됐다는 것이다. 그는 오늘날 스웨덴 노동운동에서 권력을 가진 이들은 노조 파업을 막는 것이 목표인 것처럼 변했다고 지적했다. 이어 "파업 물결이 유럽을 휩쓸어도 스웨덴은 조용했다"며 "노동자들이 파업을 위해 힘을 사용할 때만 노동절이 진정한 휴일이 될 수 있다"고 말했다.

롤랜드 폴센은 파업은 근로조건과 임금을 개선하는 방법이면서 본질적으로 누가 사회를 움직이는지 명확하게 질문한다고 설명했다. 그는

"금융경제학자, 관료, 정치인, 학자 등은 절대 파업하지 않는다"며 "이는 그들이 없어도 사회가 잘 돌아가기 때문"이라고 했다. 하지만 스톡홀름 통근열차 파업에서 보듯 기관사 70명이 파업하면 열차가 멈추고 삶도 멈춘다고 말했다. 파업 횟수가 줄어든 지난 30년간 스웨덴의 불평등은 심화했다고도 덧붙였다.

노동절 하루 뒤인 5월 2일. 사회학자 롤랜드 폴센 글을 보기라도 한 것처럼 서비스통신노조인 세코(Seko)가 철도운송 파업을 선언했다는 보도가 나왔다. 파업 이유 중 하나는 급작스러운 업무 변경으로 철도 노동자들이 정상적인 여가와 가족생활을 유지할 수 없으며 연중무휴로 일하는 직원을 위한 통합 휴가가 필요하다는 것이었다. 인력 부족으로 과도한 업무를 떠안은 직원에 대한 인센티브 제공과 최근 통근열차 기관사들이 파업했던 이유인 승무원제 폐지 철회 등이 요구 사안이었다.

세코는 스웨덴 열차 운영자 조직과 합의에 이르지 못하면 5월 11, 15, 18일 3단계 파업에 돌입한다는 계획이었다. 여러 지역 철도 운송 노조를 아우르는 세코가 파업에 돌입하면 스톡홀름, 말뫼, 예테보리 등 주요 도시에서 열차나 지하철 운행이 큰 차질을 빚을 수 있었다. 우리 가족이 매일 이용하는 스톡홀름 SL 지하철 레드라인도 파업 2단계 범위 안에 들어가 막판 협상이 어떻게 될지에 관심이 갔다. 다행히 세코와 사용자 단체인 알메가 토그포뢰타겐(Almega Tågföretagen)이 밤샘 협상 끝에 5월 15일 오전 합의안을 발표해 파업은 철회됐다. 합의 내용은 2년간 유연 연금을 포함한 임금 총액 7.4% 인상, 최소 2주 전 업무 변경 통지, 향후 실무그룹이 승무원제 폐지 문제 등을 논의한다는 것이었다. 승무원제 폐지 문제 논의가 미뤄지자 기관사 일부는 합의안에 반발해 노조 탈퇴 선언을 하기도 했다.

2023년 5월 1일 노동절에 대한민국 한 건설노조 간부가 구속 전 피의

자 심문을 앞두고 법원 앞에서 분신을 시도해 병원에서 치료를 받다가 숨졌다는 기사를 봤다. 이 노조 간부는 검찰과 경찰의 건설노조 조합원 수사가 '정당한 노조 활동에 대한 탄압'이라며 "조합원 고용과 노조 전임비를 요구하는 등 정당한 노조 활동을 했는데 집회 및 시위에 관한 법률 위반이 아닌 업무방해 및 공갈 혐의를 적용한 것에 자존심이 허락하지 않는다"고 말했다고 한다. 노조 주장이 맞는지, 수사기관의 주장이 맞는지는 잘 모르겠다. 다만 다른 날도 아닌 노동절에 노동자가 영장실질심사를 받고, 억울함을 호소하며 숨진 것은 참 비인간적이고 비극이라는 생각이 들었다.

좌파당 상징인 붉은색 머플러를 두른 개

스톡홀름 놀이터가 393개…
아동 최우선 나라

57

스톡홀름에서 놀란 것 중 하나, 바로 놀이터다. 집에서 걸어서 5분 거리에 놀이터가 있었다. 어디를 가도 비슷했다. 화장실은 없어도 놀이터는 항상 있었다. 한국처럼 아이들 없는 빈 놀이터가 아니라 유아에서 초등학생까지 북적거리는 놀이터였다. 그네 하나, 미끄럼틀 하나, 시소 하나 틀에 박힌 놀이터가 아니라 제각각 특색 있었다. 몸을 가누지 못하는 영유아용부터 나이대별로 그네 종류가 2~3가지는 됐다. 바닥도 모래, 작은 나뭇조각을 깔아둔 곳 등 다양했다.

부모 입장에선 마구 뒹굴어도 좋은 나뭇조각 바닥 놀이터가 좋았다. 당연하게도 아이들은 흙, 모래에서 노는 것을 좋아한다. 스웨덴을 비롯한 북유럽에서 유치원 가는 아이에게 올인원 형태 방수 옷은 필수다. 비가 와도 눈이 와도 흙탕물에 뒹굴어도 아무런 걱정이 없다. 한국에선 아이들이 흙 만지면 "지지" 하며 말리곤 하는데 스웨덴 부모들은 위험한 경우가 아니라면 그대로 놔두는 경우가 많았다. 이 옷 하나로 아이들이 더 자유롭게 놀 수 있는 것 같다.

굴마르스플란역 근처에 살 때 인근 놀이터에 자주 갔었다. 놀이기구가 많고 제법 넓어 놀기 좋았다. 특히 물놀이장이 있었다. 여름에만 물을 채우는데 깊이가 20~30cm 정도로 낮아서 어린아이들도 들어갔다. 아이들은 물에서 놀고 어른들은 돗자리를 펴고 앉아 햇살을 즐기는 모습이 평화로웠다. 그네 타러 갔다가 결국 물에 뛰어들어 흠뻑 젖어 오는 경우가 많았다.

주말이면 아이들과 새로운 놀이터를 찾으러 돌아다녔다. 놀이터마다 집라인, 미니 트램펄린 등 차별되는 놀이기구가 적어도 1~2개 있었다. 정글짐도 소재나 난이도가 천차만별이다. 구글 지도에서 스웨덴어로 놀이터인 'lekplats'를 검색해 보니 스톡홀름에만 수십 개가 나왔다.

스톡홀름시 홈페이지에는 지역별로 놀이터 위치와 간략한 특징을 소개하는 코너도 있다. 스톡홀름시에는 시립과 사설 놀이터가 무려 393개 있었다. 시에서 만든 놀이터가 391개, 사설 놀이터가 2곳이다. 유치원 놀이터까지 포함하면 훨씬 많을 것이다. 작은 물놀이장이 있는 곳 57개, 일반 놀이터 291개, 공원에서 간단한 게임을 즐길 수 있는 곳이 45개였다. 지역명을 검색하면 해당 놀이터 위치나 이름이 나왔다.

현재 사는 리딩외시 홈페이지도 찾아보니 놀이터가 43개 있다고 나온다. 영유아가 이용할 수 있는 놀이터, 장애인이 접근할 수 있는 놀이터, 모닥

불을 피울 수 있는 놀이터, 눈썰매나 스케이트를 탈 수 있는 놀이터, 밤에도 놀 수 있도록 조명시설이 갖춰진 놀이터 등을 세부적으로 표기해 놨다. 놀이터 위치를 지도에 표기해 놓아 파악하기 쉬웠다.

학원 간 첫째를 기다리면서 막내랑 일주일에 한 번 시간을 보내곤 했던 놀이터가 기억에 남는다. 오덴플란 근처에 가면 ㄷ자 형태로 각기 다른 건물이 다닥다닥 붙어 있다. 건물 대부분이 아파트인데 ㄷ자 건물 중간 안뜰에 제법 넓은 놀이터가 있었다. 아파트 입주민과 자녀들이 놀이터에서 놀다가 해질 무렵 각자 사는 건물로 뿔뿔이 흩어지는 모습이 재미있었다. 여러 아파트 주민이 놀이터 하나를 공유하는 셈이었다. 나 같은 외부인도 얼마든지 출입할 수 있었다. 이곳 역시 스톡홀름시가 만들고 관리하는 곳 중 하나였다.

스웨덴에 오기 전 부산 해운대 마린시티에서 산책하다가 한 놀이터에 '입주민 외 이용 금지'라고 적은 팻말을 본 적이 있다. 막내가 그네를 보곤 타고 싶다고 계속 조르는데 이 아파트에 사는 사람만 놀 수 있다는 걸 어떻게 설명해야 할지 몰라 대충 얼버무리며 지나친 기억이 있다. 자본주의 사회에서 사유물인 놀이터를 타인에게 개방하지 않는 걸 어쩌겠는가. 세상이 하도 험해서 신원이 확실한 입주민에게만 놀이터 출입을 허용하는 것도 이해되긴 했다. 하지만 아이들 마음껏 뛰어놀라고 있는 놀이터 인심이 이렇게 야박한가 싶어 씁쓸했다.

군데군데 놀이터가 있어도 미끄럼틀, 그네, 시소로 구색만 갖춘 느낌이라 아쉬울 때가 많았다. 아이들도 안다. 어떤 놀이터는 재미있어 또 가고 싶고, 또 어떤 놀이터는 시시해서 가고 싶지 않은지. 텅 빈 놀이터는 아이들이 학원 가서 놀 시간이 없는 이유도 있겠지만 시설 자체가 재미없기 때문일 수 있다. 투표권 없는 아이들이라고 구석진 곳, 자투리땅, 그늘진 곳에

칼라플란역 인근 물놀이장이 있는 놀이터

다양한 그네

놀이터를 만들지 않았으면 좋겠다. 이왕 만들 바엔 신경 써서 제대로 만들면 좋겠다.

10~20년 새 한국에서도 기적의 놀이터 같은 프로젝트가 진행돼 좋은 반응을 얻었다. 순천 기적의 놀이터는 1호에서 7호까지 다 가봤는데 아이도 어른도 재미있었다. 하지만 먼 놀이터보다 가까운 놀이터가 아이에게 더 좋은 건 당연하다.

스톡홀름시는 아이들 놀이터를 만들고 관리하는 게 기본적인 아동정책 중 하나다. 몇 안 되는 사설 놀이터까지도 기본 전제는 '모두가 누리는' 놀이터라는 점이다. 스웨덴 지자체와 시민은 공공장소에서 모든 사람의 접근성이 보장되어야 한다고 믿는다. 아이들이 놀이 욕구를 충족시킬 수 있는 놀이터도 누구든 이용에 제한이 있어선 안 된다는 점에서 마찬가지다.

스웨덴은 법으로 어린이 권리를 보호하도록 보장하고 있다. 또 아동 옴부즈맨이라는 별도 정부 기관을 둬 유엔아동권리협약이 사회에서 어떻게 준수되는지 감시해 왔다. 2020년엔 아예 스웨덴 법에 '아동은 모든 종류의 차별로부터 보호받고 부당한 대우를 받아서는 안 되며 아동에 관한 모든 결정에서 아동 이익이 가장 우선시돼야 한다'는 유엔아동권리협약을 통합시켰다. 앞서 1979년에는 세계 최초로 가정과 학교에서 어린이 체벌을 불법으로 규정하기도 했다. 이후 핀란드와 노르웨이가 유사한 법을 만들었고 현재 60개국 이상이 아동 체벌을 금지하고 있다. 우리나라는 2021년 체벌 금지를 명문화했다.

자전거 탄 여성이 우아한 이유

58

'살까, 말까.'

구매 여부를 치열하게 고민한 물건이 있다. 스웨덴에서 개발돼 희소성이 있고 아이디어와 기술이 조화를 이룬 제품이었다. 평소엔 보이지 않다가 자동차 에어백처럼 사고나 충격이 있으면 터져 머리를 순식간에 감싸는 신기한 에어백 헬멧이다.

자전거 라이더에게 헬멧은 제1 안전 장비다. 하지만 헬멧만큼 고르기 힘든 장비도 없다. 모양이 예쁘고 마음에 들어도 머리에 잘 맞지 않는 경우가 태반이다. 작고 예쁜 두상을 가진 사람은 자전거 탈 때 엄청난 축복이다. 일단 헬멧이 어울리면 폼이 나기 때문이다. 나는 헬멧과 잘 맞지 않는 두상이라 많은 시행착오를 겪어야 했다. 헬멧이 멋있어서 샀는데 막상 쓰면 버섯돌이같이 돼 버려 베란다 창고에 고이 모셔둔 헬멧도 있다.

에어백 헬멧은 머리에 착용하는 것이 아니기에 자전거 라이더의 '헬멧 찾아 삼만리' 고민을 싹 날려버릴 수 있는 아이템이었다. 스카프나 목도리처럼 목에 두르면 되기 때문에 누구에게나 대체로 어울리고 어찌 보면 패션 아이템 같기도 하다. 무엇보다 머리를 망가뜨리지 않고 자전거를 탈 수 있는 장점이 있다. 빕스, 타이즈, 저지 등 전신 복장을 갖추고 로드 자전거를 탈 때는 모르겠지만 생활용이나 출퇴근용으로 자전거를 탈 때 헬멧을 착용해 머리가 눌리거나 망가지면 여간 신경 쓰이는 일이 아니다. 그래서인지 스웨덴에서 이 에어백 헬멧을 목에 두른 채 머리를 흩날리며 우아하게 자전거 타는 여성을 많이 볼 수 있었다. 자전거를 타지 않을 때 손에 쥐거나 가방에 넣어야 하는 일반 헬멧과 달리 에어백 헬멧은 그대로 목에 걸치면 되는 것도 장점이다. 스웨덴 보험회사 폴크삼(Folksam)에 따르면 스톡홀름 자전거 운전자 10명 중 1명 이상이 에어백 헬멧을 사용한다고 하니 제법 구매자가 많다.

에어백 헬멧을 착용한 라이더

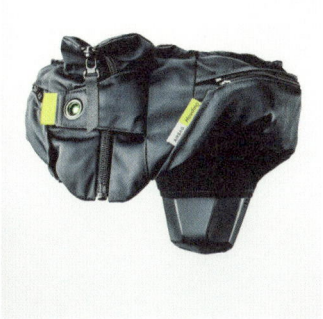
에어백 헬멧 (출처 Hövding 홈페이지)

단점은 비싼 가격이다. 놀랍게도 공식 사이트 가격은 3천499크로나로 우리 돈으로 43만 원이 넘는다. 스웨덴 가격 비교 사이트에서 찾아본 최저가는 3천99크로나로 38만 원 정도다. 한창 살까 말까 고민할 때는 이전 버전 제품을 팔았는데 가격이 2천600크로나(약 32만 원) 정도에 할인 제품은 20만 원 후반에도 구입이 가능했다. 지금은 신제품만 팔아서 가격이 '넘사벽' 수준이 됐다.

  한참 고민만 하다가 겨울에 자전거를 타지 않으면서 자연스럽게 헬멧을 잊고 살았다. 그러다가 최근 헬멧 광고를 우연히 보고 다시 고민이 시작됐다. 광고는 1분이 채 안 되는 영상인데 자전거를 타고 가던 한 남성이 차에 부딪히면서 공중 부양하는 장면으로 시작한다. 유체 이탈한 그의 시선에 사고 현장, 자신의 죽음과 그걸 지켜보는 가족 등이 주마등처럼 스쳐 지나간다. 그러다 다시 현실로 돌아와 이 에어백 헬멧이 활짝 펴지며 목숨을 건지는 해피엔딩으로 끝난다.

　문득 사고가 나면 에어백이 잘 펴질까 하는 생각이 들었다. 자동차도 사고 날 때 각도가 안 맞아서 에어백이 안 터지는 경우가 많다는데 자전거 사고 발생 시 믿고 있던 에어백이 안 터지기라도 하면…. 제조사는 스턴트맨과 함께 3천 건 이상 다양한 유형으로 실험하며 사고 데이터를 수집했고 300명이 넘는 제품 애호가 도움으로 2천 시간 이상 정상적인 사이클링 데이터를 축적해 제품에 반영했다고 한다.

　헬멧을 착용하면 자전거 라이더 움직임을 초당 200회 기록해 사고나 비정상적인 움직임 패턴이 감지될 경우 에어백이 0.1초 만에 팽창해 머리 전체를 감싼다고 한다. 후드처럼 설계된 에어백은 아스팔트에 긁히는 것을 견딜 수 있도록 내구성 좋은 폴리아미드로 만들어졌다. 에어백 전개 시 머리 전체는 보호하지만 시야는 개방돼 주변 상황을 파악할 수 있다고 했다. 한번 터지면 에어백 압력이 몇 초 동안 일정하게 유지돼 동일한 사고로 머리에 가해지는 여러 번의 충격을 막아준다고 한다.

　특히 이 헬멧엔 스퀘브라는 에어백을 팽창하는 두 개 커패시터(축전기)가 있다고 한다. 쉽게 말해 비상용 회로가 있어 하나가 고장 나더라도 꼭 에어백이 펴질 수 있으니 걱정하지 말라는 거다. 두 개 다 고장 나면 어떡할지는 모르겠다. 제조사는 에어백 기술이 기존 자전거 헬멧보다 최대 8배 머리를 잘 보호한다는 과학적 연구 결과가 있으니 안심하라고 강조했다. 8배씩이나?

　제조사에 한 가지 의문을 제기하고 싶었다. 자전거를 타다 보면 충돌로 라이더가 자전거에서 튕겨 나가는 사고가 가장 많이 발생하는 건 맞다. 다만 자전거 사고가 꼭 그런 유형으로 발생한다는 보장은 없다. 한번은 한국에서 트럭이 주행 중인 자전거를 덮쳐 라이더가 차 밑에 깔리는 사고가 발생했는데 엄청난 트럭 하중을 헬멧이 견뎌줘 라이더가 머리를 크게 다치지 않은 일이 있었다. 이럴 때 에어백 헬멧은 얼마나 견딜 수 있고 라이더 머리를 잘 보호해 줄 수 있는지 궁금했다. 제조사 관계자가 이 글을 볼 가능성이 내가 이 에어백 헬멧을 살 가능성보다 훨씬 낮겠지만 언젠가 보게 된다면 꼭 답변을 부탁한다.

헬멧은 2시간 충전하면 최대 12시간 사용할 수 있다. 자전거 운행 전 헬멧을 목에 두르고 단추를 끼우면 감지 센서가 작동하고 자전거를 안 타면 단추를 빼야 한다. 무게는 800g 정도로 일반 헬멧 2~3배 무게다. 머리에 쓰는 게 아니라 목에 두르니까 체감 무게는 다를 수 있겠다. 한 번 에어백이 터지면 안전상 이유로 재활용할 수 없다고 한다. 일반 헬멧도 사고가 발생하면 새 상품을 사는 것이 좋다. 어린이는 착용할 수 없고 15세 이상만 사용해야 한다.

스웨덴에서는 2000년대 초반 15세 미만 모든 이가 자전거 헬멧을 의무 착용해야 하는 법이 제정됐다. 이후 헬멧 의무화가 성인 자전거 라이더에게도 적용돼야 하는지 활발하게 논의됐다. 현재 스웨덴에서 성인은 자전거 헬멧 착용이 의무가 아니다. 자기 결정권이 있는 성인인 만큼 자기 목숨은 스스로 책임지라는 거다.

그때 룬드에서 산업 디자인을 공부하던 안나 하우프트(Anna Haupt)와 테레스 알스틴(Terese Alstin)이라는 대학생이 모두가 사용하고 싶은 자전거 헬멧 디자인을 고민하던 중 목에 두르는 에어백 헬멧이라는 아이디어를 고안했다. 두 사람은 2006년 이 아이디어로 벤처 대회에서 우승했고 회사를 설립해 7년 뒤 실제 상품을 개발했다. 현재 회사는 직원 40명 규모로 15개국 이상에 30만여 개 헬멧을 판매했다고 한다. 우리나라엔 아직 공식 시판되고 있지 않다. 혹시나 싶어 찾아보니 구매대행으로 배송비 포함 최저가 38만 원 정도에 판매하는 사이트는 있지만 애프터서비스가 안 되니 구매할 사람은 별로 없을 거 같다.

　　선택 폭이 좁고 까다로운 자전거 헬멧 시장에서 나 같은 머리 뚠뚠이 라이더에게 새로운 선택지를 준 두 사람에게 정말 고맙다는 말을 전하고 싶다. 그럼에도 정가에는 도저히 못 살 거 같고 할인하면 다시 한 번 고민해 봐야겠다. 이 헬멧을 사용하다가 한국으로 들고 갈 수 있을까. 제조사 측은 현재 운송 규정에 따라 에어백 헬멧은 압력 상승으로 터질 수 있어 기내 수하물이나 위탁 수하물로 항공기에 가져가는 것이 허용되지 않는다고 홈페이지에 밝히고 있었다. 굳이 가져가고 싶으면 운송회사에 맡겨서 가지고 가라는 말과 함께.

　　오~ 마이 갓이다. 안 산다, 안 사.

* 글을 검수하다 이 에어백 헬멧을 판매하던 Hövding이라는 회사가 파산 신청을 한 걸 뒤늦게 알게 됐다. 현지 보도에 따르면 스웨덴 소비자청은 2023년 11월 'Hövding 3' 제품이 충분한 보호 기능을 제공하지 못한다는 이유로 일시적 판매 중단 명령을 내렸고 한 달 뒤엔 영구 판매 중단을 결정했다. 이에 Hövding은 법원에 소송을 제기해 헬멧 판매 허용 결정을 받아냈지만 결국 한 달여간 매출과 헬멧 안전성에 대한 신뢰도에 심각한 타격을 받아 파산 신청을 했다고 한다. 나 같은 머리 뚠뚠이 자전거 이용자들의 희망이 사라져 슬프다. 이럴 줄 알았으면 하나 사두는 건데 무척 아쉬웠다.

이 노래만 나오면 온몸이 둠칫둠칫

언젠가 스톡홀름에 대한 글을 쓰게 된다면 첫 글 제목을 'Somewhere in Stockholm'으로 하고 싶었다. <Somewhere in Stockholm>은 스웨덴 출신 음악가 아비치(Avicii)가 만든 노래다. 스톡홀름 어딘가에서 우리 가족이 새로운 삶을 살게 됐다는 의미고 세계적인 디제이 겸 프로듀서 아비치의 짧은 삶을 기리는 나만의 방식이었다.

아비치와 인연은 2018년 8월 북유럽 가족여행 때부터였다. 덴마크 코펜하겐 한 매장에서 흘러나오는 노래가 귀를 사로잡았다. 재빨리 음악검색을 해보니 아비치의 <For A Better Day>라는 노래였다. 그때는 아비치가 가수인 줄 알았다. 뭔가 쓸쓸하고 우울하기도 하면서 또 뭔가 힘차고 희망이 느껴지는 곡이었다. 특히 노래 중간 피아노 솔로 연주는 꽤 매력적이었다.

코펜하겐에서 스톡홀름으로 이동한 뒤 다른 노래도 찾아서 들었다. 아비치가 스웨덴 스톡홀름 출신이고 가수가 아닌 디제이, 일렉트로닉 댄스 뮤직(EDM) 프로듀서라는 것을 알게 됐다. 그리고 4개월 전인 2018년 4월 스스로 목숨을 끊었다는 안타까운 사실도 알게 됐다. 겨우 28세 나이였다. <For A Better Day>가 실린 《Stories》라는 앨범에서 <Somewhere in Stockholm>이라는 노래도 들었다. 아비치가 고향인 스톡홀름을 그리워하며 만든 노래라고 했다.

죽음을 알고 난 뒤 듣는 그의 노래는 슬펐다. 아비치 고향인 스톡홀름 어딘가에 있는데 그 노래를 만든 아비치는 세상에 없구나 하면서, 아이들과 아내가 잠든 호텔 방에서 홀로 맥주를 마시며 아비치 노래를 들었다. 그 이후 나에게 스톡홀름은 아비치의 도시로 남았다.

여행 후 한국으로 돌아와서 <For A Better Day> 뮤직비디오를 보고 큰 충격을 받았다. 유럽에서 전쟁으로 난민이 된 아동들을 상대로 인신매매가 성행하는 반인륜적 범죄를 고발하는 내용이었다. 이야기를 풀어나가는 방식이 대담하고 거침없었다. 어린 시절 인신매매를 당한 두 아이가 성인이 된 뒤 범죄 조직 두목을 찾아가 복수한다는 설정이었다. 그제야 가사 내용도 와닿았다. 아비치가 단순히 유명한 전자음악 프로듀서는 아니라고 생각했다. 그 후로 아비치 음악을 즐겨찾기 해두고 자주 들었다. 아비치는 EDM이라는 장르에 거부감을 가지지 않게 해 준 이였다. 아이들도 자주 들어서인지 대표곡 <Heaven>이나 <The Nights>, <What Would I Change It To>를 좋아하게 됐다.

스톡홀름에 다시 오면서 아비치 음악에 대한 열정도 다시 타오르기 시작했다. 스톡홀름에서 아비치를 더 잘 알고 싶었다. 실제로 거리에서 아비치 노래를 자주 들을 수 있었다. <Levels> 등 아비치 노래가 나오면 많은 스웨덴 사람들이 둠칫둠칫 몸을 흔들거나 발장단을 맞추는 모습을 쉽게 볼 수 있었다. 2022년 8월 스톡홀름 프라이드 퍼레이드에 참여한 사람들이 아비치 대표곡 중 하나인 <Wake Me Up>을 따라 부르며 춤추는 것을 봤을 땐 온몸에 소름이 돋았다. 아비치 노래는 스웨덴 사람들에게 국민 음악이었고 아비치는 스웨덴 국민에게 사랑받는 뮤지션이었다. 아비치는 아바(ABBA), 록시트(Roxette), 에이스 오브 베이스, 자라 라슨(Zara Larsson)에 이어 스웨덴에서 다섯 번째로 앨범(싱글 포함)이 많이 팔린 음악인이라고 한다.

    스톡홀름엔 아비치 관련 장소도 많았다. 굴마르스플란역 근처에 살 때 지하철 한 정거장 떨어진 곳에 원형 돔 공연장이 있는데 아비치 사후 그를 기리기 위해 공연장 이름을 Ericsson Globe에서 Avicii Arena로 변경했다. 이를 기념해 엘라 티리티엘로라는 14세 소녀가 스톡홀름 로열 필하모닉 오케스트라 연주에 맞춰 <For A Better Day>를 재해서해 불렀다. 아비

치가 태어났던 외스테르말름에선 의회가 훔레가(Humlegården)에 추모 공간을 만들기도 했다.

T-센트랄렌역 인근 SPACE stockholm 건물엔 생전 아비치 유품 등이 전시된 박물관 아비치 익스페리언스(Avicii Experience)가 있다. 2023년 4월 22일 스톡홀름 문화의밤(Kulturnatt Stockholm) 행사 때 벼르고 벼르던 아비치 박물관을 관람했다. 아비치 박물관에는 작업실, 고등학교 때 음악을 만들던 방 등을 실제 물건들로 재현했다. 가상현실(VR) 기기를 착용하고 대표곡 <Without You>, <Wake Me Up>, <Broken Arrow>를 부를 수 있는 노래방과 많은 VR 관객 앞에서 디제이 경험을 할 수 있는 체험 공간도 있었다. 박물관 상당 부분은 동료, 친구, 프로듀서 인터뷰 영상으로 채워져 아비치 개인과 음악 세계 등을 설명했다. 전체적으로는 규모가 크지 않고 기대를 많이 하면 실망할 수도 있다. 그럼에도 아비치 삶에 한발 다가간 거 같아서 만족했다.

본명이 '팀 베릴링(Tim bergling)'인 아비치는 고교 시절 친구와 함께 만든 하우스 음악을 인터넷에 공개하며 음악의 길로 들어선다. 아비치(Avicii)라는 이름은 불교에서 가장 고통이 극심한 아비지옥을 뜻하는 산스크리트어 Avici를 따서 지었다. SNS인 마이스페이스 가입 때 avici라는 아이디가 이미 등록돼 있어 i를 하나 더 붙였다고.

한 기획자를 만나 학교 무도회에서 첫 공연을 한 뒤 미국 마이애미와 프랑스 파리 축제와 클럽에서 공연하게 되면서 본격적인 뮤지션의 길을 걷게 됐다. 2011년 첫 히트작인 <Levels>를 내놓으면서 일약 스타덤에 올랐고 일렉트로닉 음악을 한 단계 끌어올렸다는 평가를 받았다.

<Levels>는 정말 한 번 들으면 멜로디에 빠질 수밖에 없다. 뮤직비디오처럼 몸을 흔들지 않을 수 없을 정도로 중독성이 있다. 아비치는 미국 LA

로 건너가 최고 작곡가들과 작업해 첫 번째 앨범인《True》를 내놓는다. 이 앨범에 실린 <Wake Me Up>은 아비치 최고 히트곡으로 63개국에서 차트 1위를 차지하는 대성공을 거뒀다.

하지만 아픔도 있었다. 어릴 때부터 예민한 성격이었던 그는 종종 불안 증세에 휩싸였고 결국 많은 공연을 취소했다. 수만 명 앞에서 홀로 무대에 오르는 것이 불안했던 아비치는 무대 공포증을 이기기 위해 술을 마시기 시작했다. 공연을 위해 호주로 가는 도중 등에 심각한 통증을 느껴 도착 즉시 병원에서 진찰을 받은 결과 췌장염이었다. 아비치는 수술 권유에도 팬을 실망시키지 않기 위해 진통제인 모르핀 약물을 투여하면서 무대에 올랐다. 하지만 계속된 투어 공연에 상태가 더 악화돼 결국 공연을 중단할 수밖에 없었다. 이 과정에서 마약성 진통제에 중독된 아비치는 이를 끊으려 했지만 잘 되지 않았고 결국 지병이 악화돼 담낭과 맹장을 제거하는 수술을 받기도 했다.

아비치는 스페인 이비자섬 한 농가에서 약물 중독 치료를 받으며 기억을 회복했다. 이후 스웨덴 음악가들과 미국을 돌며 음악을 만들고 공연했지만 결국 무대보다 자신이 좋아하는 음악 작곡에 집중하겠다고 밝혔다. 2016년 8월 28일 이비자섬 우수아이아(Ushuaïa)에서 마지막으로 공연한 뒤 아프리카 마다가스카르, 페루 등을 여행하며 음악을 만들었고 LA로 돌아와 음악 작업을 이어갔다. 이 시기 아비치는 자신이 겪은 우울증, 중독 증세, 휴대전화 스트레스 등 문제를 다룬 음악을 만들기도 했다. 그러다가 2018년 4월 오만 무스카트로 휴가를 떠났다가 숨진 채 발견됐다. 사건 초기 사인에 대해 이런저런 말이 많았지만 유족 측이 공식적으로 밝힌 사망 원인은 자살이었다.

아비치는 마돈나, 콜드플레이 등 유명 가수, 그룹과 작업할 만큼 능력을 인정받았다. 귀에 쏙쏙 들어오는 신시사이저와 혁신적인 비트로 새로운 유형의 곡을 만들었고 광란의 파티와 콘서트 경계를 허무는 최초 디제이로, 좁은 클럽이 아닌 넓은 경기장(아레나)으로 지평을 넓혔다는 평가를 받았다.

이력에서 보듯 아비치는 약물 중독, 우울증으로 고통 받고 힘겨워했다. 그의 죽음 이후 아비치 부모가 주축이 돼 팀 베릴링 재단(Tim Bergling Foundation)을 만들어 청소년 자살과 정신질환 예방 활동을 펼치고 있다. 아비치 사후 발매된 앨범 수익금은 전액 이 재단에 기부됐다고 한다.

생전인 2017년 아비치 다큐멘터리 영화인 <Avicii True Stories>가 개봉됐다. 영화 제목에 들어간 두 단어 True와 Stories는 모두 그의 앨범 제목이다. 이 영화를 보면서 아비치가 자기 의지와는 상관없이 떠밀리듯 공연을 계속해 온 듯한 느낌을 많이 받았다. 결국 애초 자신을 스타 반열에 오르게 해 준 일등 공신이지만 공연 일정 등으로 갈등도 빚었던 기획자와 헤어지며 영화는 마무리됐다. 영화는 앞으로 아비치가 만들 음악을 한껏 기대하게 만들며 현재진행형으로 끝났는데 1년 뒤 그는 돌연 짧은 생을 마감했다. 아비치 사후에 두 번째 다큐멘터리 영화인 <Avicii : I'm Tim>이 제작돼 2024년 6월 트라이베카영화제에서 공개됐다.

아비치는 2008년부터 2016년까지 9년간 유럽 전역, 아시아, 미국 등을 돌며 모두 813회 공연을 했다. 1년에 약 90회, 약 4일에 한 번 공연하는 살인적인 일정이었다. 내향적인 성격인 그가 어린 나이에 너무 일찍 성공하고 쉼 없이 너무 많은 공연을 해 많이 힘들었을 것 같다. 그걸 이겨내려 약물, 알코올 중독에 빠졌고 급기야 우울증까지 겪으면서도 계속되는 공연에 영혼까지 갈아 넣은 것 같아 너무 안타까웠다. 자기 존재 가치는 아랑곳없이 시스템으로 돌아가는 우리나라 기업형 아이돌 그룹이 얼핏 떠올랐다.

그의 죽음 이후 1년간 스웨덴에서 가장 많이 검색된 단어가 '아비치'였다고 한다. 스포티파이(Spotify) 등 각종 음원사이트 순위에서 아비치 음악이 역주행하는 현상도 벌어졌다. 아비치가 죽은 다음 해인 2019년 솔나 프렌즈 아레나에서 열린 추모 공연에서는 5만 8천163개 좌석이 30분 만에 매진돼 아레나 개장 이래 최대 관객 수를 기록했다.

아비치 사망 당시 재산은 2억 3천100만 크로나에 달했다. 300억 원이 넘는 돈이었다. 재산은 부모가 물려받았다. 아비치는 음악과 공연 활동 중 "그렇게 많은 돈이 필요하지 않다"며 자선단체 등에 사후 남긴 재산에 버금가는 수억 크로나를 기부했다.

아비치에게 음악, 공연, 성공이란 어떤 의미였을까. 자기 의지로 좀 천천히 달렸더라면 삶을 뒤돌아보고 여유 있게 좋아하는 음악을 하지 않았을까. 팬들 역시 그의 음악을 좀 더 오래 볼 수 있지 않았을까. 통 큰 기부는 물론 <For A Better Day> 뮤직비디오에서 보듯 아비치는 음악으로 사회에 목소리를 내려고 했다. 그래서 그의 이른 죽음이 더 아쉽게 느껴진다.

Avicii R.I.P.

* 스웨덴 언론 익스프레센, Dagens Nyheter, 위키피디아, Avicii Experience, 영화 <Avicii True Stories> 등을 참고했다.

한국 폐지노인을 떠올리다

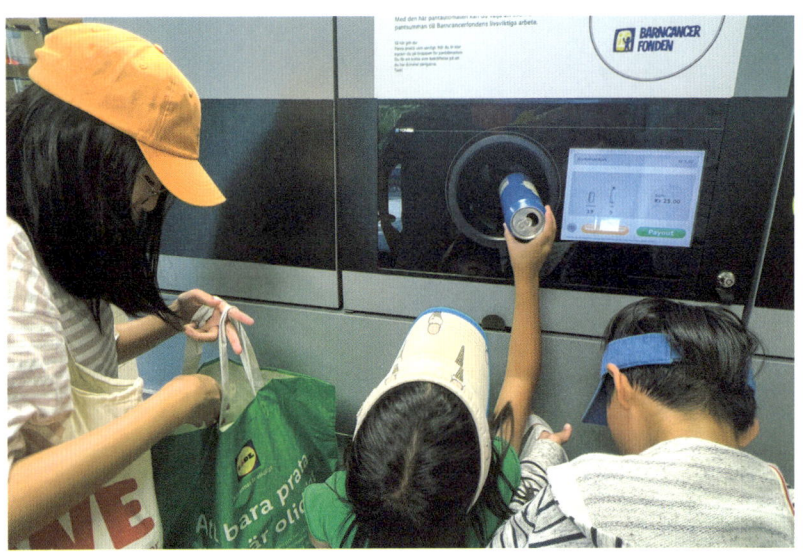

그날이 왔다.

커다란 마트 백에 담을 수 없을 정도로 많아진 캔을 팔기로 했다. 일렬종대로 헤쳐 모여 시켰더니 맥주 캔 47개, 탄산수 캔 6개, 음료수 캔 2개, 페트병 3대다. 마트 백 2개에 나눠 담아 집 앞 마트 리들(LiDL)로 향했다. 참고로 스웨덴에서는 리들을 비롯해 쿱(COOP), 햄쉡(Hemköp), 이카(ICA) 등 마트가 있다. 이 중 스웨덴 마트인 이카가 가장 큰 시장 점유율을 보이고 가격이 저렴하기로는 리들이, 고르는 재미가 있는 마트는 쿱, 이카였다.

캔, 페트병 수거기를 이용할 때마다 은근 기분이 좋다. 캔은 1크로나, 페트병은 2크로나씩 돌려받는다. 캔이 수거기 구멍으로 들어가 분류돼 떨어지는 소리가 경쾌하다. 삼남매와 같이 가면 서로 캔을 넣겠다고 아우성이다. 어느 마트든 수거기가 꼭 있고, 구매처가 달라도 상관없다.

 캔 재활용을 하고 나면 뭔가 지구에 도움 되는 일을 했다는 자부심이 +1 되는 느낌이다. 그날 돌려받은 금액은 62크로나(약 7천500원)였다. 현금이 아닌 마트에서 물건을 살 수 있는 영수증으로 돌려줬다. 그 돈이면 1kg짜리 쌀 3개를 살 수 있다.

 유럽에 다녀온 사람들이 한국에서 벤치마킹했으면 좋겠다고 말하는 대표적인 것이 캔, 페트병 보증금 반환 제도다. 우리나라도 유사한 제도가 있지만 스웨덴과 비교하면 몇 가지 차이가 있다. 스웨덴은 캔과 페트병에 담긴 음료를 살 때 보증금으로 1~2크로나를 추가로 낸다. 코카콜라 330ml 캔을 사면 제품 가격 7크로나에 보증금 1크로나를 더한 8크로나를 낸다. 처음엔 보증금을 추가로 낸다는 사실을 몰라 내가 가격을 잘못 본 건지 점원이 잘못 계산한 건지 헷갈리기도 했다. 이 보증금이 1~2개 살 땐 별거 아

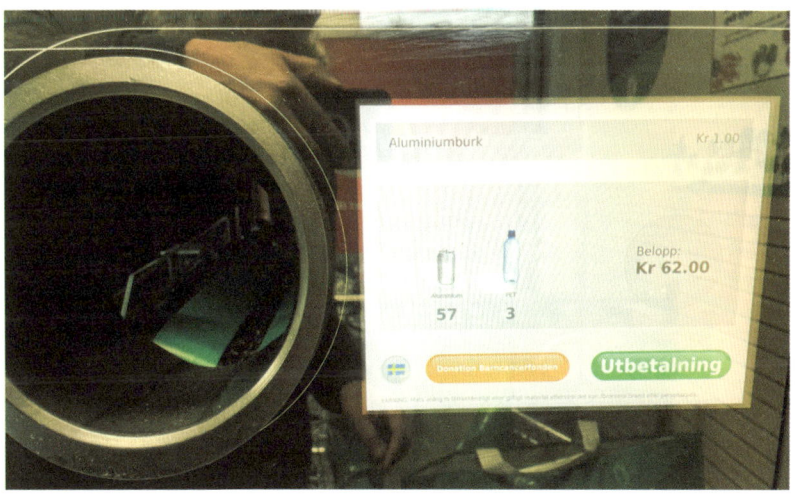

캔 57개, 페트병 3개 보증금 62크로나 회수. 왼쪽 버튼을 누르면 기부도 할 수 있다

닌 거 같아도 6개짜리 맥주캔 번들을 사면 6크로나(약 700~800원)가 추가로 붙으니 제법 크다.

한국은 유리병만 보증금 제도를 시행하고 있으나 보증금을 아예 상품 가격에 포함해 판매하니 보증금이 있는지조차 모르는 경우가 많다. 스웨덴에서는 영수증에 판매가와 보증금이 별도로 명기돼 나온다. 조삼모사 같지만 구매자 입장에서는 돈을 더 냈다고 느끼고 돌려받겠다는 의지가 한층 불타오르도록 만든다.

한국도 빈병 무인회수기를 운영하고 있지만 개수가 많지 않다. 자원순환보증금관리센터 홈페이지를 보니 2023년 6월 현재 전국 146개다. 서울과 경기도에 각각 38개, 43개가 있고 나머지 지역은 거의 보급되지 않은 상태다. 빈병을 가져가면 용량에 따라 최소 70원에서 최대 350원을 돌려받을 수 있다. 하지만 무인회수기가 있는지조차 모르는 사람이 수두룩하다. 사정이 이렇다 보니 무거운 병을 싸 들고 무인회수기를 찾아가느니 그냥 아파트 재활용 수거함에 넣거나 소매점을 찾아가는 게 차라리 낫다고 생각하는 사람도 많을 거 같다. 한국에서 유리병 보증금 제도에 더해 캔과 페트병 보증금 회수 제도를 추가 도입하고 무인회수기를 늘린다면 재활용률이 더 좋아지지 않을까 싶다.

스웨덴엔 거리 곳곳에 쓰레기통이 아주 많다. 버스 정류소나 지하철 승강장에서 멀쩡하게 생긴 사람이 쓰레기통을 쓰윽 살피곤 안에 있는 캔을 집어 가는 모습을 자주 봤다. 마트 가방 같은 것을 들고 전문적으로(?) 수거하는 사람도 있지만 그냥 옷 주머니에 넣어가는 경우도 있었다. 티끌 모아 태산이라고 가만 보니 돈이 되겠다 싶었다. 일부러 찾아다니진 않았지만 밖에서 산 캔이나 페트병을 집으로 가져오는 습관은 생겼다.

한국에서 캔, 페트병 보증금 회수제가 시행됐으면 좋겠다고 생각한 이유는 또 있다. 스웨덴 노인이 쓰레기통 내부에 있던 캔을 들고 가는 걸 보다가 한국에서 폐지 줍는 노인이 떠올랐기 때문이다. 코로나 이전 kg당 100원을 넘던 폐지 가격이 코로나 이후 kg당 70~80원대까지 떨어졌다는 뉴스를 본 적이 있다. 지금도 사정은 크게 달라지지 않은 것 같다. 하루 종일 폐지를 주워도 식당에서 밥 한 끼 사 먹지 못하는 수입이다. 무거운 리어카를 끌면서 폐지를 모으다가 다치거나 교통사고를 당하는 노인도 있다. 푼돈 벌려다가 골병들고 치료비가 더 나가는 안타까운 경우다.

노인 기초연금만으론 생활비가 빠듯해 어쩔 수 없이 거리로 나와야 하는 노인이 많다. 캔, 페트병 보증금 제도를 시행한다면 돈 안 되는 폐지보다 수익이 나지 않을까. 폐지 100kg 수거해 받는 돈이 8천 원이라면 보증금 100원인 캔 80개만 수거하면 된다. 부피나 무게도 훨씬 줄어든다. 많은 폐지 노인들이 캔, 페트병 수거로 돌아서면 덩달아 재활용률도 높아질 것이다. 물론 경쟁이 치열할 것 같아 걱정은 살짝 되지만 말이다. 노인이 거리로 내몰리는 상황에 국가적 지원이 필요한 것과 별개로 캔, 페트병 유상 수서 시스템은 먼지 시행할 수 있는 일 아닐까 혼자 상상해 본다.

스웨덴은 1984년부터 알루미늄 캔, 1994년부터 플라스틱 병 보증금 제도(pant system)를 시행 중이다. 수거돼 재활용되는 병과 캔은 매년 20억 개 이상이다. 2019년에는 21억 5천만 개 이상 수거해 최고 기록을 세웠다. 스웨덴 환경보호국(EPA)에 따르면 2020년 판매된 페트병 86%, 알루미늄 캔 87%가 재활용됐다. 2023년 기준 스웨덴 정부 페트병, 캔 재활용률 목표는 90%다.

술꾼들이 기억해야 할 시간

시스템볼라겟

스웨덴 5월은 본격적으로 낮이 길어지는 시기다. 6월까지 계속 해 저무는 시간이 늦어지다가 하지를 기점으로 다시 조금씩 빨라진다. 낮이 길다 보니 자정이 다 된 시간인데도 초저녁 같은 하늘이 펼쳐진다. 이른바 백야다.

2023년 6월 아직 해가 쨍쨍한 오후 6시 무렵 아내와 테라스에서 낮술(?)을 했다. 이런저런 이야기를 하다 보니 맥주 2캔과 반병 정도 남겨둔 와인이 금세 동났다. 애초 술판을 벌일 작정이 아니었고 날씨와 바람이 좋아 시작한 자리였다. 여분 술이 없는 것이 아쉬웠다. 술이 조금만 더 있으면 좋을 것 같았다. 시계를 보니 6시 47분. 갑자기 마음이 급해졌다. 운동화로 갈아 신고 냅다 뛰어 도착한 곳은 스웨덴에 와서 마트만큼 자주 간 시스템볼라겟(Systembolaget)이었다. 다행히 폐점 시간을 몇 분 남기고 맥주 몇 캔과 와인 1병을 살 수 있었다. 아슬아슬하게 산 술이 더 맛이 좋은 건 기분 탓이려나.

    술 마시는 사람이 스웨덴에서 꼭 기억해야 할 시간이 있다. 평일 오후 7시, 토요일 오후 3시. 무슨 언론사 마감 시간 같지만 시스템볼라겟 폐점 시간이다. 집에 술을 넉넉하게 쌓아두더라도 마시다 보면 어제처럼 똑 떨어지는 날이 있다. 약간 아쉬운 마음에 술을 더 사고 싶어도 시스템볼라겟 마감 시간을 놓치면 대략 낭패다. 그럴 경우 마트에서 낮은 도수 맥주를 사서 마시기도 하지만 영~ 재미가 없다. 알코올 도수가 2.8% 정도라 마셔도 전혀 취기가 돌지 않는다. 2018년 스웨덴 여행 때 마트에서 산 맥주를 마시고 마셔도 취하지 않아 '이 놈의 나라는 무슨 이런 술 같지도 않은 술을 다 파는 거

냐?' 흥분한 적이 있다.

    핀란드에 갔을 때도 황당한 경험을 했다. 마트에서 맥주를 사는데 점원이 자꾸 계산을 해주지 않고 돌려보내는 게 아닌가. 왜? 무슨 이유로? 핀란드 말을 몰라 다른 맥주를 들고 가도 또 안 된다고 했다. 점원이 결국 따라오라더니 알코올 도수 2%짜리 맥주를 내 손에 쥐여줬다. 핀란드에선 오후 9시 이후부터 마트에서 낮은 도수 술 외엔 못 팔게 했다. 고작 알코올 도수 4~5%에 불과한 맥주를 눈앞에 뻔히 보고도 못 사는 상황에 기막혔다.

    스웨덴에선 알코올 도수 4% 이상 술은 시스템볼라겟이라는 국영 주류 판매점에서만 판매한다. 마트에서는 알코올 도수 3.5% 이하 맥주만 판다. 이런 주류 독점 판매 구조는 국민 알코올 소비를 제한하기 위해서란다. 처음엔 무슨 공산당도 아니고 민주주의 국가에서 '주류 독재'가 말이 되는 일인가 싶었다. 보통 상품과 달리 술은 많이 마실수록 그로 인한 알코올 중독, 질병, 사망, 폭력 등을 초래할 수 있어 국가가 통제한다는 것이 시스템볼라겟 설명이다. 술로 인한 부작용을 막기 위해선 소비량을 줄여야 하는데 국민이 술을 살 수 있는 시간을 짧게 한 것이다.

    다시 복습! 술꾼이라면 기억하자. 평일 오후 7시! 놀랍게도 시스템볼라겟 영업시간은 스웨덴 의회가 정한다. 애초엔 토요일에도 문을 닫았지만 술꾼들 요구가 워낙 강력해 오후 3시까지 제한적으로 허가했다고 한다. 일요일엔 쉬기 때문에 금요일이나 토요일 오후(특히 폐점 시간 전) 시스템볼라겟에 가면 술을 미리 사두려는 사람들로 북새통을 이루기도 한다.

    국영기업 시스템볼라겟 사명은 '좋은 서비스로 술을 판매하지만 가능한 한 많이 팔거나 이익을 극대화하지 않는다'는 거다. 그래서 '2+1' 등 프로모션을 하지 않는다. '공유'같이 잘생긴 배우가 나와서 '청정 라거 테라'라고 외치는 술 광고가 전혀 없는 이유이기도 하다. 대신 소믈리에 수준 주류 지식을 갖추도록 교육받은 점원들은 소비자가 원할 경우 요리나 상황에 맞는 술을 추천해 준다. 소비자가 원하는 술이 있다면 시간이 좀 걸리겠지만 수입해서라도 구해준다.

가장 좋은 점은 술값이 비교적 싸다는 거다. 알코올 도수 4~5%짜리 맥주 500ml 기준 저렴한 건 11~12크로나(1천300~1천500원대)이다. 아내 말에 따르면 특히 와인이 싸다고 한다. 레드, 화이트, 스파클링 통틀어 1만 원대나 그 이하 가성비 좋은 와인이 제법 많다고 한다. 아내가 좋아하는 이탈리아 프로세코(Prosecco) 스파클링 와인 가격은 2~3만 원대인 한국보다 훨씬 저렴한 1만 원대 초반이라고 한다. '맥주파'인 나는 아내 덕분에 스웨덴에서 저렴하고 좋은 와인을 맛볼 수 있었다.

국영 독점 판매로 피해를 보는 곳은 수제 와인이나 맥주를 만드는 지역 생산자들이다. 이들은 직접 술을 팔지 못하고 시스템볼라겟에 납품하는 형태 등으로만 팔 수밖에 없다. 2022년 총선에서 지역 와인, 맥주 생산자 판매 허용 문제가 선거 쟁점 중 하나였는데 현 우파 연립 정부는 지역 생산자 술 판매 허용을 적극적으로 검토 중이다. 이렇게 된다면 정부 독점 주류 판매 시스템 근간이 흔들리게 되는 셈이다.

1955년 설립해 70년이 다 돼가는 시스템볼라겟은 2021년 기준 스웨덴 전역에 450개 매장이 있고 직원은 6천238명에 이른다. 연간 1억 2천670만 명이 매장을 방문했고 홈페이지에는 6천780만 명이 접속해 인터넷으로 술을 구매했다. 연간 매출액은 381억 크로나(약 4조 6천786억 원)에 달한다.

2021년 스웨덴 연간 1인당 순수 알코올 소비량은 8.7L로 11L인 유럽 평균보다 낮다고 한다. 놀랍게도 판매 시간을 짧게 해 소비량을 줄인다는 의도는 적중한 셈이다. 겨울이 긴데 술 소비량이 이 정도밖에 안 될까 하는 의문은 여전하다. 8.7L면 500ml 맥주 17개 정도밖에 안 되는데 난 스웨덴에 온 지 한 달 만에 스웨덴 1인 연간 알코올 소비량을 가뿐히 뛰어넘었으니 말이다. 짧은 판매 시간으로 알코올 소비를 줄이려는 스웨덴 주류 독점은 적어도 나에겐 어림 반 푼어치도 없는 제도다.

희한한 건 시스템볼라겟에서 알코올 도수 5% 이상 맥주를 사서 마셔도 이상하게 잘 취하지 않는다는 거다. 스웨덴 맥주가 이상한 건지 내가 이상한 건지 모르겠지만, 마셔도 취하지 않다 보니 이걸 왜 마시고 있나 하는 자괴감이 들 때가 많았다. 자연스레 독한 술에 관심을 가지게 됐다. 처음으로 산 술은 스웨덴, 노르웨이에서 자주 마신다는 아콰비트(Aquavit 또는 Akvavit)였다. 스웨덴 기자 출신 소설가 스티그 라르손 소설 《밀레니엄》을 읽다가 주인공 미카엘 블롬크비스트가 이 술을 마시는 장면을 보고 한 번

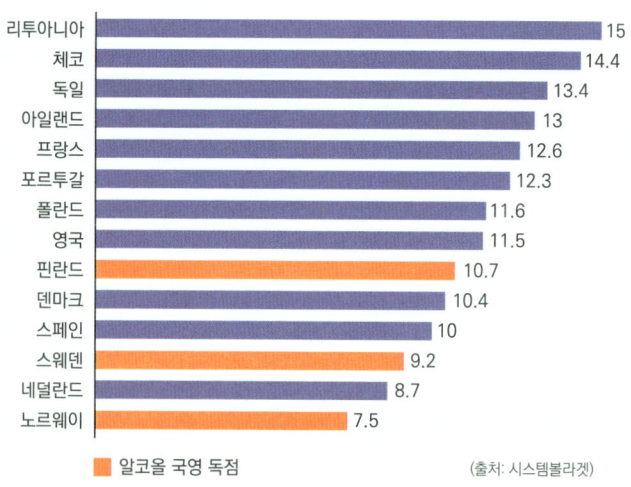

사봤다. 도수는 40도였고 지금까지 경험해 보지 못한 식물 향이 났다. 2~3만 원대 저렴한 가격에 적당히 취할 수 있어 좋았다. 스웨덴에서 만든 유명 보드카 앱솔루트도 있었지만 내 취향은 아니었다.

    다른 술도 마셔보고 싶었다. 이번엔 싱글 몰트 위스키 세계에 발을 담갔다. 한국에서는 오픈런을 해야 구할 수 있다던 싱글 몰트 위스키 대명사인 발베니, 맥켈란은 시스템볼라겟에 항상 진열돼 있었다. 가격도 한국에선 10만 원을 넘어가는데 7만 원대에 구매 가능했다. 하지만 입문자가 마시기엔 과한 술이라고 생각해 탐나불린(Tamnavulin) 셰리 캐스크를 골랐다. 이름에서 뭔가 제주도(탐라국) 향이 묻은 거 같고 동유럽 느낌도 나는데 스코틀랜드산 싱글 몰트였다. 싱글 몰트 위스키를 마시면 특유의 초콜릿 맛이나 과일 향이 난다고 하던데 그 느낌을 조금 알 거 같았다. 스트레이트로, 또는 얼음을 타서 마셔도 좋았다.

    홀짝홀짝 마시다 보니 한 병을 비우고 중상급 싱글 몰트에 도전해 보기로 마음먹고 발베니 더블우드를 샀다. 중급이라서 그런지 탐나불린보다 진했다. 이것도 미저 비우고 다음 싱글 몰트 위스키로 맥켈란이나 글렌피딕 등을 사보려고 했는데 최근 몇 달 시스템볼라겟 술 가격이 전반적으로 상승해 다시 탐나불린으로 돌아왔다. 코로나와 우크라이나 전쟁 영향으로 공급업체나 생산자가 가격을 올린 데 따른 여파라고 했다.

    위스키 한 병 사두면 왠지 든든한 느낌이다. 평일 오후 7시, 토요일 오후 3시를 넘겨도 싱글 몰트 위스키가 있으니까 말이다. 다음 술로는 스웨덴 싱글 몰트 위스키를 염두에 두고 있다. 스웨덴도 은근 몇 안 되는 위스키 제조 강국인데 인공지능(AI)이 엄선한 레시피로 만든 싱글 몰트 위스키가 있다고 해 눈여겨보는 중이다. 예전엔 위스키같이 독한 술을 왜 마시냐고 했던 나인데 스웨덴에 와서 그런 술을 마시고 있으니 참 별일이다.

나토가입보다 표현의 자유가 중요한 나라

62

2022년 2월 러시아가 우크라이나를 침공한 이후 스웨덴은 핀란드와 손잡고 나토(NATO, 북대서양조약기구) 가입을 정식 신청했다. 전쟁 3개월 만이었다. 해를 넘긴 2023년, 스웨덴과 핀란드 처지는 극명하게 엇갈렸다. 핀란드는 터키와 헝가리 의회 비준을 거쳐 단독으로 가입이 확정돼 31번째 나토 회원국이 됐다. 반면 우크라이나에 169억 크로나(2조 1천125억 원) 상당 군사 지원을 해온 스웨덴은 터키와 헝가리 반대로 발등에 불이 떨어졌다.

회원국이 타국으로부터 공격당하면 다른 회원국들이 동시 개입하는 군사 동맹체인 나토는 31개 회원국 중 한 나라라도 비준하지 않으면 가입할 수 없는 만장일치제를 채택하고 있다. 이미 비준을 마친 29개국과 달리 터키와 헝가리가 입장을 바꾸지 않는 한 가입은 쉽지 않은 상태다. 나토 우산 밖에 있는 스웨덴으로선 언제든지 러시아 공격 대상이 될 수 있다는 위기감이 커졌다.

쉽지 않아 보이던 스웨덴 나토 가입에 적신호가 켜진 건 반이슬람 극우 운동가 라스무스 팔루단이 2023년 1월 스웨덴에서 이슬람 경전인 코란을 소각한 일 때문이었다. 이로 인해 이슬람 국가들이 스웨덴을 보이콧하는 사태가 벌어졌다. 여러 이슬람 국가에서 스웨덴 국기가 불타고 스웨덴 경찰과 보안당국은 테러 위협까지 느꼈다. 특히 에르도안 튀르키예 대통령은 스웨덴 정부가 사태를 방조했다며 코란 소각을 막지 않으면 나토 가입이 쉽지 않을 것임을 천명했다.

급기야 스웨덴에서 친 쿠르드족 단체가 에르도안 튀르키예 대통령의 꼭두각시 인형을 불태우는 일도 있었다. 튀르키예, 시리아, 이란, 이라크 등에 흩어져 사는 쿠르드족은 과거 유대인처럼 독립 국가를 세우기를 열망하고 있지만 튀르키예는 이들을 탄압해 왔다. 스웨덴은 무장 투쟁에 나선 쿠르드족 망명자 다수를 인도적 차원에서 받아들여 튀르키예 눈엣가시다.

울프 크리스테르손 스웨덴 총리는 2022년 취임하자마자 나토 가입 열쇠를 쥔 에르도안 튀르키예 대통령을 찾아갔지만 별다른 성과 없이 돌아와 체면을 구겼다. 크리스테르손 총리는 극우단체 코란 소각에 '스웨덴 안보에 위험하다'며 즉각 우려를 표명했다. 스웨덴 외무장관도 비슷한 취지 말을 했다. 총리와 외무장관 엄포 때문이었을까, 이후 스웨덴 경찰은 팔루단 등 극우단체 집회 신청을 일절 허가하지 않았다. 이런 조치는 당연한 수순으로 여겨졌다.

하지만 검찰 대응은 달랐다. 코란을 소각한 팔루단 행위가 범죄에 해당하는지 몇 달간 조사한 검찰이 2023년 3월 발표한 결과는 눈길을 끌기에 충분했다. 스웨덴 검찰은 코란 소각이 특정 집단에 대한 선동 범죄가 아니며 표현의 자유에 속한다고 밝히며 사건을 종결 처리했다.

판단 이유도 흥미로웠다. 검찰은 표현의 자유를 제한하려면 강력한 사유가 필요하며 (표현의 자유가) 유럽 협약과 스웨덴 법 기초라고 말했다. 그러면서 특정인이나 집단에 무례함을 표현하는 것과 상징(이슬람 성전인 코란)을 소각하는 것엔 차이가 있다고 설명했다. 또 코란을 태운 행위가 이슬람 국가 반발 등으로 새로운 의미와 맥락(이슬람을 믿는 집단에 대한 모욕 등)을 가지게 된 만큼 더 의미를 부여해서는 안 된다고 말했다. 검찰은 스웨덴 의회(Riksdag)가 1970년 종교나 종교 공동체가 신성하게 여기는 상징 모욕 금지를 폐기한 것도 근거로 삼았다. 일테면 어떤 민족이나 종교 집단이 아닌 종교 그 자체에 대한 모욕이나 무례한 행위는 표현의 자유로써 허용된다는 것이었다.

스웨덴 언론 다겐스 뉘헤테르는 검찰이 내린 결론이 이례적인 것이 아니라는 점도 짚었다. 2년 전인 2021년 팔루단은 스웨덴 남부 도시 말뫼에서 코란을 불태웠는데 당시에도 소수민족에 대한 선동이 아니라고 결론 내리며 사건을 마무리했다. 스웨덴 한 판사도 2022년 이에 동의하는 입장을 밝히기도 했다.

검찰 결정은 필연적으로 경찰이 코란 소각 집회를 금지한 조치를 재검토하는 것으로 이어졌다. 스톡홀름 행정법원은 경찰 당국이 안전상 이유로 코란 소각을 전면 금지한 것은 부당하다는 취지의 결정을 잇달아 내렸다. 법원은 코란 소각으로 스웨덴에 대한 테러 등 공격 위협이 증가한다는 경찰 해석은 과도하고, 헌법이 보장하는 집회와 시위 자유를 제한하면서까지 코란 소각을 막을 이유가 없다고 말했다. 검찰과 법원은 코란 소각이 국가 안보에 위협이 된다는 총리나 외무장관 발언은 안중에도 없이 '마이 웨이'를 걸었다.

정권에 따라 법원 판결이나 검찰 수사가 줏대 없이 달라지곤 했던 한국 현실이 떠올랐다. 스웨덴 검찰이나 법원도 나토 가입이라는 절체절명의 안보 위기 앞에서는 총리 말에 보조를 맞추지 않을까 생각했었다. 우리나라 같으면 국가 안보보다 중요한 게 어디 있느냐, 도대체 어느 나라 기관이냐고 비난하는 목소리가 일지 않았을지 모르겠다. 행정부나 사법부가 총리 등 집권 내각 눈치를 보지 않고 서로 견제하고 할 말 하는 모습이 진정한 삼권 분립이 아닌가하는 생각이 들었다.

비록 나토 가입은 더 시간이 걸리겠지만, 표현의 자유를 내팽개치면서까지 나토 가입을 구걸하지 않겠다는 자존심을 봤다면 과장일까. 스웨덴에서는 표현의 자유가 국가를 떠받치는 중요한 기둥 중 하나다. (대한민국 헌법에도 사상 표현의 수단으로 언론의 자유를 명시하고 있긴 하다.) 스웨덴 헌법이 정부 기구, 왕위 승계법, 언론의 자유, 표현의 자유 등 4가지 기본법으로 구성됐다는 점을 알게 되면 스웨덴에서 표현의 자유가 가지는 의미가 묵직하게 다가온다.

스웨덴 헌법에서 규정하는 표현의 자유는 무엇이든 의견을 갖고 원하는 거의 모든 것을 말할 권리를 의미한다. 다른 사람 명예를 훼손하거나 공개적으로 모욕하는 것을 제외하고 라디오, TV, 인터넷에서 자유롭게 자신을 표현할 권리를 갖는다. 표현의 자유 기본법을 위반하는 범죄에는 성폭력 요소가 포함된 영화, 반역이나 간첩 활동을 포함하는 내용 게시, 국가 또는 사회 안전을 위협하는 영화 등이 있다. 영화를 제외한 라디오, TV, 기타 방송은 일절 검열할 수 없다는 점도 포함된다.

2023년 5월 28일 튀르키예 대선에서 현 에르도안 튀르키예 대통령이 3선에 성공하며 재집권했다. 스웨덴 정치권은 낙선을 은근히 기대했을 것 같았지만 결과는 다시 '겨울'이었다. 크리스테르손 총리는 에르도안 대통령이 당선되자 트위터에 당선을 축하한다며 "우리의 공동 안보는 미래의 우선순위"라는 짤막한 글을 남겼다. 나토 가입을 원하는 애절함이 몇 자 안 되는 행간에 뚝뚝 묻어나는 듯했다.

선거 전 튀르키예 대통령이 코란 소각을 빌미로 스웨덴을 공격하며 민족주의를 자극해 지지율 상승 도구로 이용했다는 분석도 있는 만큼 재집권한 에르도안이 스웨덴 나토 가입에 전향적인 자세를 취할 수도 있겠지만 알 수 없는 노릇이다. 스웨덴이 자존심을 지키면서도 하루속히 나토에 가입하는 날이 오기를 기원한다.

Lycka till Sverige! (스웨덴에 행운을)

＊2024년 3월 스웨덴이 32번째 나토 회원국이 됐다. 최대 걸림돌이던 튀르키예와 헝가리 의회가 2024년 1월과 2월 각각 스웨덴 나토 가입 비준안을 처리하면서 스웨덴은 마침내 군사동맹 가입 꿈을 이뤘다. 3월 11일 나토 기구가 있는 벨기에 브뤼셀에서 열린 스웨덴 국기 게양식에 참석한 울프 크리스테르손 스웨덴 총리는 나토 가입이 "200년 이상 군사적 비동맹 노선을 끝낸 역사적 조치이자 아주 자연스러운 수순"이라고 평가했다. 그러면서 "평시에 스웨덴 영토에 나토 영구 주둔 기지나 핵무기를 배치할 필요는 없다"며 러시아를 자극하지는 않았다. 특별했던 중립국 지위를 끝내고 평범한 나토 회원국이 된 스웨덴이 앞으로 국제사회에서 어떤 모습을 보여줄지 궁금하다.

스웨덴 사람들이 국경절을 보내는 방법

우리나라 현충일인 6월 6일은 스웨덴에서도 국경절(Sveriges nationaldag)로 주요 국경일 중 하나다. 이날은 1523년 구스타브 바사가 왕위에 오르며 스웨덴이 독립 국가로 탄생한 역사적인 날이자, 1809년 스웨덴 헌법이 제정된 날이기도 하다. 외국인인 나에게 큰 의미는 없었지만 스웨덴 사람들이 어떻게 국경절을 보내는지 궁금했다. 이날 스톡홀름 시내는 다양한 행사로 들썩거렸다. 날씨도 화창했다. 높고 푸른 하늘을 배경으로 낮게 깔린 새하얀 구름만 봐도 기분 좋았다.

국경절 축하 연주회가 열리는 하가파켄(Hagaparken)으로 향했다. 스톡홀름 시립도서관이 있는 오덴플란에서 버스를 갈아타려는데 하가파켄으로 가는 버스마다 승객이 꽉 들이찼다. 연속으로 몇 대가 정차도 하지 않고 지나쳤다. 한참 기다린 끝에 버스를 타고 하가파켄 인근 정류소에 내렸다. 입구부터 축제 분위기가 물씬 느껴졌다. 즐거운 여름(trevlig sommar)이라는 글자가 적힌 깃발이나 스웨덴 국기를 무료로 나눠줬다.

잔디 광장에 도착하니 이미 많은 이들이 돗자리를 펴고 앉아 있었다. 유모차, 자전거, 휠체어 등도 곳곳에 보였다. 드러누워 햇볕을 쬐거나 아이와 공놀이하고 음식을 먹으며 담소를 나누는 등 무척 자유로운 분위기였다. 돗자리에 둘러앉은 이들 구성도 가족, 친구, 지인, 연인 등 다양했다. 합창, 발레 등 국경절 축하 공연이 시작됐지만 배경음악에 불과할 정도로 사람들은 저마다 편안한 시간을 보냈다. 스웨덴 사람들에게 국경절은 한자리에 모여 저마다 자유로운 시간을 보내는 날인가 하는 생각마저 들었다. 우리나라에서 국경일은 집마다 태극기를 게양할 뿐(요즘은 그마저도 잘하지 않는 듯하지만) 각기 놀러 가는 날로 인식되곤 하는 세태라 조금 색달랐다.

연주회가 끝난 뒤 스칸센(Skansen)으로 갔다. 스웨덴 민속촌이자 동물원, 놀이공원인 스칸센은 기념일 등에 많은 행사가 열리기 때문에 스톡홀름 시민이라면 연중 3~4번 정도 방문하는 친숙한 장소다. 이날은 국경절 대표 행사인 왕족 마차 퍼레이드를 보기 위해서였다. 왕족을 태운 마차가 스웨덴 왕궁(Kungliga slottet)을 출발, 시내 곳곳을 돌다 스칸센에서 행진을 마무리한다. 왕권과 의회가 공존하는 입헌군주제 나라에서 왕족은 상징적인 국민 대표자로 여러 국가 행사에 참여하며 시민과 만났다.

감라스탄에 있는 왕궁에서는 마차 퍼레이드 전까지 무료 개방을 비롯

국경절 하가파켄에 모인 시민들

해 다양한 체험 행사가 열렸다. 칼 16세 구스타프 왕과 실비아 왕비를 태운 마차가 스칸센에 도착하자 야외 광장에서는 국경절 축하 행사가 열렸다. 사람이 너무 많아 무대 근처로는 가지도 못하고 까치발로 조금 보다 집으로 돌아왔다. 행사 도중 2018년 스웨덴 여행 때 스칸센 체험 행사에서 둘째 손을 잡고 전통 춤을 가르쳐 주던 여성이 스웨덴 국기를 들고 지나가 무척 반가웠다. 5년이 지났는데 얼굴이 어떻게 기억에 남았는지 신기할 따름이었다. 스웨덴 직업 안정성이 꽤 괜찮은 모양이라고 생각했다.

　한국에 살면서 국가 행사에 굳이 참석한 경험이 없었던 난 국경절 행사에 많은 시민이 참여하는 스웨덴을 보면서 '국가란 나에게 무엇인가'라는 질문을 떠올렸다. 국민이 국가, 정부를 향해 욕하는 일이 다반사이고 '헬조선'이라고 부르는 한국에 비해 스웨덴 국민들은 대체로 스웨덴 국가 혹은 정부를 믿고 있다는 느낌이 강했다. 실제 스웨덴 정부, 공공기관에 대한 국민 신뢰도는 상당한 수준이라는 통계가 있다. 국경절 내내 파란색 배경에 노란색 십자 모양인 스웨덴 국기를 나누는 모습을 보며 어느 순간 대한민국 국기인 태극기가 특정 정치 집단 상징이 된 거 같아 안타까웠다.

　국가는 모든 국민에게 평등한 존재여야 한다고 믿는다. 국민을 위해서 존재하는 정부, 정부가 우릴 위해 최선을 다할 것이라고 믿는 국민들. 스웨덴이 정답은 아니고 꼭 그렇게 될 필요는 없겠지만 우린 어떤 정치인, 어떤 정부를 원하고 국민으로서 우리 역할은 또 무엇인지 생각해 볼 필요는 있겠다.

여기 쿠바야? 올드카가 왜이리 많아?

64

2023년 6월 초 스웨덴 스톡홀름 서쪽으로 70km 정도 떨어진 쇠데르만란드주 마리에프레드(Mariefred)에 갔을 때다. 도중 고속도로에서 올드카 두어 대를 마주쳤다. 낮고 긴 차체에 뒷바퀴가 휠 박스에 약간 가린 그 차들은 시야에서 사라질 때까지 눈을 뗄 수 없을 만큼 강렬한 포스를 자랑했다. 선글라스를 낀 운전자가 창문을 연 채 클래식 자동차를 운전하는 모습은 차에 붙은 스웨덴 국기가 아니었다면 여기가 미국인지 쿠바인지 헷갈릴 정도였다.

중간에 잠시 들른 마트에서도 이름을 알 수 없는 올드카가 주차돼 있었다. 전혀 예상치 못한 여러 올드카를 봐서 행운이었고 눈 호강했다는 생각이 들었다. 예전에 배우 류준열과 이제훈이 쿠바에서 올드카를 타고 여행했던 방송 프로그램도 문득 떠올랐다.

하지만 이건 시작에 불과했다. 마리에프레드에 도착하니 중심도로에 올드카들이 마치 퍼레이드라도 하는 것처럼 줄줄이 지나갔다. 마을 곳곳에서 올드카가 출몰했다. 색깔도 검정, 빨강, 연파랑, 풀색, 아이보리색, 연한 청록색, 금색 등 다양했고 차 형태도 천장이 열리는 컨버터블을 비롯해 클래식 자동차, 박물관에서나 볼 법한 초창기 자동차까지 있었다. 외관만 멀쩡한 게 아니라 부드럽게 도로를 미끄러져 나가는 모습에 관리가 잘 된 차라는 걸 느낄 수 있었다. 스톡홀름 도로에서도 종종 올드카를 보곤 했는데 비교가 안 되는 수준이었다.

세계에서 미국 올드카가 가장 많은 나라는 쿠바다. 생산된 지 60~70년 된 올드카 6만여 대가 아직 현역으로 도로에서 운행 중이라고 한다. 쿠바는 수십 년간 미국 경제 봉쇄로 자동차 수입이 중단돼 기존 차를 어쩔 수 없이 고쳐 쓰느라 올드카가 많지만, 그런 상황도 아닌 스웨덴엔 왜 올드카가 많은 걸까.

모빌리티스웨덴(mobilitysweden.se) 통계를 보면 2021년 스웨덴 전체 등록 차량 498만 6천750대 중 30년 이상 연식 차량은 4.2%인 21만 51대였다. 특히 37년 이상 된 차량은 14만 5천309대(2.9%)에 달했다. 스웨덴에서 차령 30년 이상 올드카가 100대 중 4대, 37년 이상 올드카는 100대 중 3대꼴인 셈이다.

스웨덴 국기가 아니었다면 쿠바로 착각할 뻔

올드카를 딱 부러지게 정의하기 쉽지 않지만 보통 30년을 기준점으로 삼는 이들이 많은 것 같다. 30년 이하 오래된 차는 영타이머, 30년 이상은 올드타이머로 구분하는 흐름도 있다. 차령 30년 이상 잘 관리된 차를 클래식카라고 부르기도 한다. 스웨덴 올드카 중 잘 관리된 차량이 얼마나 되는지 알 수 없으나 올드카 비율이 상당히 높은 건 분명했다.

특히 캐딜락, 롤스로이스, 링컨, 닷지, 뷰익, 폰티악, 크라이슬러 등 미국 올드카가 스웨덴에서 가장 많고 유독 인기도 좋다고 한다. 북유럽 사회민주주의 국가 스웨덴에서 자본주의 상징인 미국 클래식카가 많은 것이 좀처럼 이해되지 않았다. 두 나라 거리가 가까운 것도 아닌데.

스웨덴 국민의 미국 올드카 사랑은 제2차 세계대전 이후 미국 문화가 스웨덴에 전파되면서 시작됐다는 견해가 많다. 당시 스웨덴 청년들은 로큰롤로 상징되는 미국 음악과 할리우드 영화에 빠져들었고 엘비스 프레슬리, 마릴린 먼로, 제임스 딘을 좋아하며 자연스럽게 디트로이트 빈티지 자동차 문화를 접하게 됐다는 시각이다. 하지만 이건 다른 나라도 마찬가지 아니었을까. 북한 등 몇몇 나라를 제외하고는 당시 미국 문화 영향을 받지 않은 나라가 어디 있을까 싶다.

스웨덴은 자동차를 수집하는 오랜 전통이 있어 미국 클래식카 구매도 그 연장선에서 봐야 한다는 관점도 있다. 더불어 스웨덴은 미국처럼 넓은 땅(유럽에서 다섯 번째로 크다)이 있고 직선 도로가 많은 나라여서 운전하기가 편하고 공간이 넓은 미국 차가 적격이라는 주장도 만만치 않다. 1950~1970년대 생산된 미국 차는 쉽게 분해하거나 고칠 수 있어 하나의 취미로 삼기에 적당해 많이 구매했다는 의견도 있다.

이런 점을 종합적으로 고려해 스웨덴과 미국 라이프 스타일이 비슷하고 1950~1970년대 생산된 미국 차가 화려하면서도 유지비는 싸기 때문에

'얀테의 법칙'을 거스르지 않고도 개인 욕구를 만족시킬 수 있어 미국 차를 많이 구매했다고 말하는 이도 있다. 얀테의 법칙은 자신이 특별하다거나 지나치게 뛰어난 사람이라고 여기지 않는 것으로 북유럽에서 통용되는 일종의 불문율이다. 자신이 남보다 많이 안다고, 낫다고, 똑똑하다고 생각하지 말라는 등 10가지 규칙으로 이뤄졌다. 북유럽 평등주의 시각을 단적으로 보여주는 지표로 거론된다.

한편 스웨덴 국민차인 볼보에 대한 반감이 작용한 결과라는 주장도 있다. 예전 볼보는 주로 네모반듯한 형태 차량을 생산했는데 이는 자국민에게 재미없고 멋없는 디자인이라는 이미지를 심어줬고 지루함의 상징처럼 여겨지기도 했다. 이런 볼보를 거부한 스웨덴 사람들이 2차 세계대전 후 미국 대중문화 번성기에 화려하고 덩치 큰 미국 차를 좋아했고 미국 차를 운전하는 걸 자랑스러워하는 트렌드가 생겨났다는 해석이다.

스웨덴은 2차 세계대전에서 전쟁 포화를 피한 몇 안 되는 국가 중 하나였다. 전쟁에서 부를 축적해 전후 경제 호황을 이룬 스웨덴 국민에게 당시 미국 대형 자동차는 저렴해 인기가 많았다고 보는 이도 있다.

자동차 웹진 <탑 스피드(Top Speed)> 시프리안 플로레아(Ciprian Florea) 기자는 스웨덴 운전자들은 미국 클래식 자동차에 대한 강한 열정이 있다면서 특히 두 가지가 인상적이라고 했다. 첫째, 미국 자동차는 유럽에서 그다지 인기가 없는데 스웨덴에서만큼은 예외라는 점이다. 녹색 에너지와 전기차 등 지속 가능한 사회를 꿈꾸는 스웨덴 사회 분위기와 큰 차체에다 근육질인 미국 올드카가 어울리지 않는다는 관점이었다. 둘째는 미국보다 스웨덴에 완벽하게 복원된 1950년대 미국 클래식 카가 더 많다는 점이었다. 3억 2천5백만 명인 미국 인구보다 훨씬 적은 1천만 명에 불과한 스웨덴에서 이런 현상은 분명 기이하다.

그러면서 플로레아 기자는 스웨덴 국민의 미국 올드카 숭배는 미국에서 유행한 라가르(Raggare)라는 하위문화(subculture)가 정착되는 과정에서 당시 스웨덴 중년 남성들이 복고풍 미국 자동차를 타고 자랑하는 것을 즐긴 데서 비롯됐다고 주장했다. 라가르는 함께 놀 여자를 구하려고 차를 몰고 거리를 배회하는 사내들이라는 스웨덴어로 우리로 치면 야타족쯤으로 해석할 수 있겠다. 이는 유럽에서 가장 높은 소득을 버는 나라 중 하나인 스웨덴 사람들이 오래된 미국 자동차를 수입하고 복원하는 데 충분한 경제적 여력이 있다는 것을 의미한다고도 했다.

미국 독립 기념일이 있는 매년 7월 첫 번째 주말에는 베스테로스(Västerås)에서 자칭 세계에서 가장 큰 빈티지 미국 올드카 대회인 'Power Big Meet'이 열린다. 1978년 첫 행사 이후 40년이 넘도록 이어지고 있는 대회에는 미국 올드카 약 2만 4천 대와 인파 15만 명이 몰린다고 한다. 클라이맥스는 도시 주변을 천천히 도는 올드카 퍼레이드다. 이 행사엔 1950~1970년대 청년기를 보낸 중장년층 외에도 부모 세대로부터 미국 올드카를 물려받은 젊은이들도 많이 참여한다고 한다.

스웨덴 클래식 자동차 애호가는 두 가지 유형이 있다. 세심하게 차를 관리해 거의 쇼룸 상태로 차를 복원하는 사람들이 있는가 하면 망가지거나 버려진 클래식카를 타고 도로를 돌아다니며 파티를 열고 즐거운 시간을 보내는 부류다. 실제 거리에서 만난 올드카 중 휠, 타이어는 물론이고 차체 관리 상태가 최상급인 경우가 많았다. 한편으론 굴러갈까 싶을 정도로 망가지고 오래된 올드카도 있었다. 올드카를 타고 도심을 돌아다니거나 트렁크 속에 앉아 마치 파티를 즐기는 듯한 모습은 보는 이도 즐겁게 만들었다. 스웨덴의 미국 올드카 사랑은 분명 미국 대중문화에서 영감을 받았지만 세월이 흐르면서 고유한 스웨덴 문화로 탈바꿈된 경우라고 봐야 할 듯하다.

* www.wired.com, www.nationalgeographic.com, www.topspeed.com, www.quora.com, www.classix.se, www.axeloberg.com, 유튜브 Woody piano shack, 유튜브 On demand news, 페이스북 Classic American cars in Sweden 등을 참고했다.

북유럽에 왜 대머리가 많나

금요일, 학교에 다녀온 둘째가 신났다. 토요일에 친구랑 스톡홀름 놀이공원인 그뢰나 룬드에 놀러 간다고 했다. 그러면서 친구 아빠도 오니 나도 같이 가야 한단다. 하긴 초등학교 3학년짜리 아이끼리만 놀이동산에 보낼 수는 없는 노릇이다. 스웨덴에 와서 영어 실력이 가족 중 꼴찌가 돼버린 난 덜컥 겁이 났다. 놀이동산에서 친구 아빠와 영어로 대화하며 하루를 보내야 한다니…. 한 번도 상상해 보지 못한 일이었다. 무조건 가야 한다는 둘째 앞에서 차마 "아빠는 못 가겠다"고 말할 수 없었다. 입장권을 예매하려고 그뢰나 룬드 홈페이지에 접속하면서 마음속으로 제발 '매진' 팝업창이 뜨길 바랐다. 한 번쯤 상상해봄 직한 일이었으나 현실은 달랐다.

　잠을 설치고 다음 날 해가 밝았다. '그래 어떻게든 되겠지.' 걱정한다고 달라질 일도 아니고 마음을 놔버렸다. 약속 시간보다 약간 일찍 도착했는데 친구네는 아직 도착하지 않았다. 친구 아빠에게 매표소 앞에서 기다리겠다고 문자 메시지를 보낸 뒤 초조하게 몇 분을 보냈다. 버스에 내린 한 남자아이가 둘째에게 손을 흔들었다. 190cm는 족히 될 듯한 키에 덩치 좋은 친구 아빠는 푸근한 인상으로 인사를 건네고 악수했다. 불가리아 출신인 키릴 아빠와 무뚝뚝한 경상도 아빠의 만남이었다. 나에게 불가리아는 어릴 적 월드컵에서 김종부 선수가 수중전에서 골을 터트려 극적인 무승부를 거뒀던 상대 팀이라는 기억 외에는 특별한 게 없는 나라였다.

　우리는 매표소에서 예약한 인터넷 티켓을 교환하고 종이 팔찌를 받앉다. 처음이라 서먹서먹했지만 예전 토익 LC 시험을 볼 때보다 더 집중해서 키릴 아빠 말을 들었다. 내 형편없는 영어 실력을 눈치챘는지 모르겠지만 키릴 아빠는 다양한 소재를 넘나들며 대화를 주도했다. 아이들, 학교 이야기에서 시작한 대화는 자연스럽게 스웨덴으로 넘어왔다. 키릴 아빠는 스웨덴에 살며 겨울이 너무 길어 힘들다고 했다. 일정 부분 동의했는데 그래도 몹시 춥진 않아 동계스포츠를 즐길 수 있는 건 좋다고 대꾸했다. 스웨덴 생활 4년째인 키릴 아빠는 불가리아 기후가 훨씬 좋다며 얼른 자기 나라로 돌아가고 싶다고 했다. 알고 보니 외교부 직원으로 주스웨덴 불가리아 대사관에서 일하고 있었다. 키릴은 아빠를 따라 어릴 적부터 여러 나라를 옮겨 다니며 살고 있었다. 이번에 불가리아로 돌아가면 몇 년 있다가 다시 다른 나라로 떠나게 될 확률이 크다고 했다. 나중에 한국에 오게 되면 꼭 우리 집에서 자고 가라고 했는데 한국에 불가리아 공관 같은 게 있어 괜찮다고 말했다.

키릴 아빠는 스웨덴 삶에 상당히 만족한다는 내 말에 그럼 직장을 스웨덴으로 옮겨보면 어떻겠느냐고 질문했다. 나는 한국 기자 경력으로 스웨덴 언론사에 취업하기는 쉽지 않다고 씁쓸하게 답할 수밖에 없었다. 하물며 스웨덴어도 할 줄 모르는 상황인데 말이다. 기자는 그 사회의 정치적, 사회적, 문화적 함의를 예민하게 짚어내야 하는 직업이라 스웨덴에서 이방인인 내가 기자가 되기엔 정말 쉽지 않은 일이었다.

신기한 것은 기본 수준 단어와 문법으로도 그럭저럭 키릴 아빠와 의사소통이 됐다는 점이다. 키릴 아빠는 완전하지도 않고 때론 문법도 어긋난 내 영어 문장을 찰떡같이 알아들었다. 키릴 아빠가 아이들을 매개로 놀이동산에서 만난 다른 국적 아빠를 열린 마음으로 배려하고 귀 기울인 결과였을지도 모르겠다. 난 키릴 아빠가 내 영어 실력을 평가할 마음도 의지도 없는데 괜히 혼자 자격지심에 빠져 전전긍긍했다가 점차 마음이 편해졌던 것 같다. 다만 키릴 아빠와 만남은 앞으로 영어 공부를 열심히 해야겠다고 다짐하는 계기와 자극이 됐던 것 같다. 물론 그 다짐이 오래가지는 않았다.

애초 걱정했던 것보다 그뢰나 룬드에서 훨씬 더 키릴 아빠와 시간을 잘 보낸 것 같다. 아이들과 놀이기구도 함께 타며 아빠로서 '동지애'도 느꼈다. 무척 햇볕이 따가웠던 그날 키릴 아빠가 한 말이 유독 기억에 남았다. 키릴 아빠는 놀이기구를 타려고 한참 기다리던 중 왜 모자를 쓰지 않느냐고 말했다. 스웨덴에서 자외선이 심해 머리카락이 빠진다는 설명이었다. 키릴 아빠는 스웨덴에 와서 머리카락이 많이 빠졌다며 슬픈 표정을 지었다.

그날 저녁 정수리를 거울에 비춰보니 한국에서보다 숱이 많이 적어진 것 같아 예사롭지 않았다. 키릴 아빠 말처럼 스웨덴 같은 고위도 국가는 자외선 등 직사광선이 강해 머리카락 건강에 좋지 않은 영향을 미치는 것인지 모르겠다. 평소 스웨덴 남성 중 대머리가 많다고 느끼긴 했다. 쨍한 원색 스웨덴 하늘과 구름을 보는 대가가 탈모라면… 왠지 슬퍼졌다. 과학적으로 증명된 사실은 아닌 만큼 믿거나 말거나다. 그래도 만약을 대비해 스웨덴에 올 땐 모자를 챙기면 좋겠다. 불가리아로 돌아간 키릴 아빠 머리숱이 다시 풍성해졌길 기원한다.

일본어는 있는데 한국어 해설은 없나요

시작은 단지 약간의 서운함에서 비롯됐다.

어린이를 위한 동화 속 세상 '유니바켄'(Junibacken)에 전자 우편을 보냈다. 유니바켄 이야기 열차(Sagotaget) 때문이었다. 이 기차는 세계적인 스웨덴 작가인 아스트리드 린드그렌의 마지막 동화를 시각, 청각, 공감각적으로 구현해 놓은 체험 공간이다. 리프트에 타서 동화 스토리텔링을 따라가면 마법 같은 세계가 펼쳐진다. 방문할 때마다 그 세심한 디테일에 놀라곤 한다.

하지만 이야기 기차를 탈 때 고르는 내레이션에 한국어 해설이 없는 것이 늘 아쉬웠다. 아스트리드 린드그렌 육성이 흘러나오는 스웨덴어는 이해할 수 없어 결국 영어를 선택하곤 했다. 아이들은 영어 해설을 한 문장이라도 더 알아들으려고 귀를 쫑긋 세웠다. 그래, 영어 듣기 연습도 하고 좋지 뭐. 두 번, 세 번 가다 보니 제법 많은 언어로 음성 안내를 제공하고 있다는 사실을 알게 되었다. 한쪽 벽면에 오디오 가이드가 되는 언어가 그 나라 국기로 그려져 있었는데 덴마크, 노르웨이, 폴란드, 에스토니아, 프랑스, 아랍, 스페인, 이탈리아, 스웨덴, 핀란드, 영국, 독일, 네덜란드, 러시아, 중국, 일본 등 무려 16개국이었다.

해외여행을 많이 하지는 않았지만 이렇게 많은 언어 해설을 지원하는 곳은 못 본 것 같다. 한편으론 그중에 한국어가 없는 것이 슬펐다. 사실 외국에서 한국어 오디오 가이드를 지원하는 박물관, 미술관 등을 만나기란

쉬운 일이 아니다. 내가 가본 곳 중엔 바티칸 시국 성 베드로 대성당과 네덜란드 암스테르담 반 고흐 미술관에서만 한국어 오디오 가이드를 지원했다. 성 베드로 대성당도 안내데스크에 오디오 가이드 가능 언어를 국기로 그려 놨는데 태극기가 나중에 추가된 모양새였다. 반 고흐 미술관 한국어 오디오 가이드는 현대자동차에서 후원했다고 한다.

케이팝, 한국 영화, 드라마 인기가 치솟으면서 외국에서 한국에 대한 관심이 커졌고 덩달아 한국어를 배우려는 이들도 많아졌다. 실제 CNN은 2023년 1월 글로벌 언어 학습 애플리케이션인 듀오링고(duolingo) 조사 결과를 인용해 보도하면서 한국어가 2022년 영어, 스페인어, 프랑스어, 독일

오른쪽 벽면에 오디오 해설을 지원하는 언어를 쓰는 국기가 표시되어 있다

어, 일본어, 이탈리아어 다음인 7번째로 많이 학습된 언어라고 했다. 중국어, 러시아어, 인도어가 각각 8, 9, 10위를 차지했다. 하지만 그와 별개로 외국 관광지에서 여전히 한국어는 홀대받고 있는 게 현실이었다.

문득 유니바켄은 어떤 기준으로 언어를 골랐을까 궁금했다. 16개국 중 스웨덴이 포함된 EU나 유럽 국가는 총 13개국이었다. 지리적으로 가까운 EU나 유럽 국가 시민이 스웨덴에 많이 온다는 점에서 충분히 납득할 수 있었다. 나머지 3개 언어는 아랍어, 중국어, 일본어였다. 스웨덴에 살면서 아랍 민족과 중국인들은 스웨덴 이민 사회에서 상당한 영향력이 있는 듯했다. 이는 이민자 수와도 직결되는 문제일 것이었다. 반면 일본인들은 많이 보진 못했는데 경제력 등 국제사회 지위가 반영되지 않았을까 싶었다. 유니바켄 관계자가 아닌 이상 그 기준을 알 수는 없는 노릇이었다.

호기심에 스웨덴 이민자 통계를 검색했다. 역시 아랍어를 사용하는 시리아, 이라크, 이란 등 중동 국가들이 2022년 스웨덴 아시아권 이민자 중 1, 2, 3위로 가장 많았다. 이 세 나라 이민자를 합하면 무려 43만 명이 넘었다. 중국인 이민자는 3만 8천461명으로 7위였다. 유니바켄 측이 아랍어와 중국어 해설을 지원할 만하다고 생각했다.

한편 한국인 이민자는 1만 1천945명으로 13위였고 일본인 이민자는 3천954명으로 21위였다. 스웨덴에서 일본인을 잘 보지 못했다고 생각했지만 한국인 3분의 1 정도밖에 안 될 줄은 몰랐다. 이전부터 삼남매는 이야기 기차를 탈 때마다 한국어 해설을 추가해 달라고 요청하자고 했었다. 그때마다 "그래 한번 해보자" 말은 했지만 큰 의지는 없었다. 하지만 2022년 스웨덴 아시아권 이민자 통계 스크롤을 끝까지 내린 순간 한번 해볼 만하다는 생각이 들었다.

그래서 다음과 같이 메일을 써 보냈다.

안녕하세요 저는 스웨덴에 거주하고 있는 한국인 김선호입니다.

저는 세 아이 아버지입니다. 아내를 포함한 다섯 가족 모두 유니바켄 연간 이용권을 가지고 있습니다. 5년 전 스웨덴을 여행할 때 유니바켄에 갔습니다. 작년과 올해 4회를 포함하면 총 5회를 다녀왔습니다. 유니바켄을 방문할 때마다 느끼는 것이지만, 시설 곳곳에 아이들을 위한 깊은 배려가 담겨 있다는 느낌을 받았습니다. 무척 감동했습니다. 유니바켄처럼 아이들을 위한 곳은 이 세상에 없을 것입니다.

유니바켄에서 세 아이들이 가장 좋아하는 장소는 단연 이야기 기차입니다. 아마도 유니바켄 방문객 대부분이 이곳을 좋아할 것입니다. 우리 가족은 유니바켄에 오면 제일 먼저 이 열차를 타고 다른 곳을 둘러봅니다. 벌써 5번 봤지만 볼 때마다 새롭고 독특합니다. 디테일이 굉장히 정교해서 과연 어떻게 만들었는지 궁금할 정도입니다. 아스트리드 린드그렌 마지막 동화가 정말 현실적으로 잘 구현됐다고 평가하고 싶습니다.

다만 아쉬운 점은 이야기 기차 내레이션 중 한국어가 없다는 점입니다. 5년 전 유니바켄을 방문했을 때 한국어 해설이 없어서 아쉬웠는데, 4년이 지나 재방문한 지난해에도 마찬가지였습니다. 그동안 한국어 해설이 만들어졌으면 하는 바람도 있었지만 역시나 한국어 해설이 없어서 아쉬웠습니다. 영어나 스웨덴어 같은 몇 가지 언어만 있으면 이해할 수 있지만 '동화 열차' 해설에는 총 16개 언어가 있습니다. 덴마크어, 노르웨이어, 폴란드어, 에스토니아어, 프랑스어, 아랍어, 스페인어, 이탈리아어, 스웨덴어, 핀란드어, 영어, 독일어, 네덜란드어, 러시아어, 중국어 및 일본어. 해설 언어가 많다는 것은 다양한 국적 아이들이 동화 열차 내용을 잘 이해할 수 있도록 배려하는 거라고 생각했습니다. 그런데 한국어는 없습니다.

2022년 기준 스웨덴에 거주하는 외국인 이민자 통계를 보면 한국인은 1만 1천945명입니다. 아시아 국가 중 13위입니다. 이야기 기차 해설 언어 중 아시아권 언어는 중국어와 일본어뿐입니다. 스웨덴 중국 이민자 수는 3만 8천461명으로 7위입니다. 일본 이민자 수는 3천954명으로 21위입니다. 스웨덴에 사는 일본인은 한국인보다 적습니다. 하지만 이야기 기차 해설 언어로 한국어는 없고 일본어만 있습니다.

물론 유니바켄 운영진이 고려한 기준이 있을 것입니다. 그 기준이 틀렸다는 말이 아닙니다. 스웨덴에 살거나 여행 온 한국인들이 린드그렌 동화를 더 잘 이해하기를 바랄 뿐입니다. 그것이 평생 아동 권리와 평등을 위해 싸운 아스트리드 린드그렌 정신에 접근하는 방식이라고 생각합니다. 스웨덴 사람들은 매우 힙리직이고 사려 깊고 세계 양심 역할을 해왔다는 것을 예전부터 잘 알고 있습니다.

제 메일을 검토해 주시면 감사하겠습니다. 그리고 새로운 한국어 해설이 있기를 간절히 바랍니다. 한국어 해설을 만드는 데 도움이 필요하시면 언제든지 연락 주십시오. 할 수 있는 한 최선을 다하겠습니다. 주스웨덴 한국대사관에 연락을 취하거나 더빙을 할 수 있는 사람을 찾는 등 모든 노력을 다할 수 있습니다.

유니바켄의 행운을 빕니다.

Dear Seonho Kim,

Thank you for your email and feedback regarding the Story Train. I am pleased to hear that you and your family continue to visit Junibacken. The Storytrain is one of my personal favorites at the museum too.

We are currently investigating the possibility for us to add a language to the Storytrain-ride. But I am afraid it is a bit of a process with translations, recordings and sync since every scene and trainwagon has it's own que. So without promising a time or date we are working on a solution!

Kindest,
Tove

친애하는 김선호님,

이야기 기차에 대한 이메일과 피드백을 보내주셔서 감사합니다. 귀하와 귀하의 가족이 계속해서 유니바켄에 방문한다는 소식을 들으니 기쁩니다. 이야기 기차는 박물관에서 제가 가장 좋아하는 것 중 하나입니다.

현재 이야기 기차 여정에 언어를 추가할 가능성을 조사하고 있습니다. 하지만 모든 장면과 관람차가 고유한 틀을 가지고 있기 때문에 번역, 녹음 및 동기화에 약간의 과정이 필요합니다. 따라서 시간이나 날짜를 약속하지 않고 해결책을 모색하고 있습니다!

친절을 담아,
토베

7일 만에 유니바켄 커뮤니케이션, 마케팅 매니저로부터 답장이 왔다. 약간 과장하자면 온몸에 소름이 돋았고 전율을 느꼈다. 내가 메일을 제대로 이해한 것인지 믿기지 않았다. 무엇보다 유니바켄 측이 내 메일에 응답했고 진심을 알아줬다는 생각에 몹시 고마웠다. 내레이션 언어를 하나 추가하는 것이 결코 쉽지 않은 일임을 이번 메일을 보내면서 알게 됐기에 유니바켄 결정에 감동했다.

　　일주일 전 유니바켄에 메일을 보낸 뒤 첨부파일로 함께 보낸 사진을 찬찬히 들여다봤다. 예전 유니바켄에 갔을 때 찍은 사진엔 이야기 기차 오디오 해설이 가능한 16개국 국기가 나와 있었고 왼쪽 하단엔 리프트에 사람이 타는 장면이 찍혔다. 리프트 위에 설치된 장치가 동화 해설을 시작하는 기계인 걸 알게 됐다. 리프트를 탈 때마다 직원이 어떤 언어를 선택할지 묻고 리프트 위에 손을 얹어 뭔가를 누르던 것이 기억난 것이다. 그 장치에 조그만 흰색 버튼이 16개 있는데 그건 현재 가능한 해설 언어가 16개임을 의미했다. 직원이 눌렀던 것이 이 조그만 버튼이었음을 뒤늦게 알 수 있었다. 즉 해설 언어를 하나 추가하려면 버튼을 새로 만들어 넣는 등 장치 구조 변경이 불가피하고, 더군다나 스키장 리프트처럼 시간 간격을 두고 촘촘히 돌아가는 리프트 장치를 일일이 손보거나 일괄 교체해야 한다는 결론에 도달했다.

　　동화 번역도 단순한 직역이 아니라 한글 정서에 맞는 새로운 표현을 찾아내거나 의역해야 하는 만만치 않은 작업이다. 창작만큼 어려운 일이 번역이라고들 하지 않나. 더빙을 누구에게 맡길지 정하는 것이 쉽지 않은 데다 유니바켄 측이 밝힌 대로 리프트 속도, 이야기 기차가 지나가는 장면과 딱 들어맞게 해설을 입혀야 하는 것도 만만치 않은 일이었다.

　　메일을 보낼 때는 그저 번역하고 녹음하면 끝이라 생각했는데 단순히 소프트웨어를 바꾸는 게 아닌 하드웨어 자체를 바꿔야 하는 작업이라는 사실을 미처 알지 못했다. 이 때문에 유니바켄에서 설사 답장이 오지 않더라도, 해설 언어를 추가하는 것이 어렵다는 답변이 오더라도 충분히 받아들일 수 있을 것 같았다. 그런데 복잡한 과정을 검토해서 해결책을 찾겠다고 하니 어찌 감동하지 않을 수 있겠는가.

시스템 변경은 전문성이 필요한 부분이라 어찌할 수 없지만, 녹음이나 번역은 내가 도움이 될 부분이 있지 않을까 생각해 봤다. 한국어 해설에 의미를 담는 게 여러모로 회자될 수 있고 어쩌면 더 많은 한국 아이들이 유니바켄을 방문하는 계기가 되지 않을까. 유니바켄의 이야기 기차 한국어 해설 작업이 확정되고 진행되는 걸 전제로, 녹음은 2020년 한국 작가 최초로 아스트리드 린드그렌상을 받은 백희나 작가가 맡는다면 좋을 것 같았다.

이 상은 2002년 아스트리드 린드그렌이 향년 94세로 세상을 떠나자 스웨덴 정부 기관인 스웨덴 예술위원회가 이름을 따서 제정한 국제적인 아동문학상이다. 아동문학계 노벨상으로도 불린다. 백희나 작가는 코로나 때문에 수상 3년 만인 2023년 5월 스웨덴에 와서 어린이 대상 동화 구연 행사를 하기도 했다.

백희나 작가는 《구름빵》, 《장수탕 선녀님》, 《달샤베트》, 《알사탕》, 《이상한 엄마》 등 주옥같은 동화를 만들었다. 나 역시 아이들한테 이 동화책을 읽어주며 팬이 됐다. 백희나 작가가 한국어 해설 녹음을 한다면 스웨덴, 아스트리드 린드그렌상과 인연 등으로 더 빛을 발하지 않을까 싶었다. 유니바켄 측에 이 같은 제안을 담은 메일을 다시 보냈다.

2023년 8월 스웨덴을 떠나 한국으로 돌아갈 우리 가족은 언젠가 꼭 스웨덴에 다시 가서 한국어 해설 버전이 있는 유니바켄 이야기 기차를 타보고 싶다. 그날이 빨리 오기를 기원한다. 쉽지 않은 결정과 함께 메일에 응답해 준 유니바켄 측에 다시 한 번 고마움을 전한다.

* 2024년 12월 노벨문학상을 받은 한강 작가가 시상식 전 스톡홀름에 도착한 뒤 3시간여 자유 시간에 유니바켄을 방문했다. 그 소식을 사전에 들은 유니바켄 측은 한 작가에게 평생 무료 이용권을 줬다고. 한 작가는 너무 재미있고 감동적인 선물이었다고 소감을 밝혔다. 이런 인연으로 한 작가가 유니바켄 이야기 열차 해설 녹음을 하는 것도 좋을 것 같다. 유니바켄을 방문하는 한국 어린이들이 우리말로 해설을 듣는 날이 얼른 왔으면 좋겠다.

국민 40%가 마라토너

헉~ 헉~ 호흡은 망가진 지 이미 오래. 가도 가도 결승선은 보이지 않는다. 많은 이들이 나를 추월한다. 한발 한발이 천근 같다. 윤상 노래 <달리기>가 머릿속에 맴돈다. 이를 악물었다. 이제 와서 멈춰 설 순 없으니. 조금만 더, 조금만 더… 신기루같이 잡힐 듯 말 듯 다가온 피니시 라인에 몸을 던졌다. 가쁜 숨이 터지며 몸이 반으로 푹 꺾였다.

10km 마라톤 첫 공식 기록은 54분 29초. 첫 마라톤 대회에서 그동안 내 달리기 실력이 '가짜'였다는 걸 알게 됐다. 애플워치 달리기 앱에 기록된 기록은 40분 51초. 심지어 내 개인 최고 기록(PB)이라고 했다. 공식 기록과 무려 14분 차이. 달리기 앱에 저장된 거리는 13.26km. 앱 기록과 실제 뛴 거리 차이인 3.26km만큼 내 달리기 기록은 뻥튀기돼 있었다. 연습 때 10km를 달렸으면 실제 7~8km밖에 달리지 않은 셈이니 이날 대회에서 처음으로 10km를 뛴 것이다.

예전에는 거리에서 땀 뻘뻘 흘리며 달리는 사람을 바보라고 생각했다. 무슨 마라톤 대회랍시고 돈 내고 달리는 사람은 바보 중 바보라고 생각했다. 그랬던 내가 돈 내고 땀 뻘뻘 흘리며 달릴 줄 몰랐다.

스웨덴 스톡홀름에 와서 놀란 것 중 하나는 가까이 있는 자연이었고 또 하나는 그곳에서 달리는 사람이 많은 거였다. 이 사람들 도대체 왜 뛰는지 궁금했다. 그래서 뛰어봤다. 2023년 5월 쿵스홀멘 하프 마라톤 대회 10km 코스를 신청했다. 내 인생 첫 마라톤 대회였다. 대회 한 달 전부터 뛰기 시작해 몸을 만든다는 거창한 계획이었다. 역시 쉽지 않았다. 3분 정도 뛰었는데도 숨은 가쁘고 다리는 무겁고. 아 괜히 신청했나, 취소할까. 알아보니 또 환불 불가였다. 나같이 마음이 병약한 사람들이 뛰기도 전에 취소하려는 걸 막을 목적인지 환불은 안 된다고 했다.

어쩔 수 없이 매일 조금씩 거리를 늘리며 뛰었다. 아내와 함께 뛰었다. 뛸 땐 심장이 터질 것 같고 죽도록 힘든데 뛰고 나면 무척이나 상쾌했다. 아름다운 스톡홀름 풍광을 보면서 뛰는 것도 즐겁고 행복했다. 저녁 강변에 매일 바뀌는 노을빛이 오묘했다. 스톡홀름 시민들이 왜 뛰는지 조금 알 것 같았다.

매일 뛰니까 몸이 적응됐는지 익숙해졌다. 랩타임도 조금씩 단축되자 뛰는 게 재미있어졌다. 20~30분 정도 몸이 달리기에 익숙해지면 더는 힘들지 않은 '러너스 하이'(runners high)를 조금 느껴보기도 했다. 목표는 야무지게도 초보 러너에겐 과분한 45분이었다. 잘못된 워치 측정으로 과대평가가 된 내 실력이 첫 출전에 들통나긴 했지만 대회만이 주는 설렘, 행복 같은 것이 있었다. 10km를 한 번도 쉬지 않고 달렸고 뭔가 해냈다는 성취감이 솟았다.

어느 순간 두 번째 10km 마라톤 대회까지 신청하고 있었다. 이번엔 아내도 신청했다. 좋은 건 같이 해야 한다. 남은 한 달 열심히 뛰자고 생각했지만 오히려 첫 대회 때보다 연습을 더 못했다.

6월 20일 오후 7시 30분 STHLM 10 대회는 해가 길어져 대낮같이 밝은 밤에 시작됐다. 두 번째 공식 기록은 첫 대회보다 못한 54분 57초. 54분 대에 간신히 턱걸이했다. 이번에도 워치에 기록된 거리는 13.47km. 실제 달린 10km와 큰 차이가 있었다. GPS 신호에 문제가 있는 건지, 워치 문제인지 모르겠지만 이날은 아예 워치를 안 보고 달렸다. 아내는 첫 출전에 1시간 13초로 안타깝게 1시간 언더 기록을 놓쳤지만 자신감을 얻은 표정이었다. 다음엔 하프도 뛰어보고 싶다고 했다. 10km도 한없이 멀게만 느껴졌는데 완주하고 나니 다음 목표가 보였다. 다들 그렇게 달리는 맛에 빠지는 거겠지.

  10km 완주를 통해 42.195km 풀코스를 2시간 초반대에 뛰는 마라톤 선수들이 얼마나 괴물인지 알 수 있었다. 난 1km를 겨우 5분 30초 정도로 달리는 셈인데 정상급 마라톤 선수는 1km를 3분 안팎으로 달린다. 현 세계 마라톤계 일인자 킵초게는 2시간 내내 100m에 평균 17초대라는 어마어마한 속도로 달린다.

  스톡홀름은 마라톤 도시라고 할 만큼 대회가 많다. 1년에 19개 마라톤 대회가 열린다. 10km, 하프, 풀코스, 트레일 러닝 등 종류도 다양하다. 2월, 7월, 12월을 빼곤 매달 적게는 한 번, 많게는 네 번 대회가 열렸다. 2019년 기준 스웨덴 전역에서는 1년에 400개 이상 달리기 대회가 있다. 가장 유명한 대회는 6월 초 열리는 스톡홀름 마라톤이다. 메인 스폰서가 아디다스인 이 대회는 3월 10km, 4월 하프에 이어 6월 풀코스로 규모가 점점 커진

다. 2023년 풀코스 대회엔 1만 5천 명 이상이 참가했다. 특히 대회 코스가 강과 섬으로 이어진 아름다운 스톡홀름 전역을 달리다가 1912년 스톡홀름 올림픽이 열린 경기장으로 들어와 결승선을 통과하게 돼 의미가 있다. 마라톤 대회가 열리는 날은 도심이 거대한 축제장으로 변한다.

스톡홀름 마라톤 대회가 성인 행사라면 다음 날엔 어린이 뜀박질 축제인 미니 마라톤 대회가 열린다. 5~8세는 1천200m, 9세~14세까지는 2천256m를 뛴다. 0~4세는 부모와 함께 250m를 달리는 코스도 있다. 완주자는 메달과 스포츠가방, 아이스크림, 음료수 등을 받는다. 외스테르말름 운동장에서 시작해 올림픽 경기장으로 들어오는 코스를 뛰는 어린이들은 마치 올림픽 마라톤 대회 선수가 된 것 같은 기분을 느낄 수 있다.

'중요한 건 먼저 오는 것이 아니라 재미있고 즐거운 시간을 보내는 것'이라는 미니 마라톤 슬로건이 기억에 남는다. 연령대마다 1~5위는 실제 시상대(포디움)에 올라 메달을 받는 기쁨을 누리기도 한다. 삼남매는 모두 미

니 마라톤 대회에 참가해 슬로건처럼 재미있게 달린 뒤 완주자만이 맛볼 수 있는 아이스크림을 받았다. 나랑 같이 달린 막내와 달리 첫째 둘째는 2천256m를 홀로 달렸는데 올림픽 경기장으로 진입해 결승선에 들어오는 모습을 보다 갑자기 울컥해 나도 모르게 눈물을 훔쳤다. 순위도, 기록도 중요하지 않았다. 혼자만의 경주를 이겨낸 아이들이 그저 대견할 뿐이었다. 왜 마라톤이 올림픽 가장 마지막에 열리는 경기인지 조금 알 것 같았다.

스웨덴 출신 세계적인 마라톤 선수는 언뜻 떠오르지 않는다. 하지만 아마추어들은 남자, 여자 할 것 없이 정말 잘 달린다. 예전에 한 블로거가 동아마라톤대회 10km 참가자 기록을 분석한 결과 1시간 내에만 들어오면 평균 기록이었다. 반면 스톡홀름에서 참가한 나의 10km 마라톤 기록은 두 번 모두 54분대였지만 첫 대회 때는 924명 중 60.38%인 558등, 두 번째 대회 때는 850명 중 66.82%인 568등이었다. 50~51분대 대회 평균에 미치지 못하는 기록이다. 스웨덴에서는 약 1천 개 육상 협회에 60만 명이 회원으로 가입돼 있다. 스웨덴 최대 규모 운동 이벤트 주최사인 마라톤그루펜(marathongruppen)에 따르면 스웨덴 국민 약 40%인 400만 명이 달리기를 즐기며 이중 절반이 마라톤 대회에 참가한다고 한다. 무려 10명 중 4명이 달리는 생활체육으로 마라톤 저변이 아주 넓은 듯했다.

우리 부부는 한국에 돌아가서도 쉬엄쉬엄 달리기를 계속하기로 했다. 꿈도 하나 생겼다. 언젠가 스톡홀름 마라톤 대회 풀코스를 뛰어보고 싶다고. 더 잘 달리기 위해선 기록을 부풀리는 '뻥 연비' 워치의 대안이 필요했다.

"여보, 가민(Garmin)이라고 아주 정확한 달리기 시계가 있다던데…"
시원하게 등짝 스매싱 한 대 맞았다.

이제 '스웨덴빠'를 탈퇴한다

68

불행은 예기치 못한 순간에 찾아온다.

매년 6월 23~25일은 스웨덴에서 가장 큰 여름 연휴다. 미드솜마(midsommar) 연휴로 우리말로 하면 해가 가장 길어지는 하지와 맞물린 한여름 축제라고 할까. 이 연휴를 기점으로 많은 스웨덴 사람은 길게는 두 달 휴가에 들어간다. 도심 상점은 문을 닫고 거리도 한산하다. 이때 사람이 가장 많이 몰리는 곳은 스칸센 같은 유원지나 그뢰나 룬드 같은 놀이동산이다. 연휴 마지막 날 우리 가족은 스칸센에서 시간을 보내기로 했다.

유르고르덴 입구에 내려 스칸센으로 걸어가는데 그뢰나 룬드가 조용했다(두 곳은 거리가 멀지 않다). 소위 대목인 연휴 마지막 날인데 그뢰나 룬드가 문을 닫을 리 없었다. 그런데 스톡홀름 전경이 한눈에 보이는 121m 높이 회전그네가 돌지 않고 멈춰 있었다. 인기 놀이기구인 몬스터를 탄 사람들이 내지르는 유쾌한 비명도 전혀 들리지 않았다.

스칸센에서 때마침 아이들 국제학교 선생님을 만났다. 선생님 역시 미드솜마에 아이들 데리고 놀러 나왔던 참이었다. 인사 후 선생님 첫마디는 '너희, 뉴스 봤냐'였다. 그제야 사고가 발생해 그뢰나 룬드가 긴급 폐쇄됐다는 걸 알았다. 뉴스를 찾아보니 그뢰나 룬드 인기 어트랙션인 롤러코스터 '제트라인' 탈선 사고로 1명이 숨지고 9명이 다쳤다는 것이었다.

등골이 오싹했다. 바로 하루 전 첫째 나현이가 학교 단짝 친구와 그뢰나 룬드에 다녀왔다. 첫째는 제트라인을 4번이나 탔다고 자랑까지 했었다.

첫째가 오늘 그뢰나 룬드에 갔다면? 소름 끼치는 생각이 떠올라 머리를 흔들어 빨리 지워버렸다.

나도 2주 전 둘째 친구네 가족과 그뢰나 룬드에서 놀 때 문제의 롤러코스터를 3번 탔다. 그때 열차 좌석 앞에 붙은 문구를 잊을 수 없다. '이 트라인 최고 속도는 시속 90km입니다.' 고점에서 급하강하며 이리저리 좌우로 비트는 롤러코스터에서 시속 90km 속도를 맨몸으로 받아내는 아찔한 순간에 '사고가 나면 어떻게 될까?' 아주 짧은 상상을 했던 것도 같다.

연간 100만 명이 탄다는 이 롤러코스터에 사고 당일 오전 11시 30분 탑승할 가능성과 사고가 난 열차 가장 앞좌석에 앉을 가능성은 천문학적으로 낮은 확률이겠지만 아무리 적은 가능성이라도 누구든 피해자가 될 수 있다.

지난 25년간 스웨덴 놀이공원에서 각종 사고로 4명이 숨졌는데 그뢰나 룬드에서 발생한 인명사고는 1970년대 이후 처음이었다. 특히 스톡홀름에서 유일한 놀이동산인 그뢰나 룬드는 아이 어른 할 것 없이 1년에 2~3번

롤러코스터 탈선 사고가 일어났던 그뢰나 룬드 전경

은 가는 추억의 장소여서 시민들 충격은 더 컸다. 사고는 축제 같은 미드솜마 연휴에 찬물을 끼얹었고 그뢰나 룬드는 잠정 폐쇄됐다. 경찰과 국가조사위원회는 사고 원인 조사에 착수했다.

스웨덴에 산 지 얼마 지나지 않아 치안이 매우 좋다는 걸 느꼈다. 다섯 식구 모두 지금껏 거리에서 신변에 위협을 느낀 경험이 없었다. 시민 의식은 높은 수준이었고 차량 운전자가 보행자나 자전거를 배려하는 교통 의식도 남달랐다. 경험을 토대로 스웨덴은 안전한 사회라고 머릿속에 각인됐다. 우리 가족은 스웨덴에서 범죄나 안전사고 가능성에 있어 철저히 무장 해제된 상태였다. 롤러코스터 사고 이후 그동안 스웨덴 사회에 가졌던 맹목적 믿음과 경험칙에서 벗어나 차분하게 현실을 바라보려고 했다.

2023년 초부터 스웨덴에서 논란이 된 이슈가 있었다. 쿠르드족 분리운동 단체와 이슬람 반대 단체가 이슬람 경전인 코란을 소각하는 행위를 허용해야 하는지를 두고 시민 여론이 양분됐다. 법원과 검찰은 코란을 불태우는 행위는 표현의 자유에 속한다는 판단을 내렸지만 코란 소각을 불허해야 한다는 의견도 만만치 않다. 법원 판단에 따라 경찰이 코란 소각 시위를 허가한 이후 이라크 바그다드 스웨덴 대사관이 시위대 습격을 받았다. 이슬람국가이자 나토(NATO) 회원국인 튀르키예는 스웨덴이 코란 소각을 금지하지 않으면 나토 가입에 절대 찬성할 수 없다고 다시 못 박았다.

두려운 건 스웨덴이 나토에 가입하지 못하는 것이 아니라 이슬람권으로부터 미운털이 박힌 스웨덴에서 이슬람 근본주의자들이 불특정 시민을 향해 과격한 행위를 할 가능성이었다. 스웨덴 경찰이나 비밀경찰 사포(säpo, 우리로 치면 국가정보원)가 코란 소각 이슈로 높아진 테러 위협을 사전에 차단하려고 노력 중이라고 하지만 그래도 겁이 났다.

더군다나 여러 경로로 스웨덴에 총기가 반입되고 실제 관련 사고가 자주 발생하는 것도 무서웠다. 특히 T-센트랄렌역이나 세르옐 광장 등 많은 시민이 오가는 스톡홀름 중심부에 가는 날이면 마음 한편 경계심이 발동했다. 한국에서 전혀 느껴보지 못한 두려움이었다. <호텔 뭄바이>라는 실화 영화를 본 이후 무거워 보이는 스포츠가방을 든 사람을 보면 예의주시하는 버릇이 생겼다. 선량한 이슬람 교인이 근본주의자들 말에 속아 무고한 시민에게 자동소총을 꺼내 난사하는 장면은 좀처럼 잊히지 않았다.

학기 중 아이들 학교에서 외부 침입자에 대비한 가상훈련을 하기도 했다. 미국에서 끊이지 않는 총기 사고와 유사한 상황에 대비하는 차원이었다. 그날 첫째와 둘째는 훈련이라는 걸 알고 있었음에도 교실에서 아무 소리도 내지 않고 버티는 10분 동안 너무 무서웠다고 했다.

그러나 룬드 인명사고는 현실에서 이상적인 국가 같았던 스웨덴에 대한 기존 생각을 송두리째 바꾸는 계기가 됐다. 이 세상 어디에도 안전한 나라는 없다. 완벽한 나라도 없다.

* 우리 가족이 한국으로 돌아오고 2달여 후인 2023년 10월 16일, 스웨덴인을 향한 테러가 발생했다. 스웨덴과 벨기에의 유로 2024 F조 예선전을 관람하러 가던 스웨덴 축구팬 2명인 패트릭 룬드스트롬(Patrick Lundstrom)과 켄트 페르손(Kent Persson)이 벨기에에서 누군가 쏜 총에 맞아 사망했다. 당시 숨진 2명은 노란색 스웨덴 축구대표팀 유니폼 상의를 입고 있었다. 2025년 2월 4일에는 스웨덴 외레브로에 있는 이민자 대상 스웨덴어 수업 등을 하는 성인 교육 시설에서 총기 난사 사건이 발생해 10명이 숨졌다. 범인도 현장에서 숨졌다. 결국 우려하던 일이 터지고야 말았다. 그동안 학교에서 총기 사건이 발생하는 일은 드물었다. 울프 크리스테르손 스웨덴 총리는 이 사건을 "스웨덴 역사상 최악의 총기 난사 사건"이라고 규정했다.

이런 멋대가리 없는 건물이 1등?

스톡홀름 올해의 건물 (출처: 스톡홀름시 홈페이지)

우연히 2023년 스톡홀름 올해의 건물 수상을 알리는 스톡홀름시 발표 자료를 봤다. 올해의 건물로 뽑힌 건축물을 보고 '에게, 이게 뭐야'라는 말이 튀어나왔다. 스톡홀름에서 흔히 볼 수 있는 테라스가 달린 공동주택에 다름 아니었다. 디자인이나 구조가 색다르지도 않았다. 1등 건축상이라면 뭔가 의미가 있어야 하는 것 아닌가?

2022년 부산다운 건축상 대상에 민락동 해변에 들어선 복합 문화시설 '밀락더마켓'이 선정됐다는 기사를 본 적이 있다. 부산 북항에 있던 창고 건물을 모티브로 내부에서 광안대교가 보이는 구조에 각종 편집숍, 팝

업스토어, 체험형 플래그십, 아트 플랫폼 등이 있는 복합 문화 건물이었다. 부산 정체성과 가치를 살렸다는 평가에 고개가 끄덕여졌다. 2022년 서울시 건축상 대상은 도서관, 기록관, 박물관을 합친 라키비움(larchiveum) 형태에 중정이 인상적인 김근태 기념도서관이 수상했다. 그에 비하면 스톡홀름 올해의 건물은 너무 평범했다.

 스톡홀름 올해의 건물로 선정된 건축물은 하가스타덴(Hagastaden)에 있는 세데루센(Cederhusen). 필로티 구조 8~10층 건물 4동짜리 245채 주택이 있는 아파트 단지였다. 단단한 목재로 된 스톡홀름 최초 대형 아파트로 세계에서 가장 큰 목조 주택 프로젝트 중 하나라고 한다. 전원주택이나 단독주택을 나무로 짓는 게 유행이라는 말을 들은 적은 있었다. 그런데 아파트를 철근 콘크리트가 아닌 목조주택으로 만들었다니… 심사위원은 이 건물이 목조 주택 기능과 도시 경관 조성에 새로운 기준을 제시했다고 평가했다.

 기둥 등 주요 구조를 비롯해 건물 대부분을 목재로 만들었다는 게 신기했다. 인테리어 할 때도 나무를 잘 쓰면 집이 훨씬 따뜻한 분위기가 된다. 나무 아파트는 특유 색깔과 함께 스톡홀름 전통적인 분위기, 디자인과 조화를 이룰 수 있음을 보여주는 좋은 예시라고 심사위원단은 설명했다.

 특히 목조 아파트는 기후변화에 좋은 효과가 있다는 말에 눈이 번쩍 뜨였다. 나무는 대기 중 이산화탄소를 흡수하고, 산소를 내뿜는 과정에서 탄소를 저장해 '탄소 통조림'으로 불린다. 목재를 약 36m^3 사용한 목조주택 1동에서 탄소 9톤을 저장하고 목조건축 1천 m^2를 만들면 탄소 130톤을 저장할 수 있으며 탄소 대체효과도 270톤에 달한다고 한다. 인간이 활동하거나 상품을 생산, 소비하는 과정에서 발생하는 온실가스, 특히 이산화탄소 총량을 말하는 탄소발자국(Carbon Footprint)을 현격히 줄일 수 있는 셈이다. 더군다나 나무는 탄소를 잡아두는 포집 역할도 해 목재 건물은 일반 콘크리트 건물보다 이산화탄소 배출 억제 효과도 크다.

설명을 듣고 보니 과연 지속 가능한 사회를 꿈꾸는 스톡홀름 올해의 건물다웠다. 온실가스 3분의 1이 건축에서 발생한다고 하는데 콘크리트, 철근 대신 목재로 건축물을 만든다면 온실가스를 획기적으로 줄일 수 있을 테다. 실제 미국 오리건 주립대학 연구에서 건축 재료로 콘크리트와 강철을 목재로 대체하면 온실가스 배출량을 평균 60% 줄일 수 있다는 결과도 있었다. 더불어 목재 건물에서 생활하면 스트레스 감소나 생산성, 집중력 향상 효과도 있다고 한다. 건물 디자인만 보고 수상 자격 운운한 내 생각이 짧았다. 디자인이나 구조가 아니라 소재와 기능이 결정적인 차이를 만들어 낸 건축상 수상작이었다.

스톡홀름엔 목조 아파트 단지만 있는 것이 아니라 아예 도시 자체를 목재로 짓는 프로젝트도 진행 중이다. 아트리움 융베리(Atrium Ljungberg)라는 부동산 회사는 2025년 스톡홀름 남동쪽 나카(Nacka)의 시클라(Sickla) 지역에 세계 최대 목조 도시를 착공할 예정이다. 25개 블록, 25만㎡ 면적에 약 30개 건물을 목재로 만드는 계획이다. 이 목조 도시가 완공되면 사무실 7천 개, 주택 2천 채가 만들어진다. 거대한 나무 도시가 되는 셈이다. 실제 어떤 모습일지 기대되고 궁금하다.

건축가 유현준은 《유현준의 인문 건축 기행》에서 건축물은 그 시대와 사회의 반영이라고 했다. 건축물을 보면 사람들이 세상을 읽는 관점, 물질을 다루는 기술 수준, 사회경제 시스템, 인간을 향한 마음, 인간에 대한 이해, 꿈꾸는 이상향, 생존을 위한 몸부림이 보인다는 말이었다. 스톡홀름 올해의 건물과 시클라 목조 도시 추진을 보며 기존 건축과 조화를 이루면서 환경에 도움이 되는 건축물을 짓고자 하는 스웨덴 사람들 마음을 엿볼 수 있었다. 그건 약간 둔탁한 듯 멋대가리 없는 건물 디자인에 숨어있는 실용주의와 말로만 떠드는 온실가스 감축이 아닌 실천의 미덕이기도 했다. 10개 후보작 중 시민 온라인 투표로 올해의 건물을 선정한 시민 안목은 몇몇 전문 심사위원들이 선정하는 방식보다 훨씬 권위 있어 보였다.

스웨덴 리딩외 월셋집 주변에도 단독 목조주택이 많았다. 한 2층 주택엔 '1910'이라고 완공 시점을 표기해 놨는데 집 나이가 110세가 훌쩍 넘은 셈이었다. 계속 수리하고 관리하니까 전혀 오래됐다는 느낌을 받지 못했다. 30년만 넘어가도 오래됐다고(혹은 집값 때문에) 허물고 재건축 이야기가 나오는 한국 철근 콘크리트 아파트를 벗어나 마당 있고 꽃 피는 단독주택, 이왕이면 탄소발자국 줄이는 목조주택을 꿈꿔봐야겠다. 계속 꿈꾸다 보면 언젠가 이뤄지지 않을까.

* 대한건축사협회 건축사 신문,《유현준의 인문건축기행》, 에코미디어의 '친환경건축, 기후위기 시대 목조 건축의 필요성 증대' 기사, via.tt.se, 스톡홀름시 홈페이지, Dagens Nyheter 등을 참고했다.

코로나 첫 '졸업' 국가에서 마스크 팔기

스웨덴에 온 뒤 최대한 미니멀리즘을 지향했다. 하지만 생활필수품을 비롯해 중고의류 등 물품을 제법 살 수밖에 없었다. 한국에서 이역만리 떨어진 곳에서 살기 위해 필요한 것들이었다. 하지만 한국으로 돌아가기 전 웬만한 건 과감하게 처분해야 했다. 아니면 세컨핸즈숍에 대거 기부하고 싶었다.

활성화된 스웨덴 중고 매장에서 좋은 아이템을 저렴한 가격에 골라내는 데 희열을 느껴온 아내가 기부하기 전에 한번 팔아보자고 했다. 마침 둘째가 농구 교실을 하는 지역 YMCA 주최 플리마켓(Flea Market)이 열렸다. 아내는 한나절 고민하더니 참가 신청을 해버렸다. 참가비만 300크로나(약 3만 9천 원)였는데 그만큼 못 팔 거 같아 걱정이 앞섰다. 그럼에도 아내는 '못 말려 삼남매'에게 돈 버는 게 얼마나 힘든지 느끼게 해줘야 한다고 주장했다.

그래, 얼마나 파는지는 중요하지 않다. 매일 뭐 사달라고 졸라대는 아이들에게 미약하나마 경제관념이라는 싹을 틔울 수만 있다면 좋겠다 싶었다. 플리마켓 3일 전부터 아내는 계절이 지났거나 평소 잘 안 입던 옷을 챙기기 시작했다. 마치 이미 플리마켓이 열릴 줄 알고 있었다는 듯 차곡차곡 물건을 끄집어내는 게 신기했다. 중고 물품 매장에서 사서 잘 사용하고 다시 내놓는 아이템도 많았다. 그렇게 모인 물건들이 28인치 캐리어 하나에 이민 가방 한 개 분량이었다.

아내는 가격표도 만들고 옷걸이도 챙기며 열중했다. 한국에서도 매번 생각만 하다가 참여 못 했던 플리마켓을 스웨덴에서 하게 될 줄 꿈에도 몰랐다. 한편으론 지역 YMCA가 여는 첫 플리마켓이라는 게 조금 걸렸다. 역사와 전통 있는 행사까지는 아니더라도 지역사회에서 조금 인지도가 있으면 방문객도 많을 텐데 첫 회라 아쉬웠다. '파는 사람이 손님보다 많은 행사는 아니겠지?' 주

플리마켓 포스터

최 측은 판매 신청자에게도 소문을 많이 내달라고 부탁했다.

기대와 우려 속에 4월 1일 만우절, 거짓말 같이 대망의 플리마켓 날이 밝았다. 아내와 나 각각 캐리어와 이민 가방 하나씩 들고 버스와 지하철을 한 번씩 갈아탄 뒤 행사장에 도착했다. 이미 많은 판매자가 도착해 있었다. 우리가 가져온 물품은 적은 축에 속했다. 플리마켓이 열리는 곳은 실내 농구 코트였다. 참가팀마다 테이블 2개가 할당됐다. 넓은 테이블을 다 채울 수 있을까 했는데 가져온 물건을 늘어놓으니 제법 구색이 갖춰졌다.

오늘 우리가 꼭 팔고 싶었던 건 한국에서 들고 온 마스크였다. 2022년 7월 말 스웨덴에 오니 거리 두기가 완전히 해제된 상황이어서 마스크가 필요 없었다. 현지 사정에 어두웠던 우리 가족은 코로나19 재확산 가능성 등 과도한 우려 속에 식구 수를 감안해 어른용, 아이용 마스크를 많이 챙겨 들고 왔다. 바리바리 싸 들고 온 마스크는 단 한 번도 쓰지 못하고 애물단지가 됐다. 다시 들고 가기엔 부피가 커서 어떻게 해서든 처분하고 싶었다. 아내는 마스크 바구니 앞에 샘플도 걸어두고 KF94, made in Korea라는 단어로 손님 눈길을 사로잡으려 했다. 아내가 입던 흰색 롱 파카도 주력 상품이었다. 난 소소하지만 자전거 전조등, 휴대용 배터리, 164G짜리 마이크로 메

모리, 시거 잭 USB 포트를 매물로 내놨다. 아, 잘 팔려야 할 텐데 초조했다.

　물건 진열을 채 마치기도 전, 앞 매대인 스웨덴 합계출생률 1.7명을 가뿐하게 넘긴 4남매 어머니가 친히 방문해 막내가 즐겨 착용했던 가죽 털모자를 덥석 사 갔다. 군고구마 장수들이 흔히 쓰는 귀가 덮이는 모자였다. 기분 좋은 개시, 마수걸이였다. 그 뒤 100크로나 초중반대 롱코트, 다운점퍼도 연이어 팔려나갔다. 역시 아내가 내놓은 물품이 인기가 좋았다.

　그 와중에 '못 말려 삼남매'가 엄마 아빠 고군분투를 보고 '돈 버는 게 이렇게 힘들구나' 느껴주길 바랐지만, 한 녀석은 휴대전화 들여다보고 또 한 녀석은 농구하고 마지막 녀석은 농구장 한구석에 쌓여 있는 매트리스에서 방방 뛰고 논다고 정신없었다. 그래 방해만 안 하는 것도 다행이다. 실내 농구코트에서 열리는 플리마켓은 아이들 농구공 튀기는 소음과 노는 소리 등 산만함과 번잡함 속에 진행됐다. 가족이 함께하는 중고 물품 장터에 제법 어울렸다.

　어떻게 알고 온 것인지 손님도 많지 않지만 꾸준히 들어왔다. 하지만 주력상품 마스크에 눈길 한번 안 주는 이가 대다수여서 너무 슬펐다. 마치 비 갠 뒤 우산 장수가 된 느낌이었다. 스웨덴 사람들은 K-방역의 나라 한국에서 생산한 KF-94 마스크 위엄을 잘 모르는 듯했다.

　현지인들은 아이들 옷 메이커와 원단을 살피는 듯했고 양말 등 소품에 관심을 보였다. 아내의 적극적인 세일즈로 물건이 하나 팔릴 때마다 묘한 희열이 느껴졌다. 우리가 즐겨 이용했던 물건을 알아보는구나 싶었다. 거래는 간편결제 일종인 스위시(Swish)로 대부분 이뤄졌다.

　현금 거래를 원하는 손님도 있었다. 우크라이나인들이었다. 이날 플리마켓에 우크라이나인들이 제법 많이 왔다. 러시아 전쟁을 피해 스웨덴으로 온 우크라이나인은 5만 명 정도 된다고 했다. 한 우크라이나 여성은 롯데 월드에서 4년간 댄서로 일했다면서 한국 사람을 만나 무척 반갑다며 한동안 아내와 이야기꽃을 피웠다. 또 한 우크라이나 부부는 차 에어컨 송풍기에 거는 휴대전화 거치대에 관심을 가졌다. 제품 설명을 해주니 아직 차가 없어 필요 없다며 자전거 전조등을 사 갔다. 휴대용 배터리까지 내가 내놓은 물건 2개를 산 은인이었다. 아내와 난 부부에게 행운을 빈다고 말했다.

스웨덴에 온 KF94 마스크

스웨덴 정부는 전쟁 직후 우크라이나인을 받아들였는데 지원 규모가 적다는 비판을 받았다. 전쟁이 장기화하면서 스웨덴 정부는 우크라이나인이 스웨덴에서 일자리를 구하거나 생활비를 벌기 위한 필수 수단인 스웨덴어를 배우는 SFI 수업에 1억 크로나(125억 원)를 지원하기로 한 상태였다. 플리마켓에 우크라이나인들이 많이 온 건 고향을 떠나 타지 생활에 필요한 물건을 저렴한

우크라이나 여성과 이야기꽃

가격으로 구할 수 있기 때문이었을 것이다. 기껏해야 몇천 원 정도지만 돈을 받지 말아야 했다는 후회가 밀려왔다.

    아내의 A급 흰색 롱 파카는 비교적 높은 가격에도 많은 사람들이 입어보며 관심을 보였다. 하지만 팔릴 듯 팔리지 않아 애간장을 태웠다. 급기야 한 손님이 파카를 입다가 지퍼 부분 실밥이 뜯어졌다. 파카 판매에 먹구름이 드리웠다. 그래도 다른 손님이 와서 한참을 고민하더니 마침내 질러주셨다. 아내 장사 수완에 약간 놀랐다. 손님 입장에서 부담되지 않으면서도 적절히 밀당 했고 결정적인 순간에 할인 전략도 내밀었다.

    비록 마스크는 하나도 팔지 못했지만 첫 플리마켓에서 소기 성과를 거뒀다. 총 10만 원 조금 넘는 매출을 올렸고 참가비를 빼면 6~7만 원 정도 남은 거 같다. 그중 절반 정도는 오다가 마트에서 장을 봤다. 돈 액수보다도 물건을 정리하고 내 물건이 누군가에게 다시 요긴하게 사용될 수 있다는 생각에 기분 좋은 하루였다.

    아, 그리고 마켓 막판. 한 참가자가 팔고 남은 장난감, 인형 등 중고 어린이 아이템을 무상으로 가져가라고 소리치자 놀던 아이들이 우르르 매대로 몰려가 저마다 하나씩 득템 했다. 아이들에게 아량을 베풀 수 있는 그릇과 여유가 정말 멋있었다.

    한번 경험했으니 다음엔 더 잘할 수 있겠지. 오전 플리마켓 갈 때 물건이 가득 든 이민 가방 바퀴가 잘 굴러가지 않아 행사장까지 이동하는 게 고역이었다. 이번이 처음이자 마지막 플리마켓이 될 거라고 아내한테 콧김을 마구 뿜어댔는데 취소다. 힘들어도 보람찼다. 좋은 물건들 잘 보관했다가 다음 플리마켓 때 내놔야겠다.

    미니멀리즘을 위하여.

여보, 우리 여기서 살까

복지제도가 좋다는 스웨덴에 기대가 컸다. 허나 스톡홀름시에서 날아온 막내 첫 달 유치원비와 둘째 방과 후 활동(fritid) 비용 청구서를 보고 적잖이 실망했다. 두 비용을 합쳐 우리 돈 27만 원가량을 냈다. 비싼 월세를 감당하느라 허리띠를 졸라매야 할 형편인 우리 부부에게 제법 부담되는 금액이었다. 무상교육인 한국 유치원은 매월 간식비나 기타 수업비 등으로 15만 원 정도를 냈었다. 초등학교 방과 후 수업도 과목당 4~5만 원이었다. 스웨덴 유치원비와 방과 후 활동비가 오히려 더 비쌌다. 사회민주주의 국가 무상교육 시스템은 외국인에게는 예외인가 싶었다.

　리딩외로 이사한 뒤 지자체 홈페이지에서 자녀 학교 등록 현황을 살펴보다가 부모 소득을 적는 항목을 보고 놀랄 수밖에 없었다. 유치원비나 방과 후 활동비가 부모 월 소득에 따라 정해진다는 걸 뒤늦게 알았기 때문이다. 소득액을 등록하지 않으면 소득 정보를 고의로 누락한 것으로 보고 최대 비용을 내야 했다. 이 사실을 몰랐던 아내와 난 몇 달간 최고 수수료를 납부한 셈이었다.

　월 소득을 계산해 기입했더니 다음 달 유치원비와 방과 후 활동비가 원래 냈던 돈 5분의 1 이하로 청구되는 마법을 보여줬다. 월 소득액은 추후 확인을 거친다. 스웨덴 복지는 허울뿐이었다며 맹폭을 퍼붓던 우리 부부는 바로 돌변해 역시 북유럽 사민주의 국가 스웨덴은 다르다며 칭찬을 아끼지 않았다.

스웨덴에서는 한 달 5만 4천830크로나(약 676만 원) 이상을 버는 가정은 첫째 자녀 유치원비와 방과 후 레저 활동비로 최대 수수료를 낸다. 그 이하 소득 가정은 자녀 수나 출생 순서에 따라 최대한도 내에서 소득 1~3%를 수수료로 납부한다. 그제야 예전 과속운전으로 적발된 스웨덴 한 기업가가 소득에 비례해 벌금 수억 원을 냈다는 기사가 떠올랐다. 재산과 소득에 따라 벌금액이 달라지는 스웨덴식 평등과 공정을 유치원비를 내면서 실감하게 될 줄 몰랐다. 스웨덴에서는 사람마다 돈의 무게가 다른 만큼 소득에 비례한 벌금을 내고 이를 공평하다고 받아들였다.

　스웨덴 국민은 연간 소득에 따라 지자체에 28~35% 정도 지방세를 낸다고 한다. 평균 지방세율은 32.34%다. 이에 더해 연간 59만 8천500크로나(약 7천385만 원)를 초과하는 소득에는 20% 주 소득세도 내야 한다. 연 소득에서 적게는 28%, 많게는 40% 전후 세금을 납부하는 곳이 스웨덴이다. 자본 소득세율은 약 30%, 부동산 차익에 대한 세율은 22%, 법인세율은 20.6%, 부가가치세는 상품이나 서비스 25%, 식품 12%, 서적·신문·여객 운송은 6% 등이다. 높은 세금은 사회민주주의 스웨덴을 떠받치는 근간이다. 물론 고율 세금을 견디다 못해 스웨덴을 떠나는 기업이나 운동선수도 있다. 하지만 국민 대부분은 불만을 느끼면서도 높은 세금과 복잡한 과세제도를 묵묵히 감내하고 있다.

　애초 스웨덴에 올 때 악명 높은 고물가에 걱정을 많이 했다. 그런데 생각보다 식료품 가격은 비싸지 않았고 한국보다 더 값싼 품목도 많았다. 특히 아이들 음악, 체육, 레저 활동 비용은 한국에서 들인 사교육비보다 훨씬 저렴했다. 바이올린이나 피아노를 일주일에 한 번(20분) 한 학기 동안 배우는 데 15만 원 정도 냈다. 농구 역시 30만 원가량만 내면 유니폼, 농구공 등이 든 키트를 받고 2학기 동안 수업을 받을 수 있었다. 겨울이 되면 도처에 마련되는 빙상장에서 무료로 스케이트를 즐겼다. 여름이 되면 도심 곳곳 수영장에서 5명 가족 기준 2만 9천 원(정기권을 구입하면 더 저렴)을 내고 하루 종일 놀았다. 열심히 할 거 다 하는 데도 아내는 월세를 제외한 스웨덴 한 달 생활비가 오히려 한국보다 적게 든다며 신기해했다.

한국에서는 방과 후에 아이를 돌볼 사람이 없어 어쩔 수 없이 보내야 하는 학원비만 해도 꽤 큰 비중이었고 주말에 밖에 나가면 다 돈이었다. 여름에 워터파크 한 번 가면 수십만 원 나가는 건 예사였다. 스웨덴에선 주말에도 돈 없이 혹은 돈을 적게 쓰고도 할 수 있는 게 많았다.

두 아이를 키우는 아일랜드 출신 이웃은 영국에서도 다양한 음악, 체육, 레저 활동을 할 수 있었지만 큰 차이는 비용이라며 영국은 '돈 드는 스웨덴'이라고 했다. 독일로 이사 간 막내의 유치원 친구 엘리엇 엄마는 아이 친화적인 스웨덴 여건과 환경이 그립다며 다시 돌아가고 싶다고 말할 정도였다.

스웨덴에서 음악, 체육, 레저 활동 비용이 저렴한 건 운영 형태 때문일지도 모른다. 스톡홀름 곳곳에 있는 음악학교(10여 곳), 체육관·운동장(실내외 154개), 수영장(야외 9개, 실내 14개)은 모두 공영시설이었다. 지자체가 운영하기에 적은 비용으로 즐길 수 있었다. 축구교실이나 테니스 수업 등은 협회가 운영하는 반공영 형태였다. 스키 강습이나 체험은 비교적 비쌌는데 민영으로 운영하는 곳이 많기 때문이었다.

스웨덴의 보편적 복지 속에서 아이를 키운다면 월 소득 40%를 세금으로 내더라도 충분히 감당할 수 있겠다고 생각했다. 세금으로 수입이 줄어도 지출이 상대적으로 적다면 나쁘지 않을 것 같았다. 내가 낸 세금이 혜택으로 돌아온다는 믿음과 신뢰는 고율 세금에도 조세 저항이 많이 없는 이유가 아닐까 싶다.

기후나 자연환경도 더할 나위 없이 좋았다. 1년 내내 미세먼지가 없고 태풍 등 풍수해가 없는 건 한국인으로서 정말 부러웠다. 겨울이 길긴 하지만 아주 춥지 않았고 여름엔 습도가 낮고 쾌적해 1년 내내 야외 활동이 가능했다. 언제든 깨끗한 수돗물을 별다른 걱정 없이 마실 수 있는 건 덤이었다. 이런 기후 조건이라 정수기, 공기청정기, 에어컨 등 가전제품은 전혀 필요 없었다. 스웨덴 멋진 자연 속에서 캠핑을 즐기고 싶어 큰 캐리어 하나 가득 캠핑용품을 담아왔지만 1년이 다 되도록 가지 않았다. 가고 싶은 생각이 안 들었다는 게 더 정확할 듯싶다. 매일 가까이 있는 자연을 접하고 언제든지 숲을 걸을 수 있어서였는지도 모르겠다. 한국에서 유독 캠핑이 유행하는 건 도심에서 자연을 느끼기 어렵기 때문 아닐까.

스톡홀름 공공 수영장

언젠가 한국에선 아이 한 명이 대학 졸업 때까지 드는 비용이 2~3억 원이라는 조사 결과를 봤다. 우리 부부는 한국에서 넉넉잡아 10억 원은 있어야 세 아이를 키울 수 있다는 말이었다. 2023년 3월 국민의힘이 저출산 대책으로 아동 1인당 18세까지 매달 100만 원씩 총 2억 원이 넘는 아동수당을 지급하는 방안을 검토 중이라는 기사를 봤다. 요즘 유행한다는 영어 유치원 한 달 회비도 안 되는 돈이다. 돈이 없으면 아이를 키울 수 없는 세상, 슬프다.

문제는 돈으로 교육과 재능을 사는 경향이 점점 더 심해진다는 거다. 그런 사회에서 돈 있는 사람은 자녀 교육에 돈을 들이부을 것이고 그렇지 못한 사람은 자식에 대한 미안함, 열패감에 빠지게 될 것이 뻔하다. 돈에 구애받지 않으면서 아이가 좋은 교육을 받고 다양한 경험을 할 수 있는 제도를 만들어야 하지 않을까. 한국에서 소득에 따른 세율 40% 세금을 내고 스웨덴 같은 교육, 스포츠, 음악, 레저 활동 여건을 만든다면 학부모들이 얼마나 동의할지 궁금하다.

최근 아내는 스톡홀름 어느 한식당에서 주인분과 이야기하다 "아이가 3명이면 무조건 스웨덴에 살아야지"라는 말을 들었다고 했다. 차라리 스웨덴을 몰랐으면 좋았으련만. 한 달 후 한국으로 돌아가야 하는 아내와 난 서로에게 물었다.

"여보, 우리 여기서 살까?"

외국인 거주자의 당연한 권리

72

"전 세계에서 하층민들 불러들여 직업 주고, 의료보험으로 치료해 주고, 실업급여 주고, 자식들 무료교육 시켜주고? 한국인 재산 소득 다 파악해 세금 왕창 뜯어가서 외국인 노동자, 불법체류자, 불법 난민 먹여 살리냐?"

국내 포털사이트에서 본 외국인 노동자 관련 기사 댓글이었다. 괜스레 가슴이 뜨끔했다. 표현 하나하나가 비수가 돼 날아와 꽂혔다.

스웨덴에 온 뒤 매달 아동수당을 받고 있다. 적다면 적고 많다면 많은 금액이지만 나와 아내에겐 무척 소중한 돈이다. 아동수당은 별거나 이혼 등 다양한 가족 형태를 고려해 부모 양측에 동일한 금액이 각각 지급된다. 우리 부부는 아이가 3명이라 보너스 수당까지 더해진 금액이 각각 지급됐다.

사실 스웨덴 사회보험청에 아동수당을 신청하며 큰 기대를 하지 않았다. 신청 후 두 달여간 아무런 소식이 없었고 이민자나 외국인에게 적대적인 우파 연립정부가 들어선 뒤 각종 이민정책이 강화되는 시점이었다. 그런데 불현듯 신청 석 달 만에 아동수당을 지급하겠다는 연락이 왔다. 앞서 못 받은 기간까지 소급해 은행 계좌에 찍힌 숫자를 보고 믿기지 않았다.

아동수당을 신청하면서 사회보험청 여러 수당 제도를 살펴봤는데 우리 가족이 신청할 만한 수당이 또 있었다. 주택수당이었다. 집 구하는 것이 하늘의 별 따기인 스톡홀름 집 월세가 300만 원을 훌쩍 넘어 기둥뿌리가 흔들리는 중이었다. 밑져야 본전이라는 생각에 주택수당도 신청했다.

다시 두 달여가 지났다. 포기하려는 찰나 전화 한 통이 걸려 왔다. 사회보험청 직원이라고 소개한 남성은 지금 월세를 어떻게 감당하고 있는지 구체적으로 캐물었다. 연수 중인 아내가 재단에서 받는 체재비는 월세에 미치지 못했고 나 역시 육아휴직 급여가 전부라 그간 모아둔 돈과 마이너스 대출로 월세와 생활비를 꾸역꾸역 메꾸고 있었다. 설명하기 참 쉽지 않았지만 아내는 최선을 다해 충실히 답변했다. 사회보험청 직원은 월세 계약서 등 관련 서류를 다시 요구한 뒤 필요하면 다시 전화를 걸겠다고 했다.

정말 진땀 빼는 수급 자격 심사 전화에 아내와 난 주택수당을 포기하기로 마음먹었다. 이번 전화는 신청을 거절하기 위한 형식적인 절차임이 분명했다. 모아둔 돈과 마이너스 대출로 월세를 충분히(?) 감당하고 있는데 왜 주택수당을 주겠느냐는 결론에 도달했다. 한낱 외국인 거주자 신청서를 무시해도 하등 이상할 것 없는데 친히 전화해준 것만 해도 어찌 보면 감사한 일이었다. 우릴 시민으로 대우해 준 셈이었으니까.

일주일 정도 지났을 무렵 주택수당이 지급될 예정이라는 휴대전화 메시지 알림이 떴다. 많은 돈은 아니었다. 그래도 살인적인 스톡홀름 월세를 내는 데 큰 도움이 됐다. 아니 금액을 떠나 이게 정말 가능한 일인가라는 생각이 들었다.

아내와 난 한국 직장, 연수재단, 정부로부터 월급과 체재비, 육아휴직 급여를 받고 있어 스웨덴에 소득세를 내지 않았다. 스웨덴에서 일하는 외국인 노동자 신분도 아니었다. 합법적인 거주 허가자이긴 하지만 외국인인 우리 부부를 지원할 의무는 없다고 여겼다. 그런데도 스웨덴 정부는 외국인 거주자 역시 사회 구성원으로 존중해 줬다. 각종 수당 지급 외에도 아이들이 무료로 진료받거나 거의 무료에 가까운 교육을 받았다.

불법체류가 아닌 이상 스웨덴에 사는 이라면 누구든 아동수당, 주택수당, 의료혜택, 실업급여 등을 받을 수 있는 보편적 복지가 제도화되어 있었다. 직업이 있든 없든 시민이면 누릴 수 있는 정당한 권리였다. 스웨덴에 머무르는 동안 한국 포털 사이트에서 본 외국인 거주자에 대한 분노의 댓글 같은 말을 들어본 적이 없다. 이민자나 외국인 노동자, 외국인 거주자 등이 받는 수당이 얼마인지 등에 관한 보도도 보지 못했다. 그런 기사는 자국민 눈길을 끌면서 외국인 노동자, 이민자에 대한 반감과 편견을 심어주기에 딱 좋다.

하지만 2022년 총선에서 승리한 극우파인 스웨덴민주당을 비롯한 우파 연립정부는 취업 허가를 받을 수 있는 이민자 월 노동 급여 조건을 현재 2배인 2만 6천560크로나(약 326만 원)로 높이는 방안을 추진 중이다. 이렇게 되면 월 326만 원을 벌지 못하는 이민자들은 취업 허가 연장이 안 되거나 신규 허가를 받지 못하게 된다. 월급이 적은 이민자들 상당수가 기존 혜택을 못 받는 건 물론 사실상 모국으로 추방당하게 생긴 셈이다. 유럽 국가 중 가장 많은 이민자를 받아들인 스웨덴 이민정책이 변화하고 있다.

스웨덴은 코로나 유행 이전까지 인구 100명당 이민자 수가 주변 북유럽 국가는 물론 망명자나 난민을 많이 받아들인 것으로 유명한 독일보다 높았다. 이민자 대부분이 상대적으로 저개발 국가나 스웨덴보다 경제저으로 낙후된 국가 출신이었다. 스웨덴의 EU(유럽연합) 외부 이민자 비율은 2000년 6%에서 2021년 15%로 급격히 상승했고 이 수치는 EU에서 가장 높았다.

스웨덴이 이민자를 적극 받아들인 것은 낮은 출생률과 수명 연장에 따른 노인 비율 증가로 노동력 부족과 노인 돌봄에 대한 재정적 부담을 타개할 목적이었다. 통계적으로 인구 증가에 필요한 출생률이 여성 1인당 2.1명이라고 하는데 스웨덴은 이보다 낮은 1.7명이다. 스웨덴은 이민에서 인구 감소 해결책을 찾으려 했다. 실제 이 해법은 2000년대 들어 스웨덴 인구가 증가하는 효과를 봤다.

스웨덴 통계청은 2030년까지 인구가 약 40만 명 증가할 것으로 예상했다. 증가분 40만 명 중 30만 명은 이민자이며 나머지 10만 명은 사망자보다 많은 출생자로 인한 것으로 분석됐다. 외국 태생 스웨덴 인구는 2020년 20%에서 2030년 약 22%가 될 것으로 추정했다. 스웨덴 이민자와 그 자녀들은 버스, 트램, 택시 운전사 절반을 담당하고 있으며 약사 2명 중 1명, 의사·치과의사·엑스레이 간호사 3명 중 1명, 대학 교수·연구원 4명 중 1명이라고 한다.

한편 이민 문제는 논란을 일으키기도 한다. 일부 청년 이민자들이 사회에 적응하지 못하고 갱단에 들어가 범죄를 저지르기도 하고 제3세계에서 온 이민자 중엔 노숙자로 전락하는 이도 있는 등 여러 부작용이 존재한다. 스웨덴에서 18세 미만 외국 이민자 약 58만 명 중 0.2%인 1천200명이 갱단에 속해 있는 것으로 스웨덴 경찰은 추산한다. 사회 부적응 이민자와 폭력 조직 가담자를 어떻게 품을 것인지 고민은 계속되고 있다.

스웨덴 사회를 구성하는 다양한 인종을 보며 한국의 지리적 위치가 아쉽게 느껴졌다. 중국과 접해 있는 데다 지금은 분단으로 대륙으로 향하는 육로가 막혀 있다. 여러 인종과 공존하는 기회가 많이 없었다. 유독 외부 시선이나 외모에 신경을 많이 쓰고 타자에 배려가 부족한 듯한 한국 사회 습성이 오랜 기간 단일민족 국가로 살아온 데서 비롯된 건 아닌지 돌아볼 일이다.

한국에서도 낮은 출생률과 초고령 사회 해결책으로 이민 활성화가 제시되는 것 같다. 하지만 좁은 땅덩이에 많은 인구가 모여 살아 경쟁이 치열하고 취업도 쉽지 않은 한국 특성상 이민자에게 긍정적인 마음을 가지기엔 시기상조라는 생각도 든다. 나 역시 한국에 건너온 외국인 노동자, 이민자를 썩 달갑지 않게 생각해 왔다. 스웨덴에서 외국인 거주자로 많은 지원을 받은 내가 한국에 돌아가면 그들을 좀 다른 시선으로 볼 수 있을까.

* Dagens Nyheter, 스웨덴 통계청 사이트 등을 참고했다.

교과서 없는 수업

―――――― 73 ――――――

　거주 초반 입학 문제로 스웨덴 교육에 크게 실망했었지만 아이들 학교생활을 보면서 점차 믿음이 쌓였다. 영어를 잘하지 못했던 두 아이 모두 처음엔 힘들었지만 시간이 지날수록 학교 다니는 걸 행복해했다.

　　교과서 없이 공부하는 게 가장 신기했다. 하루는 첫째가 옆에서 종이에다 고래 그림을 그리고 글자를 빼곡히 적고 있었다. 뭐 하는 거냐고 물어보니 과학 숙제란다. 이번 주 수업 주제가 적응(Adaptation)인데 동물이나 식물 중에 하나를 골라 자연에 적응하는 특징을 찾는 거라고 했다. 교과서에 나오는 거냐고 물었더니 "교과서 없는데?" 그랬다. 협동, 적응 등 키워드로 공부하고 과제를 하는 방식이라고 했다. 교과서가 없는 과학 수업이란 어떤 느낌일까 주입식 교육 세대인 나로선 도저히 상상되지 않았다. 협동, 적응이라는 단어로 공부해 볼 생각도, 누군가 그런 공부 주제를 던져준 적도 없었다.

　　2022년 부산교육청을 비롯한 몇몇 교육청은 초등학교 3학년 이상에게 수업 교보재로 스마트기기를 무상 배포했다. 첫째, 둘째가 다니던 학교는 이미 오래전부터 아이패드를 나눠주고 수업 참고자료를 찾거나 과제를 하고 발표에 활용하게 했다. 그러나 스웨덴 교육 당국은 디지털 기기를 이용한 교육이 오히려 문해력 등 학습 능력을 떨어뜨린다고 보고 종이책을 통한 수업, 손 글씨 쓰기 등 아날로그 방식으로 돌아간다는 결정을 내렸다.

　　말이 나온 김에 잠시. 첫째와 달리 둘째, 셋째는 중학교 입학 전까지 휴대전화를 주지 않을 생각이다. 둘째는 휴대전화를 사줬다가 부모 모니터링 앱을 뚫고 밤새도록 게임하던 걸 들켜 게임 앱은 물론 폰도 삭제해버렸다. 막내도 가급적 폰을 주는 시기를 중학교 입학까지 늦출 거다. 이 실험이 어떤 결과로 돌아올지. 나중에 '휴대전화를 둘러싼 초등생과 부모의 실존적 헤게모니 투쟁과 갈등'이라는 논문을 쓸 수 있을지도 모르겠다.

첫째, 둘째 모두 학년별로 기후위기를 주제로 조별 연구한 뒤 그 결과물을 발표하는 시간을 가졌는데 많은 학부모가 참관했다. 학부모들이 반에서 조를 돌며 학생들 설명을 듣고 질문 던지는 수업 방식이 인상적이었다. 중학교 1학년 과정이었던 첫째에게 생각보다 과제와 시험이 많았던 것도 기억에 남는다. 옆에서 지켜보니 과제는 주로 어떤 주제에 대해 스스로 찾고 생각한 결과물 제출, 시험은 서술형 문제 풀이나 토론식 발표가 많았다.

학기당 한 차례 담임을 포함한 여러 과목 선생님을 만나 아이 교육 성취도 등을 듣기도 했는데 선생님들이 아이 장단점이나 수준에 맞는 구체적인 교육 목표를 공유하고 있어 놀랐다. 한 학년이 40명뿐인 데다 두 학급으로 나뉜 작은 학교 장점일 것이다.

학기마다 파자마 입고 등교하는 파자마 데이, 나름 꾸미고 화장할 수 있는 파티 데이를 열어 학생들이 일탈을 맛보기도 했다. 기말엔 학년별로 노래를 하나씩 정해 연습한 뒤 학부모 초청 공연을 했다. 학예회라고 할 수 있지만 한 학기 마무리를 학생들 합창으로 매듭짓는 게 특별했다.

스웨덴 학교 교육은 이상적일까. 난 그걸 판단할 위치에 있지 않다. 고작 1년 학교 밖에서 지켜봤을 뿐이라 일반화하기도 어렵다. 다만 아이들이 재미있게 학교에 다니고 행복해하니까 좋다고 생각할 뿐이다. 첫째는 친구들이 인종이나 외모 등을 떠나 누구든 편견 없이 대하는 경향이 있고 학교 교육이 경쟁적이지 않아서 좋았다고 했다. 둘째는 영어 의사소통이 원활하지 못한 데다 운동할 때 경쟁심이 강해 매 학기 초 친구들과 크고 작은 문제가 있어 걱정이 많았다. 한동안 학교에 보내놓고도 조마조마했다. 매일 손잡고 등교하던 둘째가 5개월 정도 지났을 때 처음으로 내 손을 뿌리치고 등굣길에 만난 친구와 대화하며 걸어가는 걸 보고 눈물이 핑 돌았다. 마치 영화 <원더>에서 안면 기형이 있어 학교에 늦게 들어간 주인공 어기가 친구 잭월과 함께 하교하는 모습을 보고 어기 엄마 줄리아 로버츠가 감정이 북받치는 장면처럼 말이다.

어기는 학교 졸업식 때 많은 사람에게 용기를 줬다는 이유로 학생 대표로 상을 받았다. 첫째 나현이도 어기처럼 2023년 6월 종업식 때 1년간 IMYC 개인 목표를 가장 잘 보여주고 구현했다고 생각하는 학생 1명을 뽑는 학년 투표에서 최다 표를 받았다. 부상은 스톡홀름 놀이공원인 그뢰나 룬드 입장권이었다. IMYC(International Middle Years Curriculum)는 11~14세 어린이를 위한 국제 커리큘럼으로 소통, 협력, 공감, 존중 능력이 있고 윤리적인 사람이 되는 것을 교육 목표로 삼는다. 첫째가 어떻게 친구들한테 가장 많은 지지를 받았는지 지금도 의문이지만 공부 잘해서 받은 상보다 값지다고 느꼈다.

스웨덴 교육에 부정적인 현상도 많다. 전체 학생 가운데 약 30%가 많은 지원에도 불구하고 고등학교 졸업장을 받지 못한다고 한다. 실용적이던 교과목이 이론화되고 이에 적응하지 못하는 학생들이 학교 교육에서 뒤쳐져 낙제점을 받는 경우가 많다는 것이다. 스웨덴 고등학교 3학년은 대학 준비 시험과 취업을 위한 직업 프로그램에 참여할 수 있는 시험을 치를 수 있다. 낙제로 두 기회를 얻지 못하는 고등학생이 30%나 된다는 말이다. 이들은 고교 졸업장이 없는 사람에게 폐쇄적인 노동 시장에서 낙오자가 될 우려가 크다. 이 때문에 시험을 통해서가 아닌 누구나 직업 프로그램에 참여할 수 있어야 한다는 목소리가 높다.

상당수 고등학교 성적 부풀리기도 심각하다. 스톡홀름 최상위 대학 중 하나인 스톡홀름경제대학(Stockholm School of Economics)은 2023년 5월 대입 국가시험 대신 자체 시험으로 입학생을 뽑는 방안을 검토한다고 밝혀 교육계에 파문을 일으켰다. 많은 고등학교가 학생 성적을 임의로 조정하거나 입학 단계부터 성적을 보장하는 방식으로 신입생을 유치한 것이 적발됐기 때문이었다. 또 대입 시험 성적과 고등학교 성적이 불일치하는 경향이 많아 더는 현행 입시 제도를 신뢰할 수 없다는 이유였다. 스톡홀름경제대학의 대입 시스템 공정성에 대한 의문 제기와 자체 시험 검토는 철저한 능력주의와 신뢰를 기반으로 하는 스웨덴 사회 근간을 위협한다는 지적이 나왔다. 누구에게나 공평하다는 입시제도에 대한 믿음이 사라지면 능력을 공정하게 평가하는 시스템이 위태로워지고 이는 곧 보편적 복지와 평등에 기반한 스웨덴 민주주의의 신뢰 상실로 이어질 수 있다는 우려 때문이다.

교육은 어렵다. 어느 나라든 쉽지 않다.

IMYC 수상자들이 실린 학교 소식지. 오른쪽이 나현

번역앱으로 쌓은 우정

74

리브네 가족과 헤어지던 날.

　우리가 탄 버스가 출발하자, 배웅 나온 리브가 어깨를 들썩이며 울음을 터뜨리던 모습이 지금도 잊히지 않는다. 그때를 생각하면 코끝이 찡하다. 가족과 가족 사이에도 우정을 나눌 수 있다는 것을 알게 해준 리브네 가족. 언제든 만나면 꼭 안아주고 싶은 따스한 가족. 스웨덴 생활을 외롭지 않게 해준 고마운 이들이다.

　큰딸 나현이가 두 살 연상 리브를 알게 된 건, 리딩외 이사 후 참가한 청소년 오케스트라 연습에서였다. 합류한 지 얼마 안 돼 오케스트라 팀은 노르웨이 베르겐으로 경연 대회를 떠나게 됐다. 신입 부원이던 나현은 오케스트라 언니, 오빠들과 아직 친해지지도 못했고, 스웨덴어를 몰라 지시를 이해하지 못해 걱정이 컸다. 자칫 자기 실수로 연주회를 망칠까 봐 우려했다. 더군다나 부모님 없이 가는 첫 여행이었다.

　다행히 선생님 배려로 나현은 영어로 의사소통이 되는 언니 둘과 방을 배정받았다. 낯가림이 있는 아이라 걱정이 앞섰다. 하지만 나현은 첫날 저녁, 룸메이트인 리브 언니와 잘 맞고 얘기가 잘 통한다며 신나서 연락이 왔다. 리브는 오케스트라 연습 첫날부터 나현에게 말을 걸어준 친구였다. "너 어디서 왔니? 한국? 그럼 양영인 알아?" 스웨덴어로는 J를 영어 Y처럼 발음하기 때문에 아이돌 그룹 스트레이 키즈 아이엔 본명인 양정인을 양영인으로 부른 것이었다. 스웨덴에서 내 이름 현정을 현영으로 부르는 이들도 많았다.

　　나현은 이때부터 '스웨덴에서 살아남으려면 케이팝을 알아야 하는구나' 하며 한국에서는 관심 없던 케이팝 그룹을 검색했다. 방탄소년단에서 다른 아이돌 그룹까지 팬심이 확장된 리브와 교류로 나현은 스웨덴어로 가득 찬 오케스트라 연주 공간에서 외롭지 않았다고 한다.

　　둘은 베르겐에서 짧은 기간 큰 우정을 쌓았다. 리브네는 헝가리 출신 이민자 가정이었다. 가끔 오케스트라 연습이 있던 음악학교에서 우리 집까지 데려다준 리브 아빠는 렌터카 업체를 운영했다. 헝가리에서 선생님을 하다 온 리브 엄마는 스웨덴 학교 급식실에 보낼 샐러드를 만든다고 했다. 나현은 베르겐 여행에서 본 리브 모습에 신선한 충격을 받은 듯했다. 베르겐 한 상점 앞에 걸인이 있었는데 리브가 마트에서 먹을 것을 사와 그 홈리스에게 줬다고 했다. "엄마, 리브 언니 무지 착해. 나 완전 감동했어. 나도 앞으로 그럴 거야."

　　오케스트라 여행 후 리브와 나현은 단짝 친구가 됐다. 수시로 영상통화하고, 케이팝 이야기로 꽃을 피웠다. 나현은 학교 친구보다 리브가 더 편한 것 같기도 했다. 나현과 리브는 서로 집을 오가며 교류했다. 한국 음식을 좋아한다는 리브에게 김밥을 만들어 줬는데 다음 날 리브 엄마로부터 몹시 고맙다는 편지와 함께 직접 만든 치즈 쿠키 등이 우리 집으로 날아들었다. 리브 엄마는 수준급 요리 솜씨 소유자였다. 한국 음식도 도전했는데 타고난 솜씨 덕분에 곧잘 만들어냈다. 리브 엄마와는 스톡홀름 왕의 정원에서 열렸던 중세 마켓에서 만나 얘기를 나눴고, 리브 엄마는 리브와 나현을 데리고 스칸센(스웨덴 민속촌)을 데려가기도 했다.

　　스톡홀름 여름이 한창이던 6월 초, 리브 엄마는 마리에프레드에 가봤느냐고 물었다. 거기 너무 멋진 성과 공원이 있다는 것이었다. 그러면서 두 가족이 모두 탈 수 있는 차를 직접 준비하겠다고 했다. 리브네 덕분에 가보게 된 마리에프레드는 스톡홀름 서쪽으로 40km 정도 떨어진 근교로, 소풍 가기 좋은 곳이었다. 호수 옆 그립스홀름성 주변을 둘러보고, 때마침 올드카 퍼레이드도 보며 오랜만에 친척을 만난 것 마냥 재미있는 시간을 보냈다.

이날 리브 엄마가 만들어온 샌드위치가 무척 맛있었다. 남편이 내내 엄지척했다. 식빵에다 스웨덴 국민 버터인 브레고트(Bregott) 버터와 치즈를 넣은 게 다였지만 그 맛을 잊을 수 없다. 이후 리브 엄마에게 배운 대로 만들어 피크닉을 가기도 했다. 다시 스웨덴에 가면 꼭 이 샌드위치를 만들어 먹고 싶다.

이날 리브 엄마, 아빠와 대화는 여러모로 기억에 남았다. 리브 부모는 영어를 잘하지 못했지만 폭넓고 깊은 대화를 나눴다. 리브 부모는 헝가리에서 교육을 받아 영어보다는 러시아어에 능통했다. 우리는 구글 번역기를 켜놓고 각자 모국어로 얘기하며 대화했다. 리브 부모님은 한국 분단 상황을 궁금해 했고, 한국에서 삶, 삼성 폰이 유명한데 한국인으로서 왜 아이폰을 쓰느냐며 예리한 질문을 던지기도 했다. 번역기 한계로 대화가 막힐 때면 리브 엄마는 어김없이 통역자로 리브를 불렀다. 리브가 투덜대면서도 능숙하게 통역을 잘 해줬다. 그래서인지 한국어, 헝가리어, 영어 등 3개 국어를 넘나들며 우린 제법 속 깊은 대화들을 나눌 수 있었다. 스웨덴 생활에 흠뻑 빠진 우리는 스웨덴 이민 선배인 그들에게 여러 가지를 물어봤다. 리브 부모는 힘든 이민자 삶을 솔직하게 얘기해줘 우리가 현실을 직시할 기회가 됐다.

한국에 돌아온 뒤에도 우리 가족은 리브 가족을 늘 그리워한다. 리브네가 2023년 크리스마스 때 삼남매를 위한 선물과 간식들을 잔뜩 보내줬고, 나도 리브네에게 김, 한국 젤리, 홍삼양갱, 녹차 스프레드 등이 들어 있는 간식 꾸러미를 보냈다. 늘 커다란 눈망울로 감사와 사랑을 보내줬던 리브 엄마 Beata, 듬직하고 다정했던 리브 아빠 Gabor에게 고마움을 전하고 싶다. 스웨덴에서 만난 친구이자 친척. 너희 가족이 너무도 그리워.

스웨덴에서 만난 친구이자 친척 리브네 가족. 맨 왼쪽부터 리브(Liv), 리브 엄마 Beata, 나현, 리브 아빠 Gabor.jpg

이 사람들 뭐가 행복하다는 거야

— 75 —

 2023년 세계 행복 보고서(World Happiness Report)가 발표한 행복한 나라 순위 137개국 중 6위. 2023년 US News 및 세계 보고서에서 삶의 질이 가장 높은 국가 순위 85개국 중 1위. 스웨덴이다.
 세계에서 57번째로 행복한 나라에서 살다가 6위 국가에 살면 더 행복할 수 있을까 궁금했다. 1년간 육아휴직자로 스웨덴에서 살아보면 앞으로 삶도 조금 달라질 수 있지 않을까 기대했다. 스웨덴에 있으면서 수시로 마음 깊숙한 곳에 뒀다가 책갈피처럼 꺼내본 질문과 기대이다.
 우선 뜬구름 잡는 단어인 듯한 행복을 어떻게 수치화해 순위를 매겼을까. 세계 행복 보고서는 1인당 GDP(국내총생산), 사회적 지원, 건강한 기대 수명, 삶을 선택할 자유, 관용, 부패로부터 자유 등 6가지 항목으로 행복한 나라를 평가했다. 스웨덴은 핀란드, 덴마크 등 다른 북유럽 국가처럼 6가지 항목에서 골고루 좋은 점수를 받았는데 특히 관용, 부패로부터 자유 등에서 높은 점수를 받았다. 항목별로 1인당 GDP 1.921, 사회적 지원 1.510, 건강한 기대 수명 0.562, 삶을 선택할 자유 0.754, 관용 0.225, 부패로부터 자유 0.520이었다.
 한국은 1인당 GDP 1.853, 사회적 지원, 1.188, 건강한 기대 수명 0.603, 삶을 선택할 자유 0.446, 관용 0.112, 부패로부터 자유 0.163이었다. 한국은 스웨덴보다 관용은 절반, 부패 항목은 거의 5분의 1에 불과했지만 의료 체계가 좋아서인지 건강한 기대 수명 지수가 일본, 싱가포르 등과 함께 세계 최고 수준으로 높았다.

도대체 스웨덴 사람들은 왜 행복한 것일까. 지난 1년간 스웨덴에서 자문한 결과 200여 년간 전쟁을 겪지 않은 사회인 점이 크게 다가왔다. 스웨덴은 1808~1809년 러시아와 전쟁에서 패해 핀란드를 빼앗긴 뒤 전쟁 당사자가 된 적이 없다. 근현대 역사에서 전쟁하지 않은 몇 안 되는 국가다. 한국전쟁 때도 남한에 전투 병력 파견이 아닌 의료지원을 했다. 1, 2차 세계대전에서도 전쟁 피해를 보지 않은 세 나라가 미국, 아르헨티나, 스웨덴이라고 한다. 200여 년간 전쟁을 경험하지 않은 국민은 악의를 품고 총칼로 대립하고 이데올로기로 갈라서야 했던 경험이 있는 국민과는 다를 것이다. 전쟁을 겪지 않은 행운은 스웨덴 시민 의식, 생활 태도, 사회 성격 등에도 큰 영향을 끼치지 않았을까.

불과 100여 년 전만 해도 스웨덴은 매우 가난한 농경 국가였다. 지금 같은 사회민주주의 복지국가를 만든 것도 그렇게 오래되지 않았다. 200여 년간 전쟁을 피해 간 스웨덴은 1900년대 들어 제1, 2차 세계 대전 등 타국 전쟁으로 많은 국부를 얻어 복지국가 기틀을 닦았다. 자동차 브랜드로 알려진 사브(SAAB)는 사실 북유럽 최대 군수업체로 꽤 오랫동안 무기 수출을 해왔고 스웨덴은 지금도 세계에서 손꼽히는 무기 수출국이다. 중립국으로 자기 안위를 지키기 위한 자주국방을 강화했다곤 하지만 첨단 무기를 개발해 전쟁 당사국이나 일부 국가에 팔아왔다는 사실이 이중적으로 느껴지기도 했다.

세계대전이 끝나고 경제 호황기 때 벌어들인 재원으로 스웨덴은 탄탄한 복지 체계를 구축해 왔다. 토니 블레어 영국 총리가 '제3의 길'을 말하기 전부터 스웨덴은 자본주의와 공산주의, 사회주의와는 다른 사회민주주의라는 독자노선을 오래도록 걸어왔다. 스웨덴은 세계에서 강대국은 아니지

헤드폰 낀 채 풀숲에서 누워 쉬는 스웨덴인

만 유럽 변방에서 다른 대안을 모색하는 국가임에는 틀림없다. 2022년 총선 이후 들어선 우파 연립정부가 극우파 스웨덴민주당에 휘둘리면서 스웨덴 민주주의가 위기에 처했다는 진단이 많지만.

또한 스웨덴의 나토(NATO) 가입 추진은 지금까지 전쟁을 하지 않는 나라에서 타의에 의해 전쟁에 참여할 수밖에 없는 나라로 전환을 의미하는 중대한 변화였다. 나토는 회원국이 외부 침략을 받으면 자동으로 전체 회원국이 군사행동에 돌입하는 안보 공동체. 국가안보를 위해 200년간 평화를 지켜온 스웨덴이 안보 공동체에 가입하는 것은 무엇을 의미할까. 미국의 베트남 전쟁을 반대하고 제3세계 독립을 지지하는 등 세계 조정자, 중간자 역할을 자처해 온 스웨덴은 나토 가입으로 그런 명분을 스스로 내려놓으며 특별한 나라에서 평범한 나라가 됐다.

스웨덴에서 가장 행복하게 느꼈던 건 가까이 있는 자연이었다. 전쟁을 피해 간 행운 덕에 자연이 파괴되지 않았고 잘 보존돼 왔다. 특정 공원으로 이름 붙여지지 않은 녹지와 자연을 생활 속에서 경험할 수 있는 건 삶을 윤택하게 해 줬다. 매일 아침 새소리에 잠을 깨고 저녁마다 아름다운 노을을 보며 달리고 숲으로 난 길을 따라 자전거를 탈 수 있는 건 삶의 기쁨이자 활력이었다. 내가 느낀 행복이 곧 스웨덴 사람들이 느끼는 행복과 비슷하지 않을까 싶다.

돈의 의미도 새롭게 다가왔다. 한국에선 돈이 곧 목적이었다. 내 능력과는 별개로 돈이 많이 있었으면 했다. 그래야 많은 걸 할 수 있으니까. 하지만 스웨덴에서는 한국보다 적은 돈으로도 큰 불편이나 어려움이 없었다. 적게 쓰면 돈이 많을 필요가 없다는 당연한 말을 스웨덴에 와서 깨달았다. 교육비나 생활비 면에서 큰 비용이 들지 않았다.

자신을 내세우지 않는 얀테의 법칙을 내면화 한 스웨덴 국민 사이에서도 점차 좋은 차, 명품에 대한 수요가 많아지고 있다고 한다. 도로에서 포르쉐, 벤츠 등 고급 차를 많이 봤고 부촌의 정원 딸린 고급 주택과 서민이 사는 낡은 아파트 간격만큼 빈부격차도 엄연히 존재했다. 하지만 그 차이는 서구 자본주의 사회보다는 크지 않고 교육 기회도 열려 있어 계층 이동 가능성이 크다고 느껴졌다. 이민자라도 적은 비용으로 현지인과 같은 교육 혜택을 마음껏 누릴 수 있었다.

스웨덴 현지 언론에 나온 어느 이민자가 한 말이 이를 잘 보여준다. 이집트 출신으로 스웨덴에 산 지 4년 된 섀이마 엘 바나(Shaimaa el Banna)는 "이집트보다 스웨덴에서 돈을 덜 중요하게 여기는 것 같다. 이집트인 대다수에게 돈은 모든 것, 삶의 유일한 목적이지만 스웨덴에서는 돈이 목적이 아니라 수단인 것 같다. 더 나은 삶을 살고, 더 높은 기준을 얻고, 일을 할 수 있는 도구"라고 말했다.

스웨덴에서는 돈이 자신을 과시하는 매개나 계급 그 자체가 아니라 자기 삶을 약간 더 윤택하게 하는 수단이나 도구라는 말이었다. 일테면 돈이 없어도 충분히 자연을 누릴 수 있지만 돈이 있다면 작은 요트를 사서 멜라렌 호수에 띄워놓고 일광욕을 할 수 있는 특권 말이다. 이런 돈에 대한 인식은 스웨덴에서 평소 자전거를 즐겨 타거나 오래된 볼보를 타는 부자가 있는 이유였다.

주 40시간 근무제인데 한국보다 적게 일하는 점도 참 크게 다가왔다. 스웨덴에서 만난 현지 한국인 말은 충격적이었다. 오후 4시가 되면 사무실 불이 꺼진다고 했다. 다 그런 건 아니겠지만 오후 4시에 퇴근하면 학교를 마친 아이들이 부모가 오기 전까지 시간을 때울 학원에 가지 않아도 되고 가족과 여가를 누릴 수 있는 시간이 많아지는 건 분명한 사실이다. 상당수 스웨덴인은 퇴근 후 술을 마시지 않고 뛰고 걷거나 운동한다. 몸과 정신이 모

두 건강해질 수 있다. 그게 삶의 행복이지 않겠는가.

스톡홀름에 슬럼가가 없다는 점도 인상적이었다. 다크 투어를 하고 싶어도 웬만해선 그런 장소를 찾을 수 없었다. 물론 스톡홀름 카운티 내에 상대적으로 이민자 수가 많고 범죄율이 높은 지역이 있긴 하다. 하지만 기반 시설이나 쇼핑몰 등 생활시설 수준이 크게 뒤떨어진다는 느낌을 받지 못했다.

현지 도서관에서 빌린 헨리크 베리그렌이 쓴 책《울로프 팔메 : 우리 앞에 펼쳐진 멋진 나날》를 보며 이유를 대략 알 수 있었다. 책 내용을 잠시 인용한다. "스웨덴은 1970년대 말 유럽 다른 대도시 큰 문제였던 도심 슬럼화를 근본적인 수술로 막아냈다. 가난한 사람과 학생, 이민자가 저렴한 비용으로 지낼 수 있는 도심 허름한 아파트를 링케뷔, 텐스타, 알뷔 같은 주택 100만 호 공급 정책 주택지역으로 이동시켰다. 그러면서 스톡홀름 중심부엔 도시를 관통하는 고속도로를 뚫고 현대적 업무 단지를 갖춰 새로운 도시로 변모시켰다. 1950년대 초부터 스웨덴은 평등하고 민주적인 나라로 점차 바뀌었다. 울로프 팔메 총리 시절 위계가 뚜렷한 계급사회에서 세계에서 가장 평등한 나라로 개조됐다. 임금 격차는 억제됐고 1980년대 초 스웨덴 사람들 소득 격차는 세계 최저 수준이었다. 사회적 이동성도 다른 나라에 비해 더 증가했다. 그 덕에 많은 사람이 쉽게 계급 사다리를 올라갔다."

최근 들어 스웨덴 총기사고, 갱단 범죄 건수가 북유럽 국가 중 최고를 기록했다. 정부가 내놓은 대책은 범죄자에 대한 처벌을 강화하고 교도소 시설을 증축해야 한다는 것이었다. 그런데 스웨덴 의회 최다 의석 정당이자 거대 야당인 사회민주당 대책은 달랐다. 범죄 발생 지역에 투자를 강화해 경제적, 사회적 여건과 환경 수준을 높여 스톡홀름과 차이를 좁히면 범죄가 줄어든다는 것이었다. 건물의 깨진 유리창을 그대로 방치하면 나중에 그 지역 일대가 무법천지로 변한다는 '깨진 유리창' 이론이 생각나는 해법이었다. 우리나라 정치판에 매번 등장하는 지역 균형발전이 그런 정책 아닌가. 바뀌는 정부마다 균형발전이 필요하다고 목소리를 높이고 있지만 진정성보다는 지역 유권자를 의식한 선심성 발언 아닌가 하는 의구심이 들 때가 많다.

내가 만난 스웨덴 사람들 첫인상은 대체로 무뚝뚝했다. 하지만 말을 나눠보면 잘 웃고 친절했다. 화를 내는 건 본 적이 없다. 화를 내지 않는 건지 화를 잘 참는 건지 알 수 없었는데 끝내 현실에서는 분노를 표출하는 스웨덴 사람을 목격하지 못했다. 스웨덴 감독 루벤 외스틀룬드 영화 <포스 마쥬어 : 화이트 베케이션>에서 주인공 부부가 부부싸움을 하는 걸 보고 스웨덴 사람도 화를 내긴 내는구나 간접 체험했다. 이 사람들 언제 감정을 표출하나 싶었는데 여름이 다가오는 시기 집마다 파티를 즐기는 모습을 보고 알았다. 오후부터 시작된 파티는 자정을 넘어 새벽까지 이어졌다. 동네가 떠나갈 듯 음악 소리가 퍼지고 심지어 떼창까지 불렀다. 신기한 건 이웃 누구도 시끄럽다고 하지 않았다는 점이다.

생활에서 여유로운 태도도 보기 좋았다. 아기, 어린이, 여성 순으로 배려가 넘치는 것도 닮고 싶었다. 이런 삶의 자세는 전쟁을 겪지 않은 민족이라는 특성에 더해 나라 전체에서 느껴지는 한적함에서 비롯된 것이 아닐까 싶기도 했다. 스웨덴은 우리나라 5배 크기인데 인구는 5분의 1인 1천만 명에 불과하다. 수도인 스톡홀름엔 고작 부산 인구 3분의 1 정도인 100만 명이 산다. 이런 한산함과 한적함은 스웨덴 사람들로 하여금 타인에 대한 배려가 장착되도록 하는 조건이 되기엔 충분하다는 생각이 들었다.

비교적 워라밸을 즐길 수 있는 삶이라서 그런지 스웨덴 사람들은 술도 즐기면서 마셨다. 도심 스포츠 바나 펍에서 많은 이들은 대체로 커피 마시듯 술을 마셨다. 맥주 한 잔 시켜놓고 몇 시간을 대화하거나 가만히 앉아서 여유를 즐겼다. 우리 부부가 맥주잔이 몇 번 바뀌고 안주 접시도 비워질 무렵인데도 여전히 맥주 한 잔으로 버티는 사람이 많았다. 주점 술값이 비교적 비싼 영향이 있겠지만 술을 즐기기 위해서이지, 취하려고 마시지 않는 것 같았다. 술에 취하게 만드는 사회가 아니어서인지도 모르겠다.

약간 오래되긴 했지만 2015년 스웨덴 통계청(SCB) 설문 조사 결과를 보면서 스웨덴 사람이 행복을 느끼는 지점을 짐작해 볼 수 있었다. 당시 조사 결과에서 스웨덴인 응답자 10명 중 7명이 지난 4주간 가장 또는 항상 행복했다고 답했다. 10명 중 3명에 가까운 사람은 때때로 행복했다고 답했고 1명 이하만 거의 또는 전혀 행복하지 않았다고 말했다.

16~24세 응답자 10명 중 7명은 하루 종일 행복하다고 응답했고 같은 질문에 75세 이상 2명 중 1명이 그렇다고 답했다. 인생 황혼기에 접어든 75세 이상 고령층이야 그렇다 치더라도 스웨덴 16~24세 70%가 하루 종일 행복하다고 답한 것은 10대 때부터 경쟁과 입시에 내몰리고 대학에 가서도 다시 취업 전쟁에 몰입해야 하는 우리나라 10~20대 현실과는 큰 차이가 있다고 말할 수밖에 없다.

동거인은 독신보다 평균적으로 더 행복하고 아이들과 함께 사는 사람들이 가장 행복도가 높은 것으로 조사됐다. 스웨덴인은 상점, 대중교통, 엔터테인먼트 등 생활환경과 사회적 관계, 여행, 주택 면에서 EU 평균보다 높은 수준 만족도를 보였고 특히 가계 재정 상황, 여가생활, 지역 녹지에서 가장 큰 만족감을 표시했다. 조사 결과를 보니 내가 스웨덴에서 느낀 행복과 비슷한 부분이 많았다.

스웨덴에 와서 가까이 있는 자연 속에서 걷고, 뛰고, 자전거 타는 걸 즐기고 약간 심심한 듯 여유를 가지면서 스웨덴 사람들이 왜 행복한지 느껴보려 했다. 스웨덴 사회, 교육, 복지 시스템을 접하고 역사를 훑어 공부하면서 스웨덴 사람들 행복이 어디에서 비롯됐는지 조금은 알 것도 같다.

분명한 건 우리 가족이 1년간 스웨덴에 살면서 느낀 감정이 한국에서 큰 재산과 밑천이 되어줄 거라는 점이다. 조금 다른 삶을 꿈꾸려 스웨덴에 왔고 기대보다 많이 달랐던 삶에 행복했고 또 남은 인생을 힘차게 살아갈 힘을 얻게 됐다고 믿는다. 이방인 가족을 사회 구성원으로 대해준 스웨덴 사회와 사람들에게 진심으로 고마움을 전한다. 집 구하기 지옥인 스톡홀름에서 천사 같은 집주인 피터와 엘리자베스를 만나 1년을 무탈하게 살 수 있었던 것도 행복의 원천이었다.

Tack så mycket Sverige.(고마워 스웨덴)

Hejdå Sverige.(안녕 스웨덴)

* 스웨덴 통계청, Dagens Nyheter, World Happiness Report, www.usnews.com, 책《울로프 팔메》등을 참고했다.

한국에 오기 전 이 사람을 꼭 만나야 했다

76

세계인은 무엇으로 연결돼 있을까.

그들은 맥도널드에서 빅맥을 먹고 스타벅스에서 카페라테를 마시고 H&M에서 패스트패션을 입는다. 세계 어디서든 그 맛은 동일하고 옷은 똑같다. 사는 곳은 달라도 사실상 세계 시민이라고 봐도 무방하다. 먹고 마시고 입는 공통의 기억을 공유하고 있는 것이니까. 이는 다양한 취향을 획일화하는 것처럼 느껴지기도 한다. 스웨덴에 처음 왔을 때 낯익은 스타벅스, 맥도널드, H&M 간판을 봤을 때 왜인지 반가웠다. 빅맥을 먹고 스벅에서 아메리카노를 마셨을 때 느꼈던 이른바 '아는 맛'은 익숙했고 편안했다.

그 같은 맛을 위해 초국적 패스트푸드, 패스트패션 기업은 몇몇 특정 지역에서 사들인 원두나 식재료를 전 세계 매장으로 보낸다. 일견 많은 원료를 한 번에 구입하니 싸게 구입했을 것도 같다. 희한하게도 가격이 저렴할 것 같은데 결코 그렇지 않다. 배나 트럭에 실려 전 세계 매장으로 운반되는 비용은 만만치 않다. 운송수단에서 화석연료를 태운 뒤 나오는 이산화탄소는 기후위기를 가속화한다. 그 비용은 우리가 내는 가격에 모두 포함돼 있다. 같은 맛을 위해서.

초국적 기업은 외투기업, 외자라는 이름으로, 별다른 어려움 없이 세계 여러 나라에 안착한다. 이들을 위해 각국 정부는 있는 규제도 없애고 오히려 보조금 등을 지원하기까지 한다. 반면 지역 작은 기업은 각종 규제나 제한으로 새로운 도전을 하기 쉽지 않은 생존 위기에 처한다. 굴러온 돌인 초국적 기업은 끝없는 수익을 올리고 박혀 있던 지역 기업은 쪼그라들고 튕겨나가기 일쑤다.

자본은 이들 초국적 기업보다 더 자유롭게 국경을 넘나들고 별다른 세금 없이 이윤을 챙겨서 유유히 빠져나간다. 얼마를 벌어 가는지도 제대로 파악하기 어렵다. 이런 외국 자본을 유치하지 못해 안달이다. 외자 유치 실적이 곧 정부와 지자체 자랑과 치적이 된다. 세금을 더 걷지는 못할망정 세금을 내리고, 있는 규제도 철폐한다.

우리가 선거로 뽑는 정치권력은 주기적으로 바꿀 수는 있다. 하지만 이 초국적 기업과 자본은 우리 손으로 바꿀 수 없는 선출되지 않은 권력이다. 정권과 정부가 바뀌더라도 이들은 변하지 않는다. 이는 갈수록 치열해지는 경쟁 사회, 문턱이 높아지는 취업 시장, 집중을 거듭하는 도시화, 가속화하는 기후 위기와도 연결돼 있다. 자본과 초국적 기업 목표는 적당히 투자해서 더 많이 생산하고 더 많은 이윤을 남기는 것이기에. 그들의 머릿속에 '사람'이 있을까? 과연 누구를 위한 세상인가? 그럼 우린 어떻게 해야 하는가? 답을 찾기 위해 영국으로 떠났다. 앞으로 삶에서 등대가 될 수 있나고 생각한 사람을 만나기 위해서였다.

스웨덴 연수에서 아내가 꼭 만나 인터뷰하고 싶어 한 사람이 있었다. 한 명은 그레타 툰베리(Greta Thunberg), 나머지 한 명은 헬레나 노르베리 호지(Helena Norberg-Hodge)였다. 두 명 모두 스웨덴 출신이다. 환경운동가인 그레타 툰베리는 스웨덴에 거주하고 매주 금요일 스톡홀름에서 기후 위기 시위를 하고 있어 어렵지 않게 만났다. 반면 생태환경 운동가 헬레나 노르베리 호지는 영국에 있었다. 아내는 고민 끝에 그에게 정식 인터뷰를 요청했다. 거절하더라도 어쩔 수 없는 노릇이었다. 그녀는 너무 바빴다. 전 세계를 돌며 강연하고 각종 생태, 환경 포럼에 참가하며 로컬 경제 중요성을 알리고 있는 그가 우리에게 시간을 내줄지 장담할 수 없었다.

그런데 기다리던 연락이 왔다. 인터뷰가 가능하다는 것이었다. 아내는 진심으로 기뻐했다. 기쁨도 잠시, 다시 연락이 와서 일정이 유동적이어서 시간을 확정할 수 없고 추후 연락을 주겠다고 했다. 역시 쉽지 않다는 생각과 함께 초조한 며칠이 지나갔다. 그러다가 그가 인터뷰가 가능하다며 직접 연락해 왔다. 우리에게 주어진 시간은 딱 2시간이었다.

2023년 8월 2일 오전 런던에서 380km 거리 영국 서남부 데번주 토트네스 위크로 렌터카를 몰았다. 비가 억수같이 쏟아져 시야는 좁고, 운전대와 도로 방향이 반대다 보니 온 신경이 바짝 곤두섰다. 가까스로 약속 시간을 5분 정도 넘겨 도착한 어느 시골집에서 백발 할머니가 환한 웃음으로 우리 가족을 맞이했다.

헬레나 노르베리 호지는 처음 봤는데도 전혀 낯설지 않았다. 아내 덕분에 책 《로컬의 미래》를 미리 읽었고 아이들과 함께 그녀가 히말라야 라다크에 머무르며 세계화가 침투해 지역 사회와 경제가 망가지는 과정을 고스란히 담은 영화도 봤기 때문이다.

차 한 대가 겨우 지나갈 듯한 빽빽한 가로수 길을 지나 굵직한 돌로 쌓은 집에서 만난 그는 푸근한 인상이었다. 세계적인 생태환경 활동가라는 생각이 전혀 들지 않았다. 집 내부는 특별히 기억에 남는 것이 없을 정도로 평범했다. 순하고 덩치 큰 개가 편안하게 거실에 자리를 잡고 누워 있었는데 옆집 개라고 했다.

주어진 시간이 많지 않았기에 서둘러 인터뷰를 시작해야 했다. 그가 말하는 모습을 영상으로도 담고 싶어 삼각대를 펼쳤는데 자꾸 기울어지고 중심을 못 잡자 식은땀이 흘렀다. 마침내 안정적으로 삼각대를 고정하고 휴대전화 영상 녹화 버튼을 눌렀다. 그 순간 그가 말했다.

"낮은 앵글로 찍지 말았으면 해요. 난 권위적으로 보이고 싶지 않아요."

사진 구도에 따른 이미지 효과를 모르고선 그런 말을 할 수 없는데 하는 생각도 잠시, 그가 영화를 만들었을 정도로 영상에도 일가견이 있다는 사실이 머리를 스쳤다. (보통 권력자들이 자신의 힘을 과시할 목적으로 의도적으로 낮은 앵글로 사진을 찍기도 한다.)

내 역할은 촬영을 빨리 끝내고 막내와 둘째를 데리고 집을 빠져나오는 것이었다. 그래야 아내가 마음 놓고 인터뷰할 수 있을 테니까. 첫째는 엄마 옆에서 인터뷰를 돕기로 했다. 역사적인 인터뷰 현장을 직관하고 싶었지만 '못 말려 남매'를 데리고 서둘러 퇴각하는 게 아쉬웠다.

인상적이었던 건 인터뷰 내내 헬레나 노르베리 호지 혼자였다는 거다. 아무래도 나이도 있고 도울 사람이 있는 게 당연하다고 생각했다. 하지만 그는 홀로 인터뷰 질문에 답하고 중간에 직접 차를 끓여 내오고 간단한 다과도 가져왔다. (물론 나는 먹지 못했지만.)

하나 더, 보통 이름이 좀 알려진 이들을 인터뷰하면 먼저 예상 질문을 보내라고 한다. 사전에 질문을 받아보고 미리 답변을 생각해 놓거나 민감한 질문은 빼달라고 요청하기도 한다. 그는 이번 인터뷰에서 아내가 무얼 질문할지 전혀 묻지 않았다. 말한 건 시간, 장소뿐이었다. 그리고 유일한 요구 사항은 즉석에서 말한 '낮은 앵글로 영상이나 사진을 찍지 말라는 것'이었다.

난 아내와 이야기를 나누던 헬레나 모습을 찍었다. 조용한 거실에서 질문과 답변만 오가는 중 오래된 카메라 셔터음은 너무 컸다. 방해가 될 것 같아 최대한 빨리 찍고 나왔다. 인터뷰 모습을 잘 담고 싶었는데… 아쉬웠다.

'못 말려 남매'를 데리고 주변을 산책하며 인터뷰가 잘 끝나기를 빌었다. 시간에 쫓겨 대충 주차한 렌터카도 헬레나 집 부근으로 이동시켰다. 그런데 주차가 가뜩이나 부족한 인터뷰 시간을 더 까먹은 발단이 될 줄 몰랐다. 헬레나 할머니 이웃이 연락 와서 '물건을 옮겨야 하는데 집 앞 주차된 차 때문에 옮길 수가 없다'며 물어와 인터뷰가 중단됐다. 헬레나 할머니는 직접 이웃을 찾아가 그게 내 렌터카라는 사실을 구구절절 설명하고 돌아왔다는 것이었다. 그러는 사이 귀한 10여 분을 그냥 흘려보냈다는 걸 인터뷰가 끝난 뒤 아내에게 들었다. 아내 역시 처음 시도하는 영어 인터뷰에 무척 긴장했고 주차로 말미암은 인터뷰 중단 사태로 흐름을 놓쳤다. 미안했다. 많은 질문을 준비했지만 절반도 못 물어본 채 인터뷰는 끝났다고 한다. 아내와 첫째가 한글판《로컬의 미래》두 권을 들고 가 친필 사인을 받은 게 그나마 위안이었다.

 돌아오는 길은 날이 맑게 갰다. 이왕 온 거 인근 스톤헨지를 보고 싶었지만 이미 입장 시간을 훌쩍 넘긴 상태였다. 그래도 마냥 좋았다. 우여곡절 끝에 아내가 꼭 하고 싶었던 인터뷰를 했으니까. 다음은 아내가 헬레나 노르베리 호지를 만나고 쓴 기사 일부이다.

헬레나 노르베리 호지

헬레나 노르베리 호지와 인터뷰하는 아내

2023년 9월 7일 부산일보 칼럼

"세계화에 저항하는 실천, 지구 살릴 상식적인 대안"
[로컬이 미래다]

이현정 기자

온라인 기사 전문

(중략)

1975년 인도 지역인 히말라야 라다크에 첫발을 디딘 이후 50년 가까이 지역화의 중요성을 알리는 데 온 힘을 쏟아온 로컬퓨처스의 헬레나 노르베리 호지 대표는 현재 한국 사회가 겪는 많은 문제가 세계화에서 비롯됐다고 지적했다. 여러 문제가 겉으로는 이질적으로 보이지만 실은 하나로 연결돼 있고 그 핵심에 세계화가 있다는 진단이었다.

그녀는 한국을 잘 알고 있었다. 따로 설명하지 않았는데도 한국이 겪는 문제를 술술 풀어냈다. 실제 그녀는 전북 전주시에서 열린 '행복의 경제학 국제회의 전주'에 기조연설자로 참여하는 등 꾸준히 한국에 관심을 가져왔다.

"한국이 현재 겪는 과도한 수도권 집중과 양극화, 인간소외 같은 문제는 영국, 스웨덴, 미국, 스페인 등 모든 나라에서 벌어지고 있다. 한국에서만 원인을 찾으려고 하면 힘들다"는 호지 대표의 조언이 이어졌다. 국내의 수많은 전문가와 행정가가 사안 하나하나마다 붙어 해법을 찾지만 좀체 풀어내지 못하는 문제들인데, 외부인인 호지 대표의 시선이 머문 곳은 달랐다. '문제는 거기가 아니라 여기야'라고 말하는 듯했다.

세계화는 기업화 대신 쓰는 암호명

"사람들을 도시로 욱여넣는 기업들 때문에 일자리를 놓고 경쟁을 벌이게 되는 것이지, 원래 일자리는 부족한 게 아니에요. 식량을 기르고, 음식을 만들고, 집을 짓고, 의료 서비스를 제공하는 등 해야 할 중요한 일이 얼마나 많나요. 하지만 사람들은 그것 대신 의미 없는 일을 하도록 강요받고 있어요. 글로벌 기업들은 소비를 유도해 사람들로 하여금 얼마 안 돼 새 차를 또 사고 싶게 만들고요. 패션을 1년에 한 번 이상 바꾸도록 만들어요. 그것은 당신이 계속

해서 충분하지 않다는 느낌을 갖도록 강요하는 기계와도 같아요. 정부 정책 또한 이러한 소비만이 경제를 성장시킬 수 있다는 광기 어린 믿음으로 연결돼 있어요. 소셜미디어와 각종 미디어는 어린아이까지 비교와 경쟁으로 내몰고요." 비교와 경쟁을 통해 사람은 나고 자란 지역에서 형성한 고유의 정체성을 잃어버린다. '아무것도 아닌' 사람이 된다.

그녀는 라다크에서 경제 발전의 파괴적인 위력을 직접 목격했다. 경제 체제는 힘을 중앙에 집중시켰고, 교육 기회와 일자리를 인위적으로 줄여 치열한 경쟁을 조장했다. 아울러 아이들의 정신에 깊이 침투해 보편적인 사랑과 인정의 욕구를 소비 욕구로 왜곡시켰다. 결국 라다크는 세계화에 발을 디딘 지 채 10년도 지나지 않아 우울증, 자살, 폭력 사태에 휩싸였고 자연도 황폐해져 갔다.

폴 헬러 전 캐나다 부총리는 "세계화는 기업화 대신 쓰는 암호명이다. 글로벌 자본과 거대 기업이 직원에게 정당한 임금을 주고 싶지 않아서, 도로를 보수하고 공원을 유지하고 노인과 장애인에게 연금으로 돌아가는 세금을 내고 싶지 않아서 세상을 재편하려고 꾸미는 시도"라고 했다. 그녀 또한 이를 인용하며 작금의 기후위기, 식량위기를 비롯해 인류를 위협하는 문제의 핵심에는 결국 세계화가 있다고 했다.

"노르웨이에서 파는 대구 필레는 현지에서 잡은 대구를 중국으로 수출해 가공한 뒤 다시 노르웨이로 수입한 제품이에요. 생선 하나가 1만 6천km를 왕복하는 셈이죠. 후주산 견과류도 중국에 가져가 껍질을 깐 뒤 다시 호주로 가져가고요. 영국산 새우도 태국에서 껍질을 제거해 영국으로 다시 가요." 이처럼 장거리 과잉 무역은 기후위기를 가속화한다. 그녀는 불필요한 무역과 운송을 중단하면 탄소 배출량을 체계적으로, 빠른 속도로 줄일 수 있다고 했다. 유럽에서 운송세 부과 논의가 본격적으로 이뤄지는 것도 이와 맥을 같이한다.

"추운 지방에 사는 사람들은 오렌지나 아보카도를 먹지 말라는 게 아니에요. 반경 80km 안에서 생산할 수 있는 밀이나 쌀, 우유처럼 그들에게 필요한 기본 식량을 수천 km 떨어진 곳에서 수입하지 말자는 것이에요." 영국만 해도 평균적으로 한 해에 우유 수백만 리터와 밀, 양고기 수천 톤을 수출하는데, 거의 똑같은 양을 수입한다. 미국 등 다른 나라에서도 유사한 일들이 벌어지고 있다.

거대 농장보다 작은 농장 생산성 높아

"현재 대부분 국가의 무역 조약에서는 글로벌 기업이 완전한 자유를 갖도록 정부가 동의해 주고 있어요. 자유 무역에는 정부 간섭이나 방해가 전혀 없어요. 반면 한국, 영국 등 모든 정부는 지역 기업, 국내 기업을 규제하고 있어요. 이들 기업은 각종 규제와 세금에 묶인 반면, 글로벌 기업은 규제도 없고 세금도 없어요." 그리고 그것이 완전히 왜곡된 경제적 경쟁의 장을 만들어내기 때문에 의미 있는 방식으로 무언가를 하려면 가시적인 국제 조약이 반드시 필요하다고 했다.

대부분 대규모 단일 품종 재배의 생산성이 높은 것으로 알지만, 실은 작은 농장에서 다품종 재배하는 게 토지, 물, 에너지 단위당 생산성이 3~5배가량 높다고 했다. 거대 온라인 기업 아마존에서는 소매 매출 1천만 달러당 약 14명을 고용하지만, 시내 중심가 상점에서는 같은 소매 매출을 기준으로 했을 때 47명을 고용할 수 있다. 차익은 모두 글로벌 기업이 가져간다.

"한국인들이 정부와 개별 기업, 지도자를 비난할 것이 아니라, 광기 어린 글로벌 경제 시스템에 대한 인식을 높이고 세계화가 아닌 지역화에 중점을 두는 글로벌 운동에 동참했으면 좋겠어요." 그런 차원에서 그녀는 한국의 역할을 기대했다. 그녀는 9월 29일부터 10월 1일까지 영국 브리스톨에서 개최되는 '플래닛 로컬 서밋'(Planet Local Summit)에 한국인이 많이 참여했으면 좋겠다고 했다.

다행히 그녀는 매년 지역화를 실천하는 사람이 점점 늘어난다고 했다. 공동체도 조금씩 살아나고 있다. "한국에서도 특별히 로컬 푸드, 파머스 마켓과 관련된 이니셔티브가 계속되기 때문에 매우 고무적이라고 생각해요. 세계화에 저항하고 로컬은 부활시키는 양 갈래 해법이 세상에 더 많아져야 해요. 지역화는 글로벌 경제가 입힌 손상을 만회하는 가장 전략적이면서도 효과적이고 상식적인 방법이니까요."

어쩌면 그것은 유일한 방법일지도 모른다.

생태환경 활동가 헬레나 노르베리 호지

언어학자이자 작가, 영화 제작자, 생태환경 활동가인 헬레나 노르베리 호지는 국제 비영리 단체인 로컬퓨처스(전신 라다크 프로젝트)의 창립자다. 로컬퓨처스는 지역 커뮤니티와 지역 경제를 강화해 생태적, 사회적 복지를 회복하는 것을 목표로 설립됐다. 로컬퓨처스는 세계 지역화의 날, 라다크 프로젝트, 플래닛 로컬 등을 진행하며 지역화를 위한 연대에 힘쓰고 있다.

호지 대표는 '작은 티베트'로 불리는 인도 라다크의 전통과 변화에 관한 이야기인 《오래된 미래 - 라다크로부터 배우다》 등의 저자다. 그녀는 라다크가 외부 세계에 개방된 직후 영화팀 일원으로 라다크를 방문했다. 이곳에서 3년을 보내며 언어를 배웠고, 이후 급격한 변화를 관찰해 책을

헬레나 노르베리 호지

썼다. 책은 40개 이상의 언어로 번역돼 전 세계의 독자를 만났다. 한국에서만 45만 부 이상이 팔렸다.

그녀는 영국계 스웨덴인으로 영국 런던대학과 미국 매사추세츠공대(MIT)에서 언어학을 전공했다. MIT에서 '이 시대 최고의 지성'으로 불리는 놈 촘스키와 함께 공부했으며, 《작은 것이 아름답다》를 쓴 에른스트 프리드리히 슈마허의 이름을 딴 슈마허대학 강단에 서기도 했다. 그녀의 책과 영화, 강연 등은 제인 구달, 달라이 라마, 찰스 3세, 인디라 간디 등을 포함해 다양한 국제 인사의 지지를 받아왔다. 그녀는 문화·생물 다양성의 활성화와 지역 공동체 강화에 기여한 공로로 이른바 '대안 노벨상'인 '라이트 라이블리후드상', '아서 모건상', '고이 평화상' 등을 수상했다.

다시,
부산

이 땅에 살기 위하여

77

다시 한국 그리고 부산.

    1년 전 스웨덴 스톡홀름으로 떠나며 이민 가방과 캐리어 총 8개, 개인 가방 5개를 가지고 갔다. 돌아올 땐 이민 가방 2개가 줄었지만 역시 만만치 않은 짐이었다. 그걸 들고 영국 런던으로 건너가 유로스타 타고 프랑스 파리로, 다시 비행기 타고 인천공항에 내려 공항철도, KTX에 탑승해 부산까지 왔다. 애 셋에 가족 수보다 많은 짐을 들고 낑낑대는 부부를 도와준 런던, 파리, 서울 시민을 잊을 수 없다. 공수표만 남발하는 핀에어, 이제 정말 부산-유럽 직항 취항 좀 했으면 좋겠다.

    돌아온 지 며칠이 지났지만 여전히 집은 난장판이다. 아내는 이번 기회에 살림을 통째로 재편하겠다며 며칠째 집안 정리에 매달렸다. 10년간 쌓인 세간이 이렇게 많았나 싶어 놀랐다. 아름다운 가게에 기부할 물품만 열 상자가 됐다.

    짐 정리에 시차에 밤낮이 뒤바뀐 며칠을 보내다가 처음 집 밖에 나갔다. 오랜만에 동네 마트에 들를 생각에 가슴이 두근거렸다. 어떻게 수입하는지 몰라도 외국 맥주를 1천200원에 파는 등 저렴하기로 소문난 곳이었다. 그런데 이름이 바뀌어 있었다. 직원에게 물어보니 9개월이나 됐다고 했다. 식육점부터 밀키트, 반찬까지 없는 게 없다며 많은 이용을 바란다고도 했다. 그러고 보니 지하 마트 위 1층 상가에도 식육점과 밀키트 가게가 있었는데 밀키트 가게는 문구점으로 바뀐 상태였다. 상도의까지 언급할 상황은 아니지만 좀 쓸쓸했다. 저렴했던 맥주 가격은 온데간데없고 물가는 1년 전보다 더 뛴 듯했다. 인근 대형마트에서 본 수박은 조그만 게 3만 원, 당근은 하나 2천 원이었다. 결국 집으로 돌아와 1년 전 냉장고에 넣어둔 유통기한이 한참 지난 맥주를 마셨다. 일부러 숙성하는 와인이나 위스키도 있는데 뭐 나쁘지 않았다.

    1년간 아파트 지하 주차장 한구석에 방치된 차를 만나러 갔다. 덮개 위에 먼지가 뽀얗게 쌓였고 바퀴엔 거미줄이 어지럽다. 방전될까 봐 빼놓은 배터리를 조심스럽게 연결하는데 불꽃이 튀었다. 혈관으로 피가 흐르듯 차체 곳곳으로 전기가 퍼지는 고주파 음이 들렸다. 긴장되는 마음으로 시동 버튼을 눌렀다. 드르릉 힘찬 엔진 소리와 진동이 느껴졌다. 1년을 주인 없이 묵묵히 버텨준 차가 고마웠다.

    집에 오자마자 에어컨부터 켰다. 견딜 수 없는 무더위였다. 그래도 습기가 가시지 않아 제습기까지 돌렸다. 후덥지근한 바깥 공기가 무서워 문을 못 여니 공기청정기까지 가동했다. '이게 한국 여름이지'라는 생각과 함께 문득 스웨덴이 그리웠다. 기온이 30도 가까이 올라 땀방울이 송송 맺혀도 그늘에선 시원했다. 미세먼지 없는 청명한 하늘과 유화 같은 구름은 꼭 한국으로 가져오고 싶었는데. 비가 오면 오는 대로 맑으면 맑은 대로 선선해 외출하기 좋았던 스톡홀름이 자꾸 생각났다.

    초등학생인 첫째와 둘째는 각각 6학년, 3학년 2학기로 복학했다. 말 한마디 안 통하는 곳에서도 잘 적응했으니 믿어 의심치 않지만 내심 신경 쓰였다. 막내는 집 앞 50m 거리에 다니던 유치원에 자리가 없다는 날벼락 같은 소식을 들었다. 친하게 지내던 친구들을 곧 볼 수 있다며 좋아했는데. 정기 충원하는 시기가 아니다 보니 다른 유치원에도 자리가 없긴 마찬가지였다. 할 수 없이 영어유치원 한 달 보냈다가 비싼 학비에 기겁하고 운 좋게 자리가 난 공립유치원에 보낼 수 있었다.

연수를 마친 아내는 며칠 쉬지도 못하고 회사에 출근했고 집으로 돌아와서는 짐 정리만 했다. 고달프고 행복한(?) 삼남매 워킹맘 삶이 다시 시작됐다. 나도 며칠 뒤 출근했다. 첫 휴가를 나와 복귀하는 이등병 심정이었다.

맞벌이 부부의 네버엔딩 삼남매 귀가 퍼즐 놀이도 다시 펼쳐졌다. 아이들 학교 보내고 출근하고 아이들 데려오고 퇴근하고. 아이들은 부모 퇴근 시간까지 어쩔 수 없이 학원 뺑뺑이를 돌고. 퍼즐을 맞추던 아내가 말했다. "한국은 숨만 쉬어도 돈이 나가네."

1년 만에 돌아온 집도, 세상도 여전했다. 미련하게도 고작 1년 만에 세상이 바뀌어 있을 거라 생각했는지 모를 일이었다. 세상은 그렇게 쉽게 바뀌지 않는다는 걸 이미 알고 있으면서. 하지만 모든 것이 그대로여도 지금부터 살아갈 날들은 다를 것이다. 조금 다른 삶을 살고 꿈꾼 경험은 이곳에서 삶을 바라보는 시야를 넓히고 삶의 태도를 바꿀 것이라 믿는다. 우리 부부도 삼남매도. 각자 꿈을 꾸고 조금씩 이루면서. 그래, 이제 시작이다.

짐 무느라 난장판이 된 거실

흰머리가 어때서

한국에 돌아와서 가장 많이 들은 말이 있다.

"머리가 왜 그렇게 하얘졌습니까?"

"머리가 하얗게 다 세었네요?"

여기서 머리는 사람 목 윗부분이 아닌 머리카락 준말이다. 4~5년 전부터 흰머리가 늘기 시작해 어느 순간 기하급수적으로 많아졌다. 초기에는 거울을 보고 흰머리를 뽑느라 눈이 돌아갈 뻔한 적도 있었다. 하지만 흰머리를 뽑는 빈도와 횟수보다 훨씬 빠른 속도로 머리가 하얘져 포기하게 됐다. 비록 검정이 아닐지라도 그 한 올 한 올이 얼마나 소중한 터럭이었는지 그땐 미처 깨닫지 못했다. 해가 다르게 숱이 적어지는 머리를 보며 뒤늦은 후회가 밀려왔다. 흰머리는 결코 뽑는 게 아니다. 중력을 이기지 못하고 낙하할 때까지 애지중지해야 할 대상이다. 그러고 보면 늙음 역시 거의 모든 스포츠처럼 중력을 얼마나 이겨내느냐 싸움인 것 같다. 머리카락들이여, 깊이 뿌리를 내리고 부디 중력을 이겨내 주오.

아무튼 거짓말 좀 보태서 오랜만에 만나는 사람마다 내 머리를 보곤 그 말부터 시작했다. 그런데 자꾸 듣다 보니 흰머리가 이상한 건가 싶어졌다. 검은 들 흰 들 뭐가 문제란 말인가, 본연의 역할만 잘하면 되는 거 아닌가. 아내 역시 1년간 스웨덴에서 고생해서인지 없던 새치가 생겼다. 새치는 초기 몇 가닥이 가장 눈에 거슬리고 보기 싫다. 나처럼 만나는 사람마다 비슷한 말을 들은 아내는 스트레스를 받았는지 결국 염색해 버렸다.

1년간 스웨덴에서 고치기 힘들었던 버릇 혹은 습관 중 하나가 '사람 안 쳐다보기'였다. 처음엔 낯선 나라, 새로운 사람들이 신기해서 여기저기 돌아보고 살펴봤다. 세상에서 재미있는 것 중 하나가 사람 구경이라는 말도 있지 않나. 대놓고 본 건 아니었지만 현지 사람들을 유심히 관찰했다. 우리랑 어떤 차이가 있을까 호기심 반 신기함 반이었다.

　　그러다가 어느 순간 주변 사람을 덜 의식하고 덜 쳐다보게 됐다. 나 혼자만의 생각, 시선, 걸음에 신경 쓰려고 했다. 더군다나 이곳에선 나를 아는 사람도 없지 않나. 남을 의식하지 않는 생활과 삶. 머릿속이 한결 가벼워지는 느낌이었다.

　　스웨덴 마라톤 대회에서 겪었던 일화도 기억난다. 명색이 마라톤 대회인데 탈의실이 없었다. 사실 있긴 했다. 거리가 멀어서 그렇지. 특히 대회가 끝난 뒤 완주한 사람들이 불과 몇 미터 앞에서 바지를 훌렁훌렁 벗고 갈아입는데 아빠 응원 나온 감수성 뿜뿜 초6 첫째 딸이 기겁하며 얼굴을 돌렸다. 따지고 보면 인간은 누구나 똑같지 않나. 문화 차이라고 볼 수도 있겠지만 벗은 몸을 감추려 하고 이상하다고 여기게 만드는 사회가 오히려 이상한 게 아닐까. 스웨덴에서 수유실을 좀처럼 보기 힘든 이유도 비슷하리라 생각했다. 쇼핑몰 의자에서, 유니바켄 나무 의자에서, 거리 벤치에서 스웨덴 여성들은 아이에게 당당하게 모유 수유를 했다. 그 모습에 처음엔 약간 당황했다. 하지만 그걸 의식하는 내 모습이 비정상인 것 같은 느낌이었다.

　　부산 해운대구 한 아파트에서는 쓰레기봉투를 버리러 나올 때 명품 옷에 명품 신발을 신은 사람이 더러 있다는 회사 선배 이야기를 들었다. 그건 단지 취향 문제일 수 있지만 쓰레기 버리러 가는 동안에도 타인이 내가 걸친 옷을 알아주기 바라는 심리가 작용하지 않았을까. 명품 가치는 희소성에 있고 가격 때문에 쉽게 가질 수 없는 걸 소유했다는 자부심이 작용할 때 더욱 빛나는 것이기에. 스웨덴에서 돌아오고 나서 생필품 등 가급적 꼭 필요한 것 외에는 사지 않고 있다. 특히 옷은 하나도 사지 않고 기존에 있던 걸 부지런히 입고 있다. 이제 겨우 몇 달째지만 가급적 옷을 사지 말아야겠다는 다짐을 해본다. 더불어 중력을 이기고 버티는 연습도 하는 중이다. 달리기도 하고 턱걸이도 하고 뭐 그렇게. 옷이 나에게 어울릴 수 있도록. 내 몸에 입혀진 옷이 더 빛날 수 있도록.

    스웨덴에서 내 발끝에서 머리까지 빤히 쳐다보는 현지인이 있었다. 그 노골적인 시선에 매우 기분 나빠 나 역시 빤히 쳐다보다가 눈싸움에 져서 결국 시선을 돌렸다. 한국에 돌아온 지 며칠 안 됐을 때 아침 산책을 하러 갔다가 돌아오는 길에도 불쾌한 일을 당했다. 한 중년 남성이 나와 아내를 번갈아 훑어보는데 참 기분이 나빴다. 지나가는 사람이 궁금해서 쳐다볼 수 있지만 왜 그렇게까지 노골적으로 쳐다봐야 하는 것인지 이해할 수 없었다.

    한국에 돌아온 뒤 전국적으로 살인 예고가 유행처럼 퍼져 한때 밖에 돌아다니기가 무서웠다는 이야기를 들었다. 언제 어디서 해코지당할지 모르는 사회에서 내 앞에 있는 사람을 예의주시할 수밖에 없을 것 같다. 사람을 믿지 못하니까 일단 의심하고 경계해야 한다. 아이러니다. 서로 신뢰하지 않기에 사람을 예의주시하게 되고 쳐다보게 만드는 이 지독한 불신 사회. 한국은 기본적으로 남에 대한 관심이 많은 사회다. 그것도 대체로 칭찬보다는 안 좋은 이야기가 다수다. 치열한 경쟁사회 부작용인가.

    돌아보면 나도 오랜만에 만난 사람에게 외모나 옷을 소재로 대화를 시작했던 것 같다. 이제 다른 말을 고민해 봐야겠다. 찾아보면 할 말이 그렇게 없는 것도 아닐 테다. 좋은 말들이 얼마나 많나. 단지 그런 말을 하는 데 익숙하지 않기 때문은 아닌지 돌이켜볼 일이다.

항상 높았던 콜레스테롤이 낮아졌다

2021년 256. 2022년 249. 2023년 198.

집에 도착한 건강검진 결과지에서 고지혈증 콜레스테롤 수치를 보고 또 봤다. 인쇄된 숫자들이 믿기지 않았다. 매년 건강검진만 하면 항상 콜레스테롤 수치가 정상 범위를 훌쩍 넘었다. 회사 선후배 대부분 콜레스테롤 수치가 높아 고지혈증은 직장인 고질병인가 보다 대수롭지 않게 생각해 왔다.

이번에도 큰 기대 없이 검진지를 펼쳤는데 콜레스테롤 수치가 작년보다 무려 50이나 낮아졌다. 아슬아슬하게 정상 범위 내로 진입한 것이 아니라 제법 여유 있는 안착이었다. 심혈관계 질환 위험도를 높이는 저밀도 콜레스테롤은 60가량 낮아졌고, 심장 보호 기능이 있다는 고밀도 콜레스테롤은 13 상승했다. 이런 수치 변화는 10여 년 직장 생활 이후 처음이었다.

생화학검사(고지혈증)

검사항목	2023-10-31	2022-06-21	2021-12-09	참고치	단위
총 콜레스테롤 (T.Cholesterol)	198	249 ▲	256 ▲	< 230	mg/dL
중성지방(TG)	165	170	116	10 ~ 200	mg/dL
고밀도(HDL) 콜레스테롤	64	51	58	36 ~ 78	mg/dL
저밀도(LDL) 콜레스테롤	101	164 ▲	175 ▲	≤ 140	mg/dL

지질 성분들을 측정하여 이상지질 혈증 진단 및 심혈관계 질환의 위험도를 평가하는 것으로 대개의 콜레스테롤은 기준치보다 낮게 유지하고 고밀도콜레스테롤은 심장 보호 기능이 있으므로 높게 유지하는 것이 동맥경화 예방효과가 있습니다.

콜레스테롤 검사 결과지

건강검진 결과가 도착하기 전 의사가 전화로 주요 특이점을 알려줬다. 의사는 체중이 갑자기 왜 빠졌냐고 물었다. 잘 모르겠다고 말했다. 한동안 몸무게를 재지 않고 살았다. 그러면서 콜레스테롤 수치가 많이 줄었다면서 좋은 현상이라고 그랬다. 의사한테 건강검진 결과를 들으면서 기분 좋긴 처음이었다. 의사는 무슨 운동 하느냐고 물었다. 매일 조깅한다고 답했다. 의사는 몸에 무리가 가지 않는 선에서 꾸준히 하라고 말했다. 어찌 보면 드라마틱한 콜레스테롤 수치 변화를 설명해 줄 만한 것은 사실 하나밖에 없었다. 최근 1년간 내 신체활동에서 가장 극적인 변화는 이것밖에 없었으니까. 달리기.

스웨덴에서 남녀노소 구분 없이 많은 사람들이 거리를, 숲을, 강변길을, 도심 속 녹지를 달리는 걸 보고 나도 뛰기 시작했다. 한국에 돌아와서도 계속 뛰고 있다. 그냥 경험만 해보자 싶었는데 아직 뛰고 있는 것이 신기할 따름이다. 한국으로 돌아온 뒤 두 달간 일주일에 4~5번 적게는 4~5km, 많게는 10km를 꾸준히 뛰고 있다. 아침에 조금 일찍 일어나서 30분 정도 뛰고 출근하는 루틴이다. 주말엔 시간 여유가 있어 평소보다 더 먼 거리를 뛰고 온다. 이전보다 하루 시작이 개운하고 힘찬 느낌이다. 휴대전화에 저장된 달리기 통계를 보니 2023년 82번을 뛰어 누적 거리는 500.57km였다. 부산에서 강원도 속초까지 정도 거리다. 한 번 뛸 때 약 6km를 뛴 셈이다. 달리기 입문자로서 나름 열심히 뛴 것 같아 만족한다.

이제 하루라도 뛰지 않으면 뭔가 허전하다. 삶에 긍정적인 에너지가 되는 규칙적인 습관이 하나 생긴 듯해 기분이 꽤 좋다. 전에는 미처 몰랐는데 매일 뛰다 보니 생각보다 많은 사람들이 달리는 걸 알게 됐다. 매일 각각의 생각과 마음으로 새로운 레이스를 펼치는 그들을 진심으로 응원한다. 한 발 한 발 내딛는 러너와 마주칠 땐 '파이팅'이라도 외쳐주고 싶은데 부끄러움에 그러질 못했다.

작가 무라카미 하루키는 《달리기를 말할 때 내가 하고 싶은 이야기》에서 달리기에 대해 이렇게 말했다.

"하루에 한 시간쯤 달리며 나 자신 침묵의 시간을 확보한다는 것은, 나의 정신 위생에 중요한 의미를 지닌 작업이었다. 적어도 달리고 있는 동안은 누구와도 얘기하지 않아도 괜찮고 누구의 얘기를 듣지 않아도 된다."

"중요한 것은 시간과 경쟁하는 것이 아니다. 어느 만큼 충족감을 가지고 42km를 완주할 수 있는가, 얼마만큼 자기 자신을 즐길 수 있는가, 아마도 그것이 이제부터 앞으로 큰 의미를 가져오게 되는 것이 아닐까. 수치로 나타나지 않는 것을 나는 즐기며 평가하게 될 것이다. 그리고 이제까지와 약간 다른 성취의 긍지를 모색하게 될 것이다."

그리고 하루키는 이런 글도 남겼다.

"만약 내 묘비명 같은 것이 있다고 하면, 그리고 그 문구를 내가 선택하는 게 가능하다면, 이렇게 써넣고 싶다.

무라카미 하루키

작가(그리고 러너)

1949~20**

적어도 끝까지 걷지는 않았다"

자, 오롯이 자신을 마주하기 위해 다시 한 번 뛰어볼까. 나 역시 신호등에 멈춰 서지 않는다면 적어도 끝까지 걷지는 않겠다.

* 첫 풀코스로 2025년 3월 서울 동아마라톤 대회에 출전해 완주했다. 심야 버스 타고 상경한 것이 아까워서 죽어라 뛰다 보니 미국 보스턴 마라톤 40대 기준을 상회하는 기록이 나왔다. 음… 러너에서 진정한 마라토너가 됐다고 할까.

어쩌면 공부보다 중요한 달리기

달리기 좀 하십니까? 다들 중고등학교 때 100m 13~15초대 정도는 뛰지 않으셨나요? 11초, 12초대 뛰는 친구들은 영웅이었지요. 그렇게 보면 100m를 30초에 뛰는 건 식은 죽 먹기 아닌가요? 같은 페이스로 1km를 뛰면 300초, 5분입니다. 다시 그 페이스로 10km를 뛰면 3,000초, 50분입니다. 10km를 50분에 뛰는 것이 쉬울 거 같지 않습니까?

스톡홀름에서 10km 대회 두 번 출전에 이어 한국에서 넉 달 만에 다시 마라톤 대회에 나갑니다. 부산 랜드마크인 광안대교를 뛰는 코스입니다. 목표 기록은 50분 이하입니다. 이 기록만 내면 제 PB(personal best record. 개인 최고 기록)인 셈입니다. 10km 50분 이하는 저에겐 마의 벽으로 다가옵니다. 아마추어가 달리기엔 쉽지 않은 기록이지만 그렇다고 깨시 못할 기록은 아닙니다. 한번 열심히 달려봐야겠습니다.

마라톤 대회 참가 신청하다가 든 생각입니다. 보통 마라톤대회에 참가하면 경기 전 배번호를 비롯해 소소한 기념품을 받게 됩니다. 그런데 이 배번호와 기념품은 대회 전 택배로 전달받습니다.

'이걸 꼭 택배로 줘야 돼?'

스톡홀름에서 마라톤 대회를 뛰지 않았다면 이런 생각을 하지 못했을 겁니다. 그땐 대회 주최 측이 평소 러닝화, 러닝용품 등을 파는 달리기 용품점인 '러너스 클럽' 내 장소를 빌려 참가자들에게 배번호를 나눠줬지요. 빨리 참가 신청을 하거나 선착순 100명 이내로 배번호를 받게 되면 대회 티셔츠나 양말을 받기도 했습니다. 오전 10시 배번호를 배부했는데 평일인데도 많은 참가자가 줄 서 있었습니다. '이 사람들 출근도 안 하나?' 당연히 의문이 들었죠. 물론 이때 배번호를 못 받아도 대회 당일 현장 부스에서 받으면 됩니다.

스웨덴에서 가장 유명한 '스톡홀름 마라톤 대회' 때도 마찬가지였습니다. 아이들 대상인 미니 마라톤 대회에 '못말려 삼남매' 참가 신청을 하고 배번호를 받으러 갔는데 성인 마라톤 대회 배번호도 함께 배부하고 있었어요. 마라톤 1위 선수에게 수여되는 도요타 수소전기차인 '미라지'가 전시돼 있고 그 옆으로 아주 긴 줄이 있었지요. 모두 배번호를 받으러 온 사람이었어요. 직접 수령해야 하는 게 약간 귀찮기도 했지만 대회 전 분위기를 느낄 수 있어 좋은 기억으로 남았습니다.

평일 오전 스톡홀름 러너스 클럽에 마라톤 대회 배번호를 받으러 온 참가자들

한국 마라톤 대회에서 택배가 당연시되는 이유는 평일 근무시간에 잠시 직장을 벗어나 사적인 볼일을 보거나 일찍 퇴근할 수 없는 환경 때문이 아닐까 하는 생각이 들었습니다. 스톡홀름에서는 상대적으로 근무시간이 짧고 여유도 있거든요. 약간 슬프네요. 2023년 세계행복보고서 기준 세계에서 6번째 행복한 나라와 57번째 행복한 나라 차이를 보여준 사례인 거 같아서요. 물론 스톡홀름 면적은 188㎢로 771㎢인 부산 4분의 1 크기라 시 외곽에서 중심부까지 접근성이 좋은 영향도 있을 겁니다. 아무튼 직접 수령하면 참가비를 깎아주거나 택배로 수령하면 참가비를 더 받는 방식으로 참가자가 수령 방법을 선택할 수 있으면 좋겠습니다.

　　우리나라 대회 기념품에 빠지지 않는 티셔츠도 꼭 필요한가 싶습니다. 평소에 달릴 때 입는 티셔츠를 입고 나오면 되니까요. 참가자들이 동일한 티셔츠를 입고 뛰는 것도 의미가 있겠지만 필요 없는 사람도 있을 겁니다. 각자 다른 옷을 입고 뛰는 게 참가자 개성과 다양성을 높이고 대량 생산되는 옷도 줄여 환경에도 도움이 될 것 같습니다. 꼭 필요한 사람은 티셔츠를 살 수 있게 하구요. 완주 메달도 꼭 필요한 사람만 받으면 어떨까 합니다.

　　스톡홀름에서는 성인 마라톤 대회를 하면 어린이가 뛰는 미니 마라톤도 함께 하는 대회가 많았습니다. 가족이 함께 마라톤을 신청해 부모가 아이를 응원하고 아이들이 부모를 응원하는 모습이 보기 좋았습니다. 아이들은 어릴 때부터 달리기 대회에 참가하고 완주하는 기쁨을 알게 됩니다. 달리기와 친숙해지는 것은 당연하고요. 잘 달려야만 대회에 참가할 수 있는 게 아닙니다. 등수에 관계없이 최선을 다하는 거지요. 달리기를 즐기는 축제였습니다. 체력이 좋아지는 건 덤입니다.

　　우리나라는 어린이 달리기, 마라톤 대회를 좀처럼 찾아볼 수 없습니다. 학교 운동회에서야 릴레이 대회를 볼 수 있는 정도입니다. '돈'이 안 돼서

일까요? 대회 주최 측은 어린 시절부터 달리기에 익숙해진 아이들이 훗날 미래 대회 신청자가 되리란 생각을 못 하는 걸까요? 사실 요즘 아이들이 달리기엔 너무 바쁩니다. 학교가 끝나도 학원 뺑뺑이를 돌고 과연 무엇을 위해서 저렇게 살아야 하는지 의문이 들 정도입니다.

향후 부산 교육감 선거에서 매년 학교별로 달리기 대회를 열겠다고 공약하는 후보가 있다면 어떤 망설임도 없이 뽑을 겁니다. 거기서 우승하면 학교 대표로, 또 부산 대표로, 전국 대회까지 출전해 경쟁하는 상상을 해봅니다. 한때 유튜브에서 달리기 영상을 줄곧 찾아본 적이 있습니다. 현재 세계 마라톤 일인자 킵초게부터 1만 m, 5천 m 트랙 대회, 아마추어 마라톤 대회 영상까지. 그때 전미 대학 체육 협회(NCAA)가 주최하는 10km 달리기 대회를 봤습니다. 미국 대학 달리기 대표들이 넓은 평원 흙길을 달리는 모습은 정말 장관이었습니다. 학교 명예와 개인 자부심을 걸고 끝까지 죽어라 뛰는 게 감동적이었습니다. 1등 기록이 무려 28분대였습니다. 거의 100m를 16~17초에 뛰는 속도로 10km를 뛰는 것입니다.

여전히 학교는 공부 잘하는 아이들이 최고이고 우대, 존중받는 분위기인 듯합니다. 그까짓 '문제 더 빨리 더 잘 푸는' 공부 못 한다는 이유로 많은 아이들이 열등, 무력, 패배감에 빠집니다. 무엇보다 학교가 아이들을 그렇게 길들입니다. 이야기를 들어보니 부산 일부 고등학교에서 서울 상위권 대학에 보내려고 공부 잘하는 아이들만 따로 뽑아 공부를 시키는 우등반을 운영한다고 합니다. 아마 다른 지역도 마찬가지일 듯합니다. 요즘 세상에 아직도 공부로 줄 세우기를 하고 아이들을 갈라놓고 상처를 주고 패배의식을 심어주고… 이게 과연 어른이, 학교가, 선생이, 국가가 할 일인가요?

아무튼 학교에서 체육활동은 공부만큼 중요합니다. 10대 시절 체육, 스포츠 활동이 얼마나 뇌 운동을 활성화하고 스트레스와 우울감을 떨칠 수 있는지에 대한 연구는 조금만 인터넷 검색해 보더라도 잘 알 수 있습니다. 우리나라 10대 자살률은 2018년 10만 명당 5.8명에서 2022년 7.2명으로, 같은 기간 20대 자살률은 10만 명당 17.6명에서 21.4명으로 상승했다고 합니다. 운동이 공부에 압박받는 10대에게 활력을 줄 수 있을 거라고 봅니다. 10대 때 달리기를 비롯한 운동의 즐거움을 아는 아이들은 커서도 운동을 즐길 것입니다. 운동은 성인이 됐을 때도 정말 중요합니다. 건강을 지켜주고 직장, 사회생활에서 받는 스트레스를 이겨내는 힘이 될 수 있으니까요.

　우리나라가 각종 스포츠 종목에서 금메달을 많이 따는 것은 국민으로서 자부심을 드높여줄 수는 있지만 개인 삶을 바꾸지는 못합니다. 몇몇 엘리트 선수들이 메달을 따는 것보다, 메달을 못 따더라도 스포츠를 즐기는 아마추어가 많은 사회가 더 좋다고 봅니다. 그래야 우리 사회가 좀 더 생활 스포츠 친화적인 환경이 될 수 있고 개인이 건강해질 수 있을 테니까요. 일상에서 스포츠를 즐기는 사람이 많아질수록 자전거 도로가 생기고, 달릴 수 있는 산책길이 만들어지고, 곳곳에 수영장이 들어서고, 길거리 농구대도 더 많이 생기고 뭐 그렇게 말입니다.

　아시안게임에서, 올림픽에서 열심히 노력한 엘리트 프로 선수들이 메달을 따는 것도 좋지만 생활 스포츠로 시작한 아마추어 선수들이 국가대표로 뽑혀 메달을 따는 모습도 보고 싶습니다. 지역 마라톤 대회도 지금처럼 관심 있는 러너만이 아닌 어린이부터 60, 70대까지 참여하는 지역 축제가 되길 바랍니다.

맞벌이의 비애… 아이가 아프면

10월 26일	OOO 소아과 방문 / 편도염, 목 붓고 밤에 고열. 이후 일주일간 유치원 안 가고 집에서 요양.
11월 4일	OOO 소아과 2차 방문 / 콧물이 나고 기침. 기침이 한번 나면 멈추지 않음.
11월 13일	OOO 소아과 3차 방문 / 빈도는 낮아졌지만 기침이 계속됨.
11월 19일	여전히 기침이 한번 터지면 2~3회 반복. 다시 소아과에 가야 하나 고민 중.

유치원 다니는 막내의 2023년 겨울 감기 일지다. 감기가 정말 낫지 않았다. 특히 폐를 찢는 듯한 탁한 기침 소리를 들을 때면 너무 가슴 아팠다. 일주일 통째로 유치원에 보내지 않았다. 집에 막내가 하루 종일 있으니 맞벌이 부부인 우린 월요일부터 금요일까지 너무 힘들었다. 유치원에 가지 않으니 돌봐줄 사람은 없고 번갈아 가며 휴가를 내고 그것도 여의치 않으면 점심시간만이라도 집에 와서 막내를 돌보다가 할 수 없이 집에 혼자 두기도 하면서 어찌어찌 겨우 일주일을 견뎌냈다.

스웨덴 유치원과 국제학교 입학식에서 교사들이 학부모에게 한 말이 아직 생생하게 기억난다. "아프면 아이를 보내지 마세요." 교사들은 이 말을 여러 번 강조했다. 코로나19 영향도 컸을 것이다. 실제 스웨덴 유치원과 학교는 아이가 조금 아픈 듯 보이면 어김없이 전화를 걸어왔다. 아이를 데려가라고. 이 때문에 학교나 유치원에 보내기 전 아이가 아프면 학교에서 전화가 올 정도인지 스스로에게 물었다. 약간 긴가민가한 상태에서 아이가 등교, 등원하면 어김없이 전화가 왔다.

아이가 아프면 보내지 말라는 말에는 다른 친구들이 피해를 보거나 호흡기 질환 감염이 확산하거나 잦은 기침으로 수업에 방해될 수 있으니 집에서 데리고 있으라는 뜻이 당연히 숨어 있었다. 코로나 집단면역 나라에서도 나름대로 철저한 감염 예방, 분리 정책을 펴온 게 아닐까 싶었다.

스웨덴에서 나는 일을 하지 않는 육아휴직자였고 아내 역시 연수자 신분이라 예기치 않은 아이 귀가 요청에 유연하게 대응할 수 있었다. 전화가 오면 얼른 학교로, 유치원으로 달려가 아이를 받았다. 그런데 현지 학부모들은 어떻게 아이를 데려올 수 있었을까. 스웨덴은 맞벌이 부부 비율이 85%에 달해 여성 대부분이 일한다고 봐도 무방하다. 그런 상황에서도 스웨덴 부모들은 일과시간에 아이들을 잘 데리러 왔다. 다들 프리랜서인가 하는 생각까지 들었다.

2023년 초 스웨덴 빙상장에서 스케이트를 타다가 넘어진 둘째는 팔을 제대로 쓸 수 없어 병원에 가야 했다. 동네 병원 초진 후 종합병원 응급실로 가서 의사 문진을 받고 엑스레이 촬영을 했다. 이후로도 이곳저곳을 옮겨다닌 끝에 받아 든 엑스레이 결과지를 가지고 다시 의사 진료 순서를 기다렸다. 장장 3시간을 대기한 뒤 병원 측으로부터 들은 말은 "오늘 더는 진료를 볼 수 없으니 내일 다시 오라"였다. 아내는 너무 어이없어서 말조차 안 나왔다고 했다. 100% 공공 영역인 스웨덴 선진 의료의 고구마같이 답답한 대응이었다. 어쩔 수 없이 아내는 다음 날 오전 둘째를 데리고 병원에 다시 갔다. 어제 함께 퇴짜를 맞아 동지애를 느꼈던 다른 부모와 아이도 와 있었다고 했다. 우린 비교적 시간이 여유로운 상황이라 그렇다 치더라도 이틀 연속 병원에 온 스웨덴 부모는 회사도 안 다니는 건가. 회사에 다닌다면 자주 자리를 비울 수 있는 여건인가.

한국에 돌아와서는 '아이가 아프면 보내지 마라'는 말을 의무 사항처럼 듣지 못했다. 아이가 많이 아프면 판단은 간단하다. 문제는 많이 아프거나 아프지 않은 상태, 그 중간쯤일 때다. 맞벌이 부부는 웬만큼 아이가 아프지 않으면 유치원에 보낼 수밖에 없다. 아이가 유치원에 가지 않으면 일이 복잡해지기 때문이다. 매번 휴가를 낼 수도 없고 일을 제쳐두고 집에 오기도 쉽지 않다. 어쩌면 잠시 책임을 내던지고 유치원에 아이를 떠넘기는 것과 같다. 유치원도 녹록지 않은 부모 상황과 아이 친화적이지 않은 노동 환경을 알기 때문에 스웨덴과 달리 아픈 아이에 대한 명확한 등교, 등원 가이드라인을 주지 않는 게 아닐까 짐작해 본다.

스웨덴 유치원과 학교에서 아이가 아프면 부모가 아이를 데리고 와 돌봐야 한다. 그건 부모가 당연히 해야 할 일이고 학교에서 감염 피해가 확산하는 걸 막는 조치다. 그 전제는 아이가 아프면 일과 중에라도 일터를 벗어날 수 있는 근무 환경이나 유연한 노동시간이다. 병원에서 3시간을 기다린 뒤 진료 퇴짜를 맞고도 다음 날 다시 부모가 아이를 데려가 진료받을 수 있는 사회. 아이가 아플 때 전화 한 통만 하면 부모가 아이를 데리러 올 수 있다는 믿음이 있는 사회. 그렇기에 입학 때 선생님이 학부모에게 '아프면 아이를 보내지 마라'고 자신 있게 당부할 수 있는 사회. 이것이 2023년 세계행복보고서 기준 세계에서 6번째 행복한 나라, 스웨덴 보육의 단면이다.

세계에서 57번째 행복한 나라인 대한민국 학부모로서 건강보험제도와 공립·민영이 조화를 이룬, 세계에서 보기 드문 선진 의료 체계를 누리고 있다. 1시간 안에 저렴한 비용으로 당일 소아과 진료와 처방 약까지 받을 수 있는 건 분명 복이고 행운이다. 대한민국 국민이라는 자부심까지 느낀다. 허나 회사원으로 평일에 아이를 병원으로 데려가기는 결코 쉽지 않아 아침마다 곤히 잠든 아이 얼굴을 조심스럽게 들여다보며 매일 아프지 않기를 기도한다. 환절기나 겨울철, 수두룩한 꼬맹이 감기 환자들과 하루 종일 생활하는 유치원 선생님들에게 고마움과 미안함이 든다.

병원 진료는 더디지만 아이를 보살핀다는 이유로 융통을 부릴 수 있는 사회, 진료는 빠르지만 시간 빼기 힘든 사회. 둘 중 하나를 고르라면? 음…. 진료도 빠르고 업무와 근로 시간 융통성도 있는 사회 어디 없을까. 안타깝게도 스웨덴도 한국도 그렇게 되기는 쉽지 않을 것 같다.

기후위기 보고서에 원주민이 나온 까닭

스웨덴이라는 근대 국가가 생기기 훨씬 이전부터 스칸디나비아반도 북부 지역과 러시아 북서부에서 살아온 이들이 있다. 사미족이다. 라프인(Lapp), 사프미(Sapmi)라고도 부르는 원주민이다. 라프라는 말은 스칸디나비아반도 고위도 지역을 일컫는 라플란드(Lapland)라는 지명에서 비롯됐다고 한다. 인구는 스웨덴에 최소 2만 명, 노르웨이에 5만 명, 핀란드에 8천 명, 러시아에 2천 명 등 총 8만 명으로 추산된다. 유럽에서 유일한 원주민인 사미족은 자기 언어와 문화, 전통을 가지고 스칸디나비아 북부에서 자연을 존중하며 순록을 키우고 살아왔다.

2023년 2월 초 스톡홀름시 홈페이지에서 우연히 '사미족의 날' 행사가 있다는 걸 알게 됐다. 스칸디나비아 동토에서 자연을 지키며 살아온 사미족을 보고 싶어 아이들을 학교에 데려다준 뒤 스톡홀름 시청사로 갔다. 근데 이미 행사가 끝나 있었다. 행사 시작이 오전 8시 30분이었는데 어처구니없게도 오전 10시로 잘못 봤다. 빨강, 파랑, 노랑, 녹색이 섞인 사미족 깃발이 여기저기 흩날리고 행사를 마친 사미족이 시청사를 나오고 있었다.

아쉬운 마음에 시청사 앞에 있던 사미족 여성에게 함께 사진을 찍어도 되느냐고 정중하게 부탁하니 흔쾌히 허락해 주었다. 왠지 그냥 돌아서기가 마음에 걸려 아내가 가방 속에 든 박하사탕 한 통을 건네자 놀라며 환하게 웃었다. 사미족 역사를 담은 스웨덴 영화가 있다고 해서 보려고 했었는데 결국 못 보고 한국으로 돌아왔다.

2023년 11월 초 부산 영화의전당에서 스웨덴영화제가 열렸다. 상영작 10편 중 유독 눈에 띄는 작품이 있어 보러 갔다. <사미 스티치 Sami stitches>. 사미족에 대한 다큐멘터리 영화였다. 스웨덴에서 돌아온 지 석 달 만에 듣는 영화 속 스웨덴어는 정겨웠다. 영화 등장인물인 사미족 여성 예술가 브리타 마라카트-라바는 어려서부터 배운 자수를 이용해 사미족 투쟁과 삶을 작품으로 승화했다. 그는 "전 투쟁 속에서 태어났어요. 사미인으로서 저는 항상 싸워야 했어요. 종교탄압에 맞서고 국가 폭정에 맞서며 영토, 문화에 대한 침략에 맞서 항쟁했어요. 그리고 이제 기후변화에 맞서 또 다른 투쟁을 벌입니다. 이 싸움에서 이기지 못하면 우리는 최후를 맞을 겁니다."라고 말했다.

전통 의상을 입은 사미족 모습

사미족이 학대와 폭력, 인종차별로 가득 찬 역사를 살아온 건 조금 알고 있었다. 스웨덴 정부가 뒤늦게 사미족을 소수민족으로 인정하고 그들만의 문화, 언어, 의회 등 자치권을 인정했지만, 2019년 사미 의회는 스웨덴 정부의 폭력적인 정책이 사미족에게 미친 영향을 검토해 줄 것을 요구했다. 이에 스웨덴 정부는 2021년 11월 사미족이 '진실과 화해 위원회'를 설립하도록 120만 크로나(14만 4천 유로, 약 2억 515만 원)를 지원했다. 위원회는 2025년 12월 1일까지 활동하며 그동안 박해받은 사미족 역사를 세상에 공개할 예정이다.

<사미 스티치>가 핍박받은 사미족 역사를 다룰 거라는 예상은 빗나갔다. 영화는 투쟁의 역사였던 사미족 삶을 다루면서도 기후변화 최전선에서 삶이 송두리째 없어질 위기에 처한 그들 현실을 이야기했다. 사미족은 '멸종위기종'이라고 할 수 있었다.

브리타 마라카트-라바는 영화에서 "우리가 귀를 기울이는 한 자연은 지금도 우리에게 많은 걸 이야기해요. 이것이 바로 사미족 철학"이라고 말했다. 자연과 대화하며 교감할 수 있다는 말이 놀라웠다. 실제 자연의 목소리를 들을 수 있다고도 했다. 감독 역시 영화 상영 후 인터뷰 영상에서 생명체 같은 자연을 보여주고 싶어 수없이 많은 장면을 찍었다고 했다.

브리타 마라카트-라바가 살고 있는 스웨덴 북부 키루나에서 2023년 초 희토류가 발견돼 스웨덴은 물론 유럽 사회가 흥분의 도가니다. 거의 중국에 의존해 왔던 희토류를 자급할 수 있게 돼서다. 희토류는 반도체, 전기차, 스마트폰 제조에 필수 광물로 전략자원으로 여겨진다. 하지만 희토류를 채굴하기 위해서는 땅을 파헤치고 자연을 파괴해야 한다.

사미족은 다시 그들이 사는 땅을 내줘야 하고 생업인 순록 방목에 치명적인 영향을 받을 수밖에 없다. 전통인 순록 목축을 하지 못하면 사미족은 고유문화와 언어, 터전도 잃어버릴 것이다. 더군다나 기후변화로 눈이 녹았다가 다시 어는 바람에 그 아래 자라는 이끼를 먹지 못하는 순록은 겨우내 개체수가 절반이나 감소했다.

영화는 그런 순록의 절멸 위기와 순록을 방목하며 사는 사미족이 겪는 불안, 우울, 절망을 표현했다. 사미족은 댐 건설, 광산 개발 등으로 계속 유랑하는 삶을 살았는데 이제는 기후변화로 따뜻해지는 날씨 때문에 전통은 물론 살 곳마저 잃을 위기에 놓였다. 자연과 더불어 살아왔을 뿐인데 어느 순간 생존을 걱정해야 하는 처지에 맞부딪힌 것이다. 인간들이 자연을 마구 파헤쳐 얻은 화석연료를 태운 결과는 사미족 같은 원주민에게 가장 큰 피해를 입히고 있었다.

유엔 산하 각국 전문가들로 구성된 '기후 변화에 관한 정부 간 협의체'(The Intergovernmental Panel on Climate Change. IPCC)는 1988년 설립돼 1990년 최초 보고서를 낸 이후 지금까지 종합 보고서 6편을 냈다. 2022년 IPCC 보고서에서 사미족과 같은 원주민을 언급한 부분이 나온다. 기후위기 공동 대응과 대책을 위해 만들어진 IPCC 보고서에 원주민 이야기가 나오는 것이 처음엔 의아했다. 도대체 기후변화와 원주민이 무슨 상관이 있기에.

기온 상승, 자연재해, 생태계 파괴 등 결과로 나타나는 기후위기는 전 세계적으로 막대한 손실을 초래하고 사람과 생태계에 영향을 미치고 있다고 스웨덴 기후환경단체 '오로라(Aurora)'는 말한다. 오로라는 기후위기가 경제적 이익을 앞세운 결과라며 인종 차별적 가치를 가진 식민지 개척자들이 자연을 무자비하게 대하지 말라는 원주민 경고를 거부했다고 말했다. 특히 식민지 개척자들은 사람과 화석연료를 포함한 천연자원을 착취하고 이로 인해 생태계 파괴, 멸종 등 오늘날 위기를 초래했다며 식민주의(Colonialism)는 신식민주의로 발전해 원주민들을 직접 착취하는 체계가 됐다고 지적했다. 2022년 IPCC 보고서는 이처럼 원주민을 자기 터전에서 내모는 식민주의가 기후 위기 원인 중 하나라는 사실을 처음 언급했다.

현재 전 세계 90개국 이상에 5천 개 종족이 넘는 다양한 원주민이 있으며 인구수는 약 3억 7천만 명에 달한다고 한다. 세계 인구 5%다. 해안, 고위도, 높은 산, 열대림 등에 주로 사는 원주민들은 기온 상승, 해수면 상승, 숲 파괴 등 기후위기에 직격타를 맞고 있다. 원주민에게 자연은 곧 집이고 사회, 경제, 문화 활동 전제조건이므로 기후위기는 전통적, 경제적, 사회적, 문화적 가치와 지식 상실로 이어진다. 약 7천만 명 원주민이 숲에 생계를 의존하고 있으며 이 때문에 원주민은 숲을 보호할 수밖에 없다. 숲뿐만 아니라 열대우림 등 거주 지역 토지와 환경을 어떻게 사용하고 보호해야 하는지 잘 알고 있다.

여러 세대에 걸쳐 원주민이 체득한 지식은 효과적인 기후위기 대책에 매우 중요하다. 원주민이 사는 곳에 다양한 생물이 사는 건 우연이 아니다. 실제 전 세계에서 단 5%에 불과한 원주민 거주 지역에서 세계 생물 다양성 80%가 보전되고 있다고 한다. 원주민 전통 지식은 생물다양성협약(CBD)에서 이미 인정됐고, 지구 온도 상승폭을 1.5도 이하로 억제하기로 한 파리협정에서도 원주민이 가진 지식이 기후 목표 달성에 매우 중요하다고 콕 집어 말하기도 했다.

원주민은 단순히 미개한 종족이 아니라 자연과 함께 오랜 세월 살아왔고, 어떻게 자연을 더욱 풍요롭게 하는지를 아는 현명한 사람이다. 이들은 또 기후위기의 가장 큰 피해자인 동시에 기후위기를 막는 선봉장이기도 하다. 원주민이 사는 곳이 곧 자연이고 이들을 쫓아내면 기후위기는 더 가속화할 수밖에 없는 셈이다. 하지만 IPCC 등 기후위기 해법을 모색하는 국제단체들은 원주민 지식이 기후위기에 중요한 역할을 한다고 인정하면서도 정작 의사결정과 논의 과정에서 원주민을 배제하는 모순을 보인다는 지적을 받는다.

사미족은 순록 목축을 하며 라플란드를 지키고 있다. 그들 거주 지역을 빼앗지 않으면 그만큼 자연이 보존될 것이다. 적어도 그들만큼만 자연을 존중하고 산다면 기후위기는 없었을 것이다. 그러나 폭주 기관차 같은 현대 문명은 곧 남은 화석연료마저 거덜 낼 태세다. 풍력 터빈, 광산, 임업, 관광 등으로 사미족 순록 목초지는 자꾸 잠식당하고 있다. 기온 상승으로 포식자 활동 반경은 북쪽으로 더욱 넓어지고 순록이 자유롭게 풀을 뜯을 수 있는 곳은 갈수록 줄어들고 있다.

내가 쓰는 기름 한 방울, 사미족 눈물일 수 있다. 자연은 계속 이제 그만하라고 이야기하지만 우리는 귀 기울여 듣지 않는다.

* www.instagram.com/auroramalet, sweden.se/life/people/sami-in-sweden, www.naturskyddsforeningen se/artiklar/urfolkens dag darfor-ar-urfolk-viktiga-for-miljon 등을 참고했다.

추락하는 출생률보다 무서운 건

'올해 1~3분기 누적 출생아 수 17만 7천 명. 1981년 통계 작성 이래 가장 적은 수준', '결혼한 지 5년 이하 신혼부부가 지난해 낳은 자녀 수 평균 0.65명. 2015년 관련 통계 작성 이후 역대 최저.'

    2023년 말 출생률 위기 보도가 줄을 이었다. 아이를 낳지 않는 사회는 희망이 없는 사회이기에 경고성 보도는 필요하다. 문제는 경고만 하고 해법은 뜬구름 잡는 이야기거나 구체적이지 못한 경우가 많다는 거다. 정치권에서 내놓는 출생률 해법도 매달 아이 한 명당 100만 원 지원 등 현실성 없고 포퓰리즘적 발상이 대부분이다.

    아이를 낳지 않는 이유는 뭘까. 우선 청년들이 결혼하지 않기 때문일 것이고, 결혼하지 않는 건 취업이 잘 안되거나 좋은 일자리를 구하지 못해 안정적인 생활을 영위할 수 없어서일 테다. 하지만 전 세계적으로 경제성장은 더디고 비정규직은 늘고 집값은 치솟고 있다. 근본적인 해결이 쉽지는 않다.

    그럼 출생률을 높이려면 어떻게 해야 할까. 당장 정부가 할 수 있는 것은 출산 후 지원책이다. 출산휴가나 육아휴직 때 통상임금 100%, 80%를 급여로 주고 있지만 사실 자세히 들여다보면 상한액에 막혀 있다. 2023년 기준 출산휴가 급여의 경우 상한액 210만 원, 육아휴직 급여 상한액은 150만 원이다. 대출 원금이나 이자를 상환해야 하는 양육 가정은 쉽사리 육아휴직을 사용하기 어려운 실정이다. 상황이 이런데도 어느 정치인은 남성 육아휴직을 의무화하자고 말해 무척 답답했다.

　육아와 직장 일을 병행할 수 있도록 집이나 직장 근처 어린이집과 같은 보육시설을 편하게 이용할 수 있는 환경이 중요하다. 그리고 출근을 앞당기거나 퇴근을 미룰 수 있는 유연근로제나 주 40시간 이하 노동으로 부모가 퇴근하면서 아이를 데려올 수 있도록 해야 한다. 아이들이 학교에 가면 대학 졸업 때까지 학비, 급식에서는 별도 비용을 내지 않아도 되고 방과 후 체육, 음악 활동 등도 저렴한 비용으로 하면 좋겠다. 또 부모들이 고정비를 뺀 가계 소득 1/4, 1/3 심지어 1/2 이상을 아이들 사교육에 쓰도록 내버려 둬서는 안 된다. 공교육만으로도 아이들이 충분히 좋은 대학에 갈 수 있고 취업할 수 있는 세상이면 지금보다 훨씬 많은 아이를 낳지 않을까.

　다시 말해 출산에 필요한 모든 비용 지급, 모든 아이를 대상으로 하는 무상 의료, 방과 후 활동 비용 보장까지 포함한 무상 학교 교육, 무상 급식, 청소년 대상 학업 기간 장학금과 생활비 지원 정도는 해야 추락하는 출생률 그래프 방향을 좀 돌려세울 수 있지 않을까. 너무 이상적이라면 학비 보조금 지급, 저소득층 아동수당 지급, 주부 휴가제 도입, 전면적 아동수당 지급, 교육 보조금 지급, 가족 상담원제 실시, 9년 의무교육제 실시, 아동 가정 주택 보조비 지급, 출산 유급 휴가제 실시, 부모 보험제 실시 등은 어떨까.

　앞서 말한 건 노벨경제학상, 노벨평화상을 각각 수상한 군나르 뮈르달, 알바 뮈르달 부부가 1930년대 출생률 저하 문제로 스웨덴 사민당 정부에 제안한 정책이고, 뒤에 언급한 것은 스웨덴 정부가 이를 직간접적으로 받아들여 시행한 복지정책이다. 놀랍게도 이 정책 대부분이 1930~1970년대에 이뤄졌고 한때 위기였던 스웨덴 출생률은 반등해 현재도 유럽에서 비교적 높은 수준을 유지하고 있다. 2021년 기준 스웨덴 출생률은 1.67명으로 우리나라 2022년 기준 0.78명보다 거의 1명이 많다.

뮈르달 부부가 1934년에 발간한 책《인구 위기》는 당시 스웨덴 출생률 저하를 막기 위한 제언으로 가득 차 있다. 90년이 지난 지금 읽어봐도 그 혜안에 감탄이 절로 나온다. 2023년 7월《인구 위기》를 우리말로 옮긴 번역가는 "이 책은 오늘날 우리에게 인구문제를 해결할 방도와 대한민국을 복지국가로 강건히 발전시키는 길이 결국 하나로 통한다는 사실을 깨우쳐준다"고 말했다.

출생률 정책이 곧 복지정책이라는 말은 어쩌면 당연하면서도 충격적으로 다가왔다. 우리 부부는 스웨덴에서 아동수당, 아동 가정 주택 보조비를 매달 받으며 스웨덴 출생률 정책, 복지 정책 일부를 조금이나마 느껴볼 수 있었다. 육아휴직을 하며 급여 상한액 150만 원 이하를 받은 나는 스웨덴 육아휴직 급여 상한액이 약 532만 원(4만 3천750크로나)이라는 걸 알고 허탈해하기도 했다.

누구는 그런 정책을 펴는 데 필요한 예산을 어디에서 충당할 것이냐고 물을 수 있겠다. 우리나라가 스웨덴처럼 조세 징수율 40%에 육박하는 나라도 아니고 말이다. 하지만 윤석열 정부에서 각종 예산을 뭉텅이로 깎는 것을 보면서 역설적으로 예산이 없어서 못 한다는 말을 믿지 않게 됐다. 예산도 결국 쓰기 나름이고 사용처에 의지가 강하게 작용할 수 있다고 본다. 출생률이 낮다고 떠들어대면서 정작 관련 정책을 만들지 않고 예산을 배정하지 않으면 결국 의지가 없는 것이다.

출생률 문제에서 가장 두려운 건 여성 혹은 남성, 아님 부부가 아이 없는 삶의 기쁨을 알아버리는 거다. 지금도 충분히 즐겁고 행복한데 왜? 굳이? 아이를 낳아야 하냐고 생각하는 신인류 출현이다. 아이를 낳고 싶은데 못 낳는 것과 아이를 낳을 충분한 여건이 되는 데도 낳지 않는 건 큰 차이다. 이는 세계에서 손에 꼽힐 정도로 아이 낳고 키우기 좋은 스웨덴에서 최근 출생률이 급격히 낮아지고 있는 현실과 맞물린다. 자발적 출산 파업에는 백약이 무효다.

세계에서 57번째 행복한 나라에서 아이를 낳고 싶게 만드는 환경은 한번 만들어봐야 하지 않을까. 뮈르달 부부가 제언했던 출생률 정책 중 몇 가지만 시행해도 대한민국 보편적 복지는 한 단계 올라갈 것이다. 덩달아 국민 행복도도 올라가지 않을까.

2024년 3월 25일 부산일보 칼럼

'한국에서 애 낳은 바보'의 제안

이현정 기자

온라인 기사 전문

　이 칼럼을 쓰기 위해 자리에 앉기까지, 예상했던 시각보다 꼬박 3시간 35분이 더 흘렀다. 셋째는 아빠를 두고 왜 엄마에게만 책을 들이미는 건지, 숙제 시작 후 5분도 못 버티고 엉덩이가 들썩이는 아들을 다시 앉히는 기술은 왜 엄마만 타고 나는 건지 모르겠다. 학교 알림장에 3주째 '○○ 안 해 온 사람' 목록에서 아들 번호가 사라지지 않으니 준비물과 숙제도 다시 챙겨야 했다. 집안일까지 완수한 뒤 노트북 앞에 앉으려는데, 셋째는 솜이 튀어나오는 애착 인형 바느질도 해 달란다. 그렇게, 퇴근하고 처음 등을 기대고 앉은 시간이 밤 10시였다.

　안다. 우리 어머니 세대는 이보다 더 고단했다. 내 삶이 내 것이 아닌 것 같은 삶은 비단 아이 셋 워킹맘만의 것은 아니다.

　그런데, 요즘 젊은 사람들이 아이를 낳지 않는다고 한다. 지난해 합계출생률은 또 역대 최저치를 갈아치워 0.72명을 기록했고, 부산은 0.66명까지 떨어졌다. 최근 만난 한 20대 여성은 1~2년 새 주변에 7쌍이 결혼했는데 아이를 낳겠다는 커플이 하나도 없다고 했다.

　최재천 이화여대 석좌교수는 진화생물학자의 입장에서 보면 이는 지극히 당연한 진화적 적응 현상이라고 했다. (동물에 비유하자면) 상황이 좋아져야만 새끼를 낳는다는 것이다. 최 교수는 2021년 11월 유튜브에 '한국에서 애 낳으면 바보'라는 영상을 올려 화제가 됐는데 "과연 아이를 제대로 키워낼 수 있겠느냐"를 심각하게 고민한 뒤에도 애를 낳는 사람이 있다면 계산이 안 되는 분들, 바보"라고 했다.

　정부는 출생률을 높이기 위해 각종 수당부터 시작해 아빠 육아휴직, 유연근무제 등 정책을 쏟아내고 있다. 그러나 장벽은 학교에 입학하면 더 높아진다. 초등학교는 유치원과 달리 오후 1시 무렵 끝나는데, 부모는 저녁 6~7시가 돼야 퇴근한다. 매일 맞닥뜨리는

'갭'이 5~6시간이다. 최종 목적지가 입시인 경쟁 교육에서 이 갭의 질에 따라 승자가 가려진다. 경제적 능력이 되고, 엄마도 집에 있으면 승자가 될 확률이 높다. 중·고등학생이라면, 엄마의 정보력과 '라이딩'이 아이를 '좋은 학원'으로 데려가고, 결국 '좋은 대학'으로 데려다준다.

대부분은 경제적 능력과 집에 있는 엄마, 두 조건을 동시에 충족시키기 어렵다. 맞벌이 가정에서 아이만 '학원 뺑뺑이'를 돌리다 결국 상담실을 찾는 사례도 많다. 아이와 부모 모두 고생만 '진탕' 하고, 나쁜 결과는 모두 '내 탓'으로 받아들여야 한다. 직장 대신 아이를 선택한 경력 단절 여성들의 좌절 경험치는 우리 사회에 쌓이고 쌓여 '출산 파업'의 밑거름이 됐다.

1년 전 스웨덴 일상을 잠시 빌려 오자면, 그곳에선 학교 정규 수업이 오후 3시 무렵 끝났고 부모는 오후 4~5시에 퇴근했다. 방과후 활동이나 체육 활동을 하며 보내는 갭 1~2시간에 대한 부모 만족도도 매우 높아 학원 뺑뺑이를 돌릴 필요도 없었다.

한국 사회도 인구절벽을 '재난'으로 인식하기 시작했다. 현금 퍼주기 정책이 효과가 없었다면 학교 정규교육 시간을 더 늘리고 부모 퇴근 시간을 앞당기는 건 어떨까. 육아기 단축근무로 일부에게만 의무와 눈치를 지울 게 아니라, 모든 노동자의 퇴근을 앞당기자. 생애 전주기 가족이 함께 있는 시간이 늘어나야 우리 사회에 자녀도 늘 수 있다.

도서관 유모차 주차 공간

마트에서 아이들에게 공짜로 주는 바나나

2024년 10월 7일 부산일보 칼럼

가장 낮은 시설의 가장 높은 가치

이현정 기자

온라인 기사 전문

누군가 스웨덴에 1년간 살며 뭐가 가장 좋았냐고 물어오면, 기자는 망설임 없이 '벤치'라고 답한다. 저물녘이면 매일 다른 빛 조합으로 오로라 못지않은 영롱함을 빛내던 하늘도, 폐를 뚫어낼 듯한 깨끗한 공기도, 맑은 물도 벤치에는 비할 바가 못 됐다.

언젠가 스톡홀름에서 경치 좋은 곳을 발견하고는 '아, 잠시 앉아 풍경을 만끽하고 싶다'는 생각에 두리번거렸는데 하늘에서 뚝 떨어진 것처럼 눈앞에 벤치가 놓여 있었다. 이 경험은 그 뒤로도 이어졌다. 감탄을 자아내는 풍경 뒤로는 편안한 등받이가 있는 벤치가 기다리고 있었다. 한국 같았으면 틀림없이 좋은 경치를 만끽하기 위한 자릿값을 내러 카페나 식당에 들어가야 했을 상황이었다.

기자는 반복된 경험을 통해 스웨덴의 '벤치'를 권리로 이해했다. 좋은 풍광과 자연 자원은 누구든 누려야 할 공공의 자산인 만큼, 주요 스폿(spot)에는 카페가 아닌 벤치가 있었다. 자연은, 그리고 경관은 모두의 것이기 때문에 경관을 누리기 위해 자릿값을 내야 할 필요가 없었다.

벤치는 시민들의 당연한 권리였다. 나아가 도심 곳곳, 심지어는 쇼핑몰과 백화점 등에도 곳곳에 벤치가 있어 누구든 돈을 내지 않고도 쉬어갈 수 있었다. 벤치는 거동이 불편한 노인이나 혼자 나와 햇볕을 쫴야 하는 사람, 간단하게 끼니를 해결해야 하는 이들을 어딘 가로 숨어들지 않게 했다.

공원 벤치에서는 생일 파티나 피크닉 파티도 자주 열렸다. 공원 벤치와 나무 사이에 가랜드와 풍선을 달고 피자 3~4판을 사 오면 파티 준비가 끝이 났다. 강가, 바닷가 벤치는 수영을 즐기는 이들의 공짜 휴식처였다. 벤치는 거의 모든 장소에 넉넉하게 있었다.

땅 가진 사람, 아파트 가진 사람이 멋진 풍광을 독점하는 게 당연시되는, 경관의 사유화가 아무렇지도 않게 일어나는 부산에 살다 보니 '작지만 공적인 시설물' 벤치가 더욱 그리워진다.

다행히 이기대 앞 아파트 허가 과정의 문제점을 짚으며, 또 아파트 계획이 철회되는 과정을 보며 부산 시민이 경관을 공공의 자산으로 인식하기 시작했다는 인상을 깊이 받았다. 그동안 부산의 해안가 경관은 아파트와 빌딩에 점령당하며 개인의 부동산 가치를 올려주는 역할밖에 하지 못했다. "우리가 이 경관을 독점하기 위해 이만한 돈을 주고 샀으니, 너네도 그에 상응하는 돈을 내야 해"에 개인은 저항할 수 없었다. 경관 또한 돈 있는 이들의 전유물로 여겨졌다.

하지만 이제 시민들은 경관을 누릴 권리를 요구하기 시작했고, 경관을 가리는 건물에 대해서는 더욱 엄격한 잣대를 들이대야 한다고 주장하기 시작했다. 영국 내셔널 트러스트가 보존 가치가 높은 해안선을 사 모은다는 얘기가 더 이상 먼 나라 얘기로 들리지 않는다.

경관은 시각적 요소만을 의미하지 않는다. 부산의 경관은 부산 사람의 삶과 문화, 역사가 응축된 집합물로, 가치를 따질 수 없는 자산이다. 또한 앞으로 부산의 경쟁력과 관광의 가치는 경관에서 판가름이 난다 해도 과언이 아니다.

부산의 가장 경치 좋은 곳에도 가장 높은 빌딩이 아닌, 가장 낮은 시설물 벤치가 세워지길 바라본다.

에필로그

이 사람들 정말 한결같다. 스웨덴 정착 초기 스톡홀름 교육청은 우리 부부에게 아이들이 학교에 다니지 않는 것은 의무 위반이라며 학교명을 물어봤다. 한국으로 돌아온 후 리딩외 교육청도 마찬가지였다. '법에 따라 지자체에 등록된 모든 어린이가 어느 학교에 다니는지 알 의무가 있다'며 메일을 보내 학교명과 재학증명서를 요구했다. 바쁘다는 핑계로 답장을 미처 보내지 못했는데 학기 초마다 정기적으로 메일을 보내 이런 엄포와 함께 학교명을 물었다.

이 사람들, 세계 최고 수준의 자식 교육열을 가진 대한민국 부모를 도대체 뭘로 보고 이러는지, 라는 생각도 잠시. 마치 한 번 인연을 맺은 시한부 외국인 거주자라도 끝까지 책임지겠다는 듯한 이메일 원격 케어에 문득 스웨덴이 그리웠다.

결국 2024년 12월 스웨덴 세무서(skatteverket) 홈페이지에서 내려 받은 해외 거주 신청서를 작성해 이메일로 보냈다. 한 달여 만에 스웨덴과의 인연 종료를 알리는 공문서를 우편으로 받았다. 리딩외 교육청도 낌새를 눈치챘는지 더는 이메일을 보내지 않았다. 뭔가 스웨덴과 우리 가족을 잇는 끈이 툭 끊어지는 느낌이었다.

돌아온 삶은 익숙했지만 OECD 국가에 사는 것은 결코 만만치 않았다. 정치권은 연일 세계를 놀라게 할 만한 일을 벌였고 삼남매의 삶도 순탄치 않았다. 중학교 들어가서야 처음 수학 학원에 간 첫째는 초등학교 4학년이 고교 문제를 풀고 있더라며 입을 쩍 벌리며 '이럴 줄 알았으면 좀 일찍 갈 걸'이라고 후회했다. 이런 시행착오를 경험 삼아 일찍 학원에 보낸 둘째는 '자기 주도 땡땡이'로 돈만 갖다 바치며 엄마 속을 까맣게 태웠다. 결국 모든 학원을 끊고 그물에 걸리지 않는 바람같이 노마디즘적 삶을 살고 있다. (한마디로 공부 안 하고 논다는 말이다.) 막내는 그런 언니, 오빠를 꼭 안아주며 "괜찮아" 말하곤 한다. 삼남매를 보며 인생은 때론 후회하고 뜻대로 되지 않더라도 위로받고 다시 힘을 내는 것이라는 생각이 든다.

어느 날 한국 이케아에서 미트볼을 먹으며 지금 스웨덴에 간다면 가장 먼저 뭘 하고 싶냐고 물었다. 아내는 스웨덴에 가면 하가파켄(Hagaparken)에서 돗자리 펴고 누워 하늘을 보고 싶고 자주 갔던 훼스타덴스 마리나(Sjostadens Marina)에서 다겐스를 먹고 싶다고 했다. (역시 나랑 똑같군. 이래서 천생연… 아, 아니다. 여보 사랑해.)

첫째 나현은 리브 언니와 학교 친구인 루밥, 마리아를 만나고, 골프장에서 눈썰매 타고, 그뢰나 룬드와 스칸센에 가고, 스톡홀름 멜라렌 호수를 가로지르는 셔틀보트도 타고… (너무 많아 중간에서 잘랐다) 둘째 동휘는 마트 '리들(Lidl)'에서만 파는 젤리를 사고 싶다고 했다. (이 녀석 역시 독특하다.) 막내 민설은 유치원 친구인 아드비카, 리비아를 만나 놀고 싶다고 했다. (엘리엇은? 응?)

스웨덴에서의 1년이 우리 가족의 삶을 드라마틱하게 바꾸지 않겠지만 '가슴 속 우물'처럼 한 번씩 들여다보고 힘을 얻곤 한다. 언젠간 우리 부부에게 달리기를 가르쳐준 스톡홀름에서 풀코스 마라톤 대회에 동반 출전하고 싶다. 또 언젠가는 한강 작가 혹은 백희나 작가가 더빙한 한국어 해설이 나오는 유니바켄 '이야기 기차'도 타고 싶다. 우리를 따뜻하게 대해준 리브네와 집주인 엘리자베스, 피터를 만나고, 돌아오는 길에 독일도 들러 미소년이 됐을 엘리엇도 봐야겠지. 스웨덴에 다시 가야 할 이유가 이곳에서 살아갈 힘을 주는 듯하다.

1년여 간의 우여곡절 끝에 책이 나와주어 홀가분하고 비로소 끝맺는 기분이 든다. 계선이 편집자와 이노그램디자인, 배은희 빨간집 대표에게 다시 한번 고맙다는 말을 전한다. 우리 가족이 스웨덴에 잘 안착하도록 물심양면으로 도움을 주신 황선준, 황레나 부부와 이상수 소장님, 현아, 수현 씨에게도 멀리서나마 감사의 마음을 담아 보낸다.

    이로써 '비공식' 스웨덴 특파원 임기를 공식적으로 마칠까 한다. 아직 오지 않은 세 번째 스톡홀름을 기다리며 살아가야겠다. (언제 '에필로그' 한번 써보나 했는데 이런 날이 올지 몰랐다. 오래 살고 볼 일이다.)

비공식 스웨덴 특파원입니다

초판 1쇄 발행 2025년 6월 17일

지은이: 김선호, 이현정
편　 집: 계선이
디자인: 이노그램디자인
인　 쇄: 까치원색
펴낸이: 배은희
펴낸곳: 빨간집
전　 화: 070-7309-1947
이메일: rhousebooks@gmail.com

ISBN 979-11-977852-5-2